나는 아무개지만
그렇다고 아무나는 아니다

한 그루의 나무가 모여 푸른 숲을 이루듯이
청림의 책들은 삶을 풍요롭게 합니다.

나는 아무개지만
그렇다고 아무나는 아니다

차별해서도 차별받아서도 안 되는 철학적 이유 10

김한승 지음

I am Somebody, Not Anybody

Ć
추수밭

'평범하게 비범한' 존재, 인간

우리 모두는 각자 평범하게도 비범합니다. 이것이 이 책에서 제가 하려는 주장입니다. 이 주장은 사실 '인류 원리anthropic principle'라는 이름으로 우리에게 이미 전해진 바 있습니다. 하지만 인류 원리는 제대로 우리 손에 전달되지 못했습니다. 오리 무리 사이에서 태어난 백조 새끼는 '미운 오리 새끼'로 여겨지게 되듯이, 인류 원리는 천체물리학 집안에서 태어났지만 그곳에서 합당한 환영을 받지 못했습니다.

천체물리학자 브랜던 카터Brandon Carter는 인류 원리를 '미운 오리 새끼'로 태어나게 한 사람인데, 그는 다음과 같이 인류 원리를 규정하고 있습니다.

우리가 관찰할 수 있는 것은 관찰자가 존재하기 위해서 필요한 조건들에 의해 제약을 받을 수밖에 없다.[1]

이 아리송한 말이 무엇을 뜻하는지를 우리는 앞으로 살펴보게 될 것입니다. 그리고 왜 인류 원리가 '미운 오리 새끼'로 구박받아온 백조인지도 이해하게 될 겁니다. 인류 원리는 자신이 태어난 천체물리학을 벗어나 보다 넓은 곳으로 나아갈 때 백조임이 드러납니다. 이 책은 여러분이 인류 원리를 백조로 볼 수 있도록 돕고자 합니다.

인류 원리의 핵심은 바로 우리 모두 각자 평범하게 비범하다는 것입니다. 사람들은 자신이 다른 사람과 다르지 않다는 점을 역설하곤 합니다. 그래서 차별을 반대하고 공평한 대우를 요구하죠. 하지만 동시에 사람들은 자신이 다른 사람과 똑같은 취급을 받는 것에 대해 반발심을 갖기도 합니다. "왜 나를 모르는가?" 사람들은 이렇게 호소하죠. 당연히 동등하게 대할 것은 동등하게, 다르게 대해야 할 것은 다르게 대하는 것이 옳습니다. 하지만 어떤 경우에 사람들을 똑같이 대해야 하고, 또 어떤 경우에 사람들의 특수한 경우를 고려해야 하는 걸까요? 이 문제를 해결하기 위해서는 '우리는 각자 평범하게도 비범하다'는 점을 깨달아야 합니다.

익숙하지만 슬픈 우리 사회의 한 가지 현상을 생각해봅시다. 큰 아파트 단지 속에 섬처럼 고립된 공공임대 아파트 이야기입니다. 개인 소유 아파트에 사는 사람들은 공공임대 아파트에 사는 사람들과 같은 출입구를 쓰길 거부합니다. 같은 길로 아이들이 통학하는 것에 반대합니다. 그래서 이 아파트 단지는 울타리로 나눠집니다. "저 사람들이 우리와 같은 출입구를 사용할 수는 없다. 왜냐하면 우리는 저 사람들과 다르기 때문이다." 개인 소유 아파트에 사는 사람들은 주장합니다. 그런데 그들이 사는 아파트의 집값이 올랐습니다. 그래서 더 많은 세금을 내게 되었습니다. 이제 그들은 이렇게 말합니다. "왜 우리만 더 많은 세금 부담을 져야 하는가?"

사람들은 각자 서로 다른 점도 있고 같은 점도 있습니다. 이 점은 우리를 특별한 사람으로 만들지도 않고 별 볼 일 없는 사람으로 만들지도 않습니다. 특별한 사람인지, 별 볼 일 없는 사람인지는 서로 다르다는 점에 어떤 가치를 부여하는지에 달려 있습니다. 개인 소유 아파트에 사는 사람은 임대 아파트에 사는지 아닌지에 특정한 가치를 부여했습니다. 다름에 가치를 부여한 것 자체가 문제가 되지는 않겠지만 그들이 다름에 가치를 부여하는 방식은 잘못되었습니다. 그 결과 그들이 사는 아파트 단지 안에는 철조망으로 된 울타리가 서게 되었죠. 이처럼 우리는 우리 사이에 있는 '다름'과 '동일함'에 잘못된 가치를 부여하는 데 익숙합니다. 이는 우리가 '어떤 다름'에 주목해야 하는지, '어떤 동일함'에 주목해야 하는지를 잘 알지 못하기 때문입니다. 차이에 잘못된 가치가 더해지면 '차별'이 됩니다.

일란성 쌍둥이는 서로를 구별하는 데 아무 어려움을 겪지 않지만 다른 사람들은 쌍둥이인 두 사람을 잘 구별하지 못합니다. 쌍둥이는 서로 다름에 집중하고 쌍둥이를 만나는 사람들은 동일함에 주목하는 것이죠. 쌍둥이 정도는 아니더라도 자식들은 부모를 닮기 마련입니다. 또 한 부모 사이에서 태어난 자식들도 서로 닮았습니다. 그래서 우리는 길에서 처음 만난 두 사람이 한 가족이라는 것을 쉽게 알아차리죠. 하지만 정작 본인들은 가족인데도 별로 닮지 않았다고 생각하는 경우가 많습니다. 가까울수록 서로 공통된 점보다는 서로 다른 점에 주목하기 때문입니다. 어떻게 보는 것이 제대로 보는 걸까요? 너무 가깝지도 않고 너무 멀리 있지도 않은 '적당한' 거리에서 보는 것이 제대로 보는 것일까요? 우리가 '적당한' 거리에 있다고 하더라도 그것이 '적당한' 거리인지 누가 말해줄 수 있을까요?

"배가 고플 때 장을 보지 말라"라는 말이 있습니다. 배가 고플 때 장을 보면 너무 많은 것을 사기 때문에 이런 말을 하는 것이겠죠. 비슷한 이유에서 "배가 부를 때 장을 보지 말라"는 말도 성립할 수 있을 겁니다. 그렇다면 언제 장을 봐야 하는 걸까요? 배가 '적당히' 부를 때일까요?

마찬가지로 어떤 다름에 주목해야 하고 어떤 동일함에 주목해야 하는지 묻는 물음에 대해서도 우리는 '적당한' 거리를 해답으로 생각하는 경향이 있습니다. 공공임대 아파트에 사는 사람들과 개인 소유 아파트에 사는 사람들 사이의 '적당한' 거리에 떨어져서 바라보는 것이 문제를 해결하는 제대로 된 방식이라 생각하죠. 하지만 인류 원리는 이런 방식으로 문제를 보아서는 안 된다고 말합니다. 우리는 평범하게 비범한 것이지, 평범하고도 비범한 것이 아닙니다.

"평범하게 비범하다"는 말은 '평범하지만 비범하다'라는 모순된 말이 아닙니다. '평범함과 비범함 사이에 있다'는 말도 아닙니다. 우리 모두는 각자 비범합니다. 그런데 이 점은 놀라운 일이 아닙니다. 그래서 "평범하게 비범하다"는 것입니다. 인류 원리는 우리가 평범하게 비범하다는 점으로부터 무엇을 알 수 있을지를 말해줍니다.

인류 원리를 천체물리학이라는 오리 둥지에서 벗어나게 하여 백조라는 본모습으로 드러내기 위해서는 이것을 모든 영역에 적용되는 사고방식으로 이해할 수 있어야 합니다. 인류 원리는 다음과 같은 특성을 가진 사고방식입니다.

첫째, 인류 원리는 이분법을 거부하는 사고방식입니다. 우리는 '주관'과 '객관'이라는 두 가지 관점을 명백히 구분하는 데 익숙합니다. '주관 아니면 객관'이라는 이분법dichotomy을 끌어들이는 사고방식에 익숙한 것이죠. 주관적 관점의 시작과 끝은 모두 '나'입니다. '내' 경험이 말하는 바를 '내'가 판단하여 '내'가 받아들일지 말지를 결정합니다. 반면 객관적 관점은 '나'를 몰아내려는 관점입니다. '나'를 벗어나 그 누구의 관점도 아닌 관점에 서려는 것이 객관적 관점입니다. 인류 원리는 주관과 객관이라는 이분법을 거부합니다.

둘째, 인류 원리는 확률적 사고방식입니다. 이는 절대적으로 받아들여야 할 것을 찾기보다는 상대적으로 더 믿을 만한 것을 추구한다는 말입니다. 전제들이 참이라면 결론 역시 참일 수밖에 없다고 판단될 때, 이를 '연역적으로 타당한deductively valid 추론'이라고 말합니다. 확률적 사고방식은 연역적으로 타당한 추론에 그치지 않습니다. 전제들을 참으로 받아들일 때 참일 확률이 높은 결론이 무엇인지를 따지는 것이 확률적 사고방식의 핵심입니다.

셋째, 인류 원리는 우리가 의미를 기대하지 않는 현상에서도 의미를 추구하는 사고방식입니다. 우리가 의미를 지니는 것으로 기대하는 현상은 제한적입니다. 예를 들어 통상적으로 우리는 교통 정체 현상이 어떤 의미를 갖는다고 생각하지 않습니다. 그저 교통의 흐름이 막힐 원인이 생겨서 정체 현상이 일어났을 뿐이라고 생각하죠. 흐르는 한강을 보면서도 한강 풍경이 어떤 것을 뜻한다고 보지 않습니다. 오히려 드러나는 현상 배후에서 과도하게 의미를 찾아내려는 태도는 '비과학적'이라고 여깁니다. 일식이 일어난 이유를 신이 분노했다는 데서 찾는 시도가 비과학적이라고 여겨지는 것이죠. 과학적 태도를 지녔다면 일식이 일어난 '원인'을 찾아내야지 일식이 의미하는 바를 찾아서는 안 된다고 생각합니다. 하지만 주어진 현상이 의미하는 바를 찾으려는 시도가 모두 비과학적이라고 할 수는 없습니다. 현상의 인과적 관계를 밝히는 것만을 과학이라고 볼 수 없다는 말입니다. 인류 원리는 현상의 원인을 넘어 현상의 의미를 밝히는 시도를 회피하지 않습니다. '어떻게 이 현상이 일어났는가'라는 물음을 넘어 '왜 이 현상이 일어났는가'라는 물음을 피하지 않는다는 말입니다.

시인 김소월은 겨울밤에 어머니가 들려주는 이야기를 듣다가 놀라운 물음을 던집니다.

낙엽이 우수수 떨어질 때,
겨울의 기나긴 밤,
어머님 하고 둘이 앉아
옛 이야기 들어라

나는 어쩌면 생겨나와
이 이야기 듣는가?
묻지도 말아라, 내일 날에
내가 부모 되어서 알아보랴?

_김소월, 〈부모〉, 저자 강조

김소월은 겨울밤에 어머니가 들려주는 이야기를 듣는 경험으로부터 자신이 어떻게 해서 이런 경험을 하게 되었는지를 묻고 있습니다. 김소월이 궁금해 하는 것은 자신의 출생과 관련된 인과 관계가 아니라 자신이 태어난 의미입니다. 김소월과 마찬가지로 인류 원리는 현상이 주는 의미를 묻는 데 주저하지 않습니다.

넷째, 인류 원리는 창의적인 적용을 요구하는 사고방식입니다. 인류 원리를 적용할 수 있는 대상들의 범위는 미리 규정되어 있지 않기 때문에 어떤 것에 인류 원리를 적용할지를 정하는 데는 창의성이 필요하다는 말입니다. 우유를 소화하지 못하는 신체적 특성에 적용해볼 수도 있고, 첫사랑에게 고백하고 싶은 마음에도 적용해볼 수 있습니다. 또 자신이 가고 있는 차선이 막힐 때 옆 차선으로 갈아타는 것이 좋은지와 같은 비교적 사소한 물음에도 적용할 수 있고, 인류의 종말은 얼마나 가까운지와 같이 심각한 물음에도 적용될 수 있죠. 특정 물음에 답하기 위해서 어떤 현상에 인류 원리를 적용할지는 열린 문제입니다. 이 책을 읽고 나서 여러분도 창의적인 방식으로 흥미로운 물음에 인류 원리를 적용할 수 있기를 바랍니다.

미운 오리 새끼인 줄 알았던 인류 원리가 어떻게 백조로 성장하는지를 같이 살펴보는 앞으로의 여정을 미리 둘러보겠습니다. 우리는 '나'의 영역에서 시작하여 '너'와 '우리'의 영역을 거쳐 무한한 '우주'의 영역에서도 인류 원리를 확인하게 될 겁니다. 그러니 이 책의 여정은 '나'에서 출발하여 '우주'까지 뻗어나가는 긴 여정입니다. 이를 각 장별로 살펴보도록 하겠습니다.

1장에서 우리는 '편향성'이라는 개념을 통해서 인류 원리의 기본 성격을 이해하게 될 겁니다. 우리 모두는 각자 편향성을 갖고 있다는 점은 매우 중요한 통찰입니다. 저는 이 점을 우리 각자가 남에게 던지는 시선을 통해서 포착하려 합니다. '나'는 특정한 사람들을 알고 있지만 그 밖의 사람들은 잘 알지 못합니다. 또 특정한 사람들이 '나'를 알지만 또 그 밖의 사람들은 '나'를 잘 알지 못합니다. 아는 사람이 있고 모르는 사람이 있다는 것은 당연하고도 사소한 사실처럼 보입니다. 하지만 방금 말했듯이 인류 원리는 별다른 의미를 기대하지 않는 현상에서 의미를 찾으려는 사고방식입니다. 우리 각자가 남을 보는 시선의 방향을 생각해보면 그 속에 '편향성'이 있습니다. 우리는 이 편향성에서 벗어나기 매우 힘듭니다. 그럼에도 불구하고 우리는 마치 편향성이 전혀 없는 듯이 남을 관찰하고 분석하려 듭니다.

　2장에서 우리는 인류 원리가 태어나서 걸어온 길을 살펴봅니다. 인류 원리를 정의하려는 여러 시도들과 이를 둘러싼 해석들이 우리가 살펴볼 내용이 될 겁니다. 이로부터 왜 인류 원리가 자신이 태어난 곳에서 환영받지 못했는지, 왜 인류 원리는 천체물리학을 넘어 더 넓은 곳으로 나아가야 하는지를 이해하게 됩니다.

　3장은 인류 원리의 정신이 철학적 맥락에서 어떻게 해석되는지 다룹니다. 우리는 근대철학의 유산을 모두 벗어던졌다고 생각할 수 있지만 근대철학의 유산은 우리가 자각하는 것보다 훨씬 광범위하고 그 영향은 깊습니다. 인류 원리는 이런 근대철학의 정신을 거부합니다. 그런 점에서 인류 원리는 '탈근대' 철학의 성격을 갖습니다.

　4장은 '나'라는 존재가 갖는 독특한 성격에 주목합니다. 왜 '나'는 다른 사람이 아니라 바로 '나'일까요? '나'는 다른 사람을 규정하는 것과는 전혀 다른 측면이 있지만 동시에 다른 사람과 쉽게 구별되지 않는 측면도 있습니다. 인류 원리는 '나'의 이런 이중적인 측면을 잘 보여줍니다.

5장에서 우리는 '나'에 대한 논의를 '너'로 확대해 갑니다. '나'에 갇혀서 생각하다 보면 '너'는 그 존재조차 인정하기 어렵다는 것을 근대 철학이 잘 보여줍니다. '나'와 다른 '너'가 있음을 인정한다는 것은 나와 생각이 다른 사람이 있음을 받아들이는 겁니다. 나와 생각이 다른 사람을 어떻게 받아들여야 할까요? 인류 원리를 통해서 우리는 왜 다수의 의견에 귀를 기울어야 하는지를 이해할 수 있게 됩니다.

하지만 우리는 상대방의 생각을 곧잘 오해하곤 합니다. 6장은 '첫사랑'에 대한 분석을 통해서 왜 '나'는 '너'를 오해하게 되는지에 대해서 논의합니다. 인류 원리는 자기중심적 사고에서 벗어나라고 말합니다. 또한 동시에 인류 원리를 통해서 우리는 왜 자기중심적 사고에서 벗어나기 어려운지에 대해서도 이해하게 됩니다. 상대방을 오해하고 자기중심적 사고에 사로잡히게 되는 것은 우리가 '확률'이라는 개념을 통해서 생각하는 데 미숙하다는 점이 한몫을 합니다. 이 장에서 우리는 인류 원리가 확률적 사고라는 점을 확인하게 됩니다.

인류 원리에서 확률 개념이 차지하는 중요도를 생각할 때 좀 더 확률에 대해서 논의할 필요가 있습니다. 하지만 불행히도 확률이라는 개념은 그 정체를 제대로 파악하기 힘듭니다. 확률에 관한 철학적 논의에 대해서 그다지 흥미가 없다면 확률에 관한 논의는 나중에 읽어도 좋습니다. 따라서 '확률'에 관한 장은 '더 알아보기'로 갈무리하여 이 책의 마지막에 배치했습니다. 하지만 '잠자는 미녀 문제', '두 딸의 문제' 등 흥미로운 철학적 문제에 대한 논의도 담고 있으니 꼭 읽어보시기 바랍니다.

7장은 '나'와 '너'가 모여 생겨나는 '우리'에 인류 원리를 적용해봅니다. '나'는 '너'의 생각을 오해할 뿐만 아니라 '너'를 의도적으로 속이기도 하며 그 반대로 '너'에게 속기도 합니다. 상대방이 나를 속이려 한다면 의심을 하는 것이 현명할 테고, 상대방이 진실을 말하려 한다면 신뢰를 보내는 것이 현명한 태도일 겁니다. 문제는 '우리' 속에는 남을 속이는 데 능숙한 사람과 진실을 말하는 데 능숙한 사람이 뒤섞여 있다는 것이죠. 그렇다면 이런 사람들 속에서 '나'는 '너'를 어느 정도로 믿어야 하는지 궁금해집니다. 우리는 인류 원리를 따라서 이 물음을 생각해볼 겁니다.

8장은 인류 원리를 적용하는 범위를 당위의 차원으로 확장합니다. 다시 말해서 '우리는 지금 어디에 **있는가**'라는 물음이 아니라 '우리는 어디에 **있길 원해야 하는가**'라는 물음에 대해서 생각하는 겁니다. 많은 사람들이 특별한 위치에 있길 욕망합니다. 그런데 무엇이 '특별한' 위치일까요? 우리는 '현재의 나'에 집중하는 태도가 자신을 특별한 위치에 있길 바라는 태도라는 점을 이해하게 됩니다. 자신이 특별한 위치에 있길 욕망하는 사람은 과거 자신이 한 일을 후회하지 않고 미래에 닥칠 결과만을 중시합니다. 하지만 우리는 이런 태도가 인류 원리의 정신에 어긋난다는 것을 보게 될 겁니다.

9장에서 우리는 시간의 축을 거슬러 올라가 '인류의 기원'에 대해서 생각해봅니다. 인류가 지구에서 탄생했다는 사실은 기적과 같은 일처럼 보입니다. 인류가 지구에서 탄생했다는 점을 어떻게 받아들이는 지를 둘러싸고 많은 논란이 있었습니다. 크게 보자면 인류 탄생을 의도적 행위의 결과로 보려는 견해와 우연한 사건의 결과로 보려는 견해 사이의 논쟁이 있겠지요. 이 논쟁에서 인류 원리는 후자를 지지하는 근거로 받아들여지곤 합니다. 하지만 저는 이것이 섣부른 주장이라고 생각합니다. 결국 이 논쟁의 핵심은 '역 도박사의 역설'이라는 문제를 어떻게 보느냐에 달려 있다는 점을 우리는 이해하게 될 겁니다.

10장에서 우리는 시간의 끝으로 갑니다. 여기서 우리가 생각하게 될 물음은 '인류는 언제 사라지는가'라는 겁니다. 이번에는 인류 원리가 미래 사건을 예측하는 수단으로서 등장하여 인류 종말을 둘러싼 논쟁으로 우리를 인도하게 되지요. '종말론'이라고 하면 인류가 멸망하는 시점을 제시하는 주장을 떠올리기 쉽지만, 인류 원리는 인류 종말의 시점을 예언하지 않습니다. 인류 원리가 말하는 바는 인류 종말에 대한 위험을 우리가 과소평가하게 된다는 것입니다.

미운 오리인 줄 알았던 인류 원리가 사실은 백조였음을 밝히려는 우리의 여정은 이렇게 끝이 납니다. 하지만 이는 단지 또 다른 시작이고 인류 원리가 백조로 날아오르기 위해서는 더 많은 고민이 필요합니다. 따라서 이 책을 다 읽고 나서도 여전히 인류 원리는 미운 오리와 구분이 되지 않는 모습으로 비춰질 수 있습니다. 하지만 미운 오리처럼 보이는 백조도 엄연히 백조입니다. 인류 원리의 진면목을 발견하기 위한 여정을 이제 시작하도록 하겠습니다.

과학은 자연의 궁극적인 신비를 결코 풀지 못할 것이다.
자연을 탐구하다 보면 자연의 일부인 자기 자신을
탐구해야 할 때가 반드시 찾아오기 때문이다.

_막스 플랑크 Max Planck

목차

10장
우리는 언제 사라지는가
_인류 종말의 위험성은 생각보다 높다

더 알아보기
확률
_인류 원리의 척도

마치는 글
인류 원리가 그리는 인간의 지도 · 406

1장

우리는 '편향성'에서 벗어날 수 있는가

_편향성을 사랑해야 하는 이유

인류 원리의 진면목을 알기 위해서는 우선 우리가 지닌 편향성을 이 해할 필요가 있습니다. '우리 모두는 평범하게도 비범하다'는 주장 역시 우리가 지닌 편향성에 관한 것이라고 말할 수 있으니까요. 인류 원리는 하나의 창의적인 사고방식이라서 우리가 당연히 받아들이는 현상에 대해서도 다른 방식으로 고민해볼 것을 요구합니다. 우리가 일정한 사람들과 알고 지낸다는 것도 당연하게 받아들이는 현상입니다. 눈을 들어 우리가 어떤 이를 보고 또 누군가 우리를 본다는 점은 새로울 것 없는 사실이죠. 하지만 서로 시선을 주고받는 것에도 우리가 쉽게 깨닫지 못하는 제약 사항이 있습니다. 이를 밝히는 것이 인류 원리를 이해하는 첫걸음이 됩니다.

한눈에 들어오는 풍경

가끔씩 북한산에 올라갑니다. 정릉 골짜기를 거쳐서 보국문까지 걸어 올라가는 것도 종종 택하는 길입니다. 이 산길에 오르는 도중에는 한

눈을 팔기 어렵습니다. 힘들지만 쉬지 않고 그냥 올라갈 수밖에 없는 이유는 중간에 서서 아래 경치를 내려다볼 만한 지점이 없기 때문입니다. 올라가는 데 집중해서 보국문에 들어서야 비로소 한눈에 아래쪽을 내려다볼 수 있게 되죠.

왜 우리는 산에 올라갈까요? 여러 이유가 있겠지만 그중 하나는 넓은 지역을 한눈에 내려다보고 싶다는 이유일 겁니다. 풍경을 한눈에 내려다볼 수 없는 산을 올라가고 싶은 사람은 별로 없을 겁니다. 산 정상에 올라서서 아래 마을에 사는 모든 사람들의 움직임을 낱낱이 내려다볼 수 있다고 상상해보세요. 대체로 사람들은 이런 위치에 서 있기를 좋아합니다. 왜 그런지 한 마디로 말하기 힘들지만 아마도 내려다보는 위치에 있는 것이 여러 가지 이점을 가져다주기 때문에 그런 것이 아닐까요? 높은 곳에 올라서서 내려다보면, 가려는 곳을 쉽게 찾아볼 수 있고 누가 오는지도 확인할 수 있습니다.

인류의 조상인 크로마뇽인은 사냥하기 위해 등성을 타고 이동하는 습성이 있었다고 합니다. 그에 비해 네안데르탈인은 낮은 지역을 혼자 다니길 좋아했다고 하는데, 이 두 다른 습성은 파국을 만들어냅니다. 서로의 서식지를 벗어나 이동하던 크로마뇽인과 네안데르탈인은 유럽 알프스 지역 근처에서 만나게 됩니다. 무리를 지어 산등성을 타고 다니는 크로마뇽인은 네안데르탈인의 움직임을 내려다볼 수 있었죠. '한눈에 내려다봄'은 한쪽에게는 결정적인 우위를, 다른 한쪽에게는 치명적인 약점을 안겨 주었습니다. 결국 네안데르탈인은 크로마뇽인의 사냥감이 되어 멸종하고 말았던 거죠. 크로마뇽인의 후손인 인류가 높은 곳에 올라가 내려다보기를 좋아하는 것은 그런 승리의 기억에서 나오는 것이 아닐까 합니다.

한눈에 다른 사람들을 내려다보는 것이 주는 이점은 영국 철학자 제레미 벤담Jeremy Bentham에 의해서 현실에 적용됩니다. 공리주의를 정립한 그는 이를 사회 곳곳에 실현하고자 파놉티콘panopticon이라고 스스로 불렀던 원형교도소를 짓고자 했습니다. 결국 벤담의 원형교도소 계획은 그에게 경제적 손실을 남기고 실현되지 못했습니다만, 원형교도소 모형은 감시하는 사람과 감시당하는 자 사이에 존재할 수 있는 가장 강렬한 모형으로 자리 잡았죠.[2]

파놉티콘의 한가운데 있는 방으로 들어간다고 상상해봅시다. 그곳에 들어가면 360도로 나 있는 창문을 통해서 죄수의 방들을 모두 볼 수 있습니다. 즉 우리는 방들로 이루어진 원의 중심에 서 있게 되는 것이죠. 방에 갇힌 사람들은 우리에게 감시의 대상이 될 뿐, 원의 중심에 있는 우리를 볼 수는 없습니다. 그런 점에서 우리는 감시를 독점한다고 할 수 있습니다.

철저하게 관찰자로만 살아간다면 우리는 감시를 독점하게 될 겁니다. 그러나 관찰자로만 살아간다는 것은 현실에서 불가능합니다. 그래서 우리는 투명인간을 상상하는 것이 아닐까요? 투명인간이 된다는 것은 감시를 당하지 않은 채 남을 감시할 수 있는 능력을 갖게 됨을 말합니다. 투명인간은 온몸이 파놉티콘이 된 존재입니다. 감시를 독점한다는, 현실에서 이루어지기 어려운 꿈을 이룬 존재인 것이죠. 정상에서 발밑의 풍경을 한눈에 내려다보는 동안, 우리는 잠시나마 파놉티콘을 실현한 투명인간이 되었다고 할 수 있습니다.

감시받기보다는 감시하고 싶은 이유

파놉티콘의 가운데 서서 모든 사람을 감시하는 쪽과 그런 사람으로부터 감시를 당하는 쪽 중에서 어느 쪽이 되고 싶은가요? 이 물음에 아마 대부분의 사람들은 '감시하는 쪽'이라고 답할 것입니다. 그런데 왜 그런가요? 왜 사람들은 감시당하는 쪽보다는 감시하는 쪽을 더 선호하는 걸까요? 그 이유는 아마도 '감시'라는 말이 갖는 부정적인 어감 때문일 것입니다. 감시를 한다는 것은 두 사람 중 적어도 한 쪽이 다른 쪽에 대해서 우호적인 태도를 갖고 있지 않다는 것을 의미합니다. '감시'가 아니라 '보살핌'이라면 이야기는 달라졌을 겁니다. 보살피는 쪽과 보살핌을 받는 쪽 중에서 선택을 하라고 한다면, 보살핌을 받는 쪽을 택하지 않을 이유는 딱히 없을 테니까요.

감시를 당하는 쪽은 상대방이 어디에 있는지도 모를 것이고, 심지어 상대방이 자신을 감시한다는 사실조차 모를 수 있습니다. 우물 안 개구리는 우물 밖에 무엇이 있는지 신경 쓰지 않습니다. 아니 쓸 수도 없습니다. 우물 밖에서 우물 안을 들여다보는 감시자가 있는지도 당연히 알지 못합니다. 원형교도소의 방에 갇힌 사람은 누군가가 자신을 감시하고 있다는 사실 자체를 잊어버릴 수 있습니다.

감시당하는 사실을 잊는다는 것과 보살핌을 받는다는 것 사이에는 큰 차이가 없을지 모릅니다. 감시당한다는 사실을 느끼지 못하는 것은 감시하는 사람으로부터 어떤 피해도 받지 않았다고 여기기 때문에 가능합니다. 자신에게 아무 피해도 주지 않으면서 굳이 자신을 '감시'하려는 사람은 오히려 자신에게 '보살핌'을 주려는 사람이라고 생각될 수 있습니다. 벤담 역시 파놉티콘이 감시를 위한 시설이 아니라 보살핌을 위한 시설이라고 생각했습니다. 중앙의 눈은 죄수들이 교도관들로부터 괴롭힘을 당하는지 여부도 감시할 것이기 때문이죠.

감시하고 감시를 당하는 관계가 성립한다는 것은 양쪽이 서로에게 행사할 수 있는 힘이 존재함을 전제합니다. 감시하는 쪽은 감시당하는 쪽의 약점을 찾아서 공격할 수 있는 힘이 있을 때에야 비로소 진정한 '감시자'로 불릴 수 있다는 겁니다.

아무 힘도 없으면서 상대방을 쳐다보기만 하는 사람이 있다면 누가 그런 부류의 사람일까요? 절대 권력을 휘두르는 왕의 발아래 엎드린 힘없는 백성이 그런 사람에 해당한다고 할 수 있습니다. 백성은 왕을 두려워하면서 쳐다보고 있습니다. 왕은 자신을 바라보는 백성 한 명 한 명을 알지 못합니다. 왕에게 백성은 자신의 명령을 받아서 수행할 존재일 뿐이죠. 왕은 힘없는 개인들 모두가 자신을 바라보는 것을 즐깁니다. 백성이 왕을 바라보는 것은 자신에게 닥쳐올 위기를 모면하기 위한 것이지 왕을 우러러보기 때문이 아닙니다. 하지만 절대 권력을 가진 왕은 자신을 바라보는 모든 사람이 자신을 우러러본다고 생각합니다. 결국 왕이 백성 한 명 한 명을 바라보지 않는 것은 그럴 필요가 없기 때문입니다. 자신을 바라보는 백성은 자신에게 그 어떤 위협도 되지 않는다고 생각하기 때문이죠.

여기서 우리는 두 가지 종류의 비대칭을 봅니다. 하나는 시선을 주는 쪽과 시선을 받는 쪽 사이에 존재하는 비대칭이고, 다른 하나는 힘을 행사하는 쪽과 그 힘에 당하는 쪽 사이에 존재하는 비대칭입니다. 감시하는 자와 감시당하는 자 사이에는 시선의 비대칭이 존재하고, 절대 권력을 가진 왕과 그 밑에서 고생하는 백성 사이에는 힘의 비대칭이 존재합니다. 감시당하는 쪽이 아니라 감시하는 쪽을 선호하는 것에는 자신을 조금 더 유리한 위치에 두고 싶은 욕망이 숨어 있습니다. 하지만 상대방을 제압할 압도적 힘을 가지고 있다면, 굳이 남들이 자신을 지켜보는 것을 마다할 이유도 없을 것 같습니다. 차라리 모든 사람들이 자신을 보게끔 함으로써 사람들이 자신에게 공포를 갖도록 하는 것이 더 낫다고 생각할지 모릅니다.

시선의 일방향성과 힘의 일방향성은 서로 다른 것이긴 하지만, 자신을 가운데에 놓고 모든 것을 자기 주변의 것으로 돌린다는 점에서는 동일합니다. 파놉티콘에는 시선의 일방향성과 힘의 일방향성이 모두 있습니다. 한쪽이 다른 한쪽을 일방적으로 바라보고 동시에 힘으로 제압합니다. 사람들이 파놉티콘을 억압적이고 부정적인 구조물로 여기는 이유는 바로 여기에 있습니다.

●

나는 너를 알아야 살지만, 너는 나를 몰라도 산다

이제 시선이 갖고 있는 방향성에 집중해봅시다. 한쪽이 다른 쪽을 일방적으로만 관찰한다면, 정보의 비대칭이 일어날 수 있습니다. 이를 기준으로 사람들이 모여 사는 공동체는 세 가지로 분류될 수 있습니다.

첫 번째 공동체는 모든 사람들이 각자에 대해 서로 잘 아는 공동체입니다. 이런 공동체에는 익명성이 없습니다. 사람들은 각 집에 있는 숟가락 개수까지 알고 있습니다. 두 번째 공동체는 그 반대의 경우입니다. 모든 사람들은 서로에 대해서 아무것도 모르고 지내죠. 세 번째 공동체는 이 두 극단의 사이에 있는 공동체입니다. 사람들은 일부 사람들과 알고 지내고 그 외의 사람들에 대해서는 아는 바가 별로 없습니다. 우리가 살고 있는 사회는 이 세 번째 공동체에 속한다고 해야겠죠.

알고 지내는 사람들이 누구인지에 따라서 세 번째 공동체는 다시 나뉠 수 있습니다. 가족들끼리만 알고 지내고 가족 이외의 사람들에게는 무관심한 사회도 있고, 같은 나이대의 사람들끼리만 서로 알고 지내는 사회도 있을 수 있죠. 그런데 이런 사회에는 정보의 비대칭이 없습니다. 즉 내가 저 사람을 안다면, 저 사람도 나에 대해서 알고 있습니다. 사람들은 시선을 주고받습니다. 다만 시선을 주고받는 대상이 제한적일 뿐이죠. 조선시대 우리 조상이 이런 사회에서 살았다고 할 수 있지 않을까요?

하지만 우리가 살고 있는 사회는 다릅니다. 우리 사회에는 정보의 비대칭이 존재합니다. 우리 사회에는 많은 사람들의 시선을 받는 사람들이 있습니다. 이들은 '스타', '연예인', '저명인사' 등으로 불립니다. 이 사람들은 자신에게 시선을 주는 사람들을 다 알지 못합니다. 그럼에도 이들은 더 많은 사람들의 시선을 끌고자 노력합니다. 다른 사람들에게 알려지고 싶은 강한 욕망을 갖고 있기 때문입니다.

중요한 점은 다른 사람에게 알려지고 싶은 욕망이 실제로 이루어지기도 한다는 것입니다. 왜냐하면 대중도 이들을 알고 싶은 욕망이 있기 때문입니다. 모든 사람들이 모든 사람을 잘 알고 지내는 공동체라면 서로 알고 지내고 싶은 욕망을 갖는다는 것이 이상할 리 없습니다. 하지만 우리가 살고 있는 사회는 그런 공동체가 아닙니다. 옆집 사람에 대해서도 잘 알지 못하는 사람들이 대부분입니다. 그런 대중이 특정한 사람들에 대해서는 알고 싶은 욕망이 치솟게 됩니다. 극단적인 정보의 비대칭이 발생하는데도 말입니다. 왜 그럴까요?

우리에게는 본래 무엇인가를 알고 싶은 욕망이 있습니다. 특히 사람에 대해서 그렇죠. 그러니까 다른 사람들에 대해 전혀 알려고 하지 않는 사람들만 사는 공동체는 상상할 수는 있지만 실제로는 없을 겁니다. 그런 사람들이라면 자식을 낳고 기르는 일 자체도 하지 않았을 테니까요. 하지만 중요한 점은 다른 사람을 알고 싶은 범위에도 한계가 있다는 겁니다. 한 인간에게 주어진 능력은 유한하므로 다른 사람을 알 수 있는 능력도 유한합니다. 그래서 사람들에게는 이 능력을 어느 대상에게 사용해야 할지를 정해야 하는 선택의 문제가 존재합니다.

친구 한 명을 사귄다고 생각해보세요. 그 사람과 만나고 이야기하고 갈등하고 화해하는 등의 시간을 떠올려 보는 겁니다. 이 시간을 거치면서 그는 나의 친구가 됩니다. 여기에는 상당한 시간과 노력이 필요합니다. 그런 이유로 나는 친구를 무한정 가질 수 없습니다.

반면에 일방적으로 시선을 주는 일은 상대적으로 적은 노력이 필요합니다. 스타는 그런 상황에서 생겨납니다. 하지만 일방적인 시선을 주는 일도 그 대상을 무한정 넓힐 수는 없습니다. 친구를 사귀는 것보다는 덜할 테지만 스타 한 명을 아는 데도 시간과 노력이 필요하니까요. 그래서 스타라는 집단도 무한정 커질 수 없습니다. 스타라는 사람들이 수백만 명이라면 그런 집단에서 '대중 스타' 란 존재할 수 없겠지요. 스타는 대중에게 알려져야 할 필요는 있지만 대중일 수는 없습니다.

스타 집단 내부를 보면 그 안에는 많은 변화와 부침이 있습니다. 몇십 년을 스타로 살아온, 그야말로 평생 동안 스타로 살아가는 극소수의 사람들도 있지만, 대부분의 스타는 대중의 주목을 잠깐 받았다가 아주 오랜 기간 동안 대중의 관심으로부터 멀어지게 됩니다. 결국 대부분의 스타는 반짝 스타인 것이죠.

스타들이 가장 싫어하는 것은 '캐릭터 겹치기'입니다. 이것이 스타 집단 내부에 존재하는 경쟁의 핵심입니다. 두 사람이 대중에게 비춰지는 이미지가 매우 비슷하다면, 대중은 이 중 한 사람에게서는 관심을 거둘 공산이 높습니다. 그래서 좋은 이미지를 가졌으나 별로 기억에 남지 않는 사람보다는 나쁜 이미지일지라도 강렬한 인상을 주는 사람이 되길 원하는 것이 스타 집단에서는 이상한 일이 아니죠.

우디 앨런Woody Allen은 자신이 연출한 영화 〈로마 위드 러브To Rome with Love〉에서 스타의 이런 특성을 재치 있게 묘사하고 있어요. 이 영화에 등장하는 레오폴드는 평범한 회사원입니다. 그런데 어느 날 아무 이유 없이 대중 매체의 관심을 한몸에 받게 됩니다. 갑자기 사람들은 레오폴드가 무엇을 먹는지 무엇을 입는지 등에 큰 관심을 갖고 그가 던지는 말 한마디 한마디에 환호를 보냅니다. 레오폴드가 그런 대중의 뜨거운 관심에 싫증을 느끼게 될 즈음 그를 둘러싼 기자들은 레오폴드보다 좀 더 재미있을 것 같아 보이는 사람을 발견하고 일시에 그를 떠나게 되죠. 그러자 레오폴드는 다시 대중의 시선을 돌리고자 큰 목소리로 자신의 이야기를 과장하지만 아무도 더 이상 그에게 관심이 없습니다. 이처럼 대중의 관심은 무한정으로 크지 않습니다. 대중은 보다 흥미 있는 대상을 찾아다닙니다. 비슷한 이야기를 가진 두 스타를 똑같이 사랑할 수는 없는 거죠.

우리가 살고 있는 사회는 시선이 전적으로 한 방향인 사회는 아닙니다. 수많은 사람들이 단 한 사람의 말과 손짓에 집중하지만 정작 이 모든 시선을 한몸에 받는 사람은 자신을 바라보는 군중에 대해서 전혀 알려고 들지 않는 사회, 이런 사회가 시선이 전적으로 한 방향인 사회라고 할 수 있겠죠. 나치가 지배하던 전체주의 국가가 이런 사회에 가깝습니다. 앞서 보았듯이 이런 사회에서는 시선의 비대칭과 힘의 비대칭이 동시에 존재합니다. 많은 사람들이 독재자에게 시선을 보내지만, 힘을 가진 독재자는 자신에 대해서 알리고 싶은 것과 알리고 싶지 않을 것을 철저하게 구별하여 알리고 싶은 것만을 대중이 바라보도록 만들 수 있습니다. 또한 독재자는 자신을 쳐다보는 사람들 한 명 한 명의 삶에 대해서 전혀 알고 싶어 하지 않지만 원한다면 그 누구에 대해서도 낱낱이 알아볼 수 있는 힘을 갖고 있습니다.

지금 우리가 사는 사회가 이에 해당하지는 않지만 이와 유사한 점이 있습니다. 우리는 여러 대중 매체를 통해서 소수의 사람들에게 시선을 주고 있지만 그들은 우리를 전혀 알지 못합니다. 우리는 대부분의 사람들에 대해서 전혀 모르고 살아가지만, 각자의 삶은 우리가 의식하지 못하는 이런저런 방식으로 감시의 대상이 되고 기록됩니다. 한마디로 대중의 삶은 낱낱이 기록되지만 그 삶을 오롯이 기억하는 사람은 없는 것이죠.

'편향성'을 알아야
'편견'에서 벗어난다

지금까지 생각해본 것은 알고 싶은 욕망과 알려지고 싶은 욕망이 서로 얽힐 수 있는 방식들이라고 하겠습니다. 인간에겐 무엇인가를 알고 싶은 본능적 욕망이 있습니다. 하지만 동시에 그런 욕망에도 한계가 있습니다. 사람들은 모든 일에 관심을 가질 수 없습니다. 그런 점에서 우리에겐 내가 알고 싶은 것을 선택할 전적인 자유가 있습니다. 다른 사람들에 대한 관심을 끊고 오직 자신에 대해서만 집중하는 선택도 할 수 있고, 반대로 자신에 대해서는 생각하지 않고 주변의 사람들에게 모든 관심을 쏟는 선택도 할 수 있습니다. 그러나 이런 자유는 논리적으로만 가능한 자유입니다. 이런 자유가 자신에게 오롯이 있다고 생각하는 것은 착각입니다. 알고 싶은 욕망과 알려지고 싶은 욕망이 서로 얽히고 나면 많은 제약이 생겨납니다. 지금 누구를 알고 있는지, 그리고 누구에게 알려지고 싶은지 생각해보세요. 왜 그 사람들을 알게 되었고 왜 그 사람들에게 알려지고 싶은 걸까요?

작은 마을에 살면서 그곳에 사는 사람들에 관해 미주알고주알 알고 있는 사람을 우리는 '우물 안 개구리'에 비유합니다. 적어도 우리는 그런 좁은 시야에서 벗어나 우물 밖으로 나왔다고 생각합니다. 마을이 내려다보이는 곳에 서서 마을에 살고 있는 '우물 안 개구리'들을 내려다볼 수 있다고 생각합니다. 우리는 우물 안 개구리들이 가진 편향적 시각을 안타까워합니다. 하지만 우리 자신이 가질 수밖에 없는 편향성을 알아차리지는 못합니다. 높은 곳에서 아래를 내려다보게 되면 우리를 중심으로 발밑의 대상들이 펼쳐집니다. 그러면 우리는 우리 시선의 방향이 일방적이라는 착각에 빠지기 쉽습니다. 우리는 발밑 아래에 있는 대상들을 내려다봄으로써 그것들을 낱낱이 알게 되지만 반대로 우리가 지켜보는 대상들이 우리 자신에 대해서 알 수는 없다고 생각합니다. 하지만 이는 착각입니다.

"우리 역시 우물 안 개구리에 불과하므로 항상 겸손해야 한다." 이런 주장을 하려는 것이 아닙니다. 우물 안 개구리를 내려다보는 우물 밖의 시선을 상상할 수 있듯이, 우리를 내려다보는 거대한 관점도 상상할 수 있으므로, 우리의 관점이란 우리에게만 유효하다는 식의 상대주의적 주장을 옹호하려는 것도 아닙니다. 이는 우리가 가진 편향성에 대한 냉소적 태도입니다. "우리가 편향적이라고 하더라도 어쩌겠어? 우리 모두 우물 안에 갇혀 있다면 그럴 수밖에 없지. 더군다나 모두 그렇다면 문제될 것도 없잖아." 이런 태도는 편향성에 대한 냉소적 태도를 드러냅니다. 문제는 '우리가 가진 편향성으로부터 무엇을 배울 것인가' 하는 겁니다. 모든 사람이 편향적이라고 하더라도 그로부터 배울 수 있는 사람과 그렇지 못한 사람은 여전히 나뉠 수 있습니다. 그러므로 우리가 취해야 할 태도는 이렇게 요약될 수 있습니다.

"편향성을 사랑하자."

편향성을 무시하지도 말고 편향성에 굴복하지도 말고, 편향성을 사랑하자는 겁니다. 우리가 편향성을 갖는다는 것이 무엇을 의미하는지 애정을 갖고 따져보자는 겁니다.

여기서 한 가지 중요한 지적이 필요합니다. 바로 '편향성'과 '편견'을 구분하는 것입니다. 일상에서 이 두 낱말은 비슷한 뜻을 가진 것으로 구별되지 않고 쓰이기도 합니다만, 여기서는 이 둘을 구분하는 것이 중요합니다. '편향성'에 해당하는 영어 낱말을 찾자면 'bias'입니다. 이에 비해서 '편견'에 해당하는 말은 'prejudice'라고 할 수 있죠. 이 둘은 비슷한 것 같지만 다릅니다. '편향성'이 형이상학적 개념이라면, '편견'은 인식론적 개념이라고 할 수 있습니다. 형이상학 metaphysics은 세상이 어떠한지에 관심을 두는 철학 분과인 반면, 인식론epistemology은 우리가 세상에 대해서 무엇을 믿어야 할지에 관심을 두는 철학 분과입니다. '편견' 또는 'prejudice'는 세상의 모습에 대한 올바른 믿음에 도달하지 못한 상태를 말합니다. 인종에 대한 편견, 종교에 대한 편견, 여성에 대한 편견, 직업에 대한 편견 등에서 보이듯이 편견은 '잘못된 견해'를 말합니다. 정당한 근거도 없이 무엇인가를 믿은 결과가 편견입니다. 반면에 '편향성'은 우리가 세계 속에 처한 모습을 규정하는 표현입니다. 우리의 생각이나 믿음을 규정하는 표현이 아닌 겁니다.

편견은 바로잡아야 할 대상이지만, 편향성은 바로잡을 수 있는 대상이 아닙니다. 사격을 잘 하기 위해서는 처음 몇 발을 쏜 후에 영점 조정이라는 과정을 거칩니다. 이는 총에 있는 가늠자를 조정해서 가늠하는 대로 총알이 과녁에 맞도록 하는 과정입니다. 총에 있는 가늠자와 가늠쇠, 그리고 과녁의 중앙을 일직선상에 놓고 사격을 했을 때 과녁에 명중해야 총이 제대로 기능한다고 할 수 있습니다. 그런데 가늠자를 통해서 과녁의 정중앙을 조준하여 쐈는데도 과녁 중앙을 벗어난다면, 가늠자를 바로잡아야 합니다. 편견은 영점 조정을 해야 할 가늠자와 같은 겁니다. 분명 가늠자를 통해서 과녁을 바라볼 때는 정중앙을 겨냥하고 있지만 가늠자와 가늠쇠가 과녁을 제대로 보여주지 못하고 있는 것이죠. 마찬가지로 편견을 가진 사람은 스스로 세상을 똑바로 보고 있다고 믿지만, 사실은 자신이 갖고 있는 믿음이 세상을 제대로 보여주지 못하는 상태에 있습니다.

이에 비해 편향성은 기울어져 있는 상태를 말합니다. 비탈길에 서 있는 사람은 그 비탈길을 벗어나서 평평한 길로 갈 수는 있지만, 그렇다고 비탈길을 평평하게 바로잡은 것이 아닙니다. 세상의 모든 길이 비탈길이라면 우리는 비탈길에서 벗어날 수 없을 겁니다. 그런 점에서 편향성은 우리의 '조건'이지 우리 믿음의 '결과'는 아니죠. 편견은 바로잡을 수 있지만, 편향성은 그럴 수 없다는 것은 이런 의미입니다.

편향성과 편견이 완전히 관련이 없는 것은 아닙니다. 편견이 비뚤어진 믿음인 이유는 어떤 비뚤어진 조건에서 생겨났기 때문이 아니겠습니까? 대부분의 편견은 편향성을 가진 어떤 것에서 생겨났을 겁니다. 특정 지역에 대해서 편견을 가진 사람들은 아무 이유 없이 그런 생각을 갖게 된 것이 아닙니다. 이 사람들 주변에는 비슷한 편견을 가진 사람들이 많을 것이고, 살아오는 과정에서 이 사람들은 그런 편견을 갖도록 부추겨졌을 겁니다. 그 과정에서 이 사람들은 자신이 갖고 있는 편견을 '편견'이라고 생각하지 않았을 겁니다. 편견이 가진 중요한 특징이 바로 이 점입니다. 편견을 가진 사람은 자신의 믿음을 '편견'이라고 보지 않는다는 것입니다.

우리 모두는 아마도 편견을 적어도 하나쯤은 갖고 있다고 생각할 겁니다. 그렇지 않습니까? 여러분 모두 자신에게 편견이 있다고 생각하지 않습니까? 그런데 자신이 갖고 있는 편견이 무엇인지 밝혀보라고 한다면 그것은 쉽지 않은 일이 됩니다. "나는 여성이 남성에 비해 열등한 존재라는 편견을 갖고 있습니다." 이런 고백을 어떻게 이해해야 할까요? 정말로 자신이 그런 편견을 갖고 있다고 생각하고 그것이 '편견'이라고 생각한다면, 더 이상 그 믿음을 갖지 않고 버려야 마땅하지 않을까요? 그런 사람이라면 "나는 여성이 남성에 비해 열등한 존재라는 편견을 갖고 **있었습니다**"라고 과거형으로 말해야 옳습니다. 이런 고백과 함께 그 순간에도 여전히 그 편견을 유지할 것이라고 말한다면, 그는 자신의 믿음을 '편견'이라고 표현해서는 안 될 것입니다. 오히려 "나는 여성이 남성에 비해 열등한 존재라는 **믿음**을 갖고 있습니다"라고 말해야겠죠. 이런 이유에서 자신이 지금 갖고 있는 편견이 무엇인지를 밝힌다는 것은 불가능한 일일지 모릅니다.[3] 하지만 그럼에도 우리 대부분은 자신에게 편견이 있음을 인정할 겁니다. 만약 그렇지 않고 "나는 아무 편견도 갖고 있지 않아"라고 주장한다면, 우리는 그런 사람을 오만한 사람으로 여길 겁니다. 나아가서 '나에게는 편견이 없다'는 믿음 자체를 편견이라고 생각하지 않을까요?

　'우리가 갖고 있는 편견은 결코 드러날 수 없다'라고 말하는 것이 아닙니다. 편견은 드러날 수 있고 또 바로잡을 수 있습니다. 편견이 드러난다면 우리가 갖고 있었던 편견은 과거형으로 표현될 겁니다. 문제는 '어떻게 편견을 깨달을 수 있는가' 하는 겁니다. 편견이 편향성을 가진 상황에서 생겨난다는 점을 생각해보세요. 편견을 깨달을 수 있는 한 방법은 그 편견을 낳게 한 편향성을 가진 상황이 무엇인지를 이해하는 것입니다. 편견은 편향성에서 생겨나지만 편향성에서 반드시 편견이 생겨나야 하는 것은 아닙니다. 편향성을 그대로 이해한다면 편견에 빠지지 않을 수 있습니다. 만약 편견을 가졌더라도 그 편견을 깨닫고 나올 수 있겠죠. 그런 의미에서 '편향성을 사랑하라'라는 메시지를 이해해 주길 바랍니다. 편향성을 사랑하는 것이 편견에서 벗어나는 길이 될 수 있습니다. 편향성을 사랑한다는 것은 편향성을 제대로 이해한다는 것입니다. 편향성을 제대로 이해할 때에야 그 편향성 때문에 생겨난 편견을 고칠 수 있습니다.

'편향성'에 해당하는 영어 단어 'bias'는 '기울어진 길'이라는 어원을 갖고 있습니다. 기울어진 길에서 자라나는 두 그루의 나무를 상상해보세요. 첫째 나무는 자신이 서 있는 땅이 평평하다고 생각하고 평평한 곳에서 자라는 나무처럼 '똑바로' 성장하려고 합니다. 왼쪽으로 뻗어나가는 가지와 뿌리는 오른쪽으로 뻗어나가는 가지와 뿌리와 같은 모양과 속도로 자라납니다. 하지만 이 나무가 서 있는 땅은 심하게 기울어져 있기에 그렇게 '똑바로' 자란 나무는 더 이상 자신을 주체하지 못하고 뿌리가 땅에서 빠져서 비탈길 아래로 굴러 떨어져 버렸습니다. 둘째 나무는 첫째 나무와 달랐습니다. 서 있는 땅이 심하게 기울어졌기에 둘째 나무는 하늘을 향해 '똑바로' 자라기 위해서 낮은 쪽에 있는 뿌리를 더 강하게 만들고 줄기는 휘어지게 만들었습니다. 이런 방법으로 둘째 나무는 비탈길에서 '똑바로' 자라날 수 있었습니다. 첫째 나무는 자신의 편향성을 무시한 결과 편견에 빠진 것이고, 반대로 둘째 나무는 자신의 편향성을 깨달아 편견에서 벗어난 것이죠. 물론 비유입니다.

우리의 '얼굴'에서 나타나는 편향성

편향성은 흔합니다. 오히려 편향적이지 않은 것이 흔하지 않지요. 복잡계를 연구하는 물리학자 최무영 교수는《물리학 강의》에서 이렇게 말합니다.

> 자연에는 완전히 질서정연하지도 완전히 무질서하지도 않은 현상이 많습니다. 일상의 예로서 주위의 경관을 들 수 있습니다. 여러분이 오늘 이렇게 다 학교에 왔는데, 집에서 학교로 오는 길을 잃지 않았죠? 어떻게 해서 길을 잃지 않을까요? 자연의 한 가지 성격이 여기 있습니다. 만약에 집에서 학교까지 오는 길이 완전히 무질서하다면 어떨까요? 모든 것이 뒤죽박죽 섞여 있으면 길을 구분할 수 없을 겁니다. 학교 가는 길이 어느 쪽인지 구분해서 알 방법이 없지요. 반면에 길과 주변이 완벽하게 질서정연하다면 어떨까요? 갈림길도, 건물도, 모든 것이 다 똑같습니다. 그러면 마찬가지로 어디가 어디인지 구분할 수 없겠지요. 여러분이 집에서 학교로 오는 길을 잃지 않는 이유는 그것이 완전히 질서정연하지도 않고 완전히 무질서하지도 않기 때문입니다.[4]

재미있는 지적입니다. 평소에 집을 찾아가면서 이런 생각을 해본 사람이 있을까요? 평소 우리는 '성냥갑 같은 아파트'로 가득 찬 도시 모습에 혀를 차면서 "도시 곳곳이 똑같이 생겼다"는 불평을 하는 데 익숙하지 않았던가요? 하지만 물리학자의 눈에 이 도시는 질서정연하지 않습니다. 이 점이 흥미롭습니다. 모든 건물이 '똑같다'고 불평을 하지만 그렇다고 집을 못 찾아가는 사람은 거의 없습니다. 완전한 질서정연함, 이 상태에는 편향성이 없습니다. 완전한 무질서함, 이 상태에도 편향성이 없죠.

그렇게 본다면 주변에서 우리가 발견하는 것들은 대부분 편향성을 갖는다고 할 수 있을 겁니다. 얼굴을 볼까요? 명동 거리처럼 여러 국적의 사람들로 붐비는 길에서 지나가는 사람들의 얼굴을 10분 정도만 관찰해보세요. 사람들의 얼굴에는 질서정연함이 없습니다. 모든 얼굴이 제각기 방식대로 서로 다르죠. 지나가는 사람들의 수가 100명을 넘어갈 정도가 되면 얼굴의 다양성에 놀라게 되죠. 생각해보면 얼굴이 그리 큰 면적을 가진 것은 아닙니다. A4 용지 한 장과 비슷한 크기라고 할 수 있겠죠. 이 정도 크기의 종이에 얼굴을 그린다고 해보세요. 입을 가운데 그려 넣고 그 밑에 눈을 그리는 것은 얼굴을 묘사하는 방법이 아닙니다. 다시 말해서 '얼굴을 그리기' 위해서는 지켜야 할 제약 사항이 있다는 겁니다. 이런 제약 사항을 다 지키면서 서로 다른 얼굴을 수십만 장 그리는 일을 한다고 해보세요. 간단한 일이 아닐 겁니다. 이에 비해서 한 장의 얼굴을 그린 후에 이 그림을 수십만 장 복사하는 일은 훨씬 간단한 일입니다. 명동 거리를 지나는 사람들의 얼굴을 10분만 지켜본다면, 이렇게 어려운 일의 결과를 확인할 수 있습니다. 그 많은 사람의 얼굴 중에 같은 얼굴을 발견할 수 없으니까요.

우리 모두는 제각각의 방식으로 비범합니다. 수많은 사람들이 얼굴이 다 다르다는 것도 놀라운 일이지만 그렇게 많은 얼굴들을 다르다고 우리가 판단할 수 있다는 것은 더 놀라운 일입니다. 자세히 살펴보면 사람마다 다르게 생긴 것은 얼굴만이 아닙니다. 손가락 모양새도 다 다를 것이고 발가락, 지문, 걸음걸이 등에서 사람들은 각자 서로 다릅니다. 그렇지만 우리는 서로 다른 손들을 구별하지 못할 겁니다. 그 손이 그 손 같아 보이죠. 얼굴만 보고도 우리는 역대 대통령을 구별할 수 있지만 손을 보고는 그럴 수 없습니다. 우리가 갖고 있는 뛰어난 얼굴 구별 능력을 보여주는 증거는 세계 각국의 지폐에 초상화가 그려져 있다는 사실입니다. 초상화가 낯설게 느껴지는지를 위폐 감별의 기준으로 삼는 것이죠.

그런데 신기한 점은 그렇게 제각기 비범한 얼굴들을 많이 쳐다보고 난 후에 기억에 남는 얼굴은 별로 많지 않다는 겁니다. 기억을 더듬어 보면 그 많은 얼굴들이 모두 똑같아 보입니다. 한 걸음 물러서면 제각기 비범했던 얼굴은 평범해지고, 한 걸음 들어가면 평범한 얼굴들은 다시 제각기 비범해집니다. **우리 모두는 너무나 평범하게도 비범합니다.**

보국문에 올라가면 비로소 한눈에 정릉 계곡이 들어옵니다. 왼쪽으로는 대성문으로 가는 길과 보현봉이, 오른쪽으로는 삼각산이 희미하게 보이는군요. 보국문 옆 의자에 앉아서 이 책에서 하고 싶은 이야기를 정리해봅니다.

"편향성을 사랑하라"라는 말을 했습니다. 그리고 편향성은 편견을 낳는 것이 아니라 오히려 편견을 이기는 바탕이 된다고도 했죠. 밑에 보이는 풍경처럼 사람들은 모여 살면서 다른 사람들을 알아나가고 또 다른 사람들에게 알려지기도 합니다. 그 속에 있다 보면 나는 어떤 모습으로 다른 사람들과 얽혀 있는지 잘 보이지 않죠. 그러나 이렇게 산봉우리에 올라와서 한눈에 내려다보면 우리가 가진 편향성을 알아차리는 기회를 가질 수 있습니다. 산꼭대기에 오를 수는 있어도 그곳에 영원히 머물러 살아갈 수는 없듯이 우리도 가끔씩 자신의 편향성을 들춰볼 수 있지만 그 편향성을 영원히 도려낼 수는 없습니다. 그렇지만 우리의 편향된 모습을 내려다보는 것만으로도 우리는 우리 자신에 대해 많은 것을 알 수 있으리라 생각합니다.

질문과 대답

Q: 우리는 편향성에서 벗어날 수 있는가?

A: **편향성은 우리의 '오류'가 아닙니다. 오히려 편향성을 이해하고 사랑할 수 있어야 우리는 잘못된 믿음인 '편견'을 수정하고 더 넓은 세상을 보게 됩니다.** 세상에 똑같은 얼굴은 단 하나도 없다는 점, 우리의 일상이 결코 질서정연하지 않으면서도 나름의 질서를 유지하고 있다는 점이 지극히 '평범하게 비범한' 우리의 모습을 보여줍니다.

인간은 본성상 모형대로 찍어내고
그것이 시키는 대로 따라하는 기계가 아니다.
그보다는 생명을 불어넣어주는 내면의 힘에 따라
온 사방으로 스스로 자라고 발전하려 하는 나무와 같은 존재다.

_존 스튜어트 밀John Stuart Mill, 《자유론On Liberty》

2장

인류 원리란 무엇인가

_인간과 우주를 바라보는 새로운 관점

인류 원리의 정신

우리가 말하는 '인류 원리'는 'anthropic principle'이라는 영어 표현을 옮긴 것입니다. 천체물리학자 브랜던 카터가 1974년에 처음 쓴 표현으로 알려져 있습니다. 용어가 사용된 역사는 50년이 채 되지 않았으니 그리 긴 역사라고는 할 수 없습니다. 하지만 짧은 역사를 거치는 동안에도 여러 사람이 이 이름 짓기에 대해서 불평을 늘어놓은 바 있습니다. 불평의 요점은 이 명칭이 인류 원리가 말하고자 하는 바에 대해서 잘못된 인상을 심어 놓는다는 것이죠. 그 잘못된 인상의 여파는 적합한 우리말 번역어를 찾는 과정에도 영향을 미친 것으로 보입니다.

인류 원리는 '인본 원리'[5], '인간 원리'[6], '인간 중심 원리' 등 여러 가지로 번역된 바 있습니다. 이 표현들은 모두 만족스럽지 않은데 그 원인은 원래의 이름 자체가 충분히 그 뜻을 표현하지 못한다는 데 있습니다. 가장 큰 문제는, 이 이름이 '인간이 모든 것의 중심이다'라는 주장을 연상케 한다는 겁니다. '인본 원리'라는 번역어는 더욱 그렇죠.

인본 원리는 '인간 중심주의'라는 견해를 떠올리게 만듭니다. 인간 중심주의는 'anthropocentrism'을 옮긴 표현입니다. 어원을 따져보자면 이 단어는 '인간이 중심'이라는 주장을 담고 있습니다. 그리고 이 주장은 '인간이 만물의 척도'라는 고대 그리스 철학자 프로타고라스Protagoras의 오래된 철학적 견해를 연상시키고, 다시 이는 자연스럽게 반실재론anti-realism이라는 철학적 견해를 연상케 합니다. 하지만 이는 인류 원리에 대한 오해입니다. 인류 원리는 인간을 만물의 중심에 두려는 것이 아니기 때문이죠. 오히려 인류 원리는 인간을 만물의 중심에서 빗겨난 위치에 두려 한다고 볼 수 있습니다. 그런 점에서 인류 원리는 '반反 인본 원리'이고 '반 인간 중심주의'인 셈입니다.

카터는 '인류 원리'라는 용어를 우주론cosmology의 맥락에서 도입하고 있습니다. 우주론은 우주의 기원과 운동을 연구하는 학문 영역이죠. 이제 '인류 원리'라는 표현이 탄생할 때 카터가 의도한 의미에 대해서 좀 더 살펴보겠습니다.[7]

·

인류 원리의 여러 형태

앞에서 이미 보았듯이, 카터는 인류 원리가 의미하는 바를 이렇게 규정합니다.

· 카터의 인류 원리 · 우리가 관찰할 수 있는 것은 관찰자가 존재하기 위해서 필요한 조건들에 의해 제약을 받을 수밖에 없다.[8]

이 말이 의미하는 바가 무엇일까요? 우선 여기서 '관찰자'란 인간과 같이 의식을 가진 존재를 말합니다. '의식을 가진 존재'의 범위에 관해서 논란은 있지만 '인간'을 가리킨다고 전제해보죠. 그렇다면 인간이 존재하기 위해서 필요한 조건은 무엇일까요? 인간이 존재하기 위해서는 물, 공기, 빛 등 다양한 것들이 있어야 합니다. 이것들은 모두 인간이 생존하는 데 필요한 것들입니다. 그런데 인간이란 존재 자체를 구성하는 데 반드시 필요한 것들이 있습니다. 이 중 하나를 꼽자면 탄소입니다. 즉 인간이 존재하기 위해서는 우리 신체를 구성하고 있는 탄소가 있어야 합니다. 그러니까 물이 없다면 인간은 살아갈 수 없지만 탄소가 없었다면 인간은 아예 존재조차 할 수 없었을 것이라는 말이죠.

탄소는 수소나 헬륨에 비해서 복잡하고 무거운 원자입니다. 빅뱅 직후의 우주, 즉 초기 우주에는 탄소가 없었죠. 가벼운 원자들의 융합을 통해서 탄소와 같이 보다 무거운 원자가 만들어졌는데, 이를 위해서는 오랜 시간이 지나야 했습니다(빅뱅 이후 수억 년의 시간이 걸렸으니 말 그대로 억겁의 시간이 필요했습니다). 카터의 인류 원리는, 예를 들어, 탄소가 존재해야 한다는 조건이 우리가 관찰하는 것들을 제약한다고 말하고 있습니다. 이 말이 의미하는 것은, 탄소가 존재하지 않는 상황을 우리는 관찰할 수 없다는 겁니다. 왜냐하면 우리는 탄소가 없었다면 존재할 수 없었을 테니까요. 즉 이렇게 말할 수 있습니다.

탄소가 없었다면 존재할 수 없었던 존재는 탄소가 존재하지 않는 상황을 관찰할 수 없다.

이 말은 말장난처럼 들리기도 하지만 동시에 당연한 말, 그래서 사소한 말처럼 들리기도 합니다. 마치 "출석을 부를 때 그 자리에 있지 않았던 사람은 대답을 할 수 없었다"라는 명제처럼 말이죠. 그래서 인류 원리는 '동어반복tautology'에 불과하다는 비판을 받기도 합니다. 하지만 카터의 정의가 인류 원리에 대한 유일한 정의는 아닙니다. 닉 보스트롬Nick Bostrom은 인류 원리에 대한 다양한 규정이 서른 개 이상 있다고 말할 정도죠.[9] 그리고 아마도 그렇게 다양한 형태의 인류 원리가 우리 주변에 있게 된 가장 큰 원인은 존 배로John Barrow와 프랭크 티플러Frank Tipler라는 두 명의 천체물리학자가 쓴 책이 제공했다고 봐야 할 것입니다.[10]

여러 형태의 인류 원리들은 크게 두 부류로 나뉘는데, 하나는 앞에서 설명한 '사소해' 보이는 인류 원리이고, 다른 하나는 '사소해 보이지 않는' 인류 원리입니다. 사소해 보이는 인류 원리는 당연히 참인 것처럼 보이기 때문에 사소한 것이고, 반면에 '사소해 보이지 않는' 인류 원리는 적어도 어떤 사람들의 고개를 갸우뚱하게 만들 정도로 강한 주장을 하기 때문에 사소해 보이지 않는 것입니다. 그런 점에서 후자를 '강한strong 인류 원리'라고 부르기도 합니다.

인류 원리에 대해서 많은 정의가 있지만 배로와 티플러의 것이 가장 잘 알려져 있기에, 여기서는 그들이 제시하는 정의를 소개하는 것이 좋을 듯합니다. 그들은 기존의 논의들을 토대로 우주론에서 사용되는 인류 원리의 여러 형태를 좀 더 정확하게 정의하길 원합니다. 일단 카터의 인류 원리를 토대로 하여 배로와 티플러는 '약한 인류 원리'를 다음과 같이 제시합니다.

• **배로와 티플러의 약한 인류 원리** • 모든 물리량과 우주량의 관찰값은 동등한 확률을 가진 것이 아니라, 탄소 기반 생물체가 진화할 수 있는 곳이 우주 내에 존재해야 한다는 조건과 우주는 그런 곳이 이미 존재할 만큼 오래되어야 한다는 조건에 의해 제약된 값을 갖는다.

이에 비해 그들은 강한 인류 원리를 다음과 같이 정의합니다.

• **배로와 티플러의 강한 인류 원리** • 우주는 생명체가 우주의 역사 중 한 지점에서 생겨날 수 있게 만드는 속성들을 가져야만 한다.

이 두 정의의 차이점이 무엇인지 분명하게 드러납니까? 이 둘은 어찌 보면 크게 다른 것 같기도 하고 어찌 보면 별반 다르지 않은 것 같기도 합니다. 둘이 서로 비슷한 점은, 우주의 속성과 생명체의 속성을 연결 짓고 있다는 겁니다. 우주가 어떤 속성을 가졌는지가 생명체가 어떤 조건에서 생겨나는지의 문제로부터 독립적이지 않다는 것이죠. 또 하나 비슷한 점은, 두 정의 모두 '양상성modality'에 대해서 말하고 있다는 겁니다. 양상성이란 가능성과 필연성을 아우르는 개념입니다. 약한 인류 원리에 등장하는 '탄소 기반 생물체가 진화**할 수 있는** 곳'이란 표현은 가능성을 나타내고, '우주 내에 존재**해야 한다**'는 표현은 필연성을 나타냅니다. 강한 인류 원리에서도 '생명체가 생겨**날 수 있게** 만드는 속성'이라는 표현은 가능성을, '속성을 **가져야만** 한다'는 표현은 필연성을 각각 의미합니다. 그렇게 보자면, 이 두 정의는 별반 달라 보이지 않습니다. 두 정의 모두 생명체의 가능성이 필연적이라고 말하는 것이기 때문입니다.

하지만 좀 더 분석해보면 이 두 정의 간의 차이점이 드러납니다. 약한 인류 원리가 강조하는 것은 '가능성'입니다. 가능성의 정도를 양적으로 표현한 것이 확률이라고 한다면, 약한 인류 원리는 확률에 대해서 말하고 있다고 할 수 있습니다. 어떤 특정한 종류의 물질이 1이라는 특정한 물리량을 가졌다고 해보죠. 이 물질이 1이 아니라 2라는 물리량을 가질 확률은 얼마였을까요? 한 견해는, 이 물질이 1이 아니라 2라는 물리량을 갖는 것이 논리적으로 가능하다면, 1을 갖는 확률과 2를 갖는 확률은 같다고 보는 것입니다. 약한 인류 원리는 이 견해를 거부합니다. 이 물질이 특정한 물리량을 가질 확률이 다른 물리량을 가질 확률과 동일해야만 하는 것은 아니라는 겁니다.

반면 강한 인류 원리는 확률이 아니라 '필연성'에 강조점을 두고 있습니다. 강한 인류 원리가 말하는 바는, 우주는 의식을 가진 생명체가 진화하도록 만드는 속성을 필연적으로 갖는다는 것입니다. 이 말이 무슨 뜻인지를 해석하기는 간단치 않은데, 한 가지 해석은 이런 겁니다.

우주의 역사를 처음으로 되돌린 후에 다시 우주를 만들어낸다고 하더라도 의식을 가진 생명체는 그 우주의 역사에서 언젠가 나타난다.

적어도 겉으로 보기에, 이 주장은 앞의 경우와 달리 사소해 보이지 않습니다. 우주의 역사에서 생명체의 탄생이 필연적이라는 말은 사소하기는커녕 매우 놀라운 주장처럼 보입니다. 그런데 그만큼 누군가의 고개를 갸우뚱하게 만들 수 있습니다. '왜 생명체의 탄생이 필연적이지?' 이런 의문을 가질 수 있으니까요. 왜 우주의 역사에서 생명체는 반드시 등장할 수밖에 없을까요?

이런 의문을 고려할 때 강한 인류 원리는 여러 방식으로 해석될 수 있는데, 배로와 티플러는 이 중 다음 세 가지 해석에 주목합니다.

- **해석 1** 관찰자를 태어나게 하고 이들의 생명을 유지하게 할 목표를 갖고 설계된 우주로 가능한 것은 단 하나 존재한다.
- **해석 2** 우주가 존재하기 위해서는 관찰자가 반드시 필요하다.
- **해석 3** 우리 우주universe가 존재하기 위해서 이와 다른 여러 우주들 universes이 필요하다.

이 중 '해석 1'은 우리 우주는 우리와 같은 생명체가 살 수 있도록 계획된 것이라고 말합니다. 여기서 강조점은 '계획'에 있지요. 우주 전체가 계획의 산물이라는 것이 핵심입니다. 이 계획에는 생명체의 탄생과 유지가 포함되어 있지요. 이는 다분히 우주에 특정한 목적이 있다는 종교적 견해를 지지하는 듯 보입니다. 이런 해석을 받아들이는 견해에 대해서는 뒤에서 좀 더 살펴볼 기회가 있을 겁니다.

'해석 2'는 관찰자의 역할을 강조하는 해석입니다. 양자역학에서는 관찰이 관측량 측정에 영향을 준다는 것이 알려져 있는데 이 점을 간단히 설명하면 이렇습니다. 양자역학에서는 물질의 입자가 양립할 수 없는 두 성질을 동시에 가지고 있는 상태를 허용합니다. 흔히 양자 '중첩superposition'이라고 불리는 상태죠. 그런데 이 중첩 상태를 측정을 통해서 들여다보려고 하면 입자는 양립할 수 없는 두 성질 중 하나만 가진 것으로 관찰되는 일이 벌어집니다. 우리가 하는 관찰이 물질의 성질에 영향을 주는 것처럼 보이는 것이죠.

그런데 이는 상식적으로 이해하기 어렵습니다. 나무가 번개를 맞고 쓰러졌다고 해보죠. 나무가 쓰러지는 소리를 우리가 듣는다면, 그것은 나무가 쓰러졌기 때문일 겁니다. 그런데 이를 두고 나무가 쓰러지는 소리를 들었기 때문에 나무가 쓰러졌다고 말하는 것은 이상한 주장으로 들립니다. 18세기 아일랜드에서 태어나 활동한 주교이자 철학자 조지 버클리George Berkeley는 '존재하는 것은 지각되는 것esse est percipi'이라는 관념론적 견해를 펼친 것으로 유명합니다. 나무가 쓰러지는 일이 있었다는 것은 나무가 쓰러지는 것이 누군가에 의해서 지각되었다는 말에 다름없다는 것입니다. 버클리에 따르면 관찰자의 의식이 없다면 그 어떤 것도 존재하지 않습니다. 관찰되어야만 존재하는 것이죠. 이는 관찰되어야만 어떤 상태인지 알 수 있다는 주장보다 더 강한 주장입니다. 나무가 쓰러졌는지 그대로 서 있는지는 지각을 통해서 확인해봐야 알 수 있을 겁니다. 하지만 버클리의 주장에 따르면, 나무가 쓰러졌다고 지각되기 전에는 나무가 쓰러지는 사건이 발생하지 않았다고 해야 합니다. 이상한 주장이죠.

양자역학은 이런 이상한 일이 미시 세계에서 일어난다는 것을 보여줍니다. 버클리는 양자역학을 몰랐겠지만 미시 세계에서 일어나는 이상한 일이 거시 세계에도 일어난다고 주장했던 셈이죠. 만약 그렇다면 우주를 포함해서 무엇인가가 존재한다는 말은 그것이 관찰되고 있다는 말이고, 이는 관찰자 없이는 그 어떤 것도 존재할 수 없다는 것을 뜻합니다. 그런 점에서 '해석 2'는 버클리 식의 관념론과 비슷한 주장을 한다고 볼 수 있습니다.

한편 '해석 3'은 앞의 두 해석과 그 결이 다릅니다. 앞의 두 해석은 관찰자의 존재가 중요한 화두이지만 '해석 3'에서 강조하는 것은 우리 우주와 여러 우주 사이의 관계입니다. 앞서 미시 세계에서의 중첩과 관찰에 관한 양자역학의 견해를 언급한 바 있습니다. 중첩 상태가 관찰에 의해서 깨어진다는 주장이죠. 이 견해가 양자역학에서 주류적 견해이기는 하지만 모든 사람이 받아들이는 것은 아닙니다. 양자역학의 '다세계 해석many-worlds interpretation'을 받아들이는 사람은 미시 세계의 중첩이 관찰에 의해서 붕괴된다는 것을 인정하지 않습니다. 이들에 따르면 관찰은 하나의 세계가 여러 세계로 나누어지도록 만듭니다. 나무는 번개를 맞고 쓰러질 수도 있었고 그대로 서 있을 수도 있었습니다. 그런데 우리는 나무가 쓰러지는 모습을 봅니다. 다세계 해석에 따르면, 나무가 쓰러지는 것을 우리가 지각하는 순간, 나무가 쓰러지는 세계와 바로 그 나무가 그대로 서 있는 세계가 나누어집니다. 물론 양자와 같은 미시 세계의 특성이 나무와 같은 거시 세계에 그대로 적용된다면 그렇게 된다는 말입니다.

이 해석들을 제대로 평가하기 위해서는 양자역학에 대한 좀 더 깊은 논의가 필요한데 이는 각자의 숙제로 넘기기로 하겠습니다. 다만 여기서 주목하고자 하는 점은 이 해석들이 얼마나 서로 다른가 하는 것입니다. '해석 1'은 신학적 목적론에 입각하여 단 하나의 우주를 받아들이고 '해석 3'은 여러 우주의 존재를 받아들이고 있죠. 우주론 내에서도 인류 원리를 해석하는 과정에서 이렇게 큰 차이가 생겨날 수 있다는 것이 놀랍습니다.

강한 인류 원리에서 한 걸음 더 나간 듯 보이는 형태의 인류 원리도 있습니다. 배로와 티플러는 다음 주장을 '궁극적final 인류 원리'라고 부릅니다.

• **배로와 티플러의 궁극적 인류 원리** • 정보를 처리하는 지적 존재는 우주에 존재해야만 하고, 한 번 이런 존재가 등장하면 결코 사라지지 않는다.

궁극적 인류 원리는 미래에 방점을 두고 있습니다. 지적 존재의 출현은 필연적이고 한 번 그런 존재가 출현하면 결코 사라지지 않는다는 것이죠. 이는 강한 인류 원리에서 한 걸음 더 나아간 주장입니다. 단지 지각 능력을 갖춘 관찰자를 넘어서 정보 처리 능력을 갖춘 지적 존재를 말하고 있을 뿐 아니라 그런 지적 존재가 우주 탄생에 반드시 필요하고 또 그런 존재의 영원성을 말하고 있다는 점에서 그렇죠.

지금까지 보았듯이, '인류 원리'는 우주론에서 태어났지만 그에 대한 정의는 단일하지 않습니다. 여러 형태의 인류 원리가 있고 또 그에 대해 여러 가지 해석이 생겨나는 근본적인 이유는 인류 원리가 모호하게 규정되어 있기 때문이라고 할 수 있습니다. 너무나 당연해서 사소해 보이는 인류 원리와 그렇지 않은 인류 원리가 하나의 이름으로 불린다는 것 자체가 당혹스러운 일입니다. 배로와 티플러가 인류 원리의 여러 정의를 소개한다고 해서 이 모든 정의에 그들이 동의하는 것도 아닙니다. 그들은 이렇게 말하고 있습니다.

궁극적 인류 원리와 강한 인류 원리 모두 상당히 사변적이라는 점을 다시 한

번 강조해 두어야겠다. 분명히 이 둘을 두고 물리학에서 잘 확립된 원리라고 할 수는 없다.[11]

저 역시 이 점에서 그들의 견해에 동의합니다. 저는 강한 인류 원리가 물리학의 이름을 빌린 종교적 주장에 불과하다고 생각하지는 않습니다. 또한 나중에 다시 살펴보겠지만 목적론을 받아들이는 견해가 난센스라고 생각하지도 않습니다. 하지만 우주의 역사에서 생명의 탄생이 우연한 사건이 아니라는 주장은 다른 논거를 들어서 도달할 결론이라고 볼 수는 있어도, 그 주장 자체를 '원리'라는 이름으로 받아들여야 한다고 보지도 않습니다. 그런 점에서 강한 인류 원리는 인류 원리를 너무 과도하게 해석한 결과인 것처럼 보입니다.

여러 형태의 인류 원리 중에서 하나에 반대하다고 해서 인류 원리 자체를 부정하는 것은 옳지 않습니다. 과학을 대중에 소개하는 데 누구보다도 탁월했던 칼 세이건Carl Sagan도 인류 원리에 반대하는데 사실 그가 반대하는 것은 '강한 인류 원리'입니다. 그는 이렇게 말합니다.

(인류 원리를 사용하는–저자 첨가) 이런 논증의 연쇄에는 목적론이 숨겨져 있음을 어렵지 않게 알아볼 수 있습니다. 그리고 사실 '인간 원리'(즉 인류 원리–저자 첨가)라는 말 자체가 이 논증의 감정적 토대를—비록 논리적 토대까지는 아니더라도—누설하고 있습니다. 이것은 우리 '인간'이 우주의 핵심이라고 말하고 있는 셈입니다. 이것이 사실이라면 우리는 코페르니쿠스적 충격을 해소할 수 있는 실마리를 우리 시대에 발견한 셈이 됩니다.[12]

세이건은 인류 원리가 코페르니쿠스 정신에 대한 반동적 대응이라고 봅니다. 그는 자신이 인류 원리에 반대하는 세 가지 이유를 제시하고 있습니다. 첫 번째로 인류 원리에 호소하는 것은 상상력의 실패에 기여하는 경우가 많다는 것입니다. 우리가 관찰하고 경험한 것에 매몰되다 보면 우리와 같은 생명체가 존재하게 된 것은 필연적이고 당연한 결과처럼 보일 수 있지만, 이는 더 많은 가능성을 염두에 두지 못했기 때문이라는 것이죠. 예를 들어 태양과 같은 광원으로부터 지구처럼 적당한 거리에 떨어진 행성에서만 생명체가 살 수 있을 거라고 우리는 생각하기 쉽지만, 이는 '온실 효과'와 같은 또 다른 가능성을 염두에 두지 않고 내린 성급한 결론일 수 있습니다. 온실 효과를 고려한다면, 지구에 미치는 햇빛보다 1,000배 약한 햇빛만을 받게 되는 해왕성과 같은 곳에도 인간이 아늑하게 느낄 수 있는 지역이 있을 수 있다고 세이건은 말합니다. 인류 원리는 이런 가능성을 상상하지 못하는 데서 생겨난다는 것이 그의 첫 번째 비판입니다. 둘째로, 인류 원리를 주장하는 사람은 새로운 원리가 출현할 수 있는 가능성을 간과한다는 것이 그의 또 다른 비판입니다. 세 번째 비판은, 우리가 사는 우주가 단 하나만 존재하지 않을 수 있다는 겁니다.

만약 우주가 매 순간마다 원래의 것과는 전혀 다른 우주들로 갈라져 나간다면, 그리고 만약 우리 우주의 것과는 다른 자연 법칙과 다른 상수들을 지닌 우주들이 무한정 많이 있다면, 우리의 존재는 그다지 주목할 만한 것이 아니라는 것입니다. 생명이 전혀 없는 다른 우주들도 얼마든지 있을 것이기 때문입니다. 다만 우리는 그런 우주들 중에서도 우연히 생명을 갖고 있는 곳에 있게

되었을 뿐인 것입니다.[13]

그는 여러 우주가 존재할 수 있다는 전제를 받아들임으로써 인류 원리를 거부하고 있는 셈입니다. 하지만 여러 우주의 가능성을 받아들이는 것이 인류 원리와 반드시 모순되는 것은 아닙니다. 그런데도 세이건은 인류 원리를 그렇게 생각합니다. 여기서 그가 생각하는 인류 원리는 '매우 강한 형태의 인류 원리'입니다. 그에 따르면 인류 원리란 우주를 신이 인간을 위해서 창조한 것이라 보는 견해입니다.

하지만 이는 인류 원리를 왜곡하는 것입니다. 인류 원리의 정신은 코페르니쿠스의 혁명 정신과 다르지 않습니다. 인간의 위치를 특별하게 보지 않는 것이죠. 세이건이 비판한 것은 매우 강한 인류 원리입니다. 그것은 사실 인류 원리의 정신에 반하는 생각입니다.

그렇다면 우리가 우선 관심을 가져야 할 것은 약한 인류 원리와 같이 '사소해 보이는' 주장이라고 할 수 있겠네요. 문제는 약한 인류 원리가 겉으로 보기에만 사소한 것이 아니라 '정말로 사소한 것인가' 하는 점입니다. 이 점에 대해서 좀 더 생각해보기로 하죠.

•

사소해 보이지만
사소하지 않은 이유

'인류 원리'라는 표현이 등장한 이래로 많은 비판이 있었는데 비판의 요점은 간단합니다. 강한 인류 원리는 '너무 강하고' 약한 인류 원리는 '너무 약하다'는 것입니다. '강한 인류 원리가 너무 강하다'는 비판의 한 가지 의미는 '너무 사변적이다'라는 것입니다. '안락의자에 앉아서 실제 세상이 어떠한지를 주장한다'는 의미로 볼 수 있을 겁니다. 또다른 한 가지 의미는, 강한 인류 원리는 그 주장이 참인지 거짓인지를 검증할 수 없다는 것입니다. 궁극적 인류 원리는 강한 인류 원리보다 더 강한 주장이므로 비슷한 비판이 적용됩니다. 논리와 수학에서 번뜩이는 통찰력을 보이는 것으로 유명한 마틴 가드너Martin Gardner는 궁극적 인류 원리를 '완전히 우스꽝스런 인류 원리Completely Ridiculous Anthropic Principle'라고 부르면서 조롱하기도 했습니다.[14] 줄여서 부르면 'CRAP(헛소리)'이 되도록 한 것도 조롱의 일부분이라고 해야겠죠.

한편 '약한 인류 원리가 너무 약하다'는 비판은 '너무 사소해서 이로부터 새로운 점을 배울 것이 없다'는 뜻입니다. 철학자 존 레슬리John Leslie는 인류 원리는 궁극적으로 동어반복이라고 말합니다. 인류 원리란 다음과 같이 말하는 것에 불과하다는 것이죠.

지적 생명체는 지적 생명체가 가능한 곳에서 자신의 위치를 발견할 수 있다.[15]

이 주장은 "모든 것은 자신과 동일하다" 같은 명제나 "사람은 사람이다" 같은 명제처럼 보입니다.

하지만 인류 원리는 동어반복처럼 보일지라도 하나마나한 무의미한 명제는 아닙니다. "동어반복은 아무런 정보도 전달하지 않고 무의미하다"는 주장 자체가 특정한 견해를 표명한다고 할 수 있습니다. '동어반복'이란 무엇일까요?

동어반복에는 여러 수준이 있습니다. 우선 주어와 술어에 같은 말이 들어가는 경우에 동어반복이라는 말을 쓰는 경우가 있습니다. 예를 들어 "개금치는 개금치다"와 같은 것이죠. 우리는 '개금치'가 무엇인지 전혀 알지 못하더라도 이 문장이 참이라는 것을 압니다. 그것이 무엇이든지 동일률(고전 논리학의 한 원리로서 'A는 A이다'와 같이 표현되는 명제)에 의해서 그것은 자신과 동일할 것이라고 믿기 때문이죠. 약한 인류 원리는 이런 의미에서 동어반복이라고 할 수 없습니다. 약한 인류 원리는 "생명체가 존재할 수 있는 곳이 생명체가 존재할 수 있는 곳이다"와 같은 동어반복으로 해석될 수 없습니다.

둘째로 같은 표현을 반복해서 쓰는 것은 아니지만 같은 뜻을 의미하는 것을 연결해 놓은 경우 '동어반복'이라고 말하기도 합니다. 예를 들어 "장자長子는 첫째 아들이다"와 같은 문장이죠. 좀 더 범위를 넓혀보자면 "총각은 남자다"와 같은 문장도 동어반복이라 부르는 경우가 있습니다. '총각'과 '남자'는 같은 의미가 아니지만, '총각'이 '아직 결혼하지 않은 남자'를 뜻하기 때문에 이 문장은 '총각'이 지닌 뜻의 일부를 풀어쓰는 셈이죠. 그런 점에서 이 문장은 항상 참입니다. 이런 문장을 특별히 구별하여 '분석analytic' 명제라고 하죠. 그렇다면 약한 인류 원리는 분석 명제라고 할 수 있을까요?

분석 명제의 범위를 정하는 것은 논쟁적입니다. 예를 들어 "5는 소수다"를 생각해보죠. '소수'란 '1보다 크면서 1과 자신으로만 나누어지는 자연수'로 정의됩니다. 5라는 수는 1과 자신으로만 나누어지는 수죠. 그렇다면 "5는 소수다"는 "총각은 남자다"와 같이 분석 명제고 동어반복이라고 할 수 있을까요? "5는 소수다"가 분석 명제라면, "$2^{61}-1$

은 소수다"도 그렇다고 해야 할 겁니다. '$2^{61}-1$'이라는 수는 분명 소수이지만 5가 소수라는 것보다는 훨씬 더 복잡한 계산 과정을 거쳐야 소수임이 드러납니다.[16] "$2^{61}-1$은 소수다"는 반드시 참인 문장이지만, 이 문장이 참이라는 것을 알아내는 일은 사소한 일이 아니라는 것이죠. 따라서 만약 분석 명제의 범위를 넓혀서 인류 원리도 분석 명제의 하나로 본다고 하더라도 그것이 인류 원리가 사소하다는 것을 보여주는 이유가 될 수는 없습니다.

셋째로 어떤 문장이 말하는 바가 아무런 새로운 정보도 주지 못한다는 점에서 동어반복이라고 말하기도 합니다. 그런데 '새로운 정보를 주지 못한다'는 말을 정의하는 것도 간단한 일은 아닙니다. 논리적으로 참인 명제나 확률이 1인 명제를 두고 새로운 정보를 주지 못한다는 의미에서 동어반복이라고 규정하는 경우도 있습니다. '확률'이란 개념을 통해서 '정보'라는 개념을 정의하고, 이 '정보' 개념을 통해서 동어반복의 의미를 규정하는 것이죠.

확률이란 개념은 인류 원리를 이해하는 데 중요하지만 동시에 이해하기 간단치 않은 개념이기도 합니다. 이 책의 '더 알아보기'에서 다뤄지는 '확률'에 관한 예고편 성격의 이야기를 해보겠습니다. 확률의 기본 개념 중에서 '조건부확률conditional probability'이라는 것이 있습니다. 예를 들어 만약 '어떤 건물에 화재가 일어났을 때 지하층에서 화재가 발생할 확률'이 90%라고 합시다. 이 확률은 단순히 '이 건물의 지하층에서 화재가 일어날 확률'과는 다릅니다. 여기서 '90%'로 주어진 확률은 '이 건물에 화재가 났다는 조건 하에서' 이 건물의 지하층에서 화재가 날 '조건부확률'입니다.

이 건물에서 화재가 일어나는 사건을 'F'라고 하고, 이 건물의 지하층에서 화재가 일어나는 사건을 'B'라고 한다면, 여기서 말하는 조건부확률은 'Pr(B|F)'라고 표현합니다. 이는 이 건물에서 화재가 일어날 확률인 'Pr(F)'와도 다르고 이 건물의 지하층에서 화재가 일어날 확률인 'Pr(B)'와도 다르죠.

조건부확률 Pr(B|F)는 Pr(B&F)를 P(F)로 나눈 값과 동일합니다. 여기서 Pr(B&F)는 '이 건물의 지하층에 화재가 일어났고 이 건물에 화재가 일어났을 확률'을 말하겠죠. 그런데 이 건물의 지하층에 화재가 일어났다면 당연히 이 건물에 화재가 일어났다고 해야 하기 때문에, 이 확률은 Pr(B)과 동일할 겁니다. 이를 방금 소개한 조건부확률을 통해서 표현하자면 이렇겠죠.

$$Pr(F|B)=1$$

즉 이 건물 지하층에 화재가 일어났다는 조건 하에서 이 건물에 화재가 일어났을 확률은 100%라는 겁니다. 당연한 말입니다.

그렇다면 간단한 문제 하나를 풀어볼까요? 이 건물에 화재가 일어날 확률이 10%라고 한다면, 이 건물 지하층에 화재가 일어날 확률은 얼마일까요? 이 문제를 해결해보겠습니다. Pr(B|F)가 90%라는 것은 이미 주어져 있죠. 여기에 조건부확률의 정의를 적용하면 이렇게 표현할 수 있겠죠.

$$Pr(B|F)=Pr(B\&F)/Pr(F)=0.9$$

앞에서 우리는 B와 F의 관계를 살펴보며 Pr(B&F)는 Pr(B)와 같다는 것을 알아봤습니다. Pr(F)는 10%라고 했으니까 이제 앞의 식은 이렇게 다시 쓸 수 있을 겁니다.

$$Pr(B|F) = Pr(B)/0.1 = 0.9$$

문제에서 찾고 있는 것은 Pr(B)입니다. 그러니까 이 건물의 지하층에서 화재가 일어날 확률이죠. 위의 식으로부터 우리는 이 확률이 0.09, 즉 9%라는 것을 알 수 있습니다.

여기서 특별히 구별할 필요가 있는 것은 Pr(B|F)와 Pr(F|B)라는 두 조건부확률입니다. 이 둘이 서로 다르다는 점을 아는 것이 매우 중요합니다. 화재 사건 사례에서 Pr(B|F)는 0.9, 즉 90%이지만 Pr(F|B)는 1, 즉 100%죠. 이 두 조건부확률의 관계를 제대로 밝혀 자신의 이름을 역사에 새겨 넣은 사람이 있습니다. 바로 18세기 영국에 살았던 목사이자 수학자 토머스 베이즈Thomas Bayes입니다. 그가 자신의 이름을 내세운 '베이즈 정리'라는 공식으로 밝힌 사실은 Pr(B|F)가 Pr(F|B)로 표현될 수 있다는 것입니다.[17]

조건부확률에 대해서 사람들이 흔히 저지르는 착각은, 두 조건부확률을 혼동한다는 것입니다. 즉 Pr(F|B)와 그 순서가 바뀐 Pr(B|F)를 헷갈려 한다는 것입니다. 건물 지하층에 화재가 났다는 정보로부터 이 건물에 화재가 일어났다는 사실은 당연히 따라 나옵니다. 그러니까 후자가 새로운 정보가 될 수 없죠. 하지만 그 반대는 성립하지 않습니다. 건물에 화재가 났다는 정보를 알았다고 해서 화재가 일어난 구체

적 장소에 대한 정보가 따라 나오지는 않습니다. 또 다른 예를 들어볼까요? 비가 내리는 것을 보고 있다고 해보죠. 이런 관찰을 하고 있다는 조건 하에서 마당에 있는 해바라기가 물기를 머금은 모습을 볼 확률은 얼마나 될까요? 아마도 거의 100%라고 해야겠지요. 하지만 반대로 해바라기가 물기를 머금은 모습을 보고 있다는 조건 하에서 비가 지금 오고 있을 조건부확률을 묻는다면, 그렇게 높지 않을 겁니다. 누군가가 해바라기에 물을 주었다는 등의 이유에서 그러한 현상이 나타났을 수 있으니까요.

이 두 조건부확률을 혼동하면 터무니없는 이론에 설득되는 잘못을 저지를 수 있습니다. 예를 들어볼까요? 남태평양 이스터 섬에 있는 모아이 석상을 누가 만들었는지는 아직도 미스터리입니다. 모아이 석상과 똑같은 모습을 한 외계인이 있는데 이들은 지구를 방문할 정도로 뛰어난 문명을 지녔고 자신의 모습을 한 조형물을 만드는 걸 굉장히 좋아한다는 '이론'을 누군가 제시한다고 합시다. 이 '모아이 외계인설' 자체는 황당해서 받아들이기 힘든 이론이지만 조건부확률을 생각해보면 사람을 현혹시키는 데가 있습니다. 이 이론이 옳다(A)는 조건 하에서 이스터 섬에 모아이 석상이 존재(B)하게 될 조건부확률 'Pr(B|A)'가 상당히 높기 때문입니다. 특히 이스터 섬에 모아이 석상이 존재한다는 조건 하에서 모아이 외계인 이론이 옳을 조건부확률 'Pr(A|B)'와 비교하면 더 그렇죠. 모아이 석상의 존재를 설명할 여러 이론들 중에서 모아이 외계인설이 가장 그럴 듯한 이론이라고 할 수는 없습니다. 반면에 모아이 외계인설이 참이라는 조건 하에서 이 외계인들이 모아이 석상을 세웠을 확률은 상당히 높을 겁니다.

이 이론에 따르면 이들은 자신의 모습을 닮은 조형물을 만드는 걸 좋아하니까요.

우리가 구하고자 하는 것은 우리의 경험이 주어졌을 때 특정한 이론이 옳을 조건부확률이지 그 반대가 아닙니다. 즉 Pr(이론|경험)이지 Pr(경험|이론)이 아니라는 겁니다. 그런데도 우리는 Pr(경험|이론)이 높다는 이유에서 이론을 받아들이는 잘못을 저지르곤 합니다. "이 이론이 옳다면, 우리의 경험은 잘 설명된다. 그러니까 이 이론은 옳다." 이런 추론은 명백히 순환적입니다.

이제 약한 인류 원리로 돌아와 봅시다. 약한 인류 원리를 조건부확률로 해석하면 약한 인류 원리가 말하는 바가 사소하다고 평가할 수 있습니다. 많은 사람들이 지구에서 살고 있다는 것을 우리는 경험을 통해서 알고 있습니다. 이를 'E'라고 표현해보죠. 그리고 '우주는 생명체가 출현할 수 있는 속성을 갖고 있다'는 명제를 'L'이라고 표현하겠습니다. 만약 우리가 E가 주어진 조건 하에서 L이 일어날 조건부확률 'Pr(L|E)'를 구한다면 이 조건부확률은 1, 즉 100%처럼 보입니다. 조건부확률이 100%일 때 우리는 이를 두고 사소한 주장이라고 말하기 쉽습니다.

여기서 생각해보아야 할 두 가지 점이 있습니다. 하나는 100%의 조건부확률을 갖고 있다고 해서 모두 사소하다고 말할 수는 없다는 겁니다. 반드시 일어날 사건인데도 이를 잘 모르는 경우는 흔합니다. 핼리 혜성이 76년마다 한 번씩 지구에 나타날 확률은 100%이지만 핼리 혜성이 76년마다 지구를 방문한다는 주장을 사소하다고 할 수는 없을 겁니다.

둘째로 약한 인류 원리를 어떤 조건부확률로 표현할지에 대해 논란이 있을 수 있습니다. 약한 인류 원리를 'Pr(L|E)'라는 조건부확률로 표현할 때 L을 '우주는 생명체가 출현할 수 있는 속성을 갖고 있다'는 명제로 이해하는 것이 과연 적절할까요? 우주가 생명체의 출현을 가능하게 할 수 있는 속성을 지니게 되는 시나리오는 여러 가지가 있을 겁니다. 이 중 두 시나리오가 있다고 하고 각각 'L1'과 'L2'라고 부르기로 하죠. 현재 우리가 지구 위에서 이런저런 경험을 하고 있다는 조건 하에서 L1이 참일 조건부확률과 L2가 참일 조건부확률을 비교해서 어느 쪽이 더 높은지를 어떻게 따져야 할까요? 즉 Pr(L1|E)와 Pr(L2|E)를 어떻게 비교할 수 있을까요? 인류 원리를 조건부확률과 관련지어서 규정한다면, 저는 이 조건부확률들을 비교하는 데 기준이 되는 것이 바로 인류 원리라고 생각합니다. 특정한 조건부확률이 인류 원리를 표현하는 것이 아니라 인류 원리가 여러 조건부확률을 가늠하는 기준이 된다는 말입니다.

조건부확률 Pr(L1|E)와 Pr(L2|E)는 각각 사소해 보일 수 있습니다. 우리 인간이 지금 여기 이렇게 존재한다면, 당연히 우주는 인간이 살아가는 데 적합해야 할 테니까요. 하지만 문제는 우주가 현재 이 순간 생명체의 존재를 허용한다는 것이 아니라 '우주가 어떤 과정을 거쳐서 지금에 이르게 되었는지'입니다. 현재의 상태가 아니라 현재의 상태에 이르는 과정을 드러내는 것이 인류 원리의 관심사라는 말입니다.

지금까지 우리는 인류 원리가 사소하다는 비판에 대해서 생각해봤습니다. 인류 원리는 사소해 보일 수 있지만, 좀 더 생각해보면 사실은 그렇지 않습니다. 인류 원리가 사소해 보인다는 점은 오히려 인류 원리의 진가를 보여줍니다. 사실은 사소하지 않은데 사소해 보이는 것이 있다면, 그 점을 깨닫는 것은 어렵지 않겠습니까?

그렇다면 인류 원리가 사실은 사소하지 않은데 사소하게 보인다는 점을 어떻게 나타낼 수 있을까요? 우리 스스로 '매우 객관적인' 관찰자의 위치에서 세계를 바라본다고 생각한다면, 관찰되는 세계의 모습이 바로 실제 그대로의 모습이라고 생각할 겁니다. 우리 스스로 이런 위치에 있다고 생각한다면, 우리가 지식을 얻기 위해서 할 일은 오직 탐구의 범위를 점차 밖으로 넓혀나가는 것이겠죠. 하지만 우리가 관찰할 수 없는 것이 있다는 것을 잊어서는 안 됩니다. 우리는 자신이 갖고 있는 특성 때문에 도저히 관찰할 수 없는 것이 있다는 점을 망각하기 쉽습니다. 수업에 출석하지 않은 학생은 수업 시간에 있었던 내용을 알지 못합니다. 자신이 출석할 수 없는 수업이 있는데도 그런 수업이 있다는 것을 알지 못하는 학생은 자신이 놓치고 있는 것이 무엇인지 알 수 없을 겁니다. 스스로를 '매우 객관적인' 관찰자의 위치에 있다고 생각하는 것은 자신의 특성 때문에 도저히 출석할 수 없는 수업이 있는데도 그런 수업이 있다고 생각하지 못하는 학생과 비슷합니다. 자신의 위치가 '매우 객관적'이라고 생각하는 것이 사실은 자신의 위치를 매우 특별한 것으로 만든다는 점을 모르는 것이죠.

인류 원리가 사소하지 않다는 것을 보이는 방법은 인류 원리가 적용되는 영역이 매우 넓다는 것을 보이는 겁니다. 지금까지 인류 원리는 주로 우주론이라는 영역에서 태어나 그곳에 머물러 있었습니다. 하지만 인류 원리의 정신을 생각한다면 인류 원리는 우주론이 아니라 다른 영역에도 적용될 수 있습니다. 인류 원리가 사소하지 않다는 것을 보이는 일은 우리의 상상력이 필요한 작업입니다.

·
인류 원리가 태어난 배경

인류 원리가 우주론을 벗어나서 우리를 둘러싼 많은 영역에 적용된다는 점은 차차 확인하기로 하고, 인류 원리가 태어난 배경에 대해서 좀 더 살펴보도록 하겠습니다. 그 배경을 이해하면 인류 원리가 자신이 태어난 곳에서 왜 분란을 일으켰는지도 이해할 수 있을 것입니다.

아마도 여러분 중에는 '인류 원리'라는 말을 이 책에서 처음 접한 경우도 있을 것입니다. 많은 사람에게 이 말은 낯선 단어입니다. 저 역시 그랬습니다. 2004년 즈음 저는 리처드 고트Richard Gott라는 물리학자가 쓴 책을 읽게 되었는데, 이를 계기로 이 낯선 단어가 말하고자 하는 바에 대해 관심을 갖게 되었습니다(고트의 어떤 생각이 관심을 끌었는지에 관해서는 10장에서 설명하겠습니다). 흥미로운 점은 인류 원리에 대한 과학자들의 태도였습니다. 인류 원리를 진지하게 받아들이는 과학자들도 있지만 대다수의 과학자들은 인류 원리를 집안 내에 으레 한 명씩 있는 말썽꾼 삼촌 같은 존재처럼 대하는 것 같았기 때문입니다. 인류 원리는 뉴턴의 만유인력 법칙이나 아인슈타인의 상대성이론이 차지하고 있는 지위와는 너무나 거리가 멀어 보입니다. 어찌 보면 인류 원리에서 말하는 '원리'는 머피의 법칙이 '법칙'을 말할 때처럼 일종의 수사적 표현에 불과한 듯 보이기도 합니다.

과학자들이 인류 원리를 대하는 태도가 상반된다는 점은 흥미롭습니다. 이런 일이 과학계에서 흔한 것은 아니기 때문이죠. 대다수의 사람들이 어떤 생각을 거부하다가 시간이 지나서 그 생각이 모두에게 받아들여지게 되는 경우는 과학의 역사에서 쉽게 찾을 수 있지만 인류 원리는 그런 경우와 다릅니다. 그 점이 흥미로웠습니다.

반면 철학에서는 하나의 물음을 두고 상반된 견해를 가진 사람들이 오랜 시간에 걸쳐 팽팽한 논쟁을 벌이는 것이 흔한 일입니다. 철학적 논쟁은 특정한 사실의 발견에 의해서 한 순간에 해소될 것을 기대할 수 없습니다. 철학적 논쟁과 과학적 논쟁 사이의 차이점은 철학자 버트런드 러셀Bertrand Russell의 다음과 같은 지적에서 드러납니다. 그는 이렇게 말합니다.

> 자연과학은 발명품이라는 매개체를 통해서 그 내용에 대해 전혀 알지 못하는 수많은 사람들에게 유용하다. 그래서 자연과학에 대한 연구가 권장되는 것은 연구자가 얻게 되는 효과만이 아니라 인류 전체가 얻게 되는 효과 때문이라고 할 수 있다. 철학에는 이런 유용성이 없다. 철학을 연구하는 것이 철학 연구자가 아닌 다른 사람들에게 어떤 가치를 갖는다면, 그것은 오로지 간접적인 방식, 즉 철학을 공부하는 사람들의 삶에 영향을 미치는 방식을 통해서일 뿐이다. 철학의 가치는 바로 이런 영향 속에서 찾아야 할 것이다.[18]

다시 말해서 철학은 그것을 공부하는 사람에게만 혜택이 돌아가지만 과학은 그것을 공부하지 않은 사람에게도 혜택이 돌아간다는 것입니다. 그런 점에서 철학의 가치는 운동의 가치와 비슷하다고 할 수 있겠네요. 운동이 주는 혜택은 운동을 하는 사람에게만 미칠 뿐이니까요.

"철학의 물음에는 정답이 없다"는 불평을 듣곤 하는데, 이는 불평할 거리가 아닙니다. 오히려 바로 그 점이 철학의 물음을 가치 있게 만듭니다. 서로 다른 견해를 가진 사람들이 왜 그런 견해를 갖게 되었는지를 이해하기 위해서는 그 견해를 가진 사람들의 생각의 길을 직접 걸어가 봐야 합니다. 그런 과정을 통해서 그 물음에 대해 사람들이 가지는 생각의 크기를 가늠해볼 수 있죠. 이것이 철학적 논쟁이 과학적 논쟁과 다른 점입니다. 인류 원리에 관한 논쟁은 철학적 논쟁과 비슷합니다. '인류 원리'라는 이름이 과학 동네에서 주로 사용되고 있었기 때문에 이를 깨닫지 못할 뿐이죠.

과학계에서 인류 원리가 사용되는 모습을 조망하기 위해서는 1998년에서 출발할 필요가 있습니다. 물리학에서는 '기적의 해'라고 불리는 해들이 있습니다. 우선 아인슈타인이 특수상대성이론을 공포한 논문을 포함해서 3편의 논문을 발표한 1905년이 그중 하나입니다. 또 하나의 기적의 해는 23세의 청년 뉴턴이 미적분과 중력 법칙의 기본 개념을 수립했던 1666년이죠. 기적의 해로 삼는 기준을 아주 조금만 완화한다면 1998년도 또 하나의 기적의 해라고 할 만합니다. 이번에는 한 명의 천재가 아니라 연구팀에 의해서 이루어진 성과라는 것이 다른 점이었죠. 2011년 노벨 물리학상은 사울 펄뮤터Saul Perlmutter, 애덤 리스Adam Riese, 브라이언 슈미트Brian Schmidt가 수상했는데 이들에게 노벨상을 안긴 업적이 바로 1998년에 이들이 했던 연구였습니다.

과학 연구가 늘 그렇듯 이들의 연구는 이전에 존재했던 다른 여러 연구 결과를 바탕으로 한 것입니다. 그중 이들의 연구에 없어서는 안 될 것이 허블 망원경이었죠. 허블 망원경이 없었다면 1998년의 발견도 존재할 수 없었죠. 이 허블 망원경은 지구 표면에 있는 망원경이 아니라 1990년 왕복우주선에 의해 우주 공간에 설치된 망원경입니다. 지구의 그 어떤 망원경보다 더 먼 곳을 볼 수 있는 망원경이죠. 이 망원경을 '허블 망원경'이라고 부르는 것은 천문학자 에드윈 허블Edwin Hubble을 기리기 위함입니다. 허블은 인간이 생각했던 공간의 범위를 획기적으로 확장시키는 발견을 했습니다. 1923년 안드로메다 성운이라고 불리던 것이 사실은 우리 은하 안에 있는 것이 아니라 우리 은하 밖에 존재하는 또 다른 은하라는 점을 밝혀낸 것이죠. 그런데 허블은 사람들이 생각하는 공간의 범위를 확장하는 데 그치지 않고, 다른 은하가 우리 은하로부터 점점 멀어진다는 점을 밝혀냈습니다. 더 나아가 우리 은하로부터 더 멀리 떨어져 있는 은하일수록 더 빠른 속도로 멀어진다는 점도 알아냈습니다.

쭈그러진 풍선에 공기를 불어넣어 풍선이 부풀어 오르는 모습을 생각해보세요. 풍선 표면에 작은 점들이 찍혀 있다면 그 점들 사이의 거리는 풍선이 부풀어 오를수록 점점 더 커지게 될 겁니다. 우리 은하가 이 작은 점 중 하나라고 생각한다면 우리 은하가 다른 은하로부터 점점 멀어진다는 허블의 발견이 무엇을 말하는지 비유적으로 이해할 수 있을 것입니다. 그런데 풍선이 부풀어 오르고 있다는 점은 우주의 과거에 대해서 중요한 사실을 암시합니다. 우주는 지금보다 훨씬 작았을 것이라는 점이죠. 공기를 불어넣기 전 풍선은 아주 작았을 겁니다. 은하가 서로로부터 멀어진다는 것은 은하들이 한 곳에서 출발했던 과거가 있었다는 점을 암시합니다. 만약 은하가 멀어지는 속도를 알 수 있다면, 역으로 은하들의 출발 시점, 즉 우주의 시작이 언제였는지를 알 수 있을 것입니다. 허블은 은하가 멀어지는 속도를 계산했고, 그의 연구를 바탕으로 현재 우리는 우주의 나이가 대략 138억 년이라고 여기고 있습니다. 허블은 우리가 있는 공간의 범위와 이 공간의 역사에 관해서 가장 놀라운 이야기를 해주었다고 할 수 있습니다.

이를 바탕으로 생각해봅시다. 138억 년 전 한 점으로부터 우주가 생겨서 엄청나게 커지고 있습니다. 우리는 우주 공간 속에 수많은 별들이 있다는 것을 압니다. 그리고 뉴턴은 질량을 가진 것들은 서로를 당기는 힘, 즉 인력을 갖는다고 말합니다. 그렇다면 우주 속에 있는 은하들도 앞으로 계속해서 한없이 서로로부터 멀어질 수는 없지 않을까요? 서로를 당기는 힘이 작용한다면 언젠가 은하들 사이의 거리가 줄어들어야 하지 않을까요? 허블의 발견이 말하는 대로 지금은 은하들 간의 간격이 멀어지고 있다고는 하지만 아주 먼 미래에는 이들이 다시 서로를 당기게 된다고 보는 것이 상식에 부합하는 듯합니다. 야구공을 하늘을 향해 힘껏 던지면 한동안 위로 날아오르다가 어느 순간이 지나면 지구와 야구공 사이에 작용하는 인력 때문에 야구공이 다시 땅으로 떨어지는 것처럼 말이죠.

이제 다시 1998년의 연구로 돌아와 보겠습니다. 이 연구가 말하는 핵심은 은하들이 서로 멀어지는 속도가 점점 더 빨라진다는 것입니다. 은하가 멀어지는 속도는 은하의 거리에 비례한다는 허블의 발견과 1998년의 연구가 다른 점은 은하의 탈출 속도가 아니라 은하의 탈출 가속도를 말하고 있다는 점입니다. 가속도는 시간당 속도의 변화를 말하는 것이기 때문에 1998년의 연구 결과는 우주의 미래에 대한 우리의 상식적 추측이 잘못되었다는 점을 말해줍니다. 은하는 그 속에 질량을 가진 물체들이 있음에도 불구하고 앞으로도 계속 서로로부터 멀어진다는 것이죠.

아인슈타인은 우주가 부풀어 오른다거나 반대로 쪼그라든다는 생각에 매우 부정적이었습니다. 뉴턴과 마찬가지로 그는 우주가 정적이어야 한다고 생각했죠. 하지만 자신이 제시한 일반상대성이론이 옳다면 우주는 역동적이어야 했습니다. 여기에 아인슈타인의 고민이 있었습니다. 우주라는 공간이 커지거나 작아진다는 생각은 받아들일 수 없는데, 자신이 수립한 상대성이론은 우주가 역동적이어야 한다는 결론을 내놓고 있으니 말입니다. 고민 끝에 아인슈타인은 '우주상수 cosmological constant'라는 개념을 내놓습니다. 우주상수란 우주 내에 존재하는 물체들이 서로를 잡아당기는 힘을 상쇄하여 우주를 정적인 상태로 유지하기 위해서 필요한 힘을 나타낸다고 할 수 있습니다. 그런데 1931년 아인슈타인은 우주가 정적이라는 생각을 공식적으로 폐기합니다. 그 해 그는 미국을 방문해 여러 사람을 만났는데 그중 한 명이 바로 허블이었죠. 그 후 아인슈타인은 우주상수라는 개념을 제시한 것이 생애 가장 큰 실수라고 말한 것으로 알려져 있습니다.

하지만 아인슈타인이 실수라고 여겼던 우주상수라는 개념이 앞에서 설명한 1998년의 연구 결과 때문에 다시 주목을 받게 됩니다. 우주가 팽창할 뿐 아니라 팽창의 속도가 점점 커진다는 연구 말입니다. 만약 우주 공간을 부풀리는 에너지가 있다면 우주 공간의 가속팽창은 설명이 가능한 것처럼 보입니다. 뉴턴이 말하는 우주 공간 어디에

나 있는, 그런 의미에서 만유萬有하는 힘은 서로를 잡아당기기만 하는 중력이지만, 우주를 팽창시키는 힘은 서로를 밀치는 중력이라고 할 수 있죠. 이 힘은 우리가 잘 알지 못한다는 의미에서 '암흑에너지dark energy'라고 불리기도 합니다. 아인슈타인의 우주상수는 바로 이런 힘의 크기를 가리킵니다.

그런데 문제는 우주상수가 우주의 가속팽창을 설명하기 위해서는 그 크기가 매우 작아야 한다는 것입니다. 양자역학에서 예측하는 우주상수의 크기가 있는데 이 값은 실제로 관찰되는 가속팽창을 설명하는 우주상수의 크기보다 어마어마하게 크다고 알려져 있습니다. 대략 10의 124승만큼 크다고 합니다. 어떤 이론에서 예측한 값이 실제 관찰한 값보다 10을 124번 곱한 것만큼 크다면 우리는 이를 어떻게 받아들여야 할까요? 그래서 이를 두고 '물리학 사상 최악의 예측'이라고도 합니다. 이를 뒤집어 말한다면, 우주상수의 크기가 예측한 값보다 너무나 작다고 할 수 있겠죠. 왜 이렇게 우주상수의 크기가 작을까 하는 문제를 '우주상수 문제'라고 부릅니다.

여기서 중요한 것은 '왜'입니다. '왜'라는 물음에는 두 가지가 있습니다. 하나는 어떤 사건의 원인을 묻는 물음입니다. "왜 우주왕복선은 공중에서 폭발했을까?" 이 물음은 원인을 묻는 '왜'입니다. 반면에 다른 종류의 '왜'도 있습니다. 바로 어떤 일의 '목적'이나 '이유'를 묻는 물음이지요. "왜 우주왕복선을 발사했습니까?" 이 물음은 우주왕복선을 제작한 목적 또는 이유를 묻는 겁니다. 이 물음에 대해서 "우주왕복선은 거대한 로켓의 추진력을 받아서 날아갔습니다"라고 답하는 것은 적절하지 않습니다. 우주왕복선 발사라는 사건의 원인을 묻고 있는 것이 아니라 그 목적을 묻고 있기 때문이죠. 그런데 원인을 묻는 것인지 이유를 묻는 것인지 분명하지 않은 경우도 있습니다. "왜 우주상수의 크기가 양자역학에서 예측하는 것보다 작을까?" 하는 물음도 이런 경우에 속합니다.

원인을 묻는 물음인지 이유를 묻는 물음인지 불분명할 때 인류 원리가 호출됩니다. 다시 말해서 과학에서는 이유나 목적을 묻고 있는 '왜' 물음이 사실은 잘못된 물음이라는 것을 보이기 위해서 인류 원리가 사용되곤 합니다. "왜 우주상수의 크기가 이렇게 작은가"라는 물음에 대해서 인류 원리를 호출하는 경우도 마찬가지입니다. 우주상수가 너무나 작기 때문에 여기에는 특별한 의미가 있을 것이라는 생각에 대해서 이의를 제기하면서 이렇게 말하는 겁니다.

> 만약 우주상수가 이렇게 작지 않았다면 우주는 지금과 같은 은하를 만들지 못했을 것이고, 그렇다면 생명체도 생겨나지 못했을 것이다. 만약 그랬다면 우주상수에 대해서 의문을 갖는 생명체가 있을 리도 없을 것이다.

이를 좀 더 도식적으로 설명하자면 이렇습니다. 우주상수의 값이 우리 우주와는 다른 경우들을 생각해봅시다. 빅뱅 이후 우주는 우리 우주보다 더 크게 팽창하기도 하고 반대로 더 작게 쪼그라들기도 합니다. 이 각각의 경우가 모두 또 다른 우주라고 생각해보죠. 이제 우리 우주만이 있는 것이 아니라 복수의 우주들이 있습니다. '단 하나'라는 의미를 가진 '유니버스universe'가 아니라 '멀티버스multiverse', 즉 다중 우주인 것이죠. 우리 우주는 다중 우주의 하나일 뿐입니다. 이제 우리 우주만 생명체가 탄생할 조건이 만들어졌다고 가정해봅시다. 그렇게 생명체가 탄생할 수 있는 조건을 가진 우리 우주에서 드디어 생명체가 탄생해서 "왜 우주상수는 이렇게 작은가"라는 물음을 던지게 되었습니다. 만약 상황이 이렇다면 이 물음에 대해서 어떻게 답하는 것이 옳겠습니까? "우주상수가 다른 값이었으면 그런 물음조차 생겨날 수 없었어." 인류 원리를 받아들이는 사람은 이런 식의 대답을 할 것입니다.

물론 이런 식으로 우주상수 문제를 해결하는 것에 모든 사람들이 동의하는 것은 아닙니다. 여기서 주목할 점은 두 가지입니다. 하나는 인류 원리가 엉뚱한 방식으로 답을 한다는 것입니다. 인류 원리는 문제에서 기대되는 것과는 전혀 다른 범주의 내용을 대답으로 내놓고 있습니다. 달이 왜 저런 모양을 하게 되었는지 궁금한 사람에게 그런 궁금증을 갖게 된 자신 속에 그 답이 있다고 말하는 격입니다. 엉뚱해 보이는 답변이죠. 그런데 여기에 인류 원리의 매력이 있습니다. 또 하나 주목할 점은, 이런 식의 생각은 과학에서만 찾을 수 있는 것이 아니라는 겁니다. 인류 원리의 정신은 인류 원리라는 이름을 내걸지 않았을 뿐 도처에 있습니다.

인류 원리를 적용하는 방법

인류 원리는 단일한 형태를 가지고 있는 원리가 아니지만 인류 원리를 적용하는 과정은 두 단계로 구분될 수 있습니다. 우선 1단계에서는 다음과 같이 관찰자의 위치에 대해서 물음을 제기합니다.

• **1단계: 물음** • 지금 내가 하고 있는 이런저런 경험에 비추어볼 때 나의 위치는 어디인가?

예를 들어 내가 지금 이순신 동상을 정면으로 보면서 그 너머의 광화문을 바라보는 경험을 하고 있다면, 나는 지금 어디에 있습니까? 이 물음에 대해서 '서울 세종로 한복판'이라고 어렵지 않게 답할 수 있습니다. 이 물음에 답하는 것이 어렵지 않은 것은 내가 자신의 위치에 대해서 이미 많은 것을 알고 있기 때문입니다. 만약 내 눈앞에 보이는 것이 이순신 동상이고 그 너머에 보이는 것이 광화문이라는 점을 모른다면, 그렇게 쉽게 내 위치를 판단하지 못했을 겁니다.

어느 날 아침에 일어나 보니 전혀 낯선 곳에 있다고 상상해봅시다. 주변에는 아무도 없고 높은 나무들이 자신을 에워싸고 있습니다. 여러분이라면 이런 상황에서 자신의 위치가 어디인지 고민을 하게 될 겁니다. 고민의 실체는 자신의 위치가 어디인지에 대한 여러 가지 시나리오 중에서 좀 더 그럴듯한 것을 찾아내는 것이겠죠. 이렇듯 자신의 위치에 대해서 고민을 하게 되는 것이 인류 원리를 적용하는 첫 단계입니다.

사실 살아가면서 내가 지금 어디에 있는지를 고민하는 경우는 별로 없습니다. 하지만 '지금 어디 있는지 확실하게 알고 있다'는 생각은 특정한 범위에서만 옳습니다. 범위를 넓힌다면 확실성은 사라집니다. 예를 들어 인류의 전체 역사에서 우리는 어느 위치에 있을까요? 또는 범위를 극단적으로 넓혀서, 우주의 역사와 공간에서 우리가 차지하는 위치는 어느 곳이고 어느 시점일까요? 이렇게 범위를 달리 하면 자신의 위치가 어디인지 분명하다고 말할 수 없는 경우가 생겨납니다. 지금까지 존재했던 모든 사람들 중에서 우리는 행복한 사람들의 집단에 속할까요, 아니면 불행한 사람들의 집단에 속할까요? 지금까지 존재했던 사람들뿐 아니라 앞으로 살아갈 사람까지 모두 포함한다면 어떨까요? 이렇듯 우리 자신의 위치가 어디인지 확신할 수 없는 질문들은 많습니다. 인류 원리를 적용하는 첫 단계는 이런 종류의 물음을 제기하는 겁니다.

자신의 위치에 대해서 물음을 던졌다면 그다음에는 답을 시도해야 합니다. 1단계에서 제기된 물음에 대해서 어떻게 답하는 것이 인류 원리에 부합할까요? 가장 상식적인 대답에서 출발해봅시다. 그 대답은 이런 것입니다.

나는 이런저런 경험을 하고 있다. 따라서 세계는 이러저러하다.

예를 들자면 지금 먼 산 너머로 해가 지는 것을 보고 있는 경험을 하고 있을 때, 우리는 실제로 먼 산 너머로 해가 지고 있다고 믿게 됩니다. 그런 점에서 이러저러한 나의 경험으로부터 실제로 세계가 이러저러하다고 결론을 내리는 것은 너무나 당연한 듯 보입니다. 이런 견해를 '소박한 실재론naive realism' 또는 '상식 실재론common sense realism'이라고 부르기도 합니다. 그런데 어떤 이름으로 부르는지에 따라서 어감이 다르지 않습니까? 이론을 두고 '소박하다'고 한다면 이는 그 이론을 낮춰 보는 겁니다. 반면 어떤 견해가 '상식적'이라고 한다면, 이는 적어도 뜬구름 같은 소리는 아니라는 느낌을 줍니다. 해가 지는 것처럼 보인다면, 사실 해가 지고 있다고 말해야 상식에 맞는 것 같습니다. 경험이 말하는 바가 무엇인지를 생각해보세요. 경험에 따르면 나는 정지해 있고 해가 움직여서 산 너머로 이동하고 있는 것처럼 보입니다. 그렇다면 경험이 말하는 바대로 실제로 해가 움직이고 있다고 말해야 할까요?

'이러저러한 것처럼 보임'에서 '실제로 이러저러함'을 이끌어내는 것이 소박한 실재론의 기획입니다. '해가 지는 것처럼 보인다'면 '실제로 해가 지는 것'이라고 말해야 한다는 것이죠. 그런데 우리는 항상 이런 식으로 생각해서는 안 된다는 점을 잘 알고 있습니다. 물잔에 막대기를 넣으면 막대기가 휘는 것처럼 보이지만 그렇다고 막대기가 실제로 휘었다고 생각하지는 않죠. '환영illusion'을 경험하는 경우가 있기 때문에 세상이 경험하는 대로 이루어졌다고는 생각하지 않습니다.

그래서 근대철학자들은 소박한 실재론 대신에 '재현적 실재론 representative realism'이라는 견해를 갖는 경우가 많습니다. '재현再現'을 그대로 풀어쓴다면 '다시 드러남'입니다. 세계는 우리에게 항상 '다시 드러남'이라는 방식으로 나타난다는 것이 재현적 실재론의 주장입니다. 사진을 생각해보세요. 금성을 찍은 사진이 금성의 모습을 직접 드러내주지는 않습니다. 그런 점에서 금성을 찍은 사진은 금성의 모습을 '다시 드러내어' 보여줄 뿐입니다.

두 가지 점에 주목할 필요가 있습니다. 금성의 사진이 금성을 다시 드러낸다는 것은 금성이란 것이 실제로 존재한다는 점과 금성의 모습은 사진을 통해서 간접적으로 드러난다는 점을 말해줍니다. 재현적 실재론은 첫 번째 점 때문에 '실재론'이라고 부를 수 있고 두 번째 점 때문에 '재현적'이라고 할 수 있습니다. 그렇게 본다면 '재현적 실재론'은 '간접적 실재론indirect realism'이라고 부를 수 있을 것입니다.

소박한 실재론이 갖고 있는 어려움을 생각해볼 때 재현적 실재론은 매우 그럴듯한 견해로 보입니다. 하지만 한 걸음 들어가 보면 재현적 실재론 역시 어려움을 만나게 됩니다. 세계가 간접적으로만 우리에게 드러난다면, 우리는 결코 세계의 진짜 모습에 도달하지 못합니다. 결국 우리가 알 수 있는 것은 사진일 뿐이지 진짜로 금성이 있는지는 알 수 없죠. 이를 좀 더 밀고 가다 보면 결국 '실재론'의 요소는 버리는 것이 옳아 보입니다. 결국 우리에게 남는 것은 재현물일 뿐이죠. 세계의 모습이 어떤지를 간접적으로 드러내주는 것은 결국 우리의 지각이며 관념입니다. 관념이란 머릿속에 있는 재현물입니다. '우리가 알 수 있는 것은 관념뿐이다'라는 견해를 '관념론idealism'이라고 합니다. 재현적 실재론과 관념론 사이는 그리 멀지 않습니다.

1단계의 물음에 대해서 인류 원리는 소박한 실재론이나 재현적 실재론과는 다른 방식으로 답변을 내립니다. 인류 원리의 2단계는 다음과 같이 우리의 경험으로부터 우리의 편향성을 추론하는 단계입니다.

• **2단계: 추론** • 내가 이런저런 경험을 하고 있다면, 나는 그런 경험을 하도록 적합한 상태에 있을 것이다.

2단계를 설명하기 위해서 '유당불내증'이라는 증상을 예로 들어보겠습니다. 한자로는 '乳糖不耐症'이라고 표현하고 영어로는 'lactose intolerance'라고 합니다. 락토스는 우유에 있는 당분, 즉 유당입니다.

'유당불내증'이란 유당을 견디지 못하는 증세를 뜻하는 것이죠.

인간은 포유류이기 때문에 모두 어릴 때 젖을 먹고 성장합니다. 이 젖먹이 시절에 유당을 분해시키지 못한다면 우유를 소화할 수 없게 됩니다. 그래서 포유류 젖먹이는 유당을 분해시킬 수 있는 효소를 갖고 있어야 합니다. 그런데 젖먹이 시절이 지나고 나면 더 이상 이런 효소가 필요하지 않습니다. 계속 젖을 먹을 필요가 없기 때문이죠. 성인 중에 유당 분해 효소가 없는 사람들이 있습니다. 그런 사람들은 우유를 잘 소화하지 못합니다. 반면 많은 성인들은 우유를 마셔도 아무 문제가 없다는 것을 우리는 잘 알고 있습니다. 그들에겐 유당 분해 효소가 있기 때문이죠.

그렇다면 다른 포유류 동물들은 어떨까요? 다 자란 동물에게는 유당 분해 효소가 없습니다. 더 이상 젖을 먹지 않는데도 이를 분해하는 효소를 몸속에서 만들어내는 것은 낭비이기 때문입니다. 다 자란 호랑이가 계속 젖을 먹고 사냥하는 것을 게을리 한다면 어떻게 되겠습니까? 생태계에는 큰 혼란이 일어날 겁니다. 물론 그런 일은 일어나지 않습니다. 호랑이는 사냥을 하면서 먹이사슬의 최정상 지점에 있습니다. 다 큰 호랑이는 젖을 먹지 않기 때문에 유당 분해 효소를 더 이상 만들지 않죠.

그렇다면 인간은 왜 그럴까요? 왜 인간은 다 커서도 우유를 마시고, 또 많은 경우, 우유를 마셔도 탈이 나지 않는 걸까요? 이를 설명하기 위해서는 인간은 성인이 되어서도 우유를 마실 일이 있다고 해야 할 겁니다. 그렇다면 다 큰 호랑이는 우유를 마실 일이 없는데, 인간은 왜 우유를 마실 일이 생겨난 걸까요?

이에 대한 해답은 가축의 역사에서 찾을 수 있습니다. 소가 가축이 되면서 송아지뿐 아니라 인간도 우유를 먹을 수 있는 환경이 된 것이죠. 이런 환경이라면 성인이 되어서도 유당 분해 효소가 나오는 것이 그렇지 않은 것보다 생존에 유리하다고 할 수 있습니다. 그 결과 조상들의 환경에 따라서 유당 소화 장애가 발생하는 비율은 지역별·인종별로 차이를 보입니다. 예를 들어 한국인의 경우 성인 4명 중 3명꼴로 유당을 잘 소화하지 못하는 것으로 나타납니다. 이에 비해, 미국에 사는 백인의 경우 성인 10명 중 1명꼴로 유당을 잘 흡수하지 못하고 흑인의 경우에는 이와 반대로 성인 10명 거의 모두 유당을 잘 흡수하지 못합니다. 흑인의 조상이 아프리카인이었다는 점을 고려한다면, 아프리카에서 살았던 흑인의 조상들은 소를 가축으로 기르지 않았을 것이라고 추론할 수 있습니다. 반면 백인의 조상들은 오랫동안 가축과 함께 살았기 때문에 유당불내증을 갖지 않게 된 것이죠. 온갖 야생동물이 살아가는 아프리카에서 소를 가축으로 키우지 못했다는 것은 아이러니입니다.[19]

이제 이를 염두에 두고 여러분은 우유를 먹었을 때 어떤지 생각해 봅시다. 인류 원리를 적용하는 2단계는 이런 경험이 무엇을 말하는지에 주목하는 단계입니다. 유당 소화 장애가 있다면 이는 무엇을 말해 줍니까? 내가 유당을 잘 소화하는지 여부는 내 조상의 소화 능력, 그들의 가축, 그들의 삶의 모습 등에 대해서 말해줍니다.

만약 모든 사람들이 유당불내증을 갖고 있다거나 또는 갖고 있지 않다면, 인류 원리의 2단계를 여기에 적용할 수 없습니다. 그랬다면 적어도 유당불내증에 관한 한 우리는 편향적이지 않다고 할 수 있습니다. 유당불내증이 지역별로, 민족별로 편차를 드러내기 때문에 우리는 유당불내증에 관해서 편향적입니다. 인류 원리의 2단계는 이런 우리의 편향성에 주목하는 단계입니다. 유당불내증에 관해서 인류 원리의 2단계는 이렇게 말합니다.

> 만약 내가 유당불내증을 경험한다면, 나는 유당불내증을 겪기에 적합한 상황에 있을 확률이 높다.

만약 내가 우유를 잘 소화하고 흡수하지 못한다는 점 이외에 아무것도 나에 대해서 알지 못한다면, 나는 미국에 사는 백인일 확률보다 아시아인일 확률이 더 높습니다. 물론 유당불내증을 갖고 있다는 것이 내가 아시아인임을 분명하게 말해주지는 않습니다. 내가 아시아인이라는 것을 군이 유당불내증을 통해서 깨달아야 하는 것은 아닙니다. 하지만 나의 편향성을 드러내는 정보가 유당불내증뿐이라면, 이 경험은 나의 조상에 대한 중요한 단서가 될 수 있습니다. 그런 단서를 이끌어낼 수 있는 고리를 제공하는 것이 2단계라고 할 수 있습니다. 2단계에서 나의 경험과 세계의 상태가 연결되는 것이죠.

여기서 지적해둬야 할 중요한 개념이 있습니다. 내가 유당불내증을 갖고 있다면 나는 미국에 사는 백인일 확률보다 아시아인일 확률이 높다고 판단할 때, 이런 판단의 근거를 대략 "'전형적인' 백인은 유당불내증을 갖고 있지 않고 '전형적인' 아시아인은 유당불내증을 갖고 있기 때문"이라고 할 수 있을 것입니다. 그런데 이 '전형적인'이라는 표현을 이해하는 것이 간단치 않습니다. 우리는 흔히 전형적인 아시아인을 '평균적인' 아시아인이라고 생각합니다. 하지만 '평균'은 특정한 수치를 뜻하기 때문에 '평균적인 아시아인'이라는 표현은 부정확한 표현입니다.

여기서 '평균값average'과 '중앙값median'이라는 개념을 구별하는 것이 중요합니다. 이 구분은 임금소득의 사례를 통해 확인해볼 수 있습니다. 평균값은 각 사람의 임금을 모두 더하여 사람의 수로 나눈 값이 되겠죠. 임금소득의 평균값이 1억 원이라고 한다면, 우리는 이 집단에 속한 사람들의 소득 수준이 상당히 높다고 생각할 것입니다. 하지만 이는 착각일 수 있습니다.

이 집단에 속한 사람들을 임금소득의 크기대로 나열해봅시다. 가장 소득이 낮은 사람을 보니 100만 원이 안 됩니다. 우리는 이 사람을 딱하게 여기면서 곧 임금의 크기가 평균값인 1억 원에 가까운 사람들이 등장할 것으로 기대합니다. 하지만 소득이 100만 원이 안 되는 사람들의 줄은 계속 이어집니다. 결국 이 집단에 속하는 사람들의 90%가 100만 원이 안 되는 것으로 드러나고, 나머지 10%에 해당하는 사람들에 이르자 소득 수준이 갑자기 커지는 것을 보게 됩니다. 결국 가장 소득이 많은 사람은 1,000억 원이 넘는 소득을 가지고 있다는 것을 알게 되죠.

이제 우리는 이 집단에 속한 사람들의 소득 수준이 상당히 높다는 처음의 생각을 수정해야 할 것입니다. 대부분의 사람들은 매우 가난하니까요. 그렇다면 임금소득의 평균값은 이 집단의 '전형적인' 사람이 갖게 될 임금소득을 제대로 보여준다고 할 수 없습니다.

이에 비해서 '중앙값'은 임금소득의 크기대로 나열된 줄의 한가운데서 있는 사람의 임금소득을 말합니다. 아마 100만 원도 안 되는 값이 되겠죠. 이 집단에 1조 원의 임금소득을 가진 사람이 들어온다면, 평균값은 크게 오르겠지만 중앙값은 변화가 없을 것입니다.

평균값과 중앙값을 혼동하는 잘못은 자주 발견됩니다. 유당불내증의 사례는 유당불내증을 갖느냐 갖지 않느냐는 두 가지 선택밖에 없어서 이 둘을 혼동하는 일은 없을 것 같습니다. 하지만 만약 유당불내증의 정도를 수치화한다고 생각해봅시다. 유당불내증 수치를 어떻게 표현하느냐에 따라 다르겠지만, 이 경우 한 집단의 유당불내증 평균값은 내가 유당불내증을 갖고 있을 확률에 대해 잘못 판단하게 만들 수 있습니다.

평균값과 중앙값 사이에 큰 차이가 나는 사례들을 생각해볼까요? 임금소득은 그런 사례 중 하나입니다. 사람의 키나 몸무게, 얼굴의 크기, 두 눈 사이의 거리, 입술의 두께 등은 모두 평균값과 중앙값 사이에 큰 차이가 나지 않는 사례들입니다. 반면에 사람들이 소비하는 물의 양은 평균값과 중앙값 사이에 큰 차이가 있을 겁니다. 인터넷상에서 이름이 언급되는 횟수 또한 그렇습니다. 대부분의 사람은 인터넷상에서 거의 언급되지 않지만 소수의 사람들은 인터넷상에서 관심을 독점하게 되죠.

평균값과 중앙값을 구분하는 것은 인류 원리를 적용하는 2단계에서 중요합니다. 내가 유당불내증을 갖고 있다면 나는 유당불내증을 갖기에 적합한 사정을 갖고 있을 겁니다. 내가 아시아인이라는 점은 그런 사정 중 하나가 될 수 있겠죠. 이때 유당불내증과 관련하여 나를 전형적인 아시아인이라고 여기기 위해서는 평균값이 아니라 중앙값을 고려해야 합니다. '전형적인 임금소득자'라는 말이 평균값이 아니라 중앙값을 가진 임금소득자임을 뜻하는 것처럼 말이죠.

질문과 대답

Q: 인류 원리란 무엇인가?

A: **"인간이 관찰할 수 있는 것은 인간이 존재하기 위해서 필요한 조건들에 의해 제약받을 수밖에 없다"**는 것이 인류 원리의 기본 명제입니다. 그리고 이는 해석의 정도에 따라 '약한 인류 원리'와 '강한 인류 원리'로 구분됩니다. "내가 어떤 경험을 하고 있다면, 나는 그러한 경험을 하기에 적합한 상태에 있을 것"이라 추론하는 것이 인류 원리를 적용하는 기본 원칙입니다.

3장

어떻게 인류 원리는
'투명인간'에서 벗어났는가

_근대철학 넘어서기

서로 구별되기 어려운 것들

철학자들은 지각적으로 구별이 불가능한 것들에 대해서 상상하길 좋아합니다. 난로 옆에 앉아 친구와 대화를 하고 있는 상황을 상상해보세요. 그리고 이번에는 난로 옆에서 친구와 대화를 하고 있는 꿈을 꾸고 있다고 상상해보세요. 이 두 상황은 서로 지각적으로 구별되기 힘들 수 있습니다.

하지만 상상이 아닌 실제에서 이 두 상황을 서로 구별하는 것이 불가능할까요? 꿈속에서 보는 모습은 희미하거나 어둡습니다. 그리고 꿈속에 나타나는 사람의 모습은 형체가 불분명하기도 하고 앞뒤가 맞지 않는 말을 하기도 하죠. 문제는 내가 보고 있는 장면이 너무 어둡고 불분명하고 앞뒤가 맞지 않는다는 점을 꿈을 꾸고 있는 바로 그 시점에서 잘 깨닫지 못한다는 겁니다. '왜 이렇게 주변이 어두울까?' 하는 생각이 들더라도 그게 자신이 꿈을 꾸고 있기 때문이라고는 생각을 하지 못하는 것이죠. 물론 어떤 경우에는 '내가 지금 꿈을 꾸고 있구나!' 하고 금방 깨닫기도 합니다. 이른바 '자각몽'이라고 하는 경험이죠. 하지만 그런 경험을 한다고 해서 반드시 꿈을 꾸고 있다고 말할 수 있을까요? 반대로 현실인데도 불구하고 '지금 꿈꾸고 있구나!' 생각하는 경우도 가능하지 않습니까?

어쨌든 대개의 경우 꿈속의 모습은 현실과 다르지만, 그렇지 않은 경우도 가능합니다. 꿈을 꾸고 있는 동안 꿈속에 나타난 모습이 너무나 현실적이어서 꿈이라는 사실을 알아차리지 못하는 경우도 있을 수 있죠. 르네 데카르트Rene Descartes는 이 경우 현실과 꿈은 지각적으로 구별이 불가능하다는 점을 지적한 철학자입니다. 그 이전에도 많은 사람들이 현실 같은 꿈이 있다고 생각했지만, 이 둘이 지각적으로 구별 불가능할 수 있다는 점을 깨닫고 그 철학적 함축을 추적한 사람은 데카르트가 최초라고 생각합니다. 여기에 그의 위대함이 있습니다.

진짜 지폐와 구별할 수 없을 정도로 똑같은 위조지폐를 생각해봅시다. 그런 것이 가능할까요? 진짜 지폐와 위조지폐를 감별하기 위해 만들어진 최첨단 위폐 감별 기계로도 감별할 수 없는 위조지폐가 있다면, 그런 것은 위조지폐가 아니라 진짜 지폐라고 말해야 하는 것은 아닐까요? 진짜 오만 원짜리 지폐는 조폐공사에서 발행하기 때문에, 위조지폐 감별기로 감별할 수 없다고 하더라도 조폐공사에서 발행한 것이 아니라면 진짜 지폐가 아니라고 말하고 싶을지 모르겠습니다. 하지만 이렇게 말하는 것은 진짜 지폐의 기준을 제시한 것일 수는 있어도 충분히 만족스러운 대답은 아닙니다. 우리가 궁금한 것은 조폐공사에서 발행한 것인지 아닌지를 알 수 없는 상황이라면 어떻게 진짜 지폐인지 아닌지를 알 수 있는가 하는 것이니까요. 발행 번호까지 동일한 두 장의 지폐 중 하나만이 조폐공사에서 발행된 것이라 하더라도 이 둘 중에서 어느 쪽이 조폐공사에서 만들어진 지폐인지 지각적으로 구별할 수 없다면 우리는 어떻게 해야 할까요? 지각적으로 구별할 수 없는 상황은 분명 우리를 대답하기 곤란한 상황에 빠뜨립니다.

철학자 힐러리 퍼트넘Hilary Putnam은 지각적으로 구별할 수 없는 쌍둥이 지구를 사례로 들어 자신의 철학적 견해를 제시한 바 있습니다.[20] 지구와 똑같은 크기에 똑같은 육지와 바다, 심지어 똑같은 인간들이 똑같은 역사를 가지고 있는 쌍둥이 지구가 있다고 생각해봅시다. 그렇다면 이 쌍둥이 지구에는 여러분과 똑같이 생긴 사람들이 살고 있겠지요. 그리고 여러분의 '쌍둥이들'은 이 책과 똑같은 내용의 '쌍둥이' 책을 읽고 있을 겁니다. 지금 여러분이 이 대목을 읽으면서 쌍둥이 지구에 있는 쌍둥이를 생각한다면, 바로 그 쌍둥이도 여러분을 생각할 겁니다. 하지만 이런 생각이 외로운 사람에게 위로가 될 수는 없어 보입니다. 여러분 중에 쌍둥이 지구가 우주 어느 곳에 있을지도 모른다고 진지하게 생각하는 사람은 없을 테니까요. 도대체 철학자는 왜 이런 상상을 하는 걸까요?

철학자 도널드 데이비드슨Donald Davidson은 자신과 구별할 수 없는 '늪사람swampman'에 대해서 이런 상상을 합니다.[21] 어느 날 벼락을 맞아 데이비드슨은 그 자리에서 죽고 바로 그 순간에 늪에서 자신과 똑같은 모습을 하고 자신이 행동하던 방식대로 행동하는 '늪사람'이 만들어집니다. 사람들은 늪사람과 데이비드슨을 구별하지 못하기 때문에 데이비드슨이 더 이상 존재하지 않는다는 것도 알지 못합니다. 늪사람을 '데이비드슨'이라고 부르며 데이비드슨이라고 잘못 생각하게 되겠죠.

데이비드슨이 상상한 늪사람은 우리 전래동화《옹고집전雍固執傳》에서 펼쳐지는 이야기와 비슷합니다. 가짜 옹고집이 등장하여 진짜 옹고집을 밀어내고 옹고집 행세를 하는 이야기 말입니다.《왕자와 거지 The Prince and the Pauper》라는 마크 트웨인Mark Twain의 소설에서도 생김새가 똑같은 두 사람의 이야기가 등장하고, 우리나라 드라마 중에도 생김새가 똑같은 사람이 등장하는 이야기가 넘쳐납니다. 생김새가 너무 닮은 '생김새 쌍둥이'는 많은 사람들이 좋아하는 이야기 소재인 것이 분명해 보입니다.

하지만 이야기 소재로 등장하는 생김새 쌍둥이는 철학자들이 말하는 사례와는 조금 다릅니다. 생김새 쌍둥이 이야기에서 중요한 것은 '진짜와 가짜의 구별'이며, 이 둘이 누군가에 의해서 구별될 수 있다는 것이 암암리에 전제되어 있지만, 철학자들은 아예 지각적으로 구별이 불가능한 경우를 말합니다. 생김새 쌍둥이를 상상하는 것은 우리의 흥미를 자극하지만 그 누구도 모든 점에서 구별이 불가능한 것이 있을 수 있다고 진지하게 생각하지 않습니다. 퍼트넘도 데이비드슨도 철학계에서는 존경받는 철학의 대가들입니다. 데카르트는 말할 나위도 없지요. 왜 이런 철학의 대가들은 누구도 진지하게 그 가능성을 받아들이지 않는 경우를 상상하는 걸까요?

•

서로 구별되기 '불가능한' 것들

지각적으로 구별이 힘든 경우들은 현실에서 흔히 찾아볼 수 있지만,

그런 구별이 아예 불가능한 경우는 없다고 생각할 수 있습니다. 만약 두 개의 물체가 지각적으로 구별이 불가능하다면, 그 두 물체는 사실 두 개가 아니라 동일한 것이었다고 생각할 수 있습니다. 만약 그렇다면 지각적으로 구별이 불가능한 것들이란 없다고 해야 할 것입니다. 철학자 라이프니츠Gottfried Wilhelm Leibniz는 '모든 점에서 구별이 불가능하다면 그것은 두 개의 물체가 아니라 사실 하나의 동일한 물체'라고 생각했습니다. 식별 불가능한 것은 동일하다는 것이지요.

이 주장이 과연 맞는지에 대해서 간단한 답변을 내리기란 힘든 일입니다. 하지만 잠시 이에 대한 논란은 접어 두겠습니다. 지각적으로 구별이 불가능한 두 대상이란 있을 수 없다고 생각하는 사람이라도 지각적으로 구별이 매우 힘든 경우가 있다는 점에는 동의할 것입니다. 이 점에서부터 같이 생각해보도록 합시다.

여러분이 운전을 하고 어딘가로 가고 있는데 앞에 가던 자동차가 눈길에 미끄러지면서 한 바퀴를 빙글 도는 광경이 눈앞에 펼쳐졌다고 해보죠. 그런데 혹시 여러분의 눈앞에서 일어난 일이 지금 실제로 일어난 일이 아니라 꿈에서 일어난 일은 아닐까요? 꿈이 너무나 생생해서 그 일이 실제로 일어난 것과 구별할 수 없을 정도라면 여러분은 어떻게 지금 보고 있는 것이 꿈속의 모습이 아니라는 것을 확신할 수 있지요?

여러분 중 누군가는 이렇게 말할지 모르겠습니다. "꿈이라면 뭔가 앞뒤가 맞지 않는 모습이 등장할 수밖에 없지 않을까요? 꿈을 꾸고 있는 중이라면 나는 지금 어디로 가고 있는지, 또 왜 가고 있는지가 쉽게 떠오르지 않습니다. 꿈은 단편적이기 마련입니다. 꿈이란 이런저런 기억들이 편집된 것이기 때문에 일관적일 수가 없지요." 그렇습니다. 우리는 우리에게 일어나는 일들의 역사를 알고 있고 그 과정을 봐왔습니다. 나는 오늘 저녁까지 참석해야 하는 어떤 일이 있기 때문에 눈이 오는 상황에서도 운전을 했을 것입니다. 창문을 열면 눈바람이 들어오고 얼굴에 눈발을 맞으면서 차가움이 느껴집니다. 이 모든 것을 느끼기 때문에 이상한 구석이 없지요. 꿈이라면 그런 일관된 경험을 느끼기 힘들 겁니다.

하지만 오늘 저녁까지 참석해야 하는 일이 있어서 길을 나섰던 것이 실제로 있었던 일인지는 어떻게 알 수 있을까요? 그런 상황을 꿈에서 맞을 수는 없었던 걸까요? 또 창문을 열었더니 눈바람이 들어오고 얼굴에 차가운 눈발이 떨어지는 경험도 꿈속에서 느꼈던 것이 아닐까요? 다시 말해서 우리에게 일어난 일들은 일관적이라서 꿈과는 다르다는 생각은 그 일들이 모두 실제로 일어난 일이라는 전제 하에서만 받아들일 수 있다는 것입니다. 이 점은 데카르트가 강조한 바이고 이미 우리에게 너무나 익숙해진 철학적 주장입니다. 과거의 경험들도 꿈속의 일일 수 있습니다. 따라서 과거의 경험이 가진 일관성에 근거해서 현재 내가 경험하는 일이 꿈속의 일이 아니라고 말하는 것은 옳지 않다는 것입니다. 설득력 있는 주장입니다. 그리고 우리에겐 이미 식상한 주장이기도 하죠. 저는 이 식상하게 느껴지는 주장이 얼마나 설득력이 있는지를 새삼 드러내고 싶습니다. 동시에 저는 이 주장이 그럼에도 불구하고 옳지 않다는 점을 보이고 싶습니다.

데카르트의 통찰력

데카르트가 제시한 꿈에 관한 논증은 이제 식상하게 들리지만, 너무 식상하게 보인다는 점 때문에 우리는 이 논증이 갖는 뛰어남을 보지 못하게 됩니다. 다시 한 번 지각적으로 구별할 수 없는 것들에 대한 논의로 돌아가 볼까요?

너무나 사실적으로 그려진 그림이 눈앞에 있습니다. 하지만 누구도 이 그림이 그리고 있는 바를 현실과 혼동하지는 않습니다. 가장 큰 이유는 그림이 2차원인 데 비해 현실은 3차원이라는 점에 있을 것입니다. 하지만 주목해야 할 차이는 그뿐만이 아닙니다.

그림에는 두 가지 요소가 있습니다. 하나는 '그림이 그리고 있는 바'이고 다른 하나는 '그림을 구성하고 있는 물질'입니다. 흰 캔버스에 칠해진 유화물감은 그림을 구성하고 있는 물질입니다. 이 물질을 통해서 우리는 이 그림이 그리고 있는 바, 예를 들어 '꽃을 들고 있는 소녀'를 봅니다. 그런데 중요한 점은 이 두 요소가 서로 독립적이라는 겁니다. 그림이 어떤 물감으로 언제 칠해졌는지를 안다고 해서 이 그림이 꽃을 든 소녀를 나타내고 있는지를 알게 되는 것은 아닙니다. 물론 이 두 요소는 어떤 방식으로 연관되어 있습니다. 이 그림을 이루고 있는 물질이 어떤 특정한 방식으로 이 그림을 채우고 있다는 바로 그 이유 때문에 우리는 이 그림 속에서 소녀의 모습을 볼 수 있습니다. 하지만 유화물감이 캔버스를 채우고 있는 특정한 방식만이 그림 속에서 소녀의 모습을 볼 수 있는 유일한 방법은 아닙니다. 저는 이 점을 이렇게 말하고 싶습니다.

그림은 그리고자 하는 대상과 그 대상을 담고 있는 그릇으로 이루어져 있다. 그리고 이 그릇에는 '그릇의 역사'가 있다.

꽃을 든 소녀는 그림이 그리고자 하는 대상이고 유화물감으로 칠해진 캔버스는 이 그림의 그릇이라 할 수 있을 겁니다. 이 그릇을 언제 어디서 누가 무엇으로 만들었는지가 이 그릇의 역사입니다. 원한다면, 우리는 이 역사를 추적할 수도 있죠.

그런데 캔버스 위에 그려진 그림 말고 또 다른 '그림'이 있습니다. 화가가 그린 그림이 사람에 의해서 만들어진 그림이라면 두 번째 그림은 모든 사람들이 자연스럽게 갖고 있는 그림입니다. 꿈속에 떠오르는 소녀의 모습도 그런 그림이고 우리 시야에 들어오는 소녀의 모습 또한 그런 그림입니다. 앞서 등장한 '재현'이라는 개념을 이용해서 말하자면, 소녀에 관한 기억, 관념, 지각 모두 소녀를 그린 그림과 마찬가지로 소녀의 '재현'입니다.

이제 우리의 눈에 들어오는 '그림'을 생각해봅시다. 눈으로 보는 광경은 모두 우리에게 그림이라고 할 수 있습니다. 꽃을 든 소녀를 보면 내 눈은 나에게 꽃을 든 소녀의 그림을 제시합니다. 하지만 내 눈이 만들어내는 그림은 물감으로 그려진 그림과 중요한 점에서 다릅니다. 바로 '그릇의 역사'입니다. 물감으로 그려진 그림은 그릇의 역사를 가질 수밖에 없지만 내 눈이 만들어내는 그림에는 그릇의 역사란 것이 없습니다.

이런 이유에서 두 개의 그림을 구별하는 방법은 두 가지입니다. 하나는 그림의 내용을 비교하는 것이고 다른 하나는 그 그릇의 역사를 비교하는 것입니다. 그림이 위작인지를 가리기 위해서 우리는 사용된 물감이 얼마나 오래된 것인지를 살펴볼 수 있습니다. 이 경우 우리는 그릇의 역사를 통해서 위작을 찾아내려는 것이지요.

이와 반대로 우리의 눈이 만들어내는 '그림'에서는 그릇의 역사를 찾을 수 없습니다. 이 때문에 내 눈에 보이는 소녀의 모습이 진짜 내 앞에 소녀가 있어서 생겨난 그림인지 아니면 꿈을 꾸고 있기 때문에 생겨난 그림인지를 분간하기 위해서는 내 눈이 만들어내는 그림의 내용으로 가리는 수밖에 없습니다. 피부가 창백해 보이는 소녀가 가짜일까요, 아니면 가볍게 화장을 한 듯이 보이는 소녀가 가짜일까요?

데카르트는 그림의 내용만으로는 진짜 그림과 가짜 그림을 구별하는 것이 불가능하고 생각했습니다. 우리에겐 이런 생각이 식상할 수 있습니다. 이를 식상하다고 여기는 데는 여러 가지 이유가 있습니다. 우선 우리는 데카르트의 주장을 이런저런 경로로 읽거나 들었습니다.

하지만 데카르트의 통찰이 식상하다고 여겨지는 데는 더 큰 이유가 있습니다. 우리 주변에는 그릇의 역사를 추적할 수 없는 그림이 너무 많다는 것입니다. 디지털 시대를 살아가는 우리는 화소로 이루어진 그림, 즉 디지털 이미지의 홍수 속에 있습니다. 필름 카메라로 찍은 사진을 종이에 인화하는 것은 흔치 않은 일이 되어 버렸죠. 30년 전에 인화된 사진은 그릇의 역사를 그대로 보여줍니다. 사진은 색이 바라고 모퉁이에 금이 가기도 합니다. 하지만 디지털 이미지는 그런 그릇의 역사를 가질 수 없습니다. 이런 이미지들에 익숙한 우리는 두 이미지 중 진짜 이미지와 가짜 이미지를 찾는 것이 불가능하다고 생각합니다. 더 나아가 그런 구별을 하는 것이 무의미하다고도 생각할 겁니다.

하지만 데카르트가 살았던 때는 전혀 그렇지 않았습니다. 인간이 만들어내는 그림은 모두 그릇의 역사를 가졌던 때입니다. 이 때문에 인간이 만들어낸 그림과 인간의 눈을 통해서 지각된 '그림' 사이에 비슷한 점이 있다고 말하기도 힘들었겠죠. 하지만 데카르트는 모든 그림이 반드시 그릇의 역사를 가질 필요가 없다는 점을 깨달았던 사람입니다. 모든 그림이 그릇의 역사를 가졌던 시기에 말이죠. 이 한 가지 점만으로도 데카르트를 위대한 철학자라 여겨야 할 충분한 이유가 된다고 생각합니다.

•
"경험하는 바를 차별하지 말라"

데카르트가 말했던 대로 꿈과 현실을 구별하기 힘들다는 것은 자신이 걸어왔던 모든 과거에 대해서도 의심을 품을 수 있다는 것을 말합니다. 할머니가 돌아가셨다는 내 기억이 정확하다면 눈앞에 보이는 할머니의 모습은 현실이 아닐 겁니다. 하지만 과거의 기억에 의심을 품을 수 있다면 지금 보고 있는 할머니가 실제로 존재하는지에 대해서도 의심을 품을 수 있습니다. 데카르트는 두 상황이 지각적으로 구별될 수 없다면, 어느 것이 현실인지에 대해서 확신할 수 없다고 말합니다. 그렇다면 지각적으로 구별할 수 없는 두 상황을 똑같이 대해야 한다는 것이 데카르트의 생각입니다. 내가 지금 꿈꾸고 있는 상황일 수도 있고 그렇지 않을 수도 있습니다. 하지만 어느 상황에 있던지 나는 꽃을 든 소녀가 앞에 서 있는 것을 보게 됩니다. 지각적으로는 이 두 상황을 구별할 수 없습니다. 그렇다면 나는 이 두 상황을 차별하여 어느 하나를 '꿈'이라고 말할 수 없다는 겁니다. 그것이 데카르트의 결론입니다.

이런 태도는 간단히 표현하자면 "경험하는 바를 차별하지 말라"라는 원리입니다. 저는 이것이 데카르트 철학을 포함해서 근대철학의 핵심적인 원리라고 생각합니다. 그렇다면 어떻게 하는 것이 경험하는 바를 차별하지 않는 것일까요? 꽃을 든 소녀가 눈앞에 서 있는 경험을 한다고 합시다. 이는 "꽃을 든 소녀를 눈앞에서 보고 있다"고 말하는 것과 다릅니다. "꽃을 든 소녀를 눈앞에서 보고 있다"고 말한다면, 그런 소녀가 눈앞에 있다는 것을 이미 받아들이고 있는 셈입니다. 하지만 "꽃을 든 소녀가 눈앞에 서 있는 **경험을 하고 있다**"고 말한다면, 이는 눈앞에 실제로 그런 소녀가 있는 것인지, 또는 꿈속에서 그런 경험을 하고 있는 것인지에 대해 정확한 대답을 하지 않은 것입니다. 이 경우 내가 갖고 있는 시각 경험을 차별하지 않는 방법은 두 가지 시나리오가 맞을 가능성을 모두 열어두고, 나아가 각 시나리오가 맞을 가능성을 똑같다고 여기는 겁니다.

어떤 시나리오가 맞을 가능성을 '확률'이라는 용어로 표현할 수 있습니다. "경험하는 바를 차별하지 말라"라는 원리는 경험적으로 구별할 수 없는 경험에 대해서 같은 확률을 주어야 한다는 말입니다. 이웃집에 쌍둥이가 사는데 이 둘을 구별할 수 없다고 해보죠. 이 중 한 명을 보았을 때 그가 첫째일 확률이 얼마라고 해야 할까요? 두 명을 구별할 수 없다면 내가 그중 한 명을 보는 시나리오는 두 가지일 것이고 나는 이 중 하나의 시나리오 속에 있을 겁니다. 따라서 내가 보고 있는 사람이 첫째일 가능성을 '1/2'로 여기는 것은 당연해 보입니다.

하지만 이는 내가 보고 있는 사람이 이웃에 사는 쌍둥이 중 한 명일 것이 분명하다는 가정 아래서 하는 말입니다. 만약 나는 몰랐지만 사실은 이웃에 두 쌍둥이가 아니라 세 쌍둥이가 사는 것이었다면 어떨까요? 또는 내가 지금 현실과 구분할 수 없을 정도로 생생한 꿈을 꾸고 있는 것이라면 어떨까요? 비록 이런 상황 속에 있었다고 하더라도 내가 경험하는 바는 똑같았을 겁니다. 이것이 데카르트가 주목하고자 했던 겁니다. 그리고 내가 처해 있을 수 있는 여러 시나리오 중에서 어느 하나를 선호할 이유가 없다면 각 시나리오를 차별하지 말아야 한다는 것이 근대철학이 말하고자 한 바 중 하나입니다. 여기에는 내가 경험하는 바를 비판적으로 분석하겠다는 정신이 담겨 있습니다.

근대철학에서 '나'는 어떤 편견도 갖지 않은 채로 내가 경험하는 바를 이성에 비추어 분석하는 재판관으로 등장합니다. 여기서 나는 판단하는 사람이지 판단 당하는 대상이 아닙니다. 거칠게 말해서 나는 '눈'만을 가지고 있습니다. 눈은 다른 것을 볼 뿐, 눈 자체를 볼 수는 없습니다. 이런 점에서 나의 눈은 다른 신체 기관과는 전혀 다른 특성을 갖고 있습니다. 나는 손을 가지고 있습니다만, '눈'이 보기에 손은 눈에 보인다는 점에서 다른 대상과 다르지 않습니다. 역설적으로 들리겠지만, 나의 손은 내가 아닙니다.

근대철학의 한계를 간단하게 지적하는 것은 쉬운 일이 아닙니다만, 여기서 제가 주목하려는 것은 "경험하는 바를 차별하지 말라"라는 원리, 다시 말해서 "경험적으로 구별할 수 없는 시나리오에게 동일한 확률을 부여하자"는 원리입니다. 이 원리는 부인할 수 없는 통찰력을 갖

고 있지만, 문제는 이를 어디까지 적용할 것인가 하는 겁니다. 이 원리
는 좀 더 신중하게 다루어져야 합니다. 그런데 근대철학은 이 원리를
지나치게 넓게 적용하려고 했습니다. 이 원리를 지나치게 넓게 적용하
는 것이 무엇이고 왜 그것이 지나친지 생각해봅시다.

'투명인간'이라는 신화

우리에게 주어지는 경험에 주목하게 한 것은 근대철학이 이룬 큰 성
취입니다. "경험하는 바를 차별하지 말라"라는 모토는 경험으로부터
섣부른 결론을 내리지 못하게 하는 미덕을 지녔습니다. 우리의 경험이
말하는 바가 거짓일 수 있다는 것을 깨닫게 해주었죠. 하지만 문제는
어떤 경험이 올바른 것인지를 확인하기 위해서 경험 밖으로 나갈 수
없다는 겁니다. 내가 가진 경험이 진리를 말하고 있는지를 판단하기
위해서 살펴볼 수 있는 것도 경험뿐이라는 것이죠.

비유를 들자면 이런 겁니다. 살인사건을 해결하기 위해서 여러 가
지 단서를 찾고 있는 경찰관을 생각해보세요. 그런 단서들에는 살
인 현장에 남겨진 발자국이라든지 범행 도구와 같은 것들이 포함되
겠지요. 그런데 그런 물적인 단서들은 모두 배제한 채 오직 용의자
의 증언만을 듣고 범인을 찾아야 한다고 상상해보세요. 얼마나 그 작
업이 어려울까요? 경찰관이 얻을 수 있는 증거는 오직 여러 사람들
의 증언들인데, 문제는 이들의 증언 중에는 거짓말도 있을 것이고 잘
못된 기억에서 나온 것도 있을 수 있다는 것입니다. 그렇지만 경찰관

은 이런 증언들을 면밀히 분석해보는 것 외에는 별다른 방법이 없습니다. 이른바 '스모킹건', 즉 결정적인 증거 같은 것은 애초에 기대할 수 없습니다.

맥락은 조금 다르지만 오토 노이라트Otto Neurath라는 철학자는 우리의 인식적 상황을 물 위에서 배를 고치는 상황에 비유한 바 있습니다. 수리가 필요한 배라면 뭍에 끌고 올라와서 꼼꼼히 살펴보는 것이 맞겠죠. 하지만 그렇게 할 수 없는 상황이라면 어떻게 하겠습니까? 수리 없이 가만히 둔다면 배는 가라앉고 말 겁니다. 그렇다면 배를 물 위에 떠 있게 하면서 새는 곳을 찾아서 수리를 하는 수밖에 없지 않겠습니까?

우리가 알아가야 할 세상을 바다에 비유한다면, 자신의 앎을 점검하기 위해서 돌아올 뭍이란 없다는 것이 근대철학의 가르침이라고 할 수 있습니다. 경찰관에게 스모킹건이 주어지지 않듯이 노이라트의 배에게는 돌아올 뭍이 없는 것이죠. 만약 이것이 우리의 현실이라면 우리가 할 수 있는 일은 무엇일까요? 경찰관의 경우라면 꼼꼼하게 증언들을 듣고 서로 비교하는 것이겠죠. 그리고 노이라트의 배에 올라타 있는 경우라면 꼼꼼하게 배의 구석구석을 살피고 문제가 있다면 고치는 일일 것입니다.

이는 결국 우리 스스로가 더 나은 재판관이 되어야 한다는 의미입니다. 또한 우리 자신 이외에 우리보다 나은 재판관이 나타나지 않는다는 것을 의미합니다. 우리는 아무도 도와주지 않는 거친 바다에서 오직 스스로의 판단력으로 구별할 수 없는 것들을 구별해야 합니다. 이는 애초에 완벽하게 마무리할 수 있는 성격의 일이 아닙니다. 이런 이유에서 근대철학은 우리에게 편견을 벗고 모든 것을 의심의 눈으로 꼼꼼히 살피라고 조언합니다. 이에 따라 우리는 모든 것을 의심해봐야 했죠. 심지어 우리의 손과 발, 혀까지도 의심이 대상이 되었죠. 나는 판단의 주체이지만 손과 발, 혀와 몸이 있는지 없는지 불확실한 존재가 되었죠. 몸의 존재는 의심스럽지만 자신의 존재는 분명한 어떤 사람에 관한 이야기를 우리는 알고 있습니다. 바로 '투명인간'입니다. 결국 근대철학은 우리에게 투명인간으로 살아가길 권유한 것입니다.

투명인간은 여러 이야기에서 다양한 모습으로 등장합니다. 투명인간은 오랜 기간 많은 사람들의 상상력을 자극한 소재입니다. 투명인간이 이야기 소재로 사랑받은 이유에는 여러 가지가 있겠지만, 그중 하나는 투명인간이 시선의 일방향성을 절대화한 존재라는 점 때문입니다. 오직 관찰을 할 뿐 관찰 당하지 않는다는 점에서 그렇고, 관찰 대상으로부터 아무런 인과적 영향을 받지 않는다는 점에서 그렇습니다. 앞에서 등장한 파놉티콘이 가진 '시선의 일방향성'을 완벽하게 가진 사람이 투명인간인 것이죠. 그런 점에서 투명인간은 '건물이 없는 파놉티콘'입니다.

그렇다면 근대철학의 잘못은 어디에 있을까요? 너무 단순화하는 위험은 있지만, 한마디로 말한다면 존재하지도 않고 가능하지도 않은 투명인간이 되길 요구한 것입니다. 우리는 투명인간이 아닙니다. 그렇게 될 수도 없으며 그렇게 되는 것이 바람직하지도 않습니다. 우리는 몸을 가졌고 다른 사람들과 영향을 주고받습니다.

데카르트는 지각적으로 구별할 수 없는 두 대상이 있다면 이 중 하나를 진정한 것으로 쉽게 받아들이지 말라고 조언합니다. 또한 우리가 지각적으로 구별할 수 없는 경험이 존재할 수 있다고 말합니다. 이 가르침에 따르면 우리의 경험은 편견에 불과할 수 있습니다. 편견으로부터의 독립이 바로 근대철학이 우리에게 요구했던 명령인 것이죠.

하지만 우리는 이 요구를 만족시킬 수 없습니다. 근대철학은 편견의 가능성이 있다면 어떤 것이든 차별 없이 대하라고 말하지만, 모든 것을 똑같이 대하는 것이 편견을 줄일 수 있는 방법은 아닙니다. 편견은 인간 일반의 믿음이 피할 수 없는 조건에서 생겨나는 것이 아니라 인간 개개인이 처해 있는 상황의 편향성에서 생겨나는 겁니다. 모든 믿음을 다 편견이라고 간주한다고 해서 우리 개개인이 처해 있는 상황의 기울어짐, 즉 '편향성'이 사라지는 것은 아닙니다.

투명인간이 근대철학의 정신을 잘 구현하는 문학적 상상력의 산물이라면, 투명인간이 겪게 되는 어려움은 근대철학의 정신이 안고 있는 어려움에 대한 비유가 될 것입니다. 문학적 상상력으로 빚어진 투명인간은 여러 가지 형태를 띱니다. 사람들은 다른 사람을 '투명인간'으로 취급하곤 합니다. 마치 없는 사람인 것처럼 여긴다는 뜻이죠. 이런 의미에서의 투명인간이란 '소외된 사람'을 상징합니다. 하지만 우리가 여기서 말하는 '투명인간'이란 정말로 보이지 않게 된 사람을 의미합니다. 이런 점에서 많은 사람들이 투명인간을 대표하는 이미지로 떠올리는 것은 웰스H. G. Wells가 1897년에 쓴 소설에서 그려낸 인물입니다. 이 투명인간은 여러 편의 영화로 만들어져 사람들의 머릿속에 투명인간의 전형을 만들어냈습니다.

이 전형적 투명인간은 신체가 투명하게 된 사람입니다. 그래서 투명인간은 옷을 벗고 알몸을 드러내야만 남에게 자신의 정체를 숨길 수 있게 됩니다. 여기에 드러냄과 숨김의 모순이 숨어 있습니다. 옷은 개인을 표현하는 수단이기도 하지만 자신을 감추는 장치이기도 합니다. 사람들은 옷을 벗어던짐으로써 자신을 감추었던 장치로부터 벗어나 진정한 자신의 정체를 드러냅니다. 숨김에서 드러냄으로 가는 것이죠. 하지만 투명인간에게는 드러냄이 곧 숨김입니다. 옷을 입음으로써 자신을 드러내고 옷을 벗어던짐으로써 자신을 숨깁니다. 그런 점에서 투명인간은 거꾸로 된 숨김 구조를 갖고 있습니다.

벗어던짐으로써 숨게 되는 투명인간은 여러 가지 위험을 안고 살아가야 합니다. 일단 추위가 가장 큰 문제일 것입니다. 한여름이 아니라면 알몸으로 다니는 일은 쉽지 않겠죠. 또한 쉽게 상처를 입을 수 있다는 위험도 있습니다. 맨발로 다니다 보면 날카로운 물체에 상처를 입기 쉽죠. 유리조각을 밟아서 발바닥에서 피를 흘리게 된다면 자신의 정체가 들통 날 수 있습니다. 그렇게 생각해보면 투명인간으로 살아간다는 것은 대단히 고된 일입니다.

발각될 위험을 피하는 일도 만만치 않을 겁니다. 투명인간이 되기만 하면 사람들의 눈을 쉽게 속일 것이라 예상할 수 있지만, 이것도 쉬운 일이 아닙니다. 비가 올 때 우산을 쓸 수도 없습니다. 그렇다고 비를 맞으면 사람들이 금방 알아챌 겁니다. 버스 정류장에서 비를 맞고 있는 투명인간을 상상해보면 이해할 수 있을 것입니다. 결국 눈이나 비가 오는 날은 투명인간이 외부 활동을 하기에 적합한 날이 아닙니다.

사실 더 큰 위험은 사람들이 투명인간을 잘 알아차리지 못한다는 데서 생겨납니다. 명동의 길을 걸어가면서 쇼핑을 즐기는 것도 투명인간에게는 굉장히 어려운 일이 됩니다. 많은 사람들이 좁은 길을 별 문제 없이 걸어 다닐 수 있는 것은 상대방을 알아보고 서로 피하기 때문입니다. 의식하지는 못하지만 우리는 그런 일을 너무 쉽게 하기 때문에 별 문제 없이 인파로 붐비는 길을 걸어갑니다. 하지만 투명인간이 명동의 길을 걸어가면서 사람들과 부딪히지 않는 것은 우리가 눈사태를 피하는 것만큼이나 힘든 일이 될 겁니다. 자동차나 자전거를 피하는 일은 투명인간의 목숨이 달린 문제이지만 밤길을 달리는 자동차가 투명인간을 피하지 못하고 교통사고를 낸다고 해서 운전한 사람을 비난하긴 힘들겠죠.

주목할 점은 투명인간이 투명하다는 것, 그래서 남의 눈에 띄지 않는다는 점이 투명인간에게 치명적인 위험이 된다는 것입니다. 하지만 우리가 투명인간에 대해서 상상할 때 이런 위험이 있을 것이라고는 쉽게 머리에 떠오르지 않습니다. 왜 그럴까요? 투명인간으로 변하는 것과 신체가 사라지는 것을 혼동하기 때문입니다. 투명인간이 되어서 다른 사람들의 행적을 들키지 않고 관찰할 수 있다는 것은 자신의 몸은 사라진 채 의식만 남아 있는 것이라고 생각하기 쉽지만, 사실 그렇지 않죠. 투명인간은 몸이 존재하지 않는 것이 아니라 단지 몸이 보이지 않는 것일 뿐이니까요. 그 점을 혼동한다면 투명인간은 밤거리를 다니다가 교통사고에 목숨을 잃을 수 있습니다. 자신에 대해서 잘 몰랐기 때문에 일어날 수 있는 불행이죠. 세계에 아무런 영향을 주지 않은 채 관찰자로 존재할 수 있다는 것은 투명인간의 잘못된 희망입니다.

옷을 벗지 않아도 남의 눈에 띄지 않게 되는 투명인간도 있습니다. 반지를 끼면 보이지 않게 되는 이야기에 등장하는 투명인간이 그렇죠.

영화 〈반지의 제왕The Lord of The Rings〉으로 유명해진 이야기에도 그런 반지가 나오지만, 사실 이런 이야기는 고대 그리스 때부터 전해 내려옵니다. '기게스Gyges의 반지'로 알려진 이 이야기는 플라톤의 대화편 《국가Politeia》에 등장합니다. 기게스라는 이름의 목동이 우연히 신비한 반지를 얻어 남에게 보이지 않게 되는 능력을 갖는 이야기죠. 기게스는 반지를 끼고 투명인간이 되어 왕을 죽이고 리디아의 왕이 됩니다.

이 두 이야기에서 투명인간은 자신이 원한다면 언제든지 사라질 수 있는 존재처럼 그려지고 있죠. 여기서 반지는 존재와 비존재를 오가게 만드는 스위치 같은 것으로 설정됩니다. 반지를 끼면 존재에서 사라지고, 반지를 빼면 다시 존재로 복귀하는 것이죠. 이런 상상이 불가능한 것은 아니지만, 좀 더 구체적으로 생각해보면, 원할 때 존재하지 않는 것이 된다는 설정은 이해하기 힘듭니다. 우선 존재와 비존재를 왔다 갔다 하는 것 자체를 이해할 수 없습니다. 존재와 비존재는 서울과 부산과 같은 물리적 공간이 아니기 때문입니다. 존재하다가 비존재가 되었다면 그 사람은 말 그대로 없어진 겁니다. 다시 존재하더라도 아까 사라진 바로 그 사람이라고 말해야 할 이유가 없죠. 새로운 사람이 등장한다고 해야 정확한 말이 될 겁니다. '비존재인 채로 살아간다'는 말은 모순입니다. 비존재가 된 기게스는 말 그대로 더 이상 존재하지 않습니다. 당연히 리디아의 왕이 될 수도 없죠.

기게스의 반지가 존재와 비존재를 번갈아 오가게 만드는 것이 아니라 기게스가 갖고 있는 여러 특성을 사라지게 만든다고 주장할 수도 있습니다. 그렇다면 구체적으로 어떤 것을 사라지게 해야 할까요? 우선 기게스의 반지가 사라지게 만들어야 하는 것은 시각적으로 보이는 기게스의 속성이지만 그것만으로는 부족합니다. 웰스의 투명인간이 당하게 될 어려움을 피하려면 적어도 기게스가 입고 있는 옷도 보이지 않도록 만드는 것이 필요하기 때문이죠. 더군다나 입고 있던 옷을 벗고 기게스의 반지를 끼었다는 설정도 없으니 말이죠. 또한 기게스의 반지를 낀 사람은 자신의 발자국도 남지 않도록 하고 싶을 텐데, 그러기 위해서는 기게스의 몸이 무게를 갖지 않도록 할 필요도 있습니다. 하지만 기게스의 몸에서 무게라는 속성이 사라지게 만든다는 것이 무슨 뜻일까요? 몸이 있으면서 무게가 나가지 않는 물체, 질량이 없는 물체는 존재하지 않습니다. 결국 기게스는 반지를 낀 동안 존재하지 않아야 한다고 말해야 하는데, 그렇다면 다시 비존재의 문제가 생겨나게 됩니다.

투명인간에 관한 허구적 이야기를 두고 너무 큰 의미 부여를 하고 있다고 생각할지도 모르겠습니다. 초점은 "투명인간은 논리적으로 모순 덩어리다"가 아닙니다. '투명인간'이라는 개념이 논리적으로 모순은 아닙니다. 우리가 물어보아야 할 것은 "왜 우리는 투명인간 이야기를 매력적으로 받아들이는가"입니다. 곰곰이 따져보면 이해하기 어려운 이야기인데도 불구하고 왜 우리는 이 이야기를 쉽게 받아들이고 즐기는 걸까요? 결국 우리의 문제입니다. 우리는 단지 비유일 뿐인 투명인간에 대한 이야기를 상상 속에서 투명인간의 존재로 바꾸어낸 것입니다. 주변에 아무런 영향도 주지 않고 오직 세상을 관찰하는 관찰자의 이미지가 투명인간으로 등장하는 것이죠. 근대철학이 지향하는 인간상이 허구 속에서 구체적인 모습을 갖게 된 것이 투명인간입니다.

'투명인간'이라는 표현은 두 가지 이미지를 갖고 있습니다. 하나는 소외된 사람이고 다른 하나는 발자국을 남기지 않는 관찰자입니다. 소외된 사람의 이미지를 가진 '투명인간'은 우리가 만들어내는 것이고, 관찰자의 이미지를 가진 '투명인간'은 우리가 되려는 것입니다. 앞의 투명인간이 되고자 하는 사람은 없지만 뒤의 투명인간은 많은 사람들이 동경하는 것이죠. 우리는 필요할 때 '투명인간'이 되고 싶어 합니다. 투명인간이 되어 익명의 존재로 세상에서 일어나는 일을 지켜보길 원할 때가 있습니다.

현대 사회에서 익명성은 더욱 커진다고 흔히들 말합니다. 이름을 숨기기 쉬워졌다고 생각하지요. 길거리를 걸어가고 있는 사람들의 이름을 우리는 알지 못합니다. 상대방도 그럴 가능성이 높죠. 하지만 그렇다고 이름을 완전히 숨길 수 있는 것은 아닙니다. 상대방의 이름을 알아야 할 필요가 당장 없을 뿐이고, 상대방도 여러분의 이름을 알아야 할 필요가 당장 없을 뿐이죠. 그런 점에서 상대방이 누구인지 알아야 할 필요성이 줄어든 것이지 이름을 숨기기 쉬워졌다고 할 수는 없습니다. 상대방이 여러분을 볼 필요가 없다고 해서 여러분이 안 보이게 되는 것은 아니니까요.

앞에서 우리는 시선의 방향성에 대해서 생각해보았습니다. 우리는 다른 사람의 시선을 받지 않으면서 소수의 사람에게 시선을 주는 데 익숙한 사회 속에 살고 있습니다. 대중 스타의 시대인 것이죠. 대중 스타는 우리의 시선을 바라고 우리의 시선의 강도에 비례해서 인기를 얻게 됩니다. 그런 점에서 많은 사람들은 스스로를 투명인간과 같이 느낄 수 있습니다. 하지만 이는 단지 우리의 느낌일 뿐입니다. 우리는 절대로 투명하지 않습니다. 거미줄 같이 촘촘한 감시 카메라는 우리의 궤적을 지켜보고 있죠. 사람들은 스스로를 투명인간이자 파놉티콘으로 생각하지만 사실은 누군가의 관찰의 대상이 될 수 있다는 점에서 우리의 생각과 현실 간 간격이 드러납니다. 실제로는 이 간격이 존재하지만 사람들은 이 간격을 잘 느끼지 못하죠.

데카르트가 제시한 근대철학의 세계는 이런 간격을 잊게 만들어 줍니다. 이 간격을 잊고 우리에게 투명인간으로 살아갈 것을 요구합니다. 편견 없는 관찰자, 세계의 중심에 선 관찰자, 세계에 영향을 미치지는 않고 세계를 관찰하기만 하는 분석가, 이런 존재로 살아가길 우리에게 권유합니다. 하지만 이런 존재로 살아갈 수는 없습니다. 투명인간으로 살아갈 수는 없습니다.

질문과 대답

Q: 어떻게 인류 원리는 '투명인간'에서 벗어났는가?

A: 근대철학은 편견 없이 모든 것을 관찰할 수 있는 '투명인간'을 이상적인 인간으로 제시하고자 했습니다. 하지만 인류 원리는 이렇게 대답합니다. **"인간은 투명인간이 아니다. 우리는 세계의 관찰자로만 살아갈 수 없는 조건 하에 놓여 있다."**

이 미친 실험을 하기 전까지만 해도
투명인간이 지닌 수많은 능력을 꿈꿨지.
하지만 그것을 얻는 순간
나는 아무것도 마음대로 할 수 없었어.
_H. G. 웰스, 《투명인간Invisible Man》

4장
왜 나는 다른 사람이 아니고 나인가
_우주 속 나의 위치 파악하기

나는 지금 여기 있다

인류 원리는 세계의 중심에 선 관찰자를 우리가 지향해야 할 인간상으로 제시하는 근대철학을 거부합니다. 세계의 중심이 아니라면 우리는 위치는 어디일까요? "당신의 위치는 어디입니까?"라는 물음에 이렇게 답변한다고 생각해봅시다.

지금 여기 있습니다.

이 대답은 너무나 간단합니다. 누구도 이 대답이 틀렸다고 말할 수 없을 겁니다. 하지만 이 대답에 만족하는 사람도 없습니다. 왜 이 대답이 만족스럽지 않을까요? 아무런 정보도 주지 않는 공허한 주장에 불과하기 때문일까요? 그런 것 같기도 합니다. 하지만 이 대답이, 예를 들어 "책상은 책상이다"와 같은 동어반복처럼 공허한 주장은 아닙니다. 우리는 '책상'이 무엇인지를 모르더라도 "책상은 책상이다"라는 주장이 반드시 참일 수밖에 없다고 생각합니다. 다시 말해서 '책상'이 정확히 무엇을 가리키는지 모른다고 하더라도 책상은 책상이 아닐 수 없다고 생각합니다. 하지만 "지금 여기에 있다"는 주장은 반드시 참이 아닙니다. 우리는 지금 여기 있지 않을 수 있었기 때문입니다. 우리가 지금 여기에 있게 된 것은 우연적인 사건들의 결과입니다. 만약 어제 내가 죽었다면 나는 지금 여기 있지 않았을 겁니다. 그러니 "지금 여기에 있다"는 것은 반드시 참이지 않습니다.

하지만 동시에 이 대답은 '항상 참'이라고 해야 합니다. 누군가가 "나는 지금 여기 있다"고 말한다면, 언젠가 그의 주장은 참이라는 의미에서 그렇습니다. 다시 말해서 "나는 지금 여기 있지 않다"는 말은 거짓일 수밖에 없다는 겁니다. 그렇게 본다면 "지금 여기에 있다"는 말은 반드시 참은 아니지만 항상 참인 주장입니다. 그런 점에서 "지금 여기에 있다"는 대답은 "당신의 위치는 어디인가?"라는 물음에 대한 대답이 되지 못할 이유가 없어 보입니다.

"나는 지금 여기 있다"는 대답은 너무나 당연해서 "당신의 위치는 어디인가?'라는 물음에 대한 대답이 되기에는 부족한 것처럼 보입니다. 무엇인가 다른 대답이 주어져야 한다고 생각하는 것이지요. 하지만 이 대답이 부족한 이유를 쉽게 찾을 수 없습니다. 항상 참인 주장이기 때문에 대답으로 부족한 이유를 찾기 어렵습니다.

어려운 질문일수록 우리는 간단한 대답을 이미 갖고 있다고 생각하고 바로 그 이유 때문에 그 질문을 회피합니다.

당신은 누구입니까?

이 물음에 대한 간단한 답변은 이렇습니다.

나는 지금 여기에 있는 바로 이 사람입니다.

이 대답이 틀렸다고 말할 사람은 없습니다. 하지만 틀린 대답이 아니라고 해서 우리가 기대한 답변이 되는 것은 아닙니다. 이 대답이 공허한 것처럼 들리는 이유는 우리가 이 대답이 가진 함축을 제대로 보지 못했기 때문입니다. 친구를 부러워하는 사람이 있다고 합시다. '나도 저 친구처럼 되었으면 좋겠다.' 그는 이렇게 생각합니다. 그는 친구가 갖고 있는 것, 친구가 가진 성격, 친구에게 생겨난 일 등을 자신도 갖길 바라고 있습니다. 하지만 결코 그는 자신이 바로 그 친구가 되는 것을 바라지 않습니다. 그는 **친구처럼** 되고 싶은 것이지 **친구가** 되고 싶은 것이 아닙니다. 왜냐하면 '나는 지금 여기에 있는 바로 이 사람'이지 다른 사람일 수 없기 때문입니다. 하지만 왜 '나'는 다른 사람이 아니고 '나'일까요? 내가 다른 때가 아니라 바로 지금, 다른 곳이 아니라 바로 여기, 다른 사람이 아니라 바로 나라는 것으로부터 우리는 무엇을 깨달을 수 있을까요?

•

페리 교수가 장 보다가 생긴 일

나는 지금 어디에 있는 걸까?

이 물음이 모든 사람에게 항상 절박하다고는 볼 수 없지만 분명 어떤 사람에게는 그 대답을 찾는 것이 절실합니다. 길을 잃은 사람은 이 물음을 던질 수밖에 없겠지요. 이 물음을 던지지 않은 사람은 길을 잃지 않았거나 자신이 길을 잃었다는 것을 아직 알지 못하는 사람입니다.

1996년 여름 어느 날 저는 미국 인디애나 대학 도서관에 앉아 있었습니다. 라임스톤으로 된 이 도서관은 쌓아올린 책 더미의 형상을 하고 있는데 햇볕으로부터 장서 도서를 보호하려고 창문이 거의 없습니다. 그래서 도서관 속에 한참 있다 보면 지금이 어느 때인지 가늠하기가 어렵게 되죠.

누군가 그 당시 저에게 저의 위치를 묻는다면, 아마도 저는 그 물음을 제 인생에서의 위치를 묻는 것이라 생각했을 겁니다. 당시 저는 제가 갈 길을 알고 있다고 생각했고 지금 어디에 있는지도 알고 있다고 생각했습니다. 저는 철학 박사 과정 중에 있었고 도서관에서 공부를 하고 있던 중이었죠. 제겐 너무 분명한 사실이었습니다.

그때 저는 도서관에서 존 페리John Perry 교수의 논문을 읽고 있었습니다. 이 논문은 슈퍼마켓에서 손수레를 끌고 다니면서 장을 보는 페리 교수의 이야기로 시작합니다.[22] 그는 누군가가 설탕을 바닥에 흘리고 있다는 것을 알게 됩니다. 바닥에 길게 설탕이 쏟아져 있었기 때문이죠. 이 설탕 흔적을 따라가다 보면 설탕을 흘리고 있는 사람을 찾게 되리라 생각한 그는 설탕 흔적을 추적하기 시작합니다. 하지만 설탕을 흘리고 다니는 사람을 찾을 수가 없었습니다. 그럴 수밖에요. 왜냐하면 바로 자신이 설탕을 흘리고 다니는 장본인이었기 때문입니다. 그는 이 이야기로부터 '나'라는 표현이 갖는 의미에 대해서 생각하기 시작합니다. 그리고 이 논문은 제 박사학위 논문의 중요한 시작점이 되었습니다.

일상적인 의미에서 보자면, 그가 길을 잃었다고 말할 수는 없습니다. 그는 슈퍼마켓에 있었고 장을 보고 있다는 것도 잘 알고 있었으니까요. 하지만 어떤 의미에서 그는 길을 잃었습니다. 길을 잃은 사람의 특징은 무엇일까요? 북한산에서 길을 잃은 사람을 생각해봅시다. 그의 손에는 지도가 있습니다. 이 지도에는 봉우리들의 위치가 자세히 나와 있습니다. 족두리 봉을 지나면 비봉이 있고, 비봉을 지나면 문수대가 있다는 것을 지도에서 알 수 있습니다. 이 모든 것을 알고도 이 사람은 북한산에서 길을 잃어버렸습니다. 왜일까요? 그는 북한산의 봉우리들 중에서 자신이 어느 곳에 있는지를 모르기 때문에 길을 잃어버린 겁니다. 예를 들어 그는 "나는 지금 족두리봉과 비봉 사이 중간 지점에 있다"고 확실하게 말할 수가 없기 때문에 길을 잃어버린 겁니다. 이는 슈퍼마켓에서 장을 보던 페리 교수의 처지와 비슷합니다. 그는 다음과 같이 말할 수 없었습니다.

내가 바로 설탕을 흘리고 다니는 사람이었다.

"나는 지금 여기 있는 사람이다"와 같은 말과는 달리, "내가 바로 설탕을 흘리고 다닌 장본인이다"라든가 또는 "나는 족두리봉과 비봉 사이 중간 지점에 있다"라고 말하는 사람은 자신에 관해서 무언가를 깨달은 사람입니다. 길을 잃은 사람도 "나는 지금 여기 있다"와 같은 말은 확신에 차서 할 수 있지만, 그가 "나는 족두리봉과 비봉 사이에 있다"고 확실하게 말할 것을 기대할 수는 없습니다. 바로 그 점을 모르기 때문에 그 사람을 두고 '길 잃은 사람'이라고 말할 수 있는 것이죠.

슈퍼마켓에서 길을 잃은 페리 교수와 산에서 길은 잃은 사람은 자신에 관해서 모르는 바가 있다는 점에서 공통성을 갖습니다. 자신에 관해서 모르는 것이 무엇일까요? 철학적 용어를 사용하자면, 이들은 **'자신을 위치 지우는 믿음**self-locating belief'을 갖지 못한다는 점에서 공통성을 갖습니다. 길을 잃은 사람의 특징은 이런 믿음을 갖고 있지 못한다는 겁니다. 그리고 이런 믿음을 갖고 있지 않다는 것을 깨달은 사람은 스스로 길을 잃었다는 사실을 깨달은 사람입니다. 길을 잃었다는 것을 깨달은 사람이라야 길을 찾기 위해서 노력을 합니다.

하지만 길을 잃은 사람 중에는 자신이 길을 잃었다는 것을 알지 못하는 사람도 있습니다. 즉 '길을 잃었지만 그렇지 않다고 생각하는 사람'이죠. 길을 잃고도 길을 잃은 줄 모르는 사람은 '자신을 위치 지우는 믿음'도 없을 뿐더러 그런 믿음을 가져야 한다는 생각조차 할 수 없습니다. 설탕 흔적을 좇아가던 페리 교수도 그랬죠. 설탕을 흘리는 사람을 찾아내서 그 사람에게 "당신이 지금 설탕을 흘리고 다니고 있어요"라고 말해줄 생각만 했지, 정작 자신이 바로 그 사람이라는 것을 알지 못했으니까요. 다시 말하자면, 자신의 위치에 대해서 아무런 의심을 갖지 않고 있는 사람도 길을 잃은 사람일 수 있습니다.

여러분은 스스로 "나는 길을 잃지 않았다"고 생각합니까? 그렇다면 길을 잃었을 가능성이 있습니다. 길을 잃은 사람들 중 대다수는 자신이 길을 잃었다는 것을 모르는 사람입니다. 우리는 '지금 여기에' 살고 있다는 생각으로 살아가기 때문에, 그리고 "나는 지금 여기 있다"

는 생각에 아무 의문을 제기할 수 없기 때문에, 스스로 길을 잃지 않았다고 여기고 살아가는지 모릅니다. 그러나 정작 길을 잃은 사람은 우리일지 모르죠.

1996년 여름 도서관에서 페리 교수의 논문을 읽기 전까지 저는 길을 잃어버렸다는 생각을 하지 않았습니다. 하지만 그날 저는 제가 길을 잃고 있는 것이 아닌가 하는 의심에 사로잡혔고 집으로 돌아갈 즈음에는 분명 길을 잃어버렸다고까지 생각을 하게 되었습니다. 왜일까요? 그 이유를 간단히 말하자면 우리 모두는 길을 잃어버릴 수밖에 없기 때문입니다.

•

길을 잃는다는 것

어떤 사람은 이 모든 것이 '길을 잃다'를 어떻게 정의하느냐에 달렸다고 말할지 모릅니다. 그리고 이 지적은 어느 정도 적절합니다. '길을 잃다'는 말을 좁게 사용하자면, 약속 장소를 찾지 못해서 길을 헤매고 다니는 정도가 될 때에만 '길을 잃었다'고 말할 수 있습니다. 찾고자 하는 장소를 찾을 수 없는 상태를 말하는 것이죠. 이런 의미에서 보자면, '자신을 위치 지우는 믿음'이 없는 사람 모두에게 '길을 잃었다'고 말하는 것은 이 표현을 너무 느슨하게 사용하는 것이겠죠.

그런데 우리가 관심을 갖는 것은 '자신을 위치 지우는 믿음이 없다'는 의미에서 '길을 잃는' 상황입니다. 자신이 서 있는 곳을 안다고 해서 자신이 가야 할 곳을 알게 되는 것은 아닙니다. 나아가 자신이 가야 할 곳을 모른다면 자신이 서 있는 곳을 제대로 알고 있다고 할 수 없습니다. 자신이 가야 할 곳을 알기 위해서는 보다 넓은 지도, 즉 자신이 가야 할 곳까지 포함하는 보다 넓은 지도에서 자신이 서 있는 곳을 알아야 하기 때문입니다. 좁은 범위에서 자신의 위치를 안다고 해서 넓은 범위에서까지 자신의 위치를 안다고 할 수는 없죠.

'길을 잃다'의 두 가지 의미를 구별하는 것은 인류 원리를 이해하는 데 중요합니다. 좁은 의미에서 '길을 잃은' 사람에게 필요한 것은 자신이 서 있는 위치를 지도 위에 보여주는 표시입니다. 종이로 만들어진 지도책에는 이 표시가 나타나 있지 않습니다. 자신의 위치를 나타내는 표시를 보기 위해서는 GPS와 같은 전자 장치와 인공위성이 필요합니다. 하지만 이런 장치만으로 우리는 잃어버린 길을 확실히 찾을 수 있을까요? 자신의 위치를 알려주는 표시가 우리가 가야 할 곳을 알려줄 수 있을까요?

영화 〈트루먼 쇼The Truman Show〉에는 태어나는 순간부터 자신의 삶이 방송 소재가 되어 버린 사람이 등장합니다. 그는 거대한 스튜디오에서 살아가지만 그곳이 스튜디오인줄 모릅니다. 그는 많은 사람들의 시선을 한몸에 받는 유명인이지만 정작 자신이 그런 사람인 줄 모릅니다. 그는 태어나면서부터 모험심이 많습니다. 호기심 많은 소년이었던 그는 수업 시간에 자신은 세상 구석구석을 발견하는 탐험가가 되겠다고 말합니다. 하지만 선생님 역할을 맡은 배우는 그에게 이렇게 말하죠. **"미안하지만, 이 세상에는 더 이상 탐험할 곳이 없단다."**

좁은 의미에서 보자면, 〈트루먼 쇼〉의 주인공은 길을 잃은 것이 아닙니다. 그는 자신의 집이 어디에 있고 자신의 직장이 어디에 있는지 너무나 잘 압니다. 하지만 '길을 잃다'의 넓은 의미로 보자면 그는 길을 잃은 사람입니다. 그는 자신이 어디에 있는지 모릅니다. 그에게 필요한 것은 자신의 위치를 알려주는 표시가 아닙니다. 그에게 필요한 것은 더 넓은 지도입니다. 스튜디오를 넘어서 그 밖의 모습이 나타나는 지도 말입니다.

좁은 의미에서 길을 잃은 사람은 자신이 길을 잃은 것을 금방 깨닫습니다. 그리고 길을 찾기 위해서 노력을 하지요. 하지만 넓은 의미에서 길을 잃은 사람은 자신이 길을 잃었다는 사실을 깨닫기 어렵습니다. 그래서 길을 찾기 위해서 노력도 하지 않지요.

우리는 길을 찾고 싶어 합니다. 넓은 의미에서 길을 잃고 싶어 하지 않습니다. 그러나 한편으로 우리는 좁은 의미에서 길을 잃지 않았다는 사실에 쉽게 만족하기도 합니다. 그래서 더 이상 길을 찾고자 하는 마음도 갖지 않게 되죠. 그러다 보면 넓은 의미에서 길을 잃지 않았다고도 믿게 됩니다. 하지만 이 믿음은 거짓이고 우리의 희망사항일 뿐입니다. 우리 모두는 넓은 의미에서 길을 잃을 수밖에 없는 존재니까요. 우리들 사이에 차이가 있다면 길을 잃을 수밖에 없음에도 불구하고 횃불을 들어 조금이나마 더 멀리 본 사람과 횃불로 자신의 발아래만 비추려는 사람 사이의 차이 정도일 겁니다. 가야 할 길은 깊은 어둠 속에 있고 우리는 횃불 하나에 의지하여 길을 찾는 존재라는 점에서 모두 같은 처지에 있습니다.

인류 원리는 넓은 의미에서 길을 잃은 우리가 자신의 위치를 찾아내기 위한 과정에 개입합니다. 우리의 상황을 이해하기 위해서 최초로 지도를 만들고자 시도한 사람의 노력을 생각해보십시오. 그는 더 높은 곳으로 올라가서 더 멀리 보고자 했을 겁니다. 그런 노력들이 모여서 우리는 정확한 지도를 얻게 되었고 지구에서 우리가 위치한 곳을 정확히 알게 되었습니다. 하지만 그런 지도가 우리에게 도움을 줄 때는 좁은 의미에서 길을 잃은 경우입니다. 우리는 자신이 이 세상 어느 곳에 위치해 있는지를 알면서도 다른 여러 이유에서 우리가 어디에 있는지 모릅니다. 스스로에게 이렇게 물어봅시다.

나는 내가 죽음을 맞이할 때로부터 얼마나 떨어진 시점에 살고 있는가?

여러분은 이 물음에 대해서 어떤 대답을 갖고 있나요? 이에 대해서 대략적인 대답을 할 수 있다고 해도 정확하게 몇 시간을 남기고 있는지를 아는 사람은 없겠지요. 그렇다면 다음 물음은 어떻습니까?

· 나보다 먼저 태어난 사람들과 나중에 태어날 사람들 중 어느 쪽이 더 많을까?
· 나는 앞으로 이기적인 사람들과 이타적인 사람들 중에서 어떤 사람들을 더 자주 만나게 될까?
· 나는 지금보다 앞으로 더 행복할까?
· 내가 살고 있는 우주에는 인간이 아닌 다른 생명체가 살고 있는 별이 몇 개나 있을까?

우리는 구글Google 지도보다 더 광범위하고 더 자세한 지도에서 우리가 차지하고 있는 위치를 알고 싶어 합니다. 이 지도는 넓은 의미에서 우리가 길을 잃지 않도록 도와주기 때문에 공간뿐 아니라 과거와 미래를 포함하는 '4차원 지도'가 될 것입니다. 하지만 원하는 만큼 완벽하게 광범위하고 자세한 4차원 지도를 인간은 결코 손에 넣을 수 없을 것이기에 우리는 항상 넓은 의미에서 길을 잃은 상태에 있을 겁니다.

얼마나 큰 범위의 공간과 시간에서 자신의 위치를 알려주는가는 사람들에게 중요한 문제일 수밖에 없습니다. 하루 중 지금이 어느 때인지를 아는 것보다 일 년 중 지금이 어느 때인지를 아는 것이 더 어려운 일입니다. 마찬가지로 우리 마을에서 우리 집의 위치가 어디쯤인지를 아는 것보다 우리나라에서 우리 집의 위치가 어디쯤인지를 아는 것이 더 어렵죠. 사람들은 오래전부터 보다 큰 범위에서 자신의 위치를 알고자 많은 노력을 기울였습니다. 탁월한 사례 중 하나가 '아스트롤라베astrolabe'입니다.

아스트롤라베의 기원을 찾아 시간을 거슬러 올라가자면 고대 그리스에 이르지만 이 물건이 널리 사용된 것은 중세 이슬람 시기였습니다. 인류의 역사를 되돌아볼 때, 중세 이슬람이라는 무대는 고대 그리스와 헬레니즘의 유산이 보관된 곳이라고 할 수 있습니다. 이 시간과 공간의 무대에서 이슬람 과학자들은 아스트롤라베를 발전시켜서 손에 들고 다닐 수 있도록 했습니다. 비유를 하자면, 그 시대에 아스트롤라베를 갖게 된다는 것은 공중전화를 쓰던 사람들이 스마트폰을 안주머니에 넣고 다니게 된 것과 같습니다. 아스트롤라베는 몸에 지니고 다닐 수 있으면서 현재의 시각, 방위, 천체의 위치 등을 알려주기 때문이죠. 이 아스트롤라베가 갖고 있는 기능이 모두 밝혀진 것은 아닙니다. 하지만 지금까지 알려진 바를 토대로 판단하더라도 중세 이슬람 사람들이 만든 아스트롤라베는 우주 공간과 시간 속에서 자신의 위치를 알려고 했던 인간의 뛰어난 노력을 보여주는 사례라 하기에 충분합니다.

인류 원리는 눈에 보이지 않고 손으로 만질 수 없는 아스트롤라베와 같습니다. 아스트롤라베는 천문학 발달에 핵심적인 역할을 한 천체망원경과 중요한 점에서 다릅니다. 천체망원경은 우리의 위치에 관한 것이 아닙니다. 우리의 관심사는 천체망원경이 향하는 끝에 존재합니다. 반면에 아스트롤라베를 사용할 때 우리의 궁극적인 관심은 아스트롤라베가 가리키는 끝이 아니라 우리 자신의 위치에 있죠. 아스트롤라베에서 천체의 위치는 4차원 공간 속에서 우리의 위치를 파악하는 데 필요한 정보입니다.

천체망원경과 달리 우리의 위치를 알아내는 데 관심을 둔다는 점에서 아스트롤라베는 나침반과 비슷합니다. 나침반 역시 인류의 역사에서 중요한 역할을 한 발명품이죠. 하지만 아스트롤라베와 나침반은 작용하는 방식에서 중요한 차이점이 있습니다. 나침반은 지구라는 땅덩어리가 거대한 자석이라는 사실에 의존해서 작동하는 장치라고 할 수 있습니다. 비유를 하자면, 나침반은 사람이 다가가면 이를 감지하고 문을 열어주는 '자동문'과 비슷하죠. 정상적으로 작동하는 자동문이라면 사람이 다가갔을 때 문이 열리지 않을 수가 없습니다. 마찬가지로 나침반이 정상적으로 작동한다면, 방위를 가리키지 않을 수가 없죠. 이처럼 나침반과 자동문은 '인간 밖에 놓여 있는 인과 관계'에 의해서 작동합니다. 반면에 아스트롤라베는 '우주 체계에 대한 인간의 이해'에 의존해 있습니다. 우주 체계에 대한 이해를 바탕으로 자신의 위치를 추론해 내는 장치인 것이죠.

인류 원리를 무형의 아스트롤라베에 비유한 것은 바로 이 점 때문입니다. 인류 원리는 우리를 둘러싼 외부에 대한 이해를 바탕으로 우리의 위치를 추론하는 데 적용되는 원리입니다. 인과 관계를 드러내는 것이 아니라 '추론 관계'를 제시하는 것이죠. 아스트롤라베와 다른 점이 있다면, 인류 원리는 외부에 대한 우리의 이해 속에 우리의 상태에 대한 이해를 포함한다는 겁니다. 앞에서 등장했던 유당불내증 사례처럼 '나는 유당불내증을 갖고 있다'는 정보도 우리의 위치에 대한 추론에서 우리가 중요하게 고려해야 할 요소입니다.

•

관찰의 선택 편향성

짧은 우화 하나를 소개하겠습니다.

옛날에 땅 밑에 사는 동굴이 있었다. 동굴은 내내 어둠 속에서만 살았는데 하루는 이상한 소리를 들었다.

"밝은 데로 나오너라. 나와서 태양을 보라."

동굴은 말했다.

"그게 무슨 말인지 나는 몰라. 나는 어둠밖에는 아는 게 없어."

그러나 마침내 동굴은 위로 올라와서 빛이 찬란한 것에 놀랐다. 그는 태양에게 말했다.

"이리 와서 어둠을 보라."

태양이 물었다.

"어둠이 뭐지?"

"그저 와 보면 알아."

태양이 초대에 응해서 밑으로 내려왔다.

"자, 어둠을 보여 다오."

그러나 어둠이란 것은 아무 데도 없었다.[23]

동굴과 태양에 관한 이 이야기가 말하고자 하는 바는 무엇일까요? 태양은 긍정적 태도를, 동굴은 부정적 태도를 상징하기 때문에 긍정적 태도는 항상 부정적 태도를 이긴다는 것을 의미할까요? 아마도 그럴지도 모릅니다. 빛은 어둠을 몰아내지만 어둠이 빛을 몰아낼 수 없다는 것은 훌륭한 교훈이 될 수 있습니다.

하지만 우리는 이 이야기로부터 다음과 같은 물음을 끌어낼 수 있습니다.

동굴에 내려간 태양이 어둠이 무엇인지 알 수 없다면, 그 이유는 무엇일까요?

물론 동굴에 어둠이 없었기 때문입니다. 하지만 왜 어둠이 없어졌습니까? 대답은 명확합니다. 바로 태양 때문에 어둠이 사라진 것이죠. 태양은 바로 자신에게서 뿜어져 나오는 빛 때문에 어둠이 무엇인지 알 수 없었던 겁니다. 한편 동굴은 태양이 어떤 모습인지 알 수 있었습니다. 자신이 어둡다는 사실에도 불구하고 말이죠. 그 차이는 어디에서 오는 걸까요? 상대방에게 다가가서 자신의 경험을 바탕으로 상대방을 보려 했다는 점에서 동굴과 태양은 똑같습니다. 그런데 자신의 존재가 자신의 경험에 영향을 미치는 데서 차이가 생겼습니다. 태양은 자신의 존재 자체가 자신이 경험하는 내용에 영향을 주지만 동굴의 경우는 그렇지 않았습니다. 그렇다면 어떤 경우에 자신의 존재가 경험의 내용에 영향을 주는 걸까요?

여기서 한 어류학자 이야기를 해보겠습니다. 어떤 어류학자가 한 호수에 도착해서 이 호수에 있는 물고기를 조사하기 위해서 그물을 칩니다. 그물에 잡혀 올라온 물고기를 전부 조사해보니 모든 물고기의 몸통 두께가 5센티미터가 넘는다는 것을 발견합니다. 이로부터 이 어류학자는 어떤 결론을 내리는 것이 좋을까요? 두 가지 가능한 대답을 생각해 볼 수 있습니다.

- **첫 번째 대답** · "이 호수에 사는 물고기는 모두 몸통 두께가 5센티미터가 넘기 때문에 몸통 두께가 5센티미터가 넘는 물고기만 잡히는구나."
- **두 번째 대답** · "내가 친 그물의 그물코 크기 때문에 몸통 두께가 5센티미터가 넘는 물고기만 잡히는구나."

여러분은 이 둘 중 어느 쪽이 더 그럴듯한 결론이라고 생각합니까? 두 번째라고 보는 것이 맞겠지요? 그런데 왜 그쪽이 더 나은 결론일까요?[24]

호수에 사는 물고기가 전부 일정한 크기 이상이 된다는 것은 작은 물고기가 없다는 것인데, 그런 일은 일어나기 어렵습니다. 알에서 갓 나온 물고기들이 있어야 할 테니까요. 그러니 첫 번째 대답은 어리석은 대답이고, 더 나은 대답은 두 번째 대답이 될 수밖에 없는 것처럼 보입니다.

하지만 첫 번째 대답이 완전히 어리석은 대답이라고 할 수는 없습니다. 이 호수에 사는 물고기 중에서 어류학자가 본 물고기는 모조리 5센티미터가 넘는 몸통 두께를 갖고 있었습니다. 이로부터 이 호수에 사는 물고기는 모두 몸통 두께가 5센티미터가 넘는다고 결론을 내리는 것을 '경험적 일반화empirical generalization'라고 합니다. 경험적 일반화를 통해서 내린 결론은 경험이 주는 자료가 더 많이 쌓일수록 참일 확률이 높아집니다. 경험적 일반화는 경험을 통해서 얻은 바를 존중하라고 말합니다. 이를 무시하는 것은 어리석은 일입니다. 첫 번째 대답은 경험적 일반화를 잘 따른 사례입니다. 그렇다면 이 대답을 두고 어리석다고 할 수는 없지 않을까요?

문제는 어류학자가 한 가지 방법에만 의존해서 결론을 내린 데 있습니다. 호수에 사는 물고기의 크기가 알고 싶다면, 그물을 던지는 것만이 유일한 방법은 아닐 겁니다. 수중 카메라를 이용할 수도 있고, 직접 물속에 뛰어 들어가 관찰하는 방법도 있습니다. 여러 가지 방법 중에서 그물 던지는 방법에만 의존했기 때문에 어류학자는 어리석었다고 할 수 있겠지요. 만약 그에게 다른 방법이 떠올랐다면, 다른 방법도 이용했을 겁니다. 하지만 그렇게 하지 않았다는 것은 그에게 다른 방법이 떠오르지 않았음을 보여줍니다. 다른 사람은 어류학자의 어리석음을 쉽게 지적할 수 있겠지만, 스스로 자신의 어리석음을 알아차리는 것은 쉽지 않습니다.

하지만 항상 그러한 대안적 방법이 존재할까요? 설령 대안적 방법이 있다고 하더라도 그것이 모든 사람에게 접근 가능한 방법일까요?

앞서 등장한 동굴과 태양의 이야기에서 어둠을 찾아 나선 태양을 다시 생각해봅시다. 그는 어둠이 있다는 곳을 모조리 찾아가 보지만 어느 곳에서도 어둠을 볼 수 없었습니다. 이로부터 태양은 경험적 일반화를 통해서 "어둠은 세상에 없다"고 결론을 내립니다. 무엇이 잘못일까요? 어둠이 있다는 것을 발견할 수 있는 다른 방법이 있는데도 그 방법을 찾지 못한 것일까요? 우리에게는 어둠을 발견할 수 있는 다른 방법이 있습니다. 하지만 태양은 그런 방법을 찾을 수 없습니다. 자신에게서 뿜어져 나오는 빛 때문에 그는 어둠을 발견할 방법을 찾을 수가 없습니다. 태양은 최선을 다해서 많은 곳을 돌아다니며 어둠을 찾아내려 했습니다. 하지만 그럼에도 그가 경험적 일반화를 통해서 내린 결론은 잘못된 결론이었습니다. 태양은 "어둠은 아무데도 없다"고 결론을 내릴 것이 아니라 "나는 어둠을 볼 수 없다"고 결론을 내려야 했습니다.

어류학자의 사례는 '관찰 선택 편향성observational selection bias'이라고 불리는 현상의 한 가지 사례입니다. 어류학자는 자신이 선택한 수단이 자신이 관찰한 내용에 영향을 줄 수 있다는 점을 깨닫지 못했습니다. 태양도 마찬가지입니다. 태양은 자신이 내뿜는 빛이 어둠을 몰아낼 수 있다는 생각을 하지 못했습니다. 어둠을 보기 위해서는 어둠이 있는 곳에 가야만 합니다. 태양이 어둠을 보기 위해서는 어둠에 접근할 '수단'이 필요한데, 태양이 갖고 있는 바로 이 수단이 어둠을 볼 수 없게 만듭니다.

'스텔스 차'의 경우

편향성에 빠져 있는 사람이 그 편향성을 깨닫는 것은 쉬운 일이 아닙니다. 밤길 운전을 하다 보면 전조등을 끄고 다니는 자동차를 보게 됩니다. 이를 두고 흔히 '스텔스 차'라고 하는데, 다른 사람의 눈에 잘 띄지 않아서 그렇게 부르죠. 스텔스 차 때문에 일어나는 교통사고도 꾸준히 증가하고 있습니다. 사람들은 왜 전조등을 켜지 않고 위험한 밤길 운전을 하는 걸까요?

문제는 갈수록 자동차 기술이 좋아진다는 데 있습니다. 예전에는 해가 졌을 때 전조등을 켜지 않으면 실내 계기판이 너무 어두워서 전조등을 켜야 한다는 것을 알 수 있었죠. 하지만 요즘 차량의 계기판은 항상 밝게 켜져 있어서 전조등을 켜지 않았다는 것을 느낄 만큼 불편을 주지 않습니다. 더군다나 다른 자동차의 전조등도 예전에 비해 밝아졌고 가로등 시설도 좋아져서 자신의 차량의 전조등이 꺼져 있어도 어둡다는 것을 느끼지 못합니다. 스텔스 차가 늘어나는 원인입니다.

스텔스 차를 몰고 있는 사람들은 다른 사람들이 자신의 존재를 잘 알 것이라고 착각합니다. 자신이 다른 차량의 존재를 잘 알듯이 말이죠. 스텔스 차를 운전하는 사람은 앞의 우화에 등장하는 태양의 경우와 반대라고 할 수 있습니다. 빛을 내지 않기 때문에 남들이 자신의 존재를 알아차리지 못하는데도 그렇지 않다고 생각하죠.

학교에서 한 번씩 했을 법한 경험 중에 이런 것이 있습니다. 선생님께서 출석을 부른 후에 결석한 학생을 대상으로 하는 훈계를 들었던 경험 말입니다. 몸이 좀 아프다고 학교를 빠질 정도로 신체가 나약해서는 안 된다든지, 정신이 해이하다든지, 이런 내용의 가르침이죠. 문제는 이 훈계를 듣는 사람이 모두 출석한 학생이라는 것입니다. 선생님은 '지금 이 자리에 없는 학생이 내가 하는 말을 듣고 있다'라고 생각하는 듯합니다. 하지만 이 문장은 결코 참일 수 없는 문장이죠.

스텔스 차를 운전하는 사람은 자신이 차를 운전하고 있다는 사실이 자신에게처럼 다른 사람에게도 당연한 사실이라고 생각하는 착각을 범하고 있습니다. "나는 지금 이 차를 운전하고 있다"는 명제는 운전을 하고 있는 사람에게는 너무나 당연한 사실이지만, 주변의 차를 운전하고 있는 사람에게는 그렇지 않다는 것입니다. "나는 지금 여기 있다"는 명제가 이 명제를 보고 있는 사람에게는 당연히 참이듯이, "나는 지금 여기서 운전하고 있다"는 명제도 운전을 하고 있는 사람에게는 당연히 참이라고 여겨질 것입니다. 하지만 문제는 다른 사람들에게도 이 명제가 반드시 참은 아니라는 것이죠. 스텔스 차를 보지 못하고 사고를 내는 사람은 스텔스 차가 거기 있었는지 몰랐기 때문입니다.

스텔스 차는 '투명인간'처럼 자동차 사이를 질주합니다. 하지만 스텔스 차는 투명하지 않습니다. 자신이 맞닥뜨리고 있는 현실에서 자신이 미치는 영향을 깨닫지 못하는 사람들이 있습니다. 이런 사람들의 잘못을 상징적으로 보여주는 예는 또 있습니다.

한 아파트 단지에 사는 사람들이 단결하여 단지 주변에 있는 모든 도로의 제한 속도를 극단적으로 낮추기로 했습니다. 구청을 포함해서 여러 관련 기관에 민원을 제기한 주민들은 마침내 바라는 대로 주변 도로의 제한 속도를 20킬로미터로 만들 수 있었습니다. 이 속도를 넘기는 차들은 아파트 주민들이 설치한 폐쇄회로 카메라에 찍혀서 여지없이 범칙금을 물어야 했죠. 그런데 일 년이 채 못 되어 제한 속도는 다시 원래대로 돌아오게 되었습니다. 다른 사람이 아니라 바로 아파트 주민들이 제한 속도를 원래대로 돌려달라고 요청했습니다. 왜 그랬던 걸까요? 제한 속도를 낮추자 속도위반으로 범칙금을 물게 된 운전자들이 속출했는데, 시간이 갈수록 범칙금을 낸 사람들 대부분이 아파트 주민이거나 이 아파트를 방문하는 사람들이었던 겁니다. 아파트 주민들은 아파트 단지 주변을 가장 빈번하게 다니는 사람들이 자신이라는 점을 잊고 있었습니다. 자신을 '투명인간'처럼 생각했던 것이죠.

·

경험에 도달하는 수단

모든 관찰에는 관찰을 위한 '수단'이 필요합니다. 그런데 이 수단에는 관찰을 위해서 필요한 것 말고도 '다른 것'이 있을 수 있는데, 이 다른 무엇이 우리가 원하는 결과를 얻지 못하게 할 수 있습니다. 더러운 컵으로 깨끗한 물을 마시려고 하는 것처럼 말입니다. 깨끗한 물을 마시려면 물을 담을 수단이 필요하다는 생각만 하고 그 수단이 갖고 있는 다른 특성을 무시하기 때문에 이런 잘못을 저지르게 됩니다. 그리고 깨끗한 물을 마신다고 믿게 되지요.

경험을 얻기 위한 수단에는 그물이나 컵처럼 사람이 만든 것만 있는 것은 아닙니다. 보고, 듣고, 냄새 맡고, 맛보고, 느끼는 능력도 모두 경험을 위한 수단입니다. 이것뿐만이 아닙니다. 경험을 위한 수단에는 우리의 지적인 능력도 필요합니다. 그런데 그저 '지적인 능력'이라고 표현하면 간단하지만, 이 능력은 도대체 어떤 것일까요? 간단히 이를 위해서는 '머리'가 필요하다고 말하면 될까요? 우리는 생물학에 관한 상식을 갖고 있습니다. 눈이라는 시각 기관을 통해서 들어온 정보는 뇌를 거쳐서 우리에게 이해된다는 것이지요. 이 과정을 생물학적으로 자세히 밝히는 것은 매우 복잡한 일이 될 겁니다. 생물학 용어를 도입하지 않고 이를 설명해보기로 하지요. 우리가 지금 꽃을 든 소녀를 보는 경험을 하고 있다고 해봅시다. 이런 경험을 위해서 어떤 '지적 능력'이 필요한지를 다음과 같이 말할 수 있습니다.

- '꽃'이란 개념이 무엇인지 이해하는 능력
- '소녀'란 개념이 무엇인지 이해하는 능력
- '들고 있다'는 것이 무슨 개념인지 이해하는 능력

이 목록은 더 길어질 수 있습니다. 다시 말해서 무엇에 대한 경험을 얻기 위해서는 그 무엇에 관한 '개념'을 이해하고 있어야 한다는 것입니다.

하지만 이것 역시 매우 부족한 설명입니다. "개념을 이해한다"는 것이 무엇인지에 관해서 밝히지 않고서는 이 말이 무슨 뜻인지 분명하다고 말할 수 없습니다. '꽃'이라는 한국어 단어의 뜻을 알아야만 꽃에 관한 경험을 할 수 있다는 말은 아닙니다. 그렇다면 한국어를 익히지 못한 사람들은 꽃에 관한 경험을 할 수 없다고 해야 할 테니까요. 최소한 '꽃'을 이해한다고 말하기 위해서는 꽃인 것과 꽃이 아닌 것을 구별할 수 있는 능력을 갖추어야 할 것입니다. 하지만 꽃이라는 개념을 갖지 않은 상태에서 우연히 꽃인 것과 꽃이 아닌 것을 구별하게 되는 경우가 가능하므로, 이 구별 능력만으로 꽃이란 개념을 이해한다고 할 수 있을지에 관해서는 논란의 여지가 있습니다.

여기서 중요한 점은, 간단해 보이는 경험을 하는 데도 우리는 어떤 수단을 필요로 한다는 겁니다. 그리고 이 수단은 우리가 '선택한 것'이 아니라 우리에게 '주어진 것'이라는 점입니다. 어류학자는 물고기를 관찰하기 위한 수단으로 그물을 선택했습니다. 하지만 태양은 어둠을 관찰할 수단을 선택할 수 없었죠. 태양에게 주어진 조건에는 어둠을 관찰할 수단이 없었던 겁니다. 그런 점에서 우리는 일상적인 경험을 할 때 태양과 같은 처지에 있다고 할 수 있습니다. 주변 풍경을 둘러보거나 음식 맛을 보거나 다른 사람의 발자국 소리를 들을 때, 우리는 스스로 선택한 수단이 아니라 자신에게 주어진 수단을 사용하여 그런 경험을 하기 때문입니다. 그런데 모든 수단은 그것이 갖고 있는 특성 때문에 원래 그것을 통해서 이루고자 하는 바를 얻지 못할 가능성을 갖고 있습니다. 즉 '관찰 선택 편향성'을 가질 가능성이 있다는 것입니다.

여기서 중요한 쟁점은 관찰 선택 편향성이 일어나는 경우와 그렇지 않은 경우를 어떻게 구별할 수 있느냐는 겁니다. 태양과 동굴 중에서 태양은 관찰 선택 편향성으로 '어둠은 어디에도 있지 않다'고 생각하게 되었지만 동굴은 그런 잘못에 빠지지 않았습니다. 무엇이 이 차이를 만들어내는 걸까요?

코페르니쿠스적 전환

경험을 하기 위한 수단을 우리 스스로 선택하여 갖게 된 경우가 아니라면 우리는 수단을 갖고 있다는 것조차 잊기 쉽습니다. 심지어 그 수단을 선택한 경우라도 이에 익숙해지면 그 수단을 의식하지 못하게 되죠. 배를 타고 바다에 나가 특수한 장치로 바다 밑을 하루 종일 관찰하는 과학자를 생각해봅시다. 이 일에 몰두하게 된 그는 바다 밑에서 일어나는 일이 자기 눈앞에서 일어나는 것으로 생각하게 됩니다. "여기는 너무 어둡군." 이렇게 그는 말합니다. 하지만 '여기'라는 말이 가리키는 것은 사실 자신이 떠 있는 바다 위가 아니라 저 밑 바닷속 입니다. 과학자는 잠시 자신의 관찰을 위한 수단을 잊고 있었던 겁니다. 그런데 이런 일은 쉽게 일어납니다. 관찰을 돕는 수단은 관찰을 하는 동안에는 관찰되지 않기 때문이죠. 경험의 수단은 경험의 대상이 아니라는 말입니다.

하물며 경험을 하기 위한 수단이 처음부터 주어지고 한 번도 다른 수단을 취한 적이 없는 경우라면 그런 수단을 통해서 경험을 하고 있다는 점을 의식하기 더욱 힘들겠죠. 자신의 눈을 직접 볼 수 없는 것처럼 경험을 할 수 있게 만드는 수단을 직접 경험할 수는 없습니다. 또한 수단을 경험할 수 없다면 그 수단이 갖고 있는 문제점도 경험할 수 없게 됩니다. 경험을 하기 위해서 수단이 필요하다는 점을 의식하기 어렵기 때문에 그 수단에서 그릇된 판단이 생겨난다는 점을 알아차리기도 어렵습니다. 그래서 우리가 하는 경험이 세계의 모습을 올바르게 보여주고 있다고 생각하게 되죠. 꽃을 들고 있는 소녀를 보는 경험을 하고 있다면, 눈앞에 실제로 꽃을 든 소녀가 있다고 결론을 내리는 겁니다.

하지만 철학자 이마누엘 칸트Immanuel Kant는 이런 생각을 거꾸로 돌렸습니다. 다시 말해서 꽃을 든 소녀를 보는 경험을 할 수 있는 것은 그런 경험을 일으키는 경험의 수단을 갖고 있기 때문이라고 생각하는 겁니다. 좀 더 간단히 말하면, A라는 경험을 하는 것은 A가 사실이기 때문이 아니라, 칸트에 따르면, 우리는 A라는 경험을 하기 위한 수단을 갖고 있기 때문에 A라는 경험을 한다는 것입니다. 칸트는 이런 발상을 스스로 '코페르니쿠스적 전환'이라고 불렀습니다. 천문학자 코페르니쿠스Nicolaus Copernicus는 태양이 지구 주변을 도는 것이 아니라 그 반대라고 생각했죠. 코페르니쿠스가 받아들인 '지동설'이라는 생각과 당시 다수가 받아들이던 '천동설'이라는 생각이 제시하는 두 시나리오 중 어느 쪽이 옳은지를 현재의 우리는 알고 있지만, 중요한 점은 인간이 하늘을 보면서 갖게 되는 경험은 이 두 시나리오 중 어느 쪽이 옳은지를 즉각 알려주지 않는다는 것입니다. 다시 말해서 지동설과 천동설은 인간에게는 지각적으로 구별 불가능한 두 시나리오를 제시하는 셈입니다.

지각적으로 구별 불가능한 두 시나리오에 대한 생각이 근대철학에서 어떤 역할을 했는지에 관해 우리는 이미 살펴보았습니다. 근대철학에 따르면 이 두 시나리오가 구별 불가능하다면 각각을 똑같이 신뢰해야 합니다. 그리고 이 말은 각각을 똑같이 의심해봐야 한다는 말과 같습니다. 두 시나리오가 모두 참일 수 없다면 말이죠. 하지만, 다시 강조해서 말하자면, 구별 불가능한 두 시나리오를 동일한 정도로 의심해야 한다고 생각하는 것은 잘못입니다.

코페르니쿠스는 어떻게 지동설과 천동설 중 지동설이 올바른 시나리오라고 주장할 수 있었을까요? 그는 지동설이 천동설보다 우리가 관찰하는 바를 좀 더 '우아하게' 설명하기 때문에 지동설이 올바른 이론이라고 생각했던 것 같습니다. 하지만 지동설이 천동설보다 더 우아하다고 해서 더 옳다고 할 수 있을까요? 여기에는 논쟁의 여지가 있지만, 우리에게 중요한 점은 지동설과 천동설 사이에서 하나를 선택하기 위해서는 우리의 관찰만으로 부족하다는 겁니다. 코페르니쿠스는 관찰 이외의 것으로 '우아함'을 택한 거죠.

지동설과 천동설이 서로 다른 점은 하늘을 바라보는 관찰자에 대해 생각하는 방식입니다. 근대철학에서 관찰자는 '편견 없는 눈'을 가진 존재입니다. 다시 말해서 관찰의 대상이 될 수는 없고 관찰의 주체만 될 수 있는 존재이지요. 편견 없는 눈을 통해서 관찰하는 바로는 지동설과 천동설 중에서 하나가 더 그럴듯하다고 손을 들어주기 힘듭니다.

하지만 관찰자가 가질 수 있는 특성에 관심을 기울이면 이야기는 달라질 수 있습니다. 천동설이 맞는다면 관찰자인 인간은 우주의 중심에 있다고 말해야 합니다. 하지만 광대한 우주의 한가운데에 있게 된다는 것은 얼마나 기이하고 특별한 일입니까? 관찰자인 인간이 그런 위치에 있다면 이는 인간의 특별함을 보여주는 일이 될 겁니다. 이 기이한 특별함을 설명할 수 있는 특성이 우리 안에 있을까요? 인간이 그렇게 특별하다면 그것은 놀라운 소식일 것입니다. 물론 인간은 여러 가지 점에서 특별합니다. 하지만 우리가 말하고자 하는 특별함이란, 태양을 포함해서 모든 별이 지구를 중심으로 돌고 바로 그 지구에 인간이 살고 있다는 점에서의 특별함입니다. 만약 인간이 우주의 중심에서 관찰을 하고 있다면, 인간은 왜 수없이 많은 곳 중에서 하필 그 중심에서 살게 되었을까요? 이 점을 고려한다면 천동설보다 지동설이 더 그럴듯하다고 말할 수 있을 겁니다.

·

'왜 하필' 논법

물론 여러분 중에는 이렇게 말하는 사람이 있을 겁니다. "너무나 많은 사람들이 참여하는 로또에서 1등에 당첨되기는 너무 어렵습니다. 내가 그런 로또에 당첨되었다면 놀라운가요? 놀랍지요. 하지만 그건 나에게만 놀라울 뿐입니다. 다른 사람들이 보기에 내가 로또에 당첨된 일은 누군가가 벼락부자가 되었다는 소식에 불과합니다. 매주 그런 벼락부자는 나오게 되어 있습니다. 당첨되지 않은 사람에게 이 소식은 배 아픈 소식일 수는 있어도 놀라운 소식이 절대 아니죠. 예견된 일은 놀라운 소식이라고 할 수 없습니다." 우리는 이런 취지의 문제 제기를 자주 접합니다. 이는 '왜 하필'이라는 탄식으로 시작하는 물음에 대해 반응하는 한 가지 방식입니다.

'왜 하필' 그 착한 사람이 여행을 간 곳에 지진이 일어났단 말인가?
'왜 하필' 인간이 우주의 중심에 위치하게 되었단 말인가?

인류 원리를 논의하는 과정에는 이렇듯 '왜 하필'로 시작하는 문제 제기가 자주 등장하게 됩니다. 어떤 부부가 산책을 하는 도중에 큰 개를 끌고 가는 사람과 마주치자 이런 대화를 나눈다고 해봅시다.

> "저 개 무서워요. 나한테 덤벼들지 않도록 앞을 막아줘요."
> "괜찮아요. 주인이 개를 끈으로 묶고 있잖아요. 만약 기르던 개가 끈을 풀고 산책하던 사람에게 덤벼든다면, 그건 개 주인에겐 굉장히 난감한 일이기 때문에 그런 일이 일어나지 않도록 개를 잘 훈련시켰을 거예요. 요즘 개가 사람을 무는 일은 일어나기 힘든 일이에요."
> "알아요. 하지만 내가 걱정하는 것은 그렇게 일어나기 힘든 일이 나에게 일어나는 거예요."

만약 그 개가 이 부부를 공격하는 일이 벌어진다면, 부부는 무슨 생각을 하게 될까요? "왜 하필 우리에게 이런 일이 일어났지?" 아마도 이렇게 생각할 겁니다. "왜 하필?"이라는 물음에 대해서 우리는 서로 다른 대답을 내리곤 하지요. 한 대답은 이렇습니다. "그 일이 아주 드물게 일어나는 일이라면, 그 일이 우리에게 일어난 것에는 분명한 이유가 있습니다. 우리에게 그런 일이 생길 수밖에 없었던 이유 말이죠."

다른 한 가지 대답은 이렇습니다. "아주 드문 일이 우리에게 일어났지만 이는 단지 우연일 뿐입니다. 이 우연한 사건이 비극적인 결과를 가지고 온다고 하더라도 그 일이 우리에게 일어나야 했던 이유는 없지요. 일어나기 힘든 일이지만 일어난다면 누구에게도 일어날 수 있었고 그 '누구'가 우리였을 뿐이지요."

매우 드문 일이 자신에게 일어났을 때 우리는 여기에 특별한 이유가 있을 것이라고 생각하기 쉽습니다. 그런데 그런 생각은 잘못된 경우도 많지요. 로또로 당첨된 사람을 다시 생각해 볼까요? "나는 특별하기 때문에 이런 행운이 나에게 일어났어." 만약 이렇게 생각한다면 이는 어리석은 생각이겠죠. 자신에게 로또 당첨이라는 사건이 일어난 것에 특별한 이유가 있다면 이 사건은 더 이상 '행운'이라고 할 수 없을 겁니다. 만약 그가 특별하기 때문에 이 사건이 일어났다면, 로또 당첨은 그에게 일어날 수밖에 없었고 따라서 '행운'이라고도 할 수 없을 테니까요.

인류 원리는 '왜 하필'이라는 물음을 다룹니다. 이 원리는 우리가 스스로 특별하다고 생각하는 대신에 다른 대답을 찾아보도록 만듭니다. 코페르니쿠스도 그런 의미에서 인류 원리를 따르고 있다고 할 수 있습니다. 인간이 사는 지구가 우주의 중심에 놓여 있다고 믿는다면, "왜 하필 인간은 우주의 중심에 있을까?"라는 물음이 생겨나게 되고, 사람들은 이에 대해서 '인간이 특별하기 때문'이라고 대답하고자 했죠. 하지만 코페르니쿠스는 지구가 우주의 중심에 있지 않다고 생각함으로써 '왜 하필?'이란 물음에 답하고자 했습니다.

이제 칸트가 왜 자신이 한 일을 '코페르니쿠스적 전환'이라고 불렀는지가 조금은 분명해집니다. 칸트는 '관점을 어디에 두어야 하는지'에 관해서 말하고자 했습니다. 우리가 모든 것을 판단할 수 있는 위치에 있다고 생각한다면, 세상은 우리에게 보이는 그대로일 것입니다. 그리고 더 중요하게는, 세상이 이러저러하기 때문에 우리에게 이러저러하게 보인다고 생각할 것입니다. 하지만 우리가 이런저런 제약을 가진 관찰자의 위치에 있다고 생각한다면, 이야기는 달라집니다. 우리는 일정한 크기의 그물코를 가진 그물로 물고기를 잡는 어류학자와 비슷한 처지에 있습니다. 그물은 그물코를 갖기 마련이고 또한 그물코는 일정한 크기를 가질 수밖에 없습니다. 마찬가지로 우리는 관찰을 위한 여러 수단을 갖게 마련이고 이 수단들은 이런저런 특성을 가질 수밖에 없죠. 일정한 크기의 그물코를 가진 그물을 던졌기 때문에 일정한 크기의 물고기가 잡힐 수밖에 없듯이, "꽃을 든 소녀가 서 있다"는 관찰을 할 수밖에 없는 관찰 수단을 가지고 있기 때문에 꽃을 든 소녀가 우리 앞에 서 있다고 생각하는 겁니다.

하지만 이는 우리의 상식과 어긋나는 주장처럼 들립니다. 꽃을 든 소녀가 서 있기 때문에 우리에게 그렇게 보인다고 말하는 것이 상식적인 주장 아닌가요? 앞서 이런 상식적인 주장을 '실재론realism'이라고 부른다 했습니다. 그런 점에서 칸트는 실재론과는 다른 주장을 하고 있다고 말할 수 있습니다. 그렇다면 칸트의 주장이 상식에 어긋난다고 해야 할까요? 이는 '상식'이 무엇인지에 달려 있다고 생각합니다. 칸트의 주장이 정확히 무엇인지를 밝히고 요령 있게 설명하는 것은 결코 간단한 일이 아닙니다. 지금 우리의 관심이 칸트 철학을 밝히는 것도 아니니 이 정도에서 칸트 철학의 윤곽을 그리는 일은 마무리하겠습니다.

어쨌든 칸트는 스스로 코페르니쿠스적 전환을 이루었다고 말합니다. 코페르니쿠스적 전환이 우리가 취해야 할 올바른 방향이라고 해봅시다. 그렇다면 우리는 관찰자로서 우리가 갖게 되는 특성에 주의를 기울여야 합니다. 그런데 칸트가 말하는 상황은 물고기 크기를 연구하는 어류학자의 상황과는 다른 점이 있습니다. 어류학자는 그물코의 크기가 잡은 물고기의 크기에 영향을 준다는 것을 깨달을 수도 있었습니다. 만약 그랬다면 그는 좀 더 다양한 수단을 가지고 호수의 물고기를 연구할 수 있었을 겁니다. 하지만 칸트가 말하는 상황은 이와 다릅니다. 칸트는 물고기처럼 특정한 대상에 관한 경험이 아니라 모든 경험에 관해서 말하고 있기 때문이지요. 관찰자로서 갖게 되는 특성은 인간인 이상 벗어던질 수 없습니다. 물고기를 낚는 데 쓰고 있는 그물이 문제가 있다면 다른 그물을 쓸 수 있지만, 지금 관찰자로서 내가 서 있는 상황이 마음에 들지 않는다고 해서 다른 관찰자가 될 수는 없으니까요. 그렇다면 관찰 선택 편향성에도 적어도 서로 다른 두 가지 종류가 있다고 말할 수 있습니다. 하나는 어류학자의 사례처럼 그 잘못을 쉽게 알아차릴 수 있는 편향성이고, 다른 하나는 우리에게 그런 편향성이 있다고 여기기도 어려운 종류의 편향성입니다. 물론 우리가 더 관심을 갖는 것은 두 번째 종류의 편향성이지요.

앞서 우리는 경험적으로 지각 불가능한 상황에서 우리의 위치에 관한 두 시나리오에 대해서 생각해봤습니다. 이 둘 중 어느 쪽이 우리의 위치에 대해서 진실을 말하고 있는지가 우리의 관심 사안입니다. 우리가 경험하는 바는 두 시나리오 중 어느 쪽에 우리가 있는지를 알려주지 않습니다. 이 때 근대철학은 두 시나리오 중 어느 쪽에 대해서도 유보적 태도를 취해야 한다고 말합니다. 이런 회의적 태도에는 분명 훌륭한 점이 있죠. 별다른 근거를 제시할 수도 없으면서 두 시나리오 중 하나의 손을 드는 것보다는 유보적 태도를 취하는 것이 더 합리적이라고 할 수 있을 테니까요. 하지만 근대철학은 우리의 경험 내용에 너무 의존함으로써 두 개의 시나리오를 동등한 정도로 그럴듯한 것으로 생각해버리는 잘못을 범하고 있습니다. 이 잘못은 관찰자로서 우리에게 존재하는 '편향성'을 고려하지 않아서 생겨난 겁니다. 우리의 편향성을 고려한다면 구별이 불가능해 보이는 두 개의 시나리오 중 '좀 더 그럴듯한' 쪽을 말할 수 있는 여지가 드러납니다. 여기서 중요한 점은 두 시나리오 중 **어느 쪽이 진실을 말하고 있는지**가 아니라 **어느 쪽이 더 진실에 가까운지** 하는 점입니다. 정도의 문제인 것이죠. 이는 진실의 문제가 아니라 '확률의 문제'라고 볼 수 있습니다.

·

두 얼굴을 가진 사람

인류 원리는 우리에게 자신의 편향성을 깨달으라고 말합니다. 그리고 이는 우리 각자가 매우 비범하지만 동시에 매우 평범하다는 점에서 비롯된 권유이기도 합니다. 적어도 겉으로 보기에 여기에는 해결하기 힘든 모순이 숨어 있죠. 한 명 한 명이 겪어온 인생 이야기는 모두 우여곡절이 있고 서로 다른 방식으로 슬픈 구석이 있지만, 이들을 모두 한데 놓고 보면 비슷한 이야기들입니다. 우리는 개성이 넘치지만 동시에 몰개성적입니다. 인생은 서로 다른 두 개의 얼굴을 갖고 있습니다.

"두 얼굴을 가졌다"고 말할 때 무슨 생각이 떠오릅니까? 직장에서는 성실하다고 소문났던 사람이 가정에서는 폭력적이라는 사실이 알려졌을 때 이 사람을 두고 사람들은 "두 얼굴을 가졌다"고 하겠죠. 하지만 엄밀히 말하면 이 사람은 두 얼굴을 가졌다기보다는 특이한 성격을 가졌다고 말해야 합니다. 예를 들어 이 사람은 '직장 사람들에게 친절하게 대하고 집에 와서는 내 마음대로 하자'는 식의 삶의 전략으로 살고 있을 수도 있습니다. 그렇다면 우리가 보기에 이 사람은 마치 상황에 따라 전혀 다른 사람처럼 행동하지만, 실상은 자기 나름대로 매우 일관성을 가지고 살아가고 있는 것입니다.

이와는 다른 의미에서 '두 얼굴을 가진' 사람의 사례가 있습니다. 시차를 두고 전혀 다른 방식으로 행동하는 사람들에 대한 이야기를 우리는 알고 있죠.《지킬 박사와 하이드Strange Case of Dr. Jekyll and Mr. Hyde》라는 이야기가 잘 알려져 있고, 〈헐크Hulk〉라는 영화도 있습니다. 다중인격을 가진 사람에 관한 이야기죠. 한 사람이 전혀 달라 보이는 두 성격을 가졌을 뿐 아니라, 다른 성격을 가졌을 때 했던 자신의 행동을 잘 기억하지 못합니다.

"두 얼굴을 가졌다"고 말할 수 있는 다른 경우는 없을까요? 문자 그대로 두 얼굴을 가진 존재는 야누스Janus입니다. 야누스는 로마의 신화에 등장하는 신 중 하나입니다. 야누스를 재현하기 위해서 만들어진 조각을 보면 야누스는 두 개의 얼굴이 서로 반대로 붙어 있는 모습을 하고 있습니다. 다시 말해서 머리의 앞뒤로 모두 얼굴이 있는 형상이죠. 그런 점에서 야누스는 두 개의 얼굴을 가졌으나 뒤통수는 없는 존재라고 해야 정확할 것 같습니다.

야누스는 시작과 끝, 시간, 문을 담당하는 신입니다. 1월을 뜻하는 영어 단어 'January'가 '야누스'라는 말에서 왔죠. 지나간 해의 문을 닫는 것이 바로 새로운 한 해를 여는 것입니다. 그런 점에서 묵은해가 가고 새해가 시작하는 것은 문을 열고 집밖으로 나가는 것에 비유될 수 있습니다. 집밖으로 나가기 위해서 우리가 열어야 하는 문은 하나입니다. 문을 열고 나가는 행위는 집안에서 사라지는 행위이면서 동시에 밖으로 나아가는 행위입니다. 그런 점에서 야누스가 문을 담당하는 신이라는 것은 매우 적절해 보입니다.

어쨌든 야누스는 우리가 헐크를 보고 "두 얼굴을 지녔다"고 말하는 것과는 다른 의미에서 두 얼굴을 갖고 있습니다. 시차를 두고 다른 성격을 가진 행동을 보이는 것이 아니라 글자 그대로 두 개의 얼굴을 가지고 있으니까요. 야누스보다는 훨씬 짧은 역사를 지녔으나 어떤 의미에서는 더 잘 알려진 인물로 '아수라 백작'이 있습니다. 거대 로봇이 등장하는 애니메이션의 전성시대에 가장 인기 있었던 것중 하나가 〈마징가 제트Mazinger Z〉였는데, 여기에 등장하는 악당 중에서 행동대장 격에 해당하는 인물이 바로 아수라 백작입니다. 마징가 제트가 맞서 싸워야 할 악당의 수장은 헬 박사인데, 그는 자신을 따르는 두 명의 부하를 합쳐서 아수라 백작을 만들었다고 합니다. 그중 한 명은 여자고 한 명은 남자라서, 아수라 백작의 얼굴의 반쪽은 여자, 다른 반쪽은 남자의 모습을 하고 있습니다. 야누스와 달리 아수라 백작은 뒤통수를 가지고 있죠. 항상 망토를 쓰고 있어서 뒤통수를 잘 볼 수는 없지만 말입니다. '아수라Asura'는 원래 인도 신화에 등장하는 신으로 선과 악을 모두 가진 것으로 알려져 있죠. 그러니 만화영화에 등장하는 허구 인물이지만 꽤 역사와 전통을 지닌 이름을 가졌다고 해야 할 것 같습니다.

헐크, 야누스, 아수라 백작처럼 '두 얼굴을 가진' 존재에 대한 이야기를 사람들이 계속 만들어내는 이유는 뭘까요? 하나는 '두 얼굴을 지닌 사람'이 우리와는 전혀 다른 존재이고 따라서 두려운 존재이기 때문에, 공포의 대상으로서 그런 존재에 관심을 갖는다고 볼 수 있습니다. 우리는 주변 사람들이 항상 '하나의 얼굴'을 갖고 있으리라고 기대합니다. 그래서 그렇지 못한 사람을 경계하는 마음도 있습니다. 처음 보는 사람이 베푸는 호의에 선뜻 마음을 열지 못하는 이유는 그 얼굴이 진정한 얼굴인지 잘 모르기 때문이겠죠. 하지만 이와는 반대의 이유에서 우리는 '두 얼굴을 가진 사람'의 이야기에 흥미를 갖기도 합니다. 즉 두 얼굴을 가진 사람이 우리와 전혀 다른 종류의 사람이기 때문이 아니라 우리가 바로 그런 사람이기 때문에 우리에 대한 관심으로 이런 이야기에 흥미를 갖게 된다는 겁니다. 물론 우리는 스스로 그런 이중적인 사람이라는 점을 인정하려 들지 않지만 말이죠.

•

완벽하게 이중적인 생활

서로 정반대의 성격을 가진 두 개를 동시에 품는다는 것이 가능할까요? 예를 들어 여기 한 장의 지폐가 있습니다. 한 면은 이 지폐가 5천 원짜리임을 알려줍니다. 율곡 이이 선생의 초상화와 함께 선명하게 숫자 '5,000'이 찍혀 있습니다. 이로부터 우리는 지폐 뒷면에도 5,000이라는 숫자가 당연히 있을 것으로 예상하죠. 그런데 지폐를 뒤집어보니 율곡 선생의 어머니인 신사임당의 초상화와 함께 '50,000'이라는 숫자가 보입니다. 다시 말해서 이 지폐는 모자母子의 초상화로 두 면이 장식되어 있는 것이죠. 이 지폐는 5천 원짜리일까요, 아니면 5만 원짜리일까요? 둘 다 아닙니다. 이 지폐는 정상적인 지폐가 아니므로 가격을 매길 수 없다고 해야 할 겁니다. 물론 이 지폐를 5만 원권처럼 사용하는 경우를 상상할 수 없는 것은 아닙니다. 누군가가 신사임당의 초상화를 보이면서 이 지폐를 5만 원권으로 사용할 수 있겠죠. 하지만 이는 합법적인 사용은 아니며, 정확하게 말하자면 5만 원권으로 속인 경우라고 해야 할 겁니다. 이 지폐는 5만 원권으로도 5천 원권으로도 사용될 수 없습니다. 한 장의 지폐가 5천 원짜리의 성격과 5만 원짜리의 성격을 둘 다 갖는 것은 불가능해 보입니다.

우리는 한 물체 또는 한 사람이 상반된 두 가지 성격을 가지는 경우를 쉽게 떠올릴 수 있다고 생각하지만, 현실은 그렇지 않습니다. 5천 원권이면서 동시에 5만 원권인 지폐는 불가능합니다. 이 지폐는 5천 원으로도 사용될 수 있고 5만 원으로도 사용될 수 있는 백지수표와 다릅니다. 그런 수표는 당연히 가능하지만, 이는 조폐공사에서 돈을 찍기 전의 종이와 다름없습니다. 우리가 원하는 것은 5천 원이면서 5만 원인 지폐이지, 5천 원으로 사용될 수도 5만 원으로 사용될 수도 있는 지폐가 아닙니다.

이번에는 지폐가 아니라 사람에 대해서 생각해봅시다. 아수라 백작이 아주 교묘해서 자신의 두 얼굴 중 하나만 보여준다고 상상해보세요. 지구에서 달을 바라보는 한, 우리는 달의 한 면만을 보게 되는 것처럼 말이죠. 그래서 어떤 사람은 아수라 백작이 여자라고 믿게 되고, 어떤 사람은 아수라 백작이 남자라고 믿게 됩니다. 그렇다면 사람들은 아수라 백작이 정반대의 성격을 가졌는지를 의심조차 하지 않을 겁니다. 사람들은 아수라 백작을 여성 또는 남성으로 믿게 되겠지요. 하지만 그렇다고 해서 아수라 백작이 '여성이면서 남성'이라고 말할 수는 없을 겁니다. 아수라 백작을 남자로 믿고 있는 사람들이 있고 반대로 여자로 믿고 있는 사람들이 있다고 하더라도, 아수라 백작은 남자도 아니고 여자도 아닙니다. 다시 말해서 아수라 백작은 모순적 속성을 동시에 갖고 있는 듯이 보여도 실제로 이 두 속성을 모두 갖고 있는 존재가 아닙니다. 하지만 우리는 아수라 백작이 두 모순적인 속성을 한 몸에 실현하고 있다고 생각합니다. '모순덩어리'라고 말이죠. 하지만 아수라백작은 우리와 다를 바 없습니다. 여러 성격을 담고 있는 하나의 개체인 것이죠. 그런데도 우리는 아수라백작을 우리와 차별화합니다. 우리 각자 아수라 백작과 다를 것이 없는데 말입니다.

린다 문제

'린다 문제Linda Problem'로 알려진 문제가 있습니다.[25] '린다'라는 이름을 갖고 있는 여성에 대해서 다음과 같은 정보를 처음 접한다고 해봅시다. "린다는 외향적이고 명철한 31세 독신 여성으로 대학에서 철학을 전공하고 사회 정의에 큰 관심을 갖고 있다." 이런 린다가 '은행원일 확률'과 '페미니스트로 활발히 활동 중인 은행원일 확률' 중에서 어느 쪽이 더 클까요? 이것이 린다 문제입니다. 찬찬히 생각해보면, 이 물음에 대한 옳은 답은 전자라는 것을 알 수 있습니다. 은행원일 확률은 페미니스트 은행원일 확률보다 항상 클 수밖에 없기 때문이죠. 하지만 이 문제의 핵심은 왜 많은 사람들이 전자보다 후자가 크다는 착각을 하게 되는지에 있습니다.

우리는 린다를 만난 적이 없음에도 불구하고, 린다에 대한 정보를 듣고 나면 린다가 어떤 사람인지에 대해서 구체적인 그림을 나름대로 갖게 됩니다. 그 과정에서 우리는 '페미니스트인 린다'와 '그렇지 않은 린다'를 떠올리게 되고 이 중 '페미니스트 린다'가 더 '린다답다'고 생각하게 됩니다. 린다 문제에서는 '린다가 단지 은행원일 확률'을 묻고 있는데 사람들은 이를 '페미니스트가 아니면서 은행원일 확률'로 생각하는 잘못을 저지르는 것이죠.

이를 다른 관점에서 생각해보겠습니다. 책 한 권이 있다고 해보죠. 영수가 영희에게 이 책의 내용을 간략하게 요약해줍니다. 그러자 이를 들은 영희가 이런 요청을 합니다.

그 책에 대해서 좀 더 자세히 말해 줄래요?

영수는 좀 더 길게 이 책 내용을 말해줍니다. 하지만 영희는 이에 만족하지 않고 계속해서 더 자세히 말해 달라고 요구합니다. 결국 영수는 이 책을 처음부터 끝까지 한 문장도 빼지 않고 모두 말해줬습니다. 그런데도 영희가 이 책에 대해서 더 자세히 말해 달라고 조른다고 생각해봅시다. 아마 영수는 이렇게 말할 겁니다.

방금 말한 것이 바로 그 책의 내용 전부예요. 여기에 무엇인가를 덧붙인다면 그것은 책의 내용을 벗어나는 겁니다.

영수와 영희 사이의 대화에서 '책' 대신에 '린다'를 대입해 봅시다. 다시 말해서 영수가 린다가 어떤 사람인지에 대해서 말을 하는데 영희는 계속해서 린다에 대해서 더 많은 것을 말해 달라고 요구하는 상황이죠. 린다에 대해서 설명하는 것은 책의 내용을 소개하는 것과는 다른 점이 있습니다. 바로 린다를 설명하는 일에는 끝이 없다는 겁니다. 계속되는 영희의 요구에 지쳐서 영수는 이렇게 말할 수 있습니다.

> 더 많이 설명할 수는 있지만 아무리 말해도 린다가 어떤 사람인지를 전부 말할 수는 없어요. 린다가 어떤 사람인지 더 알고 싶다면, 직접 그녀를 만나 봐야 합니다.

다시 말해서 책은 완전히 구체화될 수 있지만 린다는 그렇게 될 수 없다는 것입니다. 철학자 러셀이 소개했던 구분을 이용해서 말하자면, 책의 내용은 '서술을 통한 앎knowledge by description'의 대상이지만 린다는 '직접 만남을 통한 앎knowledge by acquaintance'의 대상이라고 할 수 있습니다. 인간이라는 개체는 그 내용이 너무나 풍부해서 낱낱이 서술될 수 없습니다. 아무리 설명을 하더라도 무엇인가가 남을 수밖에 없죠. 이는 단지 인간이라는 개체에만 적용되는 것은 아닙니다. 우리가 경험하는 거의 모든 대상들이 그렇다고 할 수 있습니다. 내일 어떤 일이 일어날지 생각해보세요. 크게 보자면 내일은 오늘과 별반 다르지 않을 겁니다. 하지만 좀 더 자세히 생각해보면 내일은 내일이 와야만 정확히 알 수 있는 시간입니다. 내일 벌어질 일들은 너무나 풍부해서 낱낱이 기술될 수 없습니다.

우리는 이 두 가지 방식의 앎을 혼동합니다. 많은 사람들이 린다 문제에서 잘못된 대답을 하는 이유도 이런 혼동에서 비롯됩니다. 그 내용이 너무나 풍부해서 낱낱이 서술될 수 없는 존재를 서술될 수 있는 대상으로 혼동하는 것이죠. 아수라 백작도 마찬가지입니다. 아수라 백작이라는 존재는, 실제로 존재한다면, 이런저런 성격을 갖추고 있을 겁니다. 그 존재에는 아무런 모순이 없죠. 모순은 우리가 아수라 백작을 남성이나 여성이라는 개념으로 분류하는 데서 생겨납니다. 아수라 백작은 '남성', '여성'과 같은 개념의 총합이 아닌데도 우리는 그렇게 생각하려는 경향이 있습니다. **풍부한 구체성을 가진 개체를 추상적 개념의 총합을 만족하는 개체로 혼동하는 것이죠.**

그런데 문제는 이런 혼동을 피할 수 없다는 데 있습니다. 아수라 백작과 린다 모두 풍부한 구체성을 갖고 있기에 낱낱이 서술될 수 없는 존재이지만 우리는 결국 그들을 특정한 개념을 통해서 이해할 수밖에 없습니다. 이 점을 지적하고자 한 철학자들은 칸트 이래로 많았지만 철학사의 논쟁을 다시 되짚는 것 대신에, 몇 가지 사례를 통해서 이 피할 수 없는 혼동이 무엇인지 살펴보도록 하죠.

•

복권의 역설

100만 장을 찍어내는 복권이 있습니다. 이 중 단 한 장만이 당첨되어 막대한 상금이 주어집니다. 100만 장의 복권 중 일련번호 1번 복권을 머릿속에 떠올려 보세요. "1번 복권이 당첨 복권이다"는 명제를 참으로 받아들일 수 있을까요? 아닙니다. 이 명제는 거의 100% 거짓이기 때문이죠. 그런데 이 판단은 100만 장 중 어떤 복권에 대해서도 똑같이 할 수 있습니다. 이를 달리 말하면, 임의의 복권에 대해서 "이 복권은 당첨 복권이다"라는 명제가 아니라 "이 복권은 꽝이다"라는 명제를 받아들이는 것이 합리적이라는 것이죠. 그렇다면 우리는 이로부터 "100만 장의 복권은 모두 꽝이다"라는 명제를 받아들여야 할 것 같습니다. 왜 그런지 이해하기 위해서 임의의 사람을 생각해봅시다. "이 사람은 언젠가 죽을 것이다." 우리는 이 명제를 참이라고 받아들일 수 있습니다. 그렇다면 이로부터 우리는 "모든 사람은 죽는다"는 결론을 내릴 수 있습니다. 임의의 대상에 대한 판단으로부터 이 대상이 속한 집합 전체에 대한 판단을 이끌어내는 겁니다.

이 논리 규칙은 '보편 양화universal quantification'라는 어려운 이름으로 알려져 있습니다. 이 규칙을 받아들인다면, "'100만 장의 복권 중 임의의 복권이 꽝이다'라는 명제는 거의 확실히 참이므로 '100만 장의 모든 복권이 꽝이다'라는 명제 역시 거의 확실히 참이다"라고 결론을 내려야 할 것 같습니다. 그런데 이는 이상한 결론이죠. 왜냐하면 우리는 복권 100만 장 중 당첨 복권이 한 장 있다는 것을 알고 있기 때문입니다. 그러니까 "100만 장의 모든 복권이 꽝이다"라는 명제는 확실히 거짓이라는 것이죠. 명백하게 받아들일 만한 전제들로부터 논리적으로 따라 나온 결론이 명백히 거짓인 경우, 우리는 이런 논증을 '역설'이라고 합니다. 앞의 논증 역시 이런 성격을 갖고 있기에 '복권의 역설lottery paradox'이라고 불립니다.[26]

복권의 역설을 어떻게 해소시키는가는 논쟁적인 물음입니다. 보편 양화와 같은 논리 규칙에 제한을 가하는 것도 시도해볼 만한 한 가지 방법이 되겠죠. 하지만 여기서 주목하고자 하는 점은 이 역설의 뿌리입니다. 저는 이 뿌리가 발행된 100만 장의 복권 중 임의의 복권을 상상하는 데 있다고 봅니다. 도대체 이 '임의의 복권'이라는 것이 무엇일까요? 이 복권은 당연히 100만 장의 복권이 아닙니다. 이 복권은 단수이지만 100만 장의 복권은 복수니까요. 그렇다고 해서 이 복권이 특정한 일련번호를 갖고 있고 특정한 사람이 특정한 시간에 돈을 주고 산 특정한 복권도 아닙니다. '임의의 복권'은 구체적인 특성을 가진 복권이 아니라는 거죠. 그런 점에서 우리는 이 임의의 복권을 '아무개 복권'이라고 부를 수 있을 겁니다. 서울에 사는 임의의 남성을 '아무개 씨'라고 부를 수 있듯이 말이죠.

특정한 사람과 아무개 씨 사이에 놓여 있는 차이는 무엇일까요? 철수와 영희가 다음과 같이 논쟁을 벌이고 있습니다.

철수: 내 생각이 틀린지 맞는지 **아무** 사람에게나 물어봐라. 모두 내 생각이 맞는다고 할 거야.

영희: 나는 네 생각이 틀렸다고 생각하는데.

철수: '**아무** 사람'에서 너는 빠져야지.

영희: 나는 '**아무** 사람'이 아니란 말이지. 좋아. (영희는 잠시 후에 영수를 데리고 나타난다) 여기 영수한테 물어봤더니 철수 네 생각이 틀렸다고 하네. 그러니까 아무 사람이나 철수 네 생각이 옳다고 말할 거라는 네 주장은 틀렸어.

철수: 영수는 너와 잘 아는 사이잖아. 영수한테 물어본 것을 두고 '아무 사람'에게 물었다고 할 수는 없지.

영희: 그건 억지 주장이지. 도대체 네가 말하는 '아무 사람'에 포함되는 사람이 누구지? 나도 아니고 영수도 아니라면 말이야. 혹시 네가 말하는 '아무 사람'이 '네 생각이 맞다고 말하는 사람'을 뜻하는 것 아니야? 그렇다면 '아

무 사람'에게 물어봐도 당연히 그 사람은 네 생각이 맞다고 하겠지.

철수: 아니야. 그건 오해야.

철수의 입장은 난처합니다. 철수의 잘못은 '아무 사람'이라는 표현으로 가리키는 바에 너무 많은 제약을 한다는 겁니다. 그런데 그의 이런 항변을 이해할 수 있는 여지는 있습니다. '아무 사람'이라는 표현이 가리키는 바와 특정한 사람과는 차이가 있기 때문입니다. '아무 사람'을 선택하라고 해서 영수를 선택하는 것에는 아무런 문제가 없습니다. 그런데 영수를 선택하고 나면 더 이상 영수는 '아무 사람'이 아닙니다. 철수는 이를 혼동하고 있습니다.[27]

•

나는 '아무개'지만
그렇다고 '아무나'는 아니다

여러분 자신에 대해서 생각해볼까요? 여러분은 다른 사람들에게 '아무개'로 여겨집니다. 때로는 '국민'이라는 이름으로, 때로는 '시민'이라는 이름으로 불리기도 하지만, 본질은 '아무개'입니다. 아무개로서의 여러분은 대표성을 갖습니다. **아무개**인 여러분은 잘못된 정치를 꾸짖고 정치인들은 **아무개**인 여러분의 표를 얻고자 **아무개**인 여러분에게 호소합니다.

여러분은 아무개가 될 때에 힘을 갖습니다. 인류 원리가 갖는 통찰력도 바로 여기에 있습니다. **인류 원리는 우리 스스로를 '아무개'로**

여기라고 권유합니다. 스스로를 아무개로 볼 때 자신에 대해서 알 수 있는 것들이 생겨난다고 말하는 겁니다. 역설적인, 그래서 매혹적인 가르침입니다. 다른 사람은 우리를 아무개로 여기지만 우리 자신에게 우리는 결코 아무개가 아니기 때문입니다.

하지만 '아무개' 또는 '아무'가 된다는 것은 '**아무나**'가 된다는 것과 다릅니다. '아무'와 '아무나'의 미묘한 차이를 표현하는 우리말은 이 점에서 놀라울 정도로 섬세합니다. 우리말에 능통한 사람은 별 어려움 없이 '아무', '아무도', '아무나' 등을 구별하여 쓰지만, 우리말을 모르는 외국인에게 이를 알려주는 것은 매우 힘들 겁니다. 예를 들어 "**아무나** 만나지 말라"는 말은 "**아무도** 만나지 말라"는 말과 그 뜻이 확연히 다르죠. 하지만 이 차이를 설명하는 것은 간단치 않습니다. "**아무나** 만나라"는 어법에 맞지만 "**아무도** 만나라"는 어법에 맞지 않습니다. 앞서 철수와 영희의 대화에서 철수는 '아무개' 또는 '아무'의 의미를 온전히 이해하지 못했습니다. 아마 그는 '아무'와 '아무나'의 차이를 알지 못할 겁니다. '아무나' 만나려는 의도에서 영수를 만나게 되었다면, 더 이상 영수는 '아무나'가 아닙니다. '아무나'는 특정성과 아예 무관한 것을 지칭하는 반면, '아무개'는 특정성이 0에 가까울 정도로 빠진 것, 그런 의미에서 불특정한 것을 지칭합니다.

그러므로 우리는 아수라 백작 그 이상입니다. 우리 모두는 각자 두 얼굴이 아니라 수없이 많은 얼굴을 갖고 특정한 순간을 특정한 방식으로 살아가고 있기 때문이죠. 그런 점에서 우리 각각은 특정성 specificity의 최대치를 갖고 있습니다. 특정성을 측정하는 잣대가 있다면 우리 각자는 모두 무한대에 속할 겁니다. 반면에 우리가 다른 사람을 생각할 때, 다시 말해서 우리 관념 속의 상대는 그렇지 않습니다. 린다 문제가 이를 잘 보여줍니다. 우리는 상대방을 몇 가지 개념을 통해서 포착하려고 합니다. 그 결과 우리는 다양한 정도의 특정성을 가진 관념을 갖게 되죠. 오랫동안 알고 지낸 친구나 가족의 경우는 상당히 높은 정도의 특정성을 갖지만, 오늘 처음 만난 사람의 경우에는 낮은 정도의 특정성만을 지닐 뿐입니다. '아무개'는 이 특정성이 모두 휘발하여 날아간 존재입니다. 그런 점에서 우리들 각자는 특정성의 잣대에서 아무개와 정반대의 위치에 서 있다고 볼 수 있죠. 반면 '아무나'는 특정성의 잣대 위에 아예 올라오지 않은 것입니다. 우리는 스스로에게 특정성의 최대치를 갖는 존재로 나타나지만 남들에게는 아무개로 받아들여질 수 있습니다. 그렇기 때문에 인류 원리를 따라서 우리 스스로를 아무개로 본다는 것은 자신을 거꾸로 보는 것과 같이 간단치 않은 일입니다.

질문과 대답

Q: 왜 나는 다른 사람이 아니고 나인가?

A: 우리 각자는 특정한 사람처럼 되고 싶다는 욕망을 가질 수 있어도 특정한 사람이 되려는 욕망을 갖지는 않습니다. 또한 '나'를 '나'로 만드는 특정성은 나의 편향성에서 나오기 때문에 사라지지 않습니다. 여기서 중요한 것은 이 특정성을 갖춘 구체적인 '나'의 위치입니다. **인류 원리는 특정성의 잣대가 지닐 수 있는 오류에 휘둘리지 않으면서도 스스로를 '아무나'가 아닌 '아무개'로 볼 수 있도록 안내하며 우리 자신의 정확한 위치를 가늠하게 해줍니다.**

'아무개somebody'를 '아무나anybody'로 여길 수 있는 사람은
'아무도nobody' 없다.

_마가렛 딜란드Margaret Deland

5장

너는 나에게 어떤 의미인가

_타인이 좀비가 아니라 '인간'인 이유

왜 너는 좀비가 아닌가?

인간은 모두 다른 사람과 함께 살아갑니다. 만약 단 한 명의 사람이 지구상의 유일한 인간으로 살아간다면 어떨까요? 이 한 명의 사람을 위해서 온 지구가 필요하다면 이는 '글로벌한 낭비'가 될 겁니다. 우리의 상식에 따르면, 그 누구도 지구가 자기 한 사람만을 위해서 존재한다는 생각을 진지하게 하지 않을 것 같습니다. 그런데 이를 진지하게 주장하는 철학자들이 있습니다. 철학은 대체로 상식과 불화를 이루죠. 유아론唯我論, solipsism이라고 불리는 견해가 바로 그런 주장입니다. '유아론'이라는 표현은 말 그대로 "나 혼자만 있다"는 주장을 뜻하지요. 일상적으로 '자신의 이익만 좇으려는 편협한 생각' 정도의 의미로 이 표현을 쓰는 경우가 있지만, 정확히 말해서 이는 '이기주의egoism'에 해당하는 것이지 '유아론'을 말하는 것은 아닙니다. 세상에는 수많은 사람들이 살고 있는데 도대체 어떻게 유아론 같은 견해를 진지하게 주장할 수 있을까요?

하지만 정확히 말하자면 유아론은 "나 혼자만 존재한다"라는 주장이 아니라 "내가 아는 것은 내가 존재한다는 사실뿐이다"라는 주장입니다. 다시 말해서 '내가 존재한다'는 것은 알겠지만, '나' 이외의 다른 것들이 존재하는지는 확실히 알 수 없다는 것이죠. 앞에서 우리는 데카르트가 왜 이런 생각에 도달했는지 보았습니다. 단 한 사람이 존재하는데 바로 그 사람이 자신이라고 생각해보세요. 이를 상상할 때 우리는 흔히 적막한 사막 같은 곳에 홀로 남겨진 모습을 상상하기 쉽지만, 반드시 그럴 필요는 없습니다. 도시 한복판의 사람들이 북적북적한 곳에서도 자신만이 단 한 명의 인간이라고 상상해볼 수 있습니다. 이 경우 주변을 지나치는 사람(처럼 보이는 존재)들은 사실 인간이 아니라는 말이겠죠. 이게 무슨 뜻입니까? 사람처럼 보이는데 인간이 아닌 존재가 가능할까요?

사람들은 이런 존재가 가능하다고 생각해왔습니다. 좀비zombie가 바로 그 대표자입니다. 좀비 영화에서 좀비들은 대체로 자기 몸도 잘 가누지 못하고 느리고 뻣뻣하게 움직이는 존재로 그려지지만, 〈월드워 Z World War Z〉라든가 〈부산행〉 같은 영화에서는 굉장히 빠르게 뛰어다니기도 합니다. 도대체 좀비는 어떤 존재인가요? 뱀파이어도 좀비라고 봐야 할까요? 중국 영화에 등장하는 강시도 좀비의 일종일까요?

좀비는 인간이 아닙니다. 그저 복잡한 구조를 가진 물체이고 의식을 가질 가능성이 전혀 없는 육체일 뿐입니다. 다시 말해서 정신이 완전히 사라진 육체가 바로 좀비입니다. 좀비는 뛰는 심장을 가질 수 있을까요? 예, 좀비는 뛰는 심장을 가질 수 있습니다. 물론 없을 수도 있습니다. 심장이 있든지 없든지 좀비에게는 중요한 일이 아닙니다. 정신만 없다 뿐이지, 좀비는 육체에 속하는 것을 모두 완벽하게 갖추었을 수 있습니다. 피를 뿜어내어 신체 곳곳으로 보내는 심장을 갖고 있을 뿐 아니라 그 피가 도는 뇌를 가질 수도 있습니다. 심지어 말을 할 수도 있습니다. 얼굴을 찡그려 표정을 지을 수도 있죠. 이렇게 완벽하게 육체를 갖춘 좀비를 상상해봤다면, 여러분 옆에 있는 사람(처럼 보이는 것)이 이런 좀비가 아니라고 확신할 수 있는 근거는 무엇일까요? 여러분은 아마도 내 주변의 사람이 좀비가 아니라는 것은 너무나 당연해서 증명할 필요가 없는 사실이라고 생각할 겁니다. 하지만 다시 한번 말하지만, 우리가 생각하는 좀비는 영화에 등장하는 그런 좀비가 아닙니다. 심장도 뛰고, 말도 합니다. 아무 사람이나 깨무는 일도 당연히 저지르지 않죠.

이는 사실 '매일 아침 우리가 만나는 이웃이 정교한 인조인간이 아니라는 것을 어떻게 아는가'라는 질문과 같습니다. 〈블레이드 러너 Blade Runner〉라는 영화가 나온 이후 우리는 이런 문제를 약간은 진지하게 생각해보게 되었습니다. 이 영화에서는 인조인간을 가려내는 방법이 등장합니다. 인조인간의 동공을 자세히 들여다보는 것이죠. 하지만 우리는 동공 검사를 통해서도 가려낼 수 없는 인조인간을 상상할 수 있습니다. 우리의 주변에 있는 사람들이 동공 검사를 포함해서 어떤 검사를 통해서도 가려낼 수 없는 인조인간이 아니라는 것을 어떻게 알 수 있을까요?

어느 날 지금까지 사람들이 '개'라고 알고 있었던 것이 사실은 '로봇'이었다는 소식을 듣게 되었다고 상상해봅시다. 단 한 마리만을 빼놓고 말이죠. 이 한 마리의 개를 모델로 나머지 로봇 개들을 만들었는데, 사람들은 모두 자신의 개가 로봇이라는 생각을 전혀 하지 못하고

키워오고 있었던 겁니다. 이 경우 여러분의 개가 로봇 개가 아니라 진짜 개라는 확신을 가질 수 있을까요? 자신에게 꼬리쳤던 개와 즐겁게 놀았던 기억을 떠올리면 이 개가 로봇이라는 생각을 받아들이기 힘들지도 모릅니다. 하지만 여러분이 접한 충격적인 소식이 참이라면, 여러분이 키우던 그 개는 로봇일 확률이 매우 높습니다.

사람의 경우는 어떻습니까? 옆 사람이 좀비일 확률은 얼마일까요? 여기서 중요한 점은, 여러분 각자는 자신이 좀비가 아니라고 확신한다는 겁니다. 이제 우리 자신만이 유일한 인간일 확률을 생각해봅시다. 여기서 인류 원리가 필요합니다. 만약 자신만이 유일한 인간이라고 여기는 것, 즉 유아론적인 주장을 진지하게 받아들인다면, 우리 자신의 위치가 특별하지 않다는 인류 원리의 정신에 어긋나는 겁니다. 인류 원리의 정신을 받아들인다면 유아론에서 벗어날 수 있습니다.

데카르트는 유아론을 벗어나기 위해 보다 복잡한 방법에 호소했죠. 신이 존재한다는 것을 보여야 했고, 또한 신의 선함을 통해서 우리 눈에 보이는 세계가 존재한다는 것을 증명하려고 했습니다. 하지만 유아론을 반박하기 위해서 이렇게 거창한 주장을 입증할 필요가 있을까요? 신의 존재와 선함을 보여주는 일이 어렵기 때문에 데카르트는 오히려 유아론의 씨앗을 사람들의 마음속에 심어주게 되었습니다. 그는 우리에게 유아론으로 가는 문을 보여준 다음, 그 문을 자신이 닫았다고 선언했죠. 하지만 많은 사람들에게 그 문은 아직도 열려 있는 것으로 보였습니다. 그 문을 열고 들어가면 오직 자신만이 존재하고 자신만의 목소리가 들리는 세계, '주관의 세계'를 만나게 된다고 믿은 사람들은 모두 그 문으로 달려갔습니다. 그리고 그들은 '근대'라는 시대를 만났던 것이죠.

다시 본래 주제로 돌아와 봅시다. 이제 우리는 유아론을 벗어났습니다. 그래서 나 이외에도 의식을 갖고 살아가는 다른 존재가 있다는 것을 받아들입니다. 그런데 어떤 이유에서 그 사람들이 다른 사람이라고 생각하죠? 왜 여러분은 옆에 있는 사람이 자신과는 구별되는 다른 사람, 자아와는 구별되는 타자他者라고 생각합니까? 물론 '나'와 '너'는 물리적으로 구별되어 있습니다. 나는 나의 몸으로, 당신은 당신의 몸으로 살아갑니다. 나의 몸은 산에 있지만, 당신의 몸은 강가에 있습니다. 하지만 이것만으로 우리가 다른 두 존재라고 말하기에 충분할까요?

들판에 모형비행기가 여러 대 서 있습니다. 그런데 이 모형비행기의 움직임을 조작하는 원격 조종기는 단 한 대만 있다고 상상해보세요. 원격 조종기를 이용해서 모든 모형비행기를 이륙하게 하고 또 착륙하게 만듭니다. 이와 비슷한 방식으로 자아와 타자가 존재하는 것은 아닐까요? 다시 말해서 나와 남(이라고 알려진 사람)은 사실 하나의 정신에 의해서 통제를 받고 있지 않을까 하는 겁니다. 아니겠죠. 그런데 어떻게 아니라는 것을 확신합니까? 만약 그렇다면 자아와 타자는 꼬리가 끊어진 도마뱀처럼 서로 떨어져 있지만 사실은 한 몸이라고 해야 하지 않을까요? 하지만 자아와 타자는 육체적으로 분리되었을 뿐 아니라 정신적으로도 분리되어 있습니다. 그것은 자아와 타자가 서로 다른 몸을 갖고 살아간다는 것을 넘어 서로 다른 생각을 할 수 있다는 말입니다. 내가 생각하는 것과는 전혀 다른 생각을 하는 사람이 내 앞에 있다는 사실을 알게 될 때 우리는 '나 이외에 타인이 존재한다'는 것을 깨닫게 됩니다.

　나만 존재한다는 유아론적 생각에서 나와 다른 사람이 적어도 한 명이 더 있다는 사실을 인정한다는 것은 커다란 걸음을 내딛는 겁니다. 그리고 한 사람의 타인을 인정한다는 것은 한 사람보다 더 많은 타인들이 있다는 것을 인정하는 것과 같습니다. 다른 한 명을 인정하는 논리로 두 명, 세 명 역시 인정해야 하니까요.

나와 다른 생각 대하기

앞에서 나와 남을 구분하는 것은 서로 다른 몸을 갖고 있다는 점이 아니라 내 생각과 다른 생각을 한다는 점이라고 말했습니다. 물론 타인이 항상 나와 다른 생각을 한다는 것은 아닙니다. 그럴 가능성이 있으며, 바로 그 점 때문에 자아와 타자는 구별된다는 것이죠. 여기서 우리는 한 가지 이상한 점을 발견합니다. 만일 타인이 나와 다른 생각을 한다는 사실이 내가 그 사람과 구별되는 독특한 존재라는 점을 보여준다면, 왜 우리는 나와 생각이 다른 사람을 그리 탐탁지 않게 여기는 걸까요? 물론 항상 그렇다는 것은 아닙니다. 하지만 많은 경우 우리는 나와 생각이 다른 사람이 나와 같이 생각해주길 바랍니다. 여러분의 친구가 잘못된 정보를 믿고 있다고 생각해보세요. 그건 잘못된 정보라고 바로잡아주고 싶은 마음이 들지 않겠습니까? 자신이 옳다고 믿는 것을 다른 사람도 믿게 하고 싶은 욕구는 모두에게 있지요.

　자신이 말하는 것이 옳지 않다고 믿으면서도 그것을 주장하는 사람은 있을 수 없을 겁니다. 옳지 않다고 믿는 것을 강요에 의해서 '믿는다'고 말하는 사람은 있을 수 있지만, 그런 경우에도 그 사람이 스스로 믿지 않는 것을 '주장한다' 할 수는 없을 겁니다. 기껏해야 '주장하는 척을 한다'고 할 수는 있겠지만 말이죠. 어떤 것을 주장하려면 적어도 그 내용을 옳다고 믿어야 합니다. 그런 점에서 자신이 전혀 믿지 않는 것을 주장한다는 것은 모순입니다.

그렇다면 자신이 주장하는 것이 전혀 옳지 않다고 할 수는 없겠지만 틀릴 가능성이 매우 높다고 생각하는 것은 어떨까요? '객관客觀'은 손님이 바라보는 바를 의미합니다. 반면 '주관主觀'은 주인이 바라보는 바를 의미하죠. 자신이 말하는 내용이 참이 아닐 가능성이 높다고 믿으면서도 그 내용을 주장하는 사람이 있다면, 우리는 그 사람을 두고 "남 일 말하듯이 한다"고 표현하기도 합니다. 이를 조롱조로 '유체이탈 화법'이라고도 하죠. 주관, 즉 주인으로서 바라봐야 하는 상황에서 주인의 관점을 버리고 손님의 관점을 취하는 것입니다.

유체이탈 화법이 비난 받는 것은 책임을 지는 자세가 아니기 때문입니다. 자신이 믿는 바는 이러저러하지만 '객관적으로' 볼 때 자신이 믿는 바가 틀렸을 가능성이 높다고 말한다는 것은 자신의 믿음에 대해서 책임지는 자세가 아니라고 해야겠죠. 유체이탈 화법이 사람들을 어리둥절하게 만드는 것도 바로 그 점이 아닐까요? 손님의 입장에서 자신을 되돌아보니 자신이 옳지 않다고 생각한다면 자신이 믿던 바를 버려야 합니다.

그렇게 본다면 자신이 믿는 바를 남들도 믿어주길 바라는 것은 지극히 당연한 일처럼 보입니다. 오히려 그렇게 하지 않는다면 그것이야말로 진정으로 믿고 있는 것이 아니라는 증거라고 할 수 있겠지요.

·

설득하기와 고집하기

나와 생각이 전혀 다른 사람을 만났을 때 내가 해야 할 일은 상대방이 나와 같은 생각을 하도록 그를 설득하는 것입니다. 그것이 내가 믿고 있는 것에 대해서 내가 가져야 할 바람직한 자세입니다. 하지만 상대방도 그 점에서는 마찬가지일 겁니다. 상대방도 자신의 믿음을 내가 받아들이도록 나를 설득하는 것이 자신이 가져야 할 미덕이라고 생각할 테니까요. 그렇다면 믿음이 서로 다른 두 사람이 만났을 때 일어날 일은 뻔합니다. 서로 자신의 믿음을 상대방이 믿어주기를 바라면서도 자신의 믿음을 굽히지 않을 겁니다. 한 가지 사안에 대해서 백 명의 사람이 갖고 있는 생각이 각각 다르다면 이 사람들이 모여서 아무리 토론을 하더라도 백 가지 믿음이 평행선을 달리게 됩니다. 이런 상황이 바람직한 상황이라고는 할 수 없습니다. 우리가 상대방에게 자신이 생각하는 바를 주장한다는 것은 상대방이 자신의 생각을 받아들일 수 있다고 믿기 때문이죠. 그렇지 않다면 사람들은 다른 사람들에게 자신의 믿음을 밝히지 않을 겁니다.

그렇다면 자신의 믿음에 대해서 어떤 태도를 취하는 것이 바람직한 것일까요? 나와 생각이 다른 사람을 만났을 때 나의 생각을 버리는 것도 바람직하지 않고, 그렇다고 나와 생각이 다른 사람이 있든 없든 내 생각을 계속 유지하는 것도 바람직하지 않습니다. 이 두 가지 태도를 모두 극단적이라고 생각한다면, 어느 중간쯤에 있는 태도를 취하는 것이 바람직한 걸까요? 사실 우리는 어떤 때는 남의 생각을 따라가기도 하고 어떤 때는 내 생각을 고집합니다. 그렇다면 "남의 생각이 맞을 때는 남의 생각을 따라야 하고, 내 생각이 맞을 때는 내 생각을 그대로 유지해야 한다"고 말해야 할까요? '내 생각인지 남의 생각인지가 중요한 것이 아니라 누구의 생각이 옳은 것인지가 중요하다'는 주장을 부인하기는 어려울 겁니다. 옳은 생각은 따라야 하고 그른 생각을 버려야 하겠지요. 하지만 문제는 진짜 옳은 것과 내가 옳다고 생각하는 것은 다를 수 있다는 데 있습니다.

두 사람 사이에 의견 충돌이 생겨날 때 많은 경우 두 사람이 모두 수긍할 만한 권위 있는 증거가 나타나서 한쪽이 옳다고 판정을 내려 줍니다. 그런 경우 두 사람은 옳다는 판정을 받은 쪽을 따르면서 의견 충돌을 해소하게 되죠. 버스가 언제 도착할지를 두고 두 사람이 서로 다른 생각을 하고 있다면, 그런 사소한 의견 대립은 실제로 버스가 도착할 때 해소되어 버립니다. 이 경우 버스가 도착하는 사건이 바로 권위 있는 증거가 되는 셈이죠.

하지만 우리의 고민은 그렇게 명확하고 권위 있는 증거가 없을 때 생겨납니다. 아무리 증거가 주어져도 서로의 생각을 거두지 않을 때가 있죠. 주어진 증거가 동일한데도 서로 생각이 다를 때 우리는 어떻게 해야 할까요? 남의 생각을 따라야 할까요, 아니면 내 생각을 그대로 유지해야 할까요?

선거에서의 의견 충돌

전국적으로 치러지는 시험이 있는데 문제는 다음에 제시되는 딱 하나 뿐이라고 생각해봅시다.

> **· 문제 1 ·** 다음 중 이 시험에 응시하는 사람이 가장 많이 선택할 것은?
>
> ① ①번 선택지   ② ②번 선택지   ③ ③번 선택지
>
> ④ ④번 선택지   ⑤ ⑤번 선택지

여러분이라면 몇 번을 선택하겠습니까? 이 문제의 정답은 이 시험에 응하는 사람들이 어떤 생각을 하는가에 달려 있습니다. 여러분은 이런 문제는 농담일 뿐 제대로 된 문제가 아니라고 생각하겠죠? 그렇게 생각하는 이유는 아마도, 제대로 된 문제라면 사람들이 그 문제에 어떻게 답을 하는지가 결정되기 전에 이미 정답이 정해져 있어야 한다고 여기기 때문일 것입니다.

선거의 구조는 '문제 1'과 비슷합니다. 선거라는 시험에서 정답이 정답인 이유는 가장 많은 사람들이 선택했다는 것뿐입니다. 선거에서 후보 1번이 가장 많은 선택을 받았는데 선거를 책임지고 주관하는 기관에서 후보 2번이 당선되었음을 발표한다고 생각해보세요. 후보 2번이 사실은 이 선거의 '정답'이었음을 밝히면서 말이죠. 우리는 그 결과에 항의할 겁니다. 그 발표는 선거 부정이 있었다는 것을 명백하게 인정하는 셈이니까요. 이들의 항의가 정당하다면 '문제 1'은 이상하긴 하지만 이해하지 못할 문제는 아닙니다.

선거만큼 다른 생각의 충돌이 두드러지게 나타나는 사건도 없을 것 같습니다. 유력한 두 후보가 싸우고 있는 치열한 대통령 선거를 생각해보세요. 누가 대통령이 되는 것이 적합한지에 관해서 한쪽 지지자들은 상대방 지지자들의 생각에 전혀 동의하지 않습니다. 동일한 증거가 주어져 있고 똑같은 사실을 보고 있다고 생각하는데도 두 진영은 자신의 생각을 버리지 않죠. 물론 현실에서는 한 후보를 지지했던 사람들이 마음을 바꿔서 다른 후보를 선택하는 일이 일어납니다. 또 이 후보를 지지할지 저 후보를 지지할지 갈팡질팡하는 유권자들도 많죠. 하지만 우리가 지금 염두에 두고 있는 상황은 그 어떤 뉴스가 나와도 자신의 생각에 변함이 없는 사람들 사이에서 벌어지는 의견 충돌입니다. 이 두 진영은 서로 간의 의견 충돌을 해소할 의사가 없습니다. 이른바 '콘크리트 지지층'이라 불리는 사람들입니다. 선거는 사람들이 생각하는 바가 곧 정답을 결정하는 문제이기 때문에 이 콘크리트 지지층의 규모는 선거의 구도가 짜이는 데 결정적으로 기여합니다. 각 진영의 콘크리트 지지층의 목표는 마음을 결정하지 못한, 이른바 '부동층'을 설득하여 더 많은 사람들이 자신이 지지하는 후보가 '정답'이라고 생각하도록 설득하는 것이 되겠죠.

나와 생각이 다른 사람을 발견할 경우 자신의 생각을 바꿀지 여부를 두고 사람들이 보이는 태도는 다를 수 있습니다. 이런 태도를 중심으로 사람들의 유형을 구분해보죠. 한 가지 유형은 자신의 생각을 전혀 바꾸지 않는 '고집불통' 유형이고, 다른 하나는 이와 정반대로 생각이 다른 사람을 만나자마자 자신의 생각을 버리고 상대방 생각을 좇아가는 '팔랑귀' 유형입니다.

하지만 콘크리트 지지층이 모두 고집불통 유형이라고 볼 수는 없습니다. 이 점이 바로 제가 강조하여 지적하려는 것입니다. 콘크리트 지지층이라고 해서 모두 똑같은 과정을 거쳐서 자신의 믿음에 도달한 것은 아니라는 거죠. 물론 콘크리트 지지층이 생겨나는 한 가지 경로는 지지자들이 모두 고집불통 유형에 속하는 것입니다. 하지만 또 다른 경로도 있습니다. 예를 들어 소수의 고집불통 유형 주위를 팔랑귀들이 둘러싸고 있는 집단을 생각해보세요. 이 집단은 순식간에 콘크리트 지지층으로 발전하게 만들 수 있습니다. 고집불통은 자신이 갖고 있는 생각을 주변의 팔랑귀에게 계속 말할 것이고 팔랑귀는 당연히 고집불통의 생각을 받아들일 것이기 때문에 이 집단은 한 가지 생각만을 갖게 될 것입니다. 하지만 여기에는 고집불통이 자신의 생각을 팔랑귀에게 표현한다는 전제가 필요합니다. 만약 고집불통이 자신의 생각을 드러내지 않고 팔랑귀의 말만 듣고 있다면, 콘크리트 지지층은 더 늘어나지 않을 겁니다.

고집불통 유형과 팔랑귀 유형 모두 극단적인 유형에 속할 뿐 아니라 자신의 믿음에 대한 바람직한 태도를 지녔다 할 수 없습니다. 그렇다면 자신의 믿음을 대하는 바람직한 태도는 무엇일까요? 우선 생각해볼 수 있는 것은, 생각이 다른 두 사람이 만났을 때 중간 지점에서 각자 자신의 생각을 조금씩 양보하는 것입니다. "자신의 생각을 조금씩 양보한다"는 말은 흔히 들을 수 있는 말이긴 하지만, 어떻게 하는 것이 생각을 양보하는 것인지는 그렇게 확실하지 않습니다. 왜냐하면 어떤 생각을 믿을 것인지를 두고 취할 수 있는 태도는 믿는 것과 믿지 않는 것, 이 둘밖에 없는 것처럼 보이기 때문이죠.

자신의 생각을 양보하는 방법 중 하나는 자신의 생각이 맞는다는 확신을 낮추는 겁니다. 달리 표현하면, 자신의 생각이 틀릴 수 있는 확률이 좀 더 높다고 생각하는 거죠. 예를 들어 자신의 생각이 100% 맞는다고 생각했다면, 자신과 생각이 전혀 다른 사람을 만난 다음 그 확률을 50%로 낮추는 겁니다. 이런 태도를 취하는 사람들은 고집불통 유형과 팔랑귀 유형의 중간에 해당하는 '중간자' 유형이라고 할 수 있습니다.

　이제 중간자 유형의 사람이 고집불통 유형의 사람을 만난다고 생각해보세요. 중간자는 후보 1번이 대통령이 되어야 한다고 믿고 있지만 고집불통은 후보 2번이 대통령이 되어야 한다고 믿고 있습니다. 이 두 사람이 만나서 서로의 생각이 다르다는 것을 확인한다면, 어떻게 될까요? 고집불통은 자신의 생각을 바꾸지 않겠지만 중간자는 자신의 믿음에 대한 확신이 반으로 줄어들 겁니다. 이 상황에서 중간자 주변에 고집불통이 한 명 더 있다면, 중간자는 그 확신을 다시 반으로 줄이게 되겠죠.

　물론 실제 상황에서 사람들이 서로 생각을 교환하고 그 결과로 자신의 믿음을 수정하는 과정은 훨씬 복잡할 겁니다. 하지만 이를 통해서 우리는 선거에서 콘크리트 지지층이 등장하는 과정에는 여러 경로가 있을 수 있다는 점을 알 수 있습니다. 고집불통 유형의 사람들끼리 모여서 콘크리트 지지층을 형성할 수도 있겠지만 중간자 유형의 사람들이 고집불통 유형의 사람들을 자주 만나서 콘크리트 지지층이 될 수도 있습니다. 물론 다른 방식도 가능하겠죠.

　'의견에 충돌이 있을 때 자신이 믿고 있는 바를 어떻게 수정해야 하는가'라는 문제에서 중간자 유형이 바람직하다고 생각하는 견해가 있습니다. 이런 견해는 '동등무게론equal weight view'이라고 불립니다. 거칠게 말해서 이 견해가 말하고자 하는 것은 상대방의 믿음과 나의 믿음을 동등한 무게로 대해야 한다는 것입니다. 물론 의견의 충돌을 어떻게 처리해야 하는지에 있어서 동등무게론이 유일한 견해는 아닙니다. 나와 의견이 다른 사람이 있다면 자신의 믿음을 수정하되 남의 의견보다는 자신의 의견에 좀 더 무게를 두는 견해를 취할 수도 있습니다. 고집불통은 아니지만 고집불통과 팔랑귀 사이에서 고집불통 쪽에 좀 더 가까운 유형이라고 할 수 있겠죠. 물론 그 사이에 여러 유형이 존재할 수 있습니다.[28]

　이 중 어떤 견해가 가장 바람직한지는 간단치 않은 문제이지만, 여기서 한 가지 확실하게 짚을 수 있는 점은 고집불통 유형만으로 형성되는 의견의 일치가 바람직하지 않다는 것입니다. 고집불통 유형으로 구성된 콘크리트 지지층은 중간자들이 섞여 있는 콘크리트 지지층에 비해 바람직하지 않습니다. 고집불통은 새로운 정보로부터 무엇인가를 배우고자 하지 않기 때문이죠. 그러니까 여러분이 선거에서 누군가를 열렬히 지지하며 어떤 일이 있어도 자신의 지지를 철회할 생각이 없다면, 한번 스스로를 돌아보세요. 나와 내 주변의 사람들이 어떤 후보의 콘크리트 지지층이 된 것은 무슨 경로를 거쳐서 일어난 일인지 말이죠.

집단 지성은
정답을 맞힐 수 있을까?

지금까지 우리는 많은 사람들이 생각하는 선택지가 바로 정답이 되는 이상한 문제에 대해 생각해봤습니다. 그런데 세상에는 다른 유형의 문제가 더 많습니다. 예를 들어 큰 유리병에 구슬을 채우고 나서 유리병 안에 있는 구슬 개수를 맞추는 문제를 생각해보세요. 사람들이 눈대중으로 각자 생각하는 개수를 말할 때 가장 많은 사람들이 말한 개수가 실제로 그 유리병 속에 있는 구슬의 개수인 것은 물론 아닙니다. 얼마나 많은 사람들이 생각하는지가 정답을 말해주지는 않습니다.

이 문제에서 자신이 말한 개수가 대다수 사람들이 생각하는 개수와 큰 격차를 보인다고 해보세요. 이 경우 우리는 자신이 말한 개수를 수정해야 한다고 생각합니다. 많은 사람들이 생각하는 바가 곧 정답이 아니라는 것을 잘 알고 있는데도, 왜 우리는 자신의 대답을 수정해야 할 필요를 느끼는 걸까요? 사람들은 이렇게 말할 겁니다. "그건 많은 사람들이 생각하는 바가 결국 맞는 것으로 드러날 확률이 높기 때문이죠." 실제로 우리는 이런 경험을 많이 합니다. 이른바 '집단 지성'이 발휘되는 경험인 것이죠. 유리병 안에 있는 구슬의 개수를 맞히는 문제에서 많은 사람들이 내린 대답들을 평균하면 그 값은 실제 구슬의 개수에 근접하는 결과를 얻게 됩니다. 더 많은 사람들이 참여하면 그 값은 정답에 더 가까워집니다. 생각해보면 이는 놀라운 결과입니다. 한 개인의 생각은 정답과 멀 수 있는데, 어떻게 많은 사람의 생각을 참조하면 정답에 가까운 답을 찾아낼 수 있는 걸까요?

사람들에게 잘 알려진 퀴즈쇼가 있습니다. 이 퀴즈쇼 참여자는 방청객들에게 의견을 물어보거나 전문가에게 의견을 물어본 후 자신의 답을 결정할 수 있는 기회를 갖는데, 이때 방청객에게 물어보는 것이 전문가에게 물어보는 것보다 정답을 맞힐 확률이 더 높다고 합니다. 소수의 전문가보다는 다수의 일반인이 더 나은 퀴즈 도우미라는 말이죠.

하지만 집단의 지성이 개인의 지성보다 낮다는 주장은 경험적인 주장일 수밖에 없습니다. 집단의 크기가 더 커질수록 집단 지성의 힘은 더 커진다는 주장도 의심해볼 수 있습니다. 최근 연구 중에는 집단의 결정이라고 하더라도 그 규모가 무조건 크면 클수록 좋은 것이 아니라 올바른 결정을 내릴 수 있는 최적의 규모가 따로 있음을 밝힌 연구 결과도 있습니다.[29]

집단 지성이 힘을 발휘할 때는 집단을 이루는 사람들이 자신의 결정에 도달하는 과정에서 다른 사람의 생각에 영향을 받지 않을 때입니다. 만약 한 집단을 이루고 있는 사람들 중 대다수가 왜곡된 언론에 세뇌당한 상태라면 집단 지성이 내리는 판단이 소수의 사람들이 내리는 판단보다 정답에 더 가깝다고 할 수 없겠죠.

•

남의 의견에
귀를 기울여야 하는 이유

집단 지성의 힘과 민주적 정치의 실현은 서로 긴장된 춤을 추는 것처럼 보입니다. 정치 집단은 국민이 갖고 있는 집단 지성에 귀를 기울여야 한다고 말합니다. 정치인은 국민이 이끄는 대로 몸을 맡겨야 아름다운 춤을 출 수 있다는 것이죠. 그래서 항상 여론 조사 결과에 신경을 쓰고 지지도에 민감합니다. 마치 공기 펌프가 공기 인형에 바람을 넣어 일으켜 세우듯이 지지도는 정치 집단을 일으켜 세웁니다.

만약 정치의 목표가 가장 많은 사람들이 바라는 바를 실현하는 것이라면, 가장 많은 사람들이 원하는 것이 무엇인지를 찾아내야 합니다. 하지만 때때로 욕구와 믿음은 잘 구별되지 않습니다. 사람들은 자신들이 욕구하는 바를 말하지 않고 자신이 참이라고 믿는 바를 말하면서 자신의 믿음이 실현되길 바라죠. 만약 집단 지성의 힘이 절대적이라면, 정치인들은 가장 많은 사람들이 믿는 바를 따라가는 것이 옳습니다. 하지만 앞서 말했듯이 집단 지성이 발휘되지 못하는 조건이라면, 다수의 의견을 좇는 것은 위험할 수 있습니다. 이런 경우라면 정치인은 국민이 이끄는 대로 춤을 추다가 발등이 찍힐 수가 있죠. 그런 점에서 '국민의 뜻'은 이중적인 면이 있습니다. '민심은 천심'이라는 자세로 받들어야 할 대상으로 여겨지기도 하지만, 포장된 특정 정치 집단의 욕망에 불과하다고 여겨지기도 하죠.

그렇다면 다시 이전 물음으로 돌아가 봅시다. 왜 우리는 다수의 의견에 귀를 기울여야 합니까? 다수의 의견은 항상 옳기 때문입니까? 그건 아니라는 것을 이미 보았습니다. 그렇다면 다수의 의견이 옳을 확률이 높기 때문이라고 할 수 있을까요? 궁극적으로는 그렇다고 말할 수 있을 겁니다. 어떤 것을 믿는 목표는 궁극적으로 진리를 알기 위함입니다. 자신이 믿는 것을 바꾸는 것도 마찬가지죠. 이전의 생각을 바꾸는 것, 이전의 생각에 대한 확신을 낮추는 것, 이전 생각에 대한 확신을 높이는 것 모두 궁극적으로는 그렇게 하는 것이 진리를 얻는 좋은 방법이라고 여기기 때문입니다.

하지만 우리의 고민이 생겨나는 상황은 이와 좀 다를 수 있습니다. 많은 경우 우리는 대다수의 사람들이 어떻게 생각하고 있는지를 모르는 상황에서 자신과 의견이 다른 사람들을 만나게 됩니다. 논쟁이 되는 문제에 대해서 자신과 친구의 의견이 서로 다르다는 것을 알게 되는 경우가 바로 그런 전형적인 상황이죠. 자신의 생각에 동의하는 사람이 얼마나 되는지, 또는 친구의 생각에 동의하는 사람이 얼마나 되는지를 모르는 상태에서 친구가 자신과 생각이 다르다는 것을 알게 되었을 때는 자신의 생각을 바꿔야 할까요?

물론 친구가 쟁점이 되는 문제에 관해서 전문가라면 이야기는 달라질 겁니다. 예를 들어 심장 전문의 친구가 심장 박동에 대해서 제시하는 의견을 무시하고 자기 생각을 고집하는 것은 어리석고 위험한 일이겠죠. 문제는 서로 의견이 다른 두 사람이 쟁점 사항에 대해서 누가 더 전문가라고 할 수 없는 상황에서 생겨납니다. 이런 경우 철학에서는 이 두 사람을 '인식적 동료epistemic peer'라고 부릅니다.

앞서 소개한 '동등무게론'은 인식적 동료 사이에서 의견 충돌이 생길 때 서로 자신들의 의견에 대한 확신을 줄이라고 조언합니다. 왜 그래야 할까요? 그 이유는 다음과 같습니다. **인식적 동료가 자신과 의견이 다르다는 것을 아는데도 불구하고 자신의 의견을 그대로 고집한다면 이런 태도는 스스로를 매우 특별한 위치에 있는 존재로 여기는 것입니다.** 이런 식으로 자신을 특별한 위치에 있는 존재로 생각하는 것은 인류 원리의 정신에서 벗어나는 것입니다.

관용이라는 태도는 가능한가?

남의 생각에 귀를 기울이는 태도를 두고 잘못이라고 하는 사람은 없는 것 같습니다. 경청하는 태도는 지도자가 가져야 할 최고의 덕목이라고들 생각합니다. 하지만 여기에도 좀 더 생각해봐야 할 논점이 숨어 있습니다.

앞서 말했듯이 남의 생각에 귀를 기울이는 태도는 자신의 생각도 바꿀 수 있음을 전제합니다. 남이 어떻게 말하든 자신의 생각을 그대로 유지할 의도를 가진 채로 남의 말에 귀를 기울이는 것을 두고 경청하는 자세라고 할 수는 없죠. 적어도 남의 생각을 듣고 나서 자신의 견해를 바꿀 수도 있다는 마음을 가져야 합니다.

남의 생각에 경청하면서 자신의 생각에 대해서 열린 자세를 갖는 것을 두고 '관용'이라는 표현을 쓰기도 합니다. 한자의 뜻으로 볼 때 '관용寬容'은 '너그러운 얼굴'이고 영어로는 '참아냄tolerance'을 뜻합니다. 너그럽게 받아들이고 참아야 할 대상은 '나의 것과는 다른 것'이 되겠지요. 한마디로 관용은 '다름을 인정하는 것'이고, 우리는 관용적 태도를 갖는 것이 추구해야 할 덕목이라고 생각합니다. 그런데 "관용적 태도를 취하는 것이 가능한가"에 대해서는 다른 의견이 있을 수 있습니다.

우선 깨달아야 할 것은, 모든 것을 관용할 수 없다는 점입니다. 다시 말해서 관용을 한다는 것에는 관용의 대상을 넘어서는 문제에 대해서는 관용하지 않겠다는 것이 함축되어 있습니다. "세 번까지는 봐주겠다"는 말은 세 번까지는 관용하겠지만 그 이상은 관용하지 않겠다는 말이기도 합니다. 명백하게 거짓이라고 생각하는 믿음이나 도덕적으로 허용될 수 없는 견해를 받아들일 수는 없습니다. 모든 것을 포용하는 것을 두고 관용이라고 할 수 없죠. 말장난처럼 보일 수 있지만, 도덕적으로 허용될 수 없는 것을 허용하는 태도는 도덕적으로 허용될 수 없습니다. 특정 인종은 다른 인종에 비해서 선천적으로 열등하다는 인종차별주의를 관용이라는 이름으로 받아들일 수는 없죠.

하지만 관용할 수 없는 것을 받아들이는 태도를 관용적이라고 볼 수 없다는 데 문제가 있습니다. 어디까지 관용할 수 있고 어디서부터 관용할 수 없다고 해야 할까요? 인종차별주의는 관용할 수 없지만 성소수자에 대한 차별은 관용할 수 있는 걸까요? 관용의 태도를 취하기 위해서는 관용할 수 있는 범위를 경계 짓는 문제를 먼저 풀어야 합니다.

그런 점에서 사람들은 관용의 대상을 특정한 행위에 국한하는 경향이 있습니다. 예를 들어 인종차별주의는 관용하지 않지만 인종차별주의자가 자신의 생각을 말하거나 출판하는 것은 허용합니다. 정치적 반대자의 의견을 받아들이지는 않지만 그런 의견을 지지하는 사람을 억압하거나 비난하지는 않겠다고 합니다. 이 경우 관용의 대상은 특정한 견해나 믿음이 아니라 그런 견해나 믿음을 가진 사람들과 관련된 특정한 행위입니다.

하지만 이런 의미에서 관용을 말한다면 관용에 특별한 것은 없다고 할 수 있지 않을까요? 자신의 생각을 표현할 자유를 그 예로 생각해봅시다. 이런 자유를 누릴 권리는 우리가 관용적 태도를 취함으로써 허용되는 것이 아니라 '보편적인 자유권'의 하나로 인정되어야 합니다. 관용적인 태도를 취하든지 취하지 않든지 다른 사람이 자신의 생각을 표현하거나 출판하는 일을 막는 것은 잘못된 행동이니까요. 정치적 반대자를 억압하지 않는 것도 마찬가지입니다. 정치적 반대자를 관용해야 하기 때문에 억압하지 않는 것이 아닙니다. 정치적 억압이 잘못이기 때문에 해서는 안 되는 것이죠. 그런 점에서 "나는 당신 생각에 동의하지 않지만 당신이 그런 생각을 표현할 권리가 있다는 것을 인정하고 지지합니다"라는 말은 멋있게 들릴 수는 있지만 관용적 태도와는 거리가 멉니다.

그렇다면 우리가 관용해야 할 대상은 다른 사람의 생각이나 다른 생각과 관련된 행위는 아니라고 해야 하지 않을까요? 다른 사람의 생각을 관용한다는 것이 가능할까요? 지구는 편평하다고 믿는 '편평한 지구' 지지자들이 있습니다.[30] 우리가 이들의 생각에 관용적 태도를 갖는다는 것은 무엇일까요? 이에 대답하는 한 가지 방식은 이렇게 말하는 겁니다.

> 나는 지구가 편평하다는 데 전혀 동의하지 않지만, 그렇게 생각을 하는 사람도 있을 수 있지.

어찌 보면 이 대답은 대단히 개방적인 태도에서 나온 것 같습니다. 하지만 이 대답은 사실 "난 편평한 지구설에 아무 관심이 없어"라고 말하는 것과 별로 다를 바 없습니다. "그렇게 생각할 수도 있지"라는 대답에는 "그 생각은 나에게 아무런 영향을 주지 못해"라는 생각이 숨어 있죠. 반면에 관용이 본래 뜻하는 바는 무관심한 태도도 아니고 상대방을 무시하는 태도도 아닙니다. 관용이란 개념은 관용하는 사람 쪽의 변화를 전제합니다.

이번에는 반대로, 지구가 둥글다고 믿고 있던 사람이 편평한 지구설을 듣자마자 그 생각을 수용한다고 해보죠. 그런 사람을 두고 관용적이라고 해야 할까요? 이 역시 아닐 겁니다. 그건 관용이 아니라 잘못된 이론에 물들어버린 것이라고 해야 합니다. 관용과 '동화同化'는 다릅니다. 관용은 자신의 생각을 버리는 것이 아니라는 말이죠.

관용이란 남의 생각을 무심하게 대하는 것도 아니고 남의 생각을 그대로 받아들이는 것도 아니라는 점에서 관용이라는 개념이 갖고 있는 역설이 생겨납니다. 다른 사람의 생각을 관용으로 대한다는 것은 자신의 생각을 유지하면서 남의 생각을 너그럽게 대한다는 것인데, 이는 불가능하거나 달콤한 말장난에 불과한 것처럼 보입니다.

하지만 한 가지 방법이 있습니다. 바로 인류 원리의 정신을 살려서 나와 생각이 다른 사람의 의견에 동일한 무게를 두는 것이죠. 동등무게론의 견해를 따르는 겁니다. 이 견해에 따르면, 우리는 자신의 생각을 유지하거나 버리는 것 말고도 다른 선택을 할 수 있습니다. 자신의 생각에 대한 확실함을 높이거나 낮추는 것이죠. 주어진 증거가 같은데도 우리의 인식적 동료가 우리와 다른 생각을 한다면, 우리는 자신의 생각에 대해서 다시 생각해볼 필요가 있습니다. 얼마나 많은 인식적 동료가 나와 다른 생각을 하고 있는지를 고려하는 것이죠.

여기서 중요한 점은, 자신과 다른 생각을 하는 사람을 인식적 동료에서 너무 쉽게 배제해서는 안 된다는 겁니다. 생각이 다른 사람을 인식적 동료에서 배제하는 것은 게임을 너무 쉽게 만듭니다. 달리 말해서 다음과 같이 판단하지 말라는 것입니다.

저 사람은 나와 생각이 다른 것을 보니 나의 인식적 동료가 아니다.

그렇다고 해서 모든 사람을 인식적 동료로 볼 수도 없습니다. 심장 질환을 둘러싼 쟁점에서 심장 전문의가 내리는 판단은 심장 질환을 앓는 환자의 의견보다 더 존중되어야 마땅하겠죠. 그런 점에서 인식적 동료를 구분하는 문제는 쟁점이 무엇인지에 달려 있다고 해야 할 겁니다.

그렇다면 인식적 동료를 구분하는 일반적인 원칙은 없을까요? 이는 간단치 않은 문제라고 생각되지만, 저는 지금까지 우리가 헤아려온 기준이 여기서도 중요한 길잡이를 해야 한다고 생각합니다. 다시 말해서 어떤 사람이 자신의 생각과 다른 생각을 하는 사람들을 만나더라도 자신의 생각에 아무런 변화를 보이지 않는다면, 그는 인식적 동료가 가져야 할 중요한 덕목을 갖추지 못했다고 여겨야 한다는 겁니다. '편평한 지구설'을 받아들이는 사람들은 '둥근 지구설'을 받아들이는 사람들이 압도적으로 많은데도 자신의 생각에 대해서 의심을 해볼 생각이 없는 듯합니다. 그런 점이 바로 편평한 지구설을 지지하는 사람들을 인식적 동료로 보기 어렵게 만듭니다.

전문가 집단보다 다수가 받아들이는 견해가 옳다고 말하는 것이 아닙니다. 인류 역사에서 소수의 창의적 목소리가 진리를 말하고 있었던 사례를 찾는 것은 어렵지 않죠. 하지만 이 소수의 목소리가 사람들의 지지를 받게 되었던 것은, 단지 소수의 목소리이기 때문은 아니고, 많은 사람들이 보지 못했던 점을 보여주었기 때문입니다. 쟁점을 바라보는 새로운 마당을 만든 것이죠. 지금까지 우리가 살펴본 문제는, 같은 마당에 서 있는 사람들 속에서 우리 자신의 믿음을 어떻게 보아야 하는지에 대한 문제였습니다.

질문과 대답

Q: 너는 나에게 어떤 의미인가?

A: 자신의 믿음에 대해서 충실함을 유지하려면 모두 각자의 믿음을 유지하고 남의 믿음에 설득되지 않아야 할 것입니다. 하지만 모두가 이 방법을 따른다면 각자 믿는 바에 집착하여 아무도 남의 생각에 귀 기울일 필요가 없는 이상한 상태에 빠지게 됩니다. **인류 원리는 내 생각이 갖춘 설득력과는 별도로 나와 다른 생각을 하는 사람이 얼마나 많은지에 주목하라고 말합니다.** 나와 생각이 다른 사람이 많은데도 내 생각에 집착하는 것은 자신을 지나치게 특별하게 보는 겁니다.

편견은 내가 다른 사람을 사랑하지 못하게 하고,
오만은 다른 사람이 나를 사랑할 수 없게 만든다.
_제인 오스틴Jane Austen, 《오만과 편견Pride and Prejudice》

6장

왜 나는 너를 오해하게 되는가

_첫사랑이 늘 실패하는 이유

인류 원리를 이해하고 적용하는 데는 '확률'이라는 개념을 이해하는 것이 중요합니다. 그런데 확률은 일상생활에서 매우 밀접하게 사용되어 친근한 측면도 있지만, 한편으로는 이해하기 어렵게 느껴지는 측면도 있습니다. 확률이 갖고 있는 두 가지 얼굴은 우리를 혼동하게 하여 잘못된 판단을 하게 만들기도 합니다. 여기서는 확률과 관련하여 우리가 저지르기 쉬운 잘못된 판단의 사례를 살펴보며 인류 원리가 어떻게 이런 잘못으로부터 우리를 구할 수 있는지 알아보고자 합니다.

"우리 모두는 누군가의 첫사랑이었다"

확률과 첫사랑, 이 둘은 서로 묶어서 생각하기 어려운 것처럼 보입니다. 이 어색한 조합에 대해서 생각해봅시다. 사랑을 여러 유형으로 구별하고 따지는 것은 사랑의 본성에 어울리는 일이 아닌 것 같습니다. 사랑은 사람들 간에 일어나는 미묘하고도 놀라운 관계라서 유형화하기 어렵겠지요. 하지만 그럼에도 불구하고 사람들은 사랑을 유형화합니다. 여기서는 이성 간의 첫사랑에 대해서 생각해볼까 합니다.

우리 모두는 누군가의 첫사랑이었다.

영화 〈건축학개론〉의 포스터에 등장하는 광고 문구입니다. 여러분은 이 문장이 얼마나 진실에 가깝다고 생각합니까? 이 문장이 말하는 바가 불가능한 것은 아닙니다. 세상에 사는 사람들이 한 사람도 빠짐없이 다른 어떤 사람의 첫사랑이 되는 것은 불가능하지 않고, 아마도 어떤 사람에게는 이상적인 상황처럼 보이기도 할 겁니다. 예를 들어 우리 주변의 한 사람, 김명수 씨를 생각해보세요. 이 문장이 참이라면, 김명수 씨 역시 누군가의 첫사랑인 적이 있었을 겁니다. 김명수를 첫사랑으로 삼은 사람의 이름이 '이영희'라고 해보죠. 그런데 문제는, 이 문장이 참이라면, 이영희 역시 누군가의 첫사랑이었다는 겁니다. 만약 세상에 사는 사람이 김명수와 이영희 두 사람뿐이고 이 문장이 참이라면, 이영희의 첫사랑은 김명수일 수밖에 없습니다. 즉 김명수는 이영희의 첫사랑이고, 김명수 역시 이영희의 첫사랑인 거죠. 자신의 첫사랑이 자신을 첫사랑으로 여기는 아름다운 상황입니다.

세상 모든 사람 각자에게 고유한 '반쪽'이 있어서 두 반쪽이 서로를 첫사랑으로 받아들이는 것, 각자 천생연분을 단번에 만나는 세계에서는 위 문장이 참입니다. 하지만 우리의 현실은 어떻습니까? 우리 모두는 누군가의 첫사랑이었습니까? 불행하게도 아마 아닐 겁니다.

하지만 다음 문장은 어떻습니까?

우리 모두는 누군가를 첫사랑으로 여겼다.

다시 말해서 우리 각자에게는 첫사랑이 있다는 겁니다. 이 문장은 이전 문장보다 훨씬 더 진실에 가까워 보입니다. 사람들이 일생에 적어도 한 번 사랑이란 감정을 품는다면, 어쨌든 모든 사람에게 첫사랑은 있을 수밖에 없기 때문입니다.

첫사랑이 짝사랑으로 끝나지 않기 위해서는 첫사랑의 대상에게 고백해야 하며 이를 상대방이 받아들여야 합니다. 한 사람이 평생 처음으로 이성에게 사랑을 고백하는 것을 '첫사랑을 고백하다'라고 정의하고, 이렇게 고백한 첫사랑을 상대방이 받아들이면 이를 '첫사랑이 이루어지다'로 정의하도록 합시다.

세상 모든 사람들의 첫사랑이 이루어지는 세상을 우리는 즐겁게 상상할 수 있습니다. 어떤 사람들은 우리가 사는 세상이 이렇게 되길 간절히 원할지도 모르겠습니다. 하지만 불행히도 우리가 사는 세상은 그렇지 않습니다. 다시 말해서 우리 각자에게는 첫사랑이 있다고 할 수 있어도 우리 모두가 누군가의 첫사랑이었다고는 할 수 없습니다. 그 이유는 여러 사람에게 첫사랑인 사람들이 있기 때문입니다. 여러 사람의 첫사랑인 사람을 '첫사랑 독점자'라고 부르기로 하겠습니다. 좀 더 정확하게 말하자면 두 사랑 이상의 사람으로부터 첫사랑 고백을 받는 사람이 첫사랑 독점자입니다. 첫사랑 독점자는 말 그대로 여러 사람의 첫사랑을 독차지하는 사람입니다.

첫사랑 독점자가
첫사랑이 이루어질 확률에 미치는 영향

예를 들어 이성 교제를 목표로 하는 모임이 있습니다. 아직까지 이성에게 사랑을 고백한 적이 없는 남자와 여자가 각각 열 명씩 있는 이 모임에서 사랑이 싹틉니다. 아마 가장 이상적인 상황은 이 모임에서 열 쌍이 탄생하는 겁니다. 열 쌍이 탄생한다는 것은 이 모임의 모든 사람이 첫사랑을 이루게 된다는 것을 의미합니다. 하지만 이런 이상적인 상황은 흔히 일어나는 일이 아니죠. 이 모임에 앞서 등장한 이영희가 참석한다고 합시다. 그러자 모임의 모든 남성들이 영희에게 사랑을 느낍니다. 첫사랑 독점자 영희가 등장한 거죠.

영희가 자신에게 첫사랑을 고백한 남성들 중에서 한 명의 고백을 받아들이기로 한다면, 이 모임에서 이루어진 첫사랑 커플은 단 한 쌍에 불과합니다. 하지만 영희의 관점에서 이 문제를 생각해봅시다. 영희에게 첫사랑이 이루어질 확률은 어떻습니까? 확률을 0에서 1 사이의 실수로 표현한다면, 그 확률은 1입니다. 영희의 관점에서 보자면 첫사랑은 확실히 이루어집니다.

그렇다면 남성들 관점에서 보자면 어떻습니까? 남성의 관점에서 보자면 여성들 중에 첫사랑 독점자가 등장하는 것은 자신의 첫사랑 고백이 성공할 확률에 영향을 주지 않습니다. 여성의 관점에 서더라도 마찬가지입니다. 남성들 중에 첫사랑 독점자가 출현한다고 해도, 다시 말해서 많은 여성들의 첫사랑을 받게 되는 남성이 있다고 해도 자신의 첫사랑 고백이 받아들여질 확률이 줄어들지는 않습니다.

하지만 같은 성의 집단에서 첫사랑 독점자가 출현하는 것은 다른 문제입니다. 남성의 관점에서 볼 때 남성들 사이에서 첫사랑 독점자가 발생한다는 것은 자신이 첫사랑이 이루어질 확률이 낮아진다는 것을 의미합니다. 똑같은 문제가 여성에게도 발생하겠지요. 물론 여기에는 한 가지 단서가 있습니다. 자신이 첫사랑 독점자가 아니라는 조건 아래에서 그렇다는 것이죠. 자신이 첫사랑 독점자라면 당연히 자신의 첫사랑이 이루어질 확률은 높아집니다.

그러니까 같은 성 집단에서 첫사랑 독점자가 출현한다면 그가 자신인지 아닌지에 따라 상반된 태도를 보이게 될 겁니다. 자신이 첫사랑 독점자라면 이는 환영할 일이지만 다른 사람 중에서 첫사랑 독점자가 등장하는 것은 달가운 일이 아닙니다. 다른 성의 집단에서 첫사랑 독점자가 출현하는 것보다 위험한 것은 같은 성의 집단에서 첫사랑 독점자가 등장하는 상황입니다.

물론 남성의 관점에서 볼 때 다른 남성이 첫사랑 독점자가 되는 것을 막을 뾰족할 방법은 없습니다. 사실 어떤 남성을 첫사랑 독점자로 만들어주는 것은 여성들이기 때문에 여성들의 선택을 강제로 막을 방법은 따로 없습니다. 다른 남성이 첫사랑 독점자가 되는 것을 막는 방법이 있다면, 그것은 자신이 여성에게 첫사랑으로 선택받을 수 있도록 자신을 매력적으로 만드는 것, 또는 매력적으로 보이게 만드는 것이라고 할 수 있습니다.

획일적 미의 기준과
첫사랑 독점자의 등장

사람들마다 생김새가 다른 것만큼이나 이성에게서 매력을 느끼는 점도 제각기 다를까요? 각자 이성에게서 느끼는 매력적인 특성을 '아름다움의 기준' 또는 '미의 기준'이라고 한다면 조금 거창하게 들리겠지만 그렇게 부르기로 합시다. 사람들은 이성에 대해서 각자 서로 다른 미의 기준을 가지고 있을까요? 만약 그렇다면 불특정 다수의 이성에게 매력적으로 보이려고 노력하는 일은 부질없어질 겁니다. 상대방이 자신의 어떤 점에서 매력을 느끼는지 모르는 상태에서 매력을 부각하려고 노력하는 것은 어리석은 일이 될 테니까요. 다시 말해서 스스로는 전혀 매력적이라고 생각하지 않는 자신의 눈꼬리 모양이 상대 이성의 미의 기준에서는 어떻게 받아들여질지 전혀 모르는 상황이라면, 자신의 눈 모양을 애써 바꿀 필요를 느끼지 못한다는 것이죠.

이렇게 미의 기준이 사람마다 다르고 그 미의 기준을 상대방이 모르는 상황과, 이와 반대로 미의 기준이 어느 정도 일치하고 이를 서로 잘 알고 있는 상황 가운데서 첫사랑 독점자가 출현하기 쉬운 쪽은 어느 쪽일까요? 첫 번째 상황이라면 사람들은 서로 다른 이유에서 상대방을 매력적으로 느낄 겁니다. 첫사랑이 이루어지는 이유가 제각기 다른 것이죠. 이런 다양한 미의 기준을 모두 갖춘 사람은 존재하기 힘듭니다. 미의 기준이 서로 충돌하는 경우도 있을 테니까요. 그러니 첫사랑 독점자의 출현은 어렵습니다. 반면에 미의 기준이 어느 정도 고정되고 사람들이 이를 잘 인식하고 있다면, 첫사랑 독점자의 출현은 상대적으로 쉬워집니다. 그런 기준에 보다 더 잘 부합하는 사람이 있을 것이고 상대방 이성 집단은 그런 사람에게 모두 매력을 느낄 테니까요.

그렇다면 현실은 어떻습니까? 우리 주변의 모든 경우가 그렇다고 말하긴 어렵지만, 대체로 미의 기준이 사람마다 비슷하다고 말할 수 있지 않을까요? 이것이 사실이라면 이는 무엇을 의미하는 걸까요?

우리 주변에는 첫사랑 독점자들이 많이 있습니다. 이성 집단에 첫사랑 독점자가 출현하는 것이 첫사랑이 이루어질 확률을 낮추는 효과를 갖는다면 아마도 첫사랑 독점자는 출현하지 않았을지 모릅니다. 하지만 앞서 보았듯이 상대편 성 집단에서 첫사랑 독점자가 출현하는 것이 자신의 첫사랑이 이루어질 확률을 낮추지는 않습니다. 한편 같은 성 집단에서 첫사랑 독점자가 출현하는 것은 자신의 첫사랑이 이루어질 확률을 낮추지만, 이를 막을 뾰족한 방법은 없습니다. 스스로의 매력을 높이는 것이 한 가지 방법이 될 수 있지만, 문제는 자신의 매력을 높이기 위해서는 상대방이 어떤 미의 기준을 갖고 있는지를 알아야 한다는 것이죠. 그런데 이성 집단이 갖고 있는 미의 기준이 사람마다 제각기 다르다면 스스로 매력을 높이는 기획은 부질없는 일이 될 것입니다. 그런 기획이 이루어지기 위해서는 상대방의 미의 기준이 어느 정도 고정되어 있고 동시에 알려져 있어야 합니다. 사람들이 대체로 받아들이는 미의 기준이 있다는 바로 그 점은 오히려 첫사랑 독점자를 출현하게 만드는 효과를 갖게 됩니다. 우리 주변에 첫사랑 독점자가 많이 있다는 것은 미의 기준이 어느 정도 고정되어 있다는 점을 보여주죠.

이와 비슷한 현상은 다른 데서도 나타날 수 있습니다. 예를 들어 특이한 방식으로 진행되는 가수 오디션이 있다고 해봅시다. 특이하게도 이 오디션에서는 연예 기획자들이 오디션 참가자들 중에서 계약하고 싶은 사람을 뽑고 가수 지망생들이 계약하고 싶은 연예 기획자를 선택하게 됩니다. 선택은 단 한 번뿐이며 참여자는 상대방의 선택을 전혀 모르는 상태에서 선택을 한다고 합시다. 이 경우 가수 지망생들 중에서 누가 더 나은지를 정하는 단일한 기준이 있다면, 연예 기획자들이 가장 낫다고 여기는 사람은 동일한 사람일 공산이 큽니다. 또한 연예 기획자 중 누가 더 나은지에 대해서도 단일한 기준이 있다면, 가수 지망생들이 가장 낫다고 생각하는 기획자 역시 동일할 겁니다. 결국 연예 기획자들의 선택을 '독점'한 가수 지망생과 가수 지망생들의 선택을 '독점'한 연예 기획자가 만나게 되겠지요.[31]

또 다른 사례로 한 명의 목수와 한 명의 건축가를 선정하는 건축 프로젝트가 있다고 해봅시다. 여러 명의 목수 후보들과 건축가 후보들이 모여 서로 일하고 싶은 상대를 선택하도록 해서 연결이 성사된 목수와 건축가가 있으면 이 둘에게 건축을 맡기는 겁니다. 만약 모든 목수와 건축가가 일대일로 연결된다면, 모든 목수와 건축가에게 건축 프로젝트가 하나씩 돌아가게 될 겁니다. 하지만 다른 사람들의 선택을 고려하지 않은 채 동시에 선택을 하도록 한다면, 목수들의 선택을 '독점'한 건축가와 건축가들의 선택을 '독점'한 목수, 이렇게 두 사람만 건축 프로젝트를 맡게 될 공산이 큽니다.

이처럼 선택의 독점은 여러 분야에서 생겨날 수 있으며 이는 선택의 기준이 얼마나 획일적인가와 관련이 있습니다. 선택의 독점을 깨기 위해서는 '훌륭한' 가수에 대한 다양한 기준, '훌륭한' 건축에 대한 다양한 기준이 필요하지만, 선택의 당사자들에게는 기준의 다양성을 추구하는 것보다는 단일한 기준을 따르는 것이 더 유리하다고 여겨지는 경우가 많습니다.

•
천생연분의 확률

다시 첫사랑에 관한 이야기로 돌아와 봅시다. 지금까지의 이야기를 정리하자면 이렇습니다. "우리 모두 각자에게는 첫사랑이 있다"는 문장은 참에 가깝다고 할 수 있지만, "우리 모두는 누군가의 첫사랑이었다"는 문장은 거짓처럼 보입니다. 그 이유는 두 명 이상의 이성으로부터 첫사랑을 고백받는 사람들, 즉 첫사랑 독점자들이 우리 주변에 존재하기 때문입니다. 이제 다음과 같은 물음을 생각해봅시다.

당신의 첫사랑이 이루어졌다고 했을 때, 당신과 당신의 첫사랑 상대가 오직 서로에게만 첫사랑을 고백했을 확률이 얼마나 될까요?

다시 말해서 당신의 첫사랑은 다른 사람으로부터 첫사랑을 고백받지 못한 채 당신으로부터만 첫사랑을 고백받았고, 당신 역시 다른 사람으로부터 첫사랑을 고백받지 못한 채 당신의 첫사랑 상대에게서 첫사랑을 고백받았을 확률, 즉 당신과 당신의 첫사랑 모두 '첫사랑 독점자'가 아닐 확률 말입니다. 첫사랑이 이루어진 상황을 떠올릴 때 우리는 로미오와 줄리엣과 같은 상황을 연상합니다. 줄리엣은 로미오의 첫사랑일 뿐 아니라 로미오 이외의 그 어떤 남자로부터 첫사랑을 고백받지 않았습니다. 로미오도 마찬가지입니다. 로미오는 줄리엣의 첫사랑일 뿐 아니라 줄리엣 이외의 그 어떤 여자로부터 첫사랑을 고백받지 않았습니다. 즉 로미오도 줄리엣도 첫사랑 독점자가 아니었다는 말입니다. 우리는 전형적인 첫사랑이 로미오와 줄리엣의 경우와 같다고 생각합니다.[32] 이런 상황을 '천생연분'이라고 한다면, 우리가 구하고자 하는 것은 '천생연분'이 될 확률이라고 할 수 있습니다.

세상의 모든 남성과 여성이 로미오와 줄리엣과 같은 첫사랑을 하게 된다면 "우리 모두는 누군가의 첫사랑이었다"라는 문장은 참일 것입니다. 하지만 첫사랑에 대해서 우리가 떠올리는 이미지와는 달리, 당신의 첫사랑이 이루어졌다면 당신이나 당신의 첫사랑 상대 중 적어도 한 명은 첫사랑 독점자일 확률이 더 높습니다. 왜냐하면, 다시 말하지만, 우리 주변에는 첫사랑 독점자들이 많기 때문이죠. 앞서 남자와 여자 각 열 명씩 이루어진 교제 모임(남1~남10, 여1~여10)에게 일어날 수 있는 세 가지 상황을 생각해봅시다.

- **상황 1** • 열 쌍이 첫사랑을 이루게 된다.
- **상황 2** • 남1은 여1, 여2, 여3으로부터 첫사랑을 고백받고 여1에게 첫사랑을 고백한다. 여4는 남2, 남3, 남4로부터 첫사랑을 고백받고 남2에게 첫사랑을 고백한다. 남1과 여4 이외에 첫사랑 독점자는 없으며, 총 세 쌍이 첫사랑을 이루게 된다.
- **상황 3** • 모든 여자로부터 첫사랑을 고백 받는 남자 첫사랑 독점자가 한 명

생기고, 모든 남자로부터 첫사랑을 고백 받는 여자 첫사랑 독점자가 한 명 생겨서 한 쌍이 첫사랑을 이루게 된다.

첫사랑이 이루어졌다고 생각할 때 우리는 '상황 1'과 같은 상황을 떠올립니다. 모두 로미오와 줄리엣이 되는 경우죠. '상황 1'에 있는 사람의 첫사랑 상대가 첫사랑 독점자일 확률은 0입니다. 이 계산은 그렇게 어렵지 않습니다. '상황 1'에서 첫사랑 상대가 첫사랑 독점자일 확률을 찾는다고 한다면, 이는 이루어진 모든 첫사랑들 중에서 첫사랑 독점자에 의해서 이루어진 첫사랑이 차지하는 비율, 즉 다음과 같은 분수로 나타낼 수 있을 겁니다.

$$첫사랑\ 독점자의\ 첫사랑 = \frac{첫사랑\ 독점자에\ 의해서\ 이루어진\ 첫사랑의\ 수}{이루어진\ 모든\ 첫사랑의\ 경우의\ 수}$$

'상황 1'에서 이루어진 첫사랑은 모두 열 쌍인데 이 중 첫사랑 독점자에 의해서 이루어진 것은 하나도 없습니다. 왜냐하면 첫사랑 독점자가 아예 없기 때문이지요. 그래서 '상황 1'에서 우리가 찾는 확률은 0입니다. 하지만 '상황 2'와 '상황 3'에서 그 확률은 각각 2/3와 1이 됩니다.

지금까지의 논의를 종합하면 우리의 현실은 '상황 1'이 아닐 공산이 큽니다. 우리 주변에는 첫사랑 독점자들이 있게 마련이기 때문이죠. 첫사랑에 관한 지금까지의 논의에서 우리가 주목할 점은 우리의 상황이 어떤지를 파악하는 것이 확률을 구하는 데 중요하다는 사실입니다. '상황 2'에는 세 쌍의 첫사랑이 이루어졌고 이 중 단 한 쌍만이 로미오와 줄리엣과 같이 상대방에게만 첫사랑을 고백한 경우입니다. 당신의 첫사랑이 이루어졌는데 이 중 어떤 경우인지를 알 수 없는 상황이라면, 이때 당신의 첫사랑이 첫사랑 독점자에 의한 것일 확률은 첫사랑이 이루어진 경우의 수 중에서 첫사랑 독점자에 의해 이루어진 첫사랑의 수가 차지하는 비율이 됩니다. 다시 말해서 우리 주변의 상황이 어떤 상황인지가 정해지면 확률도 구할 수 있다는 것이죠. '상황 1'보다는 '상황 2'가 우리의 상황일 공산이 더 큽니다. 일단 우리의 상황이 어떤지가 알려지면 그다음 확률을 구하는 것은 그리 어려운 일이 아닙니다.

•

'첫사랑'이 이루어지기 힘든 이유

첫사랑에 대한 고찰이 우리에게 가르쳐주는 바는 무엇일까요? 처음으로 이성에게 사랑을 고백하려는 사람을 생각해보세요. 그는 자신이 상대방에게 사랑을 느낀 그 순간 상대방도 자신에게 사랑을 느꼈다고 생각합니다. 자신은 로미오처럼, 상대방은 줄리엣처럼 서로를 향해 사랑에 빠진다고 생각하는 거죠. 아마도 많은 사람이 이런 바람을 갖고 있을 겁니다. 《춘향전春香傳》을 보세요. 이몽룡은 춘향에게, 춘향은 이몽룡에게 사랑에 빠집니다. 또 《레 미제라블Les Misérables》에 등장하는 코제트와 마리우스의 경우도 그렇습니다. 우리가 자주 접하는 사랑

이야기, 특히 고전적 이야기는 대개가 이런 식입니다. 왜 그럴까요? 아마도 이런 식으로 두 사람이 동시에 서로에게 사랑에 빠지는 경우는 매우 드물기 때문이 아닐까요? 드물기 때문에 사람들은 이런 식의 사랑을 이야기하고 싶어 하는 것이 아닐까요? 하지만 처음으로 이성에게 사랑을 고백하려는 사람이 상대방 역시 자신과 마찬가지로 자신에게 사랑을 고백하고 싶어 한다고 생각한다면, 이는 헛된 희망에 부푼 생각이라 여겨집니다. 상대방이 나의 첫사랑이듯이 나도 상대방의 첫사랑이 될 수 있다고 생각하는 것은 별로 근거 없는 희망입니다.

앞서 2장에서 이야기했던 인류 원리의 단계를 여기에 적용해 볼까요? 한 사람이 첫사랑을 고백하고 그 첫사랑이 이루어졌다고 합시다. 인류 원리의 1단계는 우리가 자신의 위치에 대해서 물음을 던지게 되는 단계입니다. 처음으로 이성에게 사랑을 고백하려는 사람이 이 단계에서 던지는 물음은 아마도 다음과 같을 것입니다.

나처럼 상대방도 처음으로 사랑을 느끼게 되었을까?

이 사람은 지금 자신이 상대방에게 느끼는 사랑의 감정을 토대로 자신의 위치를 묻고 있습니다. 이렇게 자신의 경험을 바탕으로 자신의 위치를 물어보는 것이 인류 원리를 적용하는 첫 단계입니다. 자신의 위치를 보여주는 시나리오는 다양합니다. 앞에서 생각해보았던 '천생연분' 시나리오도 그 중 하나겠죠. 문제는 이 중 어떤 시나리오가 현실일 확률이 높을지 예상하는 것입니다.

인류 원리의 2단계를 여기에 적용한다면, 서로에게 첫사랑을 고백하기에 적합한 시나리오는 무엇일까를 묻게 될 것입니다. 앞의 물음에 대해서 이렇게 답한다고 생각해보세요.

상대방도 나처럼 처음으로 사랑을 느껴서 나한테 고백할 것이 분명해.

이렇게 생각하는 사람이 있다면 그 사람은 너무나 자기중심적이라고 해야 할 것입니다. 이미 보았듯이 가능한 시나리오는 여러 가지가 있겠지만 사랑을 고백한 사람 둘 다 첫사랑을 고백했을 확률은 그리 높지 않을 겁니다. 정확히 얼마나 될지는 경우에 따라 다르겠지만요.

질문과 대답

Q: 왜 나는 너를 오해하게 되는가?

A: 우리 모두가 누군가의 첫사랑일 확률은 제로에 가깝습니다. **내가 상대방에게 느끼는 감정을 그대로 상대방에게 투사하지 마십시오.** 천생연분 시나리오가 현실이 될 가능성이 낮게 되는 이유를 생각해보십시오. 첫사랑 독점자와 같은 존재를 떠올릴 수 있어야 상대방에 대한 오해를 줄일 수 있습니다.

아! 사랑의 그림자만으로도 그처럼 기쁘니,

실제로 사랑이 이루어지면 얼마나 달콤할까?

_윌리엄 셰익스피어William Shakespeare, 《로미오와 줄리엣Romeo and Juliet》

7장

어느 정도로 너를 믿어야 하는가

_의심과 믿음 사이의 딜레마

우리는 상대방의 말이 참말이라고 믿어야 할까요, 아니면 거짓말이라고 믿어야 할까요? 더 중요한 질문은 이것입니다. 상대방의 말을 참말로 받아들인다면, 그것은 상대방의 말이 참말이기 때문일까요, 아니면 우리가 상대방의 말을 참말로 받아들이기 쉬운 사람이기 때문일까요?

이 장에서는 인류 원리가 인간의 믿음 체계에 어떻게 적용되는지 살펴보겠습니다. 내가 믿고 있는 것, 그리고 내 주변의 사람들이 믿고 있는 것의 특성에 인류 원리의 정신을 적용했을 때 인간의 믿음 체계에 대해서 어떤 평가를 내릴 수 있을지에 대해 논의해보도록 하겠습니다.

·

거짓말 대 참말의 수수께끼

거짓말만 하는 사람과 참말만 하는 사람에 관한 수수께끼를 한두 개쯤 들어본 적 있지 않나요? 예를 들면 이런 겁니다. "쌍둥이들만 살고 있는 섬이 있는데 쌍둥이 중 한 명은 거짓말만 하는 사람이고 다른 한 명은 참말만 하는 사람입니다. 쌍둥이라서 겉모습만으로는 누가 참말을 하는 사람이고 누가 거짓말을 하는 사람인지 전혀 알 수가 없지요. 여러분은 이 섬에서 길을 잃고 헤매고 있는 중이라서 누군가에게 길을 좀 물어보고 싶습니다. 그런데 갈림길에서 한 쌍의 쌍둥이를 만났습니다. 여러분은 왼쪽 길로 가면 여러분이 찾고 있는 마을로 가게 되는지를 묻고 싶습니다. 단 한 명에게 단 한 번만 물어볼 수 있다고 할 때, 어떤 사람에게 무슨 질문을 해야 할까요?"[33]

거짓말만 하는 사람과 참말만 하는 사람이 등장하는 수수께끼의 예는 얼마든지 찾아볼 수 있습니다. 철학자이자 논리학자면서 전문 마술가로서도 활동한 레이먼드 스멀리언Raymond Smullyan은 이런 수수께끼만으로 된 책을 내기도 했죠. 스멀리언이 만들어내는 수수께끼를 푸는 데 정신을 쏟다 보면, 이 수수께끼가 나오는 상황이 얼마나 비현실적인지에 대해서는 잊게 됩니다. 그런데 한번 생각해봅시다. 수수께끼에 등장하는 상황 중 비현실적이라고 생각되는 것은 무엇입니까? 가장 비현실적인 것은 거짓말만 하는 사람과 참말만 하는 사람이 살고 있다는 설정이라고 해야 하지 않을까요?

이런 수수께끼의 묘미는, 이 수수께끼를 푸는 우리는 이 비현실적인 설정이 사실인 것처럼 받아들여서 문제를 풀어나가는 주체가 되지만 정작 우리 자신에 대해서는 이 설정을 적용하지 않는다는 겁니다.

거짓말만 하는 사람들과 참말만 하는 사람들이 사는 섬에 도착한 우리는 거짓말만 하는 사람일까, 아니면 참말만 하는 사람일까?

당연히 어느 쪽도 아닙니다. 우리는 수수께끼를 푸는 사람이지 수수께끼의 일부가 아니니까요.

현실에서는 아마 거짓말만 하는 사람도 없고 참말만 하는 사람도 없을 것입니다. 그런데도 우리는 "저 사람은 입만 열면 거짓말이다"라든가 "저 분은 거짓말을 할 사람이 아니다"와 같은 말을 듣곤 합니다. 이런 말을 어디까지 믿어야 할까요? 액면 그대로는 아닐 겁니다.

여기서 한 가지 혼란을 일으키는 것은 '거짓말을 어떻게 정의하는가'라는 물음이라고 생각합니다. 자신이 믿는 것과 반대되는 것을 의도적으로 말하는 사람을 두고 '거짓말을 한다'고 말하는 것은 당연합니다. 문제는 자신이 믿는 것을 그대로 말하지 않았는데도 불구하고 그 말이 사실은 참인 경우, 이를 두고 '거짓말을 한다'고 할 수 있을지 여부입니다. 다시 말해서 어떤 말을 '거짓말'로 만드는 것은 거짓말을 하려는 의도에서 나오는 걸까요, 아니면 사실인지 아닌지의 여부일까요? 예를 들어서 이런 말을 듣곤 하지 않습니까? "거짓말을 하려고 한 게 아니라 어쩌다 보니 거짓말이 되고 말았다." 사실이라고 생각하고 말했는데 알고 보니 사실이 아니었다는 의미입니다. 이런 경우 '거짓말'을 만드는 것은 말하는 사람의 의도라기보다는 사실인지 아닌지의 여부가 되겠지요. 이런 의미에서 거짓말을 하는 것은 정직하지 않은 것과는 상관없는 일이 됩니다. 잘못 알고 있는 것을 정직하게 말하게 되면 거짓말을 하는 셈이니까요. 이런 거짓말을 '결과적 거짓말'이라고 한다면, 자신이 믿는 것과 반대로 말하는 것을 '의도적 거짓말'이라고 할 수 있을 것입니다.

'거짓말'을 결과적 거짓말로 정의할 것인가, 의도적 거짓말로 정의할 것인가는 맥락에 따라서 다를 수 있지만, 여기서는 의도적 거짓말을 가리키는 것으로 하겠습니다. 제 생각에는 이 정의가 우리가 '거짓말'에 대해서 갖고 있는 개념에 더 잘 맞습니다. '단순히 거짓인 말'과 '거짓말'은 구별해야 하기 때문입니다. 마찬가지로 '우연히 참이 된 말'과 '참말'은 구별해야 합니다. 모든 것을 사실과 정반대로 믿는 사람을 생각해보세요. 그런데 그 사람이 자신이 믿는 바와는 정반대로 말한다고 합시다. 이 사람은 '서울이 대한민국의 수도'라고 믿지 않는데 누가 물어본다면 "서울이 대한민국의 수도"라고 말할 것입니다. 이 경우 그는 참말을 한 셈이지만, 사실을 사실대로 믿고 자신의 믿음대로 말한 사람과는 다른 의미에서 참말을 했다고 해야 하지 않을까요? 다시 말해서 그는 우연히 진실을 말했을 뿐이고 거짓말로 진실을 말한 겁니다. 이러한 사람은 자신이 믿는 바대로 말하려고 했고 그 결과 진실을 말한 사람과는 구별되어야 합니다.

'거짓말'이라는 개념을 어떻게 정의하는가에 이런 어려움이 있다면, 비슷한 어려움이 '참말'이라는 개념에도 있을 것입니다. 이런 어려움 때문에 우리는 '누가 거짓말을 하고 있는가'라는 질문에 답하기 어려운지도 모르겠습니다. 거짓말을 하고 있는 것인지 참말을 하는 데 실패하고 있는 것인지 구별하기 어렵기도 합니다. 성인이 하루에 몇 번이나 거짓말을 하는지에 대해서 연구 결과가 제각각 다른 것을 보면, 무엇을 '거짓말'로 여기는가에 있어서 생각들이 서로 다른 것 같습니다.[34]

이런 개념적 혼란에도 불구하고 거짓말에 관해서는 분명한 사실이 몇 가지 있습니다. 하나는, 우리 주변에는 참말만 하는 사람도 없고 거짓말만 하는 사람도 없다는 것입니다. 거짓말만 하는 것이 참말만 하는 것보다 더 어렵다고 생각합니다. 참말만 하는 것은 적어도 개념적으로는 가능해 보이지만 거짓말만 하는 것은 아예 불가능하기 때문이지요. 어쨌든 우리 주변의 사람들은 참말을 하기도 하고 거짓말을 하기도 한다는 점은 분명합니다.

또 다른 사실은, 사람들 중에는 거짓말을 더 많이 하는 사람과 덜 하는 사람이 있다는 겁니다. 거짓말을 즐겨 하는 사람이 있고 마지못해서 하는 사람이 있습니다. 참말도 똑같습니다. 주로 참말을 하는 사람이 있고 가끔 참말을 하는 사람이 있습니다. 참말을 즐겨 하는 사람도 있고 마지못해서 참말을 실토하는 사람도 있습니다. 참말과 거짓말을 하는 빈도와 성향에 있어서 다양한 편차가 존재한다는 것이죠.

참말과 거짓말에 관한 세 번째 사실은, 우리가 참말과 거짓말을 완벽하게 구별하지 못한다는 것입니다. 오늘 친구가 거짓말을 했다고 해도 여러분은 그 거짓말을 모두 찾아내지 못합니다. 그리고 바로 그 점이 거짓말을 하는 이유 중 하나라고 할 수 있습니다. 모든 거짓말이 즉각 발각된다면, 누가 거짓말을 하겠습니까? 거짓말을 하는 이유는 그 말이 참말로 받아들여질 가능성 때문이지요. 그렇다고 해서 거짓말과 참말이 아예 드러나지 않는 것은 물론 아닙니다. 어떤 거짓말은 금방 들통이 나죠. 이런 사실을 염두에 두고 다음 두 물음을 생각해봅시다.

첫째, 주변 사람들이 하는 말 중에서 어느 정도가 거짓말일까? 1%일까, 10%일까?

둘째, 주변 사람들이 하는 거짓말 중에서 어느 정도까지 거짓말을 알아차릴 수 있을까? 50% 밑일까, 아니면 그 위일까?

'죄수의 딜레마'의 업그레이드

'죄수의 딜레마'는 이제 잘 알려진 문제가 되었습니다. 이 문제가 제기된 때가 1950년이니까 이제는 꽤 오래된 역사를 갖고 있는 셈이죠. 죄수의 딜레마에는 서로 격리되어 상대방이 어떤 결정을 할지를 두고 고민하는 두 사람이 등장합니다. 이 두 사람은 자신들이 연루된 범죄 사건에 대해서 조사를 받으면서 상대방이 한 일을 모두 자백하라는 요구를 받습니다. 만약 자신은 상대방이 한 일을 상세히 털어놓는데 상대방은 자신에 대해서 침묵을 지킨다면, 상대방은 이 범죄의 대가를 혼자 감당하게 되지만 자신은 별다른 고생 없이 빠져나올 수 있습니다. 상대방에게는 큰 처벌, 자신에게는 아주 가벼운 처벌이 내려지는 겁니다. 하지만 문제는 상대방도 똑같은 고민을 한다는 점입니다. 상대방도 모든 것을 털어놓으면 어떻게 될까요? 두 사람 모두 상대방이 한 일을 털어놓는다면, 두 사람은 상당한 처벌을 받아야 합니다. 하지만 한 사람이 혼자 범죄의 대가를 짊어지는 것보다는 나은 처벌이지요.

그렇다면 침묵을 지키면 어떻게 될까요? 자신은 비밀을 지키기 위해서 침묵하기로 했는데 상대방이 모든 것을 자백한다면, 혼자 범죄의 대가를 져야 하는 곤경에 빠지게 됩니다. 만약 두 사람 다 침묵을 지킨다면, 두 사람은 비교적 가벼운 처벌만 받게 됩니다. 두 사람이 서로를 한몸처럼 여긴다면, 이 두 사람에게 가장 좋은 선택은 침묵을 지키는 것이겠지요. 협력을 해야 합니다. 하지만 두 사람은 격리되어 있습니다. '나는 침묵을 하겠다. 너도 그렇게 해 줘. 그것이 우리에게 가장 좋은 선택이야.' 만약 이렇게 텔레파시를 보낼 수 있다면 그렇게 하겠지만, 두 사람 모두 그런 능력은 없군요. 그렇다면 어떤 선택이 각자에게 가장 현명한 선택이 될까요?

이를 찾기 위해서 상대방이 어떤 선택을 할지를 따져 봅시다. 만약 상대방이 모든 것을 털어놓는다면 어떻게 해야 할까요? 그런 경우 자신만 침묵을 지킨다면, 혼자 범죄의 대가를 모두 져야 하므로, 자신도 역시 자백하는 것이 그나마 나은 선택이라고 할 수 있습니다. 적어도 최악은 피하는 것이니까요. 한편 상대방이 의리를 지켜서 아무 말도 하지 않는다면 어떻습니까? 이런 경우에도 내가 자백하는 쪽이 침묵을 지키는 쪽보다 낫습니다. 상대방에게 모든 범죄의 대가를 짊어지게 하고 빠져 나올 수 있으니까요. 다시 말해서, 상대방이 어떤 선택을 하든지, 상대방이 한 일을 모두 털어놓는 것이 현명한 전략이 됩니다. 그렇다면 두 사람 모두 상대방이 한 일을 자백하게 될 터인데, 문제는 이는 두 사람 모두를 고려할 때 최악의 선택이라는 겁니다. 이것이 그동안 우리에게 잘 알려져 왔던 '죄수의 딜레마'입니다.

그런데 이런 상황이 현실에서 일어날 법하지는 않아 보입니다. 현실에서 두 사람이 서로 격리된 채 심문을 받는 일이 얼마나 자주 있겠습니까. 격리된 상대방이 어떤 식으로 판단할지를 예측하고 두 사람의 선택에 따라 정확히 어떤 결과가 생겨날지를 알 수 있다는 것도 그럴듯한 설정은 아닙니다. 그런데 가장 현실과 동떨어진 것은, 그런 상황에서 이 두 사람이 결정을 내리게 되는 과정입니다. 두 사람은 서로를 잘 알고 있습니다. 서로 오랜 기간 이런저런 일들을 같이 해오며 미운 정 고운 정이 들었을 수 있습니다. 서로의 가족도 잘 알고 있지 않을까요? 그렇다면 자신에게 가장 나은 선택을 위해서 상대방이 한 일을 자백할 것 같지 않습니다. 그럼에도 죄수의 딜레마가 생겨나는 것은 이 두 사람에게 단 한 번의 선택만이 있다는 암묵적인 가정을 하고 있기 때문입니다. 자백을 하든지, 침묵을 지키든지 단 한 번 선택을 하고 그다음에는 두 사람이 서로 만나지 않게 설정된 것이죠.

만약 두 사람에게 죄수의 딜레마가 일어나는 상황을 연속적으로 경험하게 한다면 어떻게 될까요? 미국의 정치학자 로버트 액설로드Robert Axelrod는 죄수의 딜레마가 연속적으로 일어날 때 가장 높은 이익을 보증해주는 전략을 알고 싶었습니다.《협력의 진화The Evolution of Cooperation》라는 책은 어떻게 그가 이 호기심을 해소했는지를 보여주죠. 그는 일회적이 아니라 연속적인 죄수의 딜레마를 게임으로 만들어서 이 게임에서 어떤 전략이 더 높은 점수를 따는지를 겨누는 대회를 엽니다. 이 대회에 초대받은 14명의 게임 이론가들은 각각 전략을 내놓죠. 이들은 서로 돌아가면서 연속적으로 죄수의 딜레마 게임을 벌이고 그 결과에 따라서 점수를 얻게 됩니다. 게임은 일회적인 것이 아니라서 무조건 자백을 해서 상대방을 배반하려는 전략은 높은 점수를 받기 어렵습니다. 계속해서 배반을 하면 상대방도 더 이상 침묵을 지키지 않고 배반을 하려고 할 테니까요.

이 대회의 승자는 아나톨 라포포트Anatol Rapoport라는 러시아 출신의 수학자가 제시한 '맞받아침Tit-for-Tat' 전략이었습니다. 이 전략은 간단합니다. 처음에는 상대방을 우호적으로 대하고 그 다음 번부터는 상대방의 전략을 그대로 따르는 거죠. 상대방이 배반하면 똑같이 배반으로 대응하고, 상대방이 협력하면 똑같이 협력으로 대응하는 겁니다. 반복적인 죄수의 딜레마 상황에서 맞받아침 전략이 유효하다는 것은 인간을 포함해서 동물의 세계에서 일어나는 행동 양태에 대해서도 시사하는 바가 많습니다. 자기 눈앞의 이익만을 우선하여 상대방을 이용하는 극단적인 이기주의도, 상대방의 이익만을 우선하여 자신을 희생하는 극단적인 이타주의도 동물의 세계에서 발견되기 어렵습니다. 장기적인 관점에서 자신의 이익을 최대화하려면 적절한 협력도 필요하죠.

하지만 액설로드가 설정한 상황도 현실을 충분히 반영한다고 보긴 어렵습니다. 현실은 이보다 훨씬 더 풍부하죠. 두 사람이 협력과 배반 중 어떤 선택을 할지를 놓고 고민하는 단순한 상황에 국한하더라도 현실에서는 좀 더 많은 변수가 존재합니다. 예를 들어 한 사람의 배반이 상대방에게 배반으로 이해되지 않거나 그 반대의 상황도 벌어질 수 있죠. 두 사람 사이에 소통이 항상 투명하게 일어나는 것은 아니니까요. 현실에서는 한 사람의 협력이 배반으로 오해될 수도 있습니다.

《초협력자Supercoordinators》의 저자 마틴 노왁Martin Nowak은 바로 이 점에 착안했습니다.[35] 사람들이 상대방의 의도를 오해할 수 있는 가능성을 고려하여 죄수의 딜레마를 수정하면 어떻게 될지 알아본 것이죠. 또한 그는 두 명 사이에 일어나는 선택의 양상을 바라보는 것에서 범위를 더 넓혀보기로 합니다. 컴퓨터 시뮬레이션을 통해서 수백, 수천 명의 사람들이 죄수의 딜레마 게임을 서로에게 펼치는 상황을 재현해보고자 한 것입니다. 그의 연구 결과는 매우 흥미롭습니다. 그는 죄수의 딜레마 게임에 효과적인 전략이 계속 바뀌면서 진화한다고 주장합니다. 그에 따르면 효과적인 전략은 점차 더 협력에 비중을 두는 쪽으로 진화합니다. 예를 들어 앞서 등장한 '맞받아침' 전략 또는 팃포탯 전략은 '너그러운 팃포탯' 전략으로 진화한다는 겁니다. '너그러운 팃포탯' 전략은 상대방의 배반을 한 번까지는 용서하는 전략입니다. 팃포탯보다는 보복의 시점을 늦추는 것이죠. 노왁의 시뮬레이션 연구에 따르면 너그러운 팃포탯 전략은 가장 오랜 기간 동안 효과적인 전략으로 작동합니다. 그리고 점차 '항상 협력을 하라'라는 전략으로 대체되는데, 이 전략은 가장 너그러운 전략이기는 하나 짧은 전성기를 누릴 뿐입니다. 왜냐하면 모든 사람들이 항상 협력을 하려는 사회에서는 이를 이용하는 전략을 가진 사람들이 큰 성공을 거둘 수 있기 때문입니다. 즉 그에 따르면 죄수의 딜레마 게임에서 효과적인 전략은 다음과 같이 순환적으로 진화합니다.

'항상 배반' → 팃포탯 → 너그러운 팃포탯 →
'항상 협력' → '항상 배반' → …

·

현실에서 죄수의 딜레마 찾기

지금까지 우리는 상대방을 '배반할 것이냐' 아니면 '협력할 것이냐' 같은 선택 상황에서 벌어지는 죄수의 딜레마에 대해 살펴보았습니다. 그런데 '협력'과 '배반'이라는 두 가지 선택지를 어떻게 해석하는지에 따라서 죄수의 딜레마는 다른 의미를 가질 수 있습니다. 애초에 제시된 죄수의 딜레마에서 우리의 고민은 '자백할 것이냐' 아니면 '침묵할 것이냐' 하는 선택의 문제였지만, 액설로드와 노왁의 작업이 다루는 '협력'과 '배반' 사이의 선택은 이보다 넓은 범위를 갖습니다. '협력'이라는 표현은 대체로 우호적인 행위를 의미하고, '배반'은 대체로 적대적인 행위를 의미하는 것입니다. 지금까지의 논의에서 중요한 점은 두 가지 행위가 무엇인지라기보다는 이 두 가지 행위가 두 사람 사이의 경쟁에서 어떤 대가를 가지고 오는지에 대한 것이었습니다. 이른바 '보수행렬pay-off matrix'이 두 사람 사이의 관계를 죄수의 딜레마로 만드는 셈이죠.

이제 현실에서는 죄수의 딜레마가 어떤 형태로 나타날 수 있는지에 대해서 생각해봅시다. '우호적인 행위와 적대적인 행위 중에서 무엇을 선택할 것인가' 하는 문제가 모두 죄수의 딜레마와 같은 결과로 나타나는 것도 아니고, 죄수의 딜레마와 같은 결과를 낳는 문제가 모두 우호적 · 적대적 행위 간 선택의 문제인 것도 아닙니다.

죄수의 딜레마와 같은 결과를 낳는 상황은 무엇을 경쟁의 대가로 보느냐에 따라서 그 답이 달라질 수 있습니다. 예를 들어 아이들을 학원에 보낼지 말지를 고민하는 부모들을 생각해보세요. 아이가 학교를 마치고 와서 다시 학원에 간다면, 그에 대한 비용도 많이 들 것이고 아이의 심신도 고단해질 겁니다. 그럼에도 학원에 보내는 이유는 다른 아이들과의 경쟁을 생각하기 때문이겠죠. 옆집 아이는 학원에 가지 않는데 자신의 아이만 학원에 간다면, 아이의 성적은 오르고 경쟁에서 앞서 나갈 수 있습니다. 그런데 문제는 옆집 부모도 그렇게 생각한다는 것이고 바로 그 점을 모두가 예상할 수 있다는 데 있습니다. 그 결과 우리 아이, 옆집 아이 할 것 없이 모두 학원에 갑니다. 그렇다면 우리 아이가 경쟁에 앞설 것이라는 기대는 접는 것이 좋습니다. 하지만 그렇다고 자신의 아이를 학원에 보내지 않는다면, 이는 옆집 아이가 경쟁에서 앞서게 만드는 셈이고 결국 자신의 아이만 뒤처지는 결과를 낳을 겁니다. 그러니 어쩌겠습니까? 결국 모두 학원에 보내는 선택을 하고 마는 것이죠. 죄수의 딜레마와 같은 상황에 빠진 겁니다.

학원 보내기가 죄수의 딜레마와 같은 결과를 낳는 이유는 부모들이 아이를 학원에 보내는 선택의 대가를 '경쟁에서의 승리'로 보기 때문입니다. 아이들이 실제로 배우고 익히는 것을 학원에 보내는 대가라고 여긴다면, 학원 보내기는 죄수의 딜레마를 낳지 않을 것입니다. 물론 배우고 익히는 것을 학원에 보내는 목적으로 생각한다면, 학원가에 아이들이 그렇게 모이지도 않겠죠.

.

믿을 것이냐, 의심할 것이냐

액설로드는 죄수의 딜레마를 반복되는 게임의 맥락에서 이해하려고 했고, 노왁은 여기에 실수와 오해의 가능성을 첨가하여 보다 현실적인 맥락에서 죄수의 딜레마를 이해하려고 했습니다. 하지만 일정한 조건을 미리 정한 후 그 조건 하에서 어떤 전략이 득세하게 되는지를 보려 한다는 점에서는 두 사람 모두 같습니다.

인류 원리와 관련해서 우리가 관심을 갖는 것은 항상 우리의 위치에 관한 물음입니다. 나와 내 주변의 사람들을 토대로 판단할 때 나의 위치는 어디에 있을까 하는 물음이죠. 이제 거짓말과 참말이 뒤섞여 있는 우리 상황에 인류 원리를 적용해보도록 하겠습니다. 우리 주변에는 참말만 하는 사람도 없고 거짓말만 하는 사람도 없습니다. 때로는 참말을 하기도 하고 때로는 거짓말을 하기도 합니다. 사람들을 구분 짓는 것은 그 비율이라고 할 수 있을 겁니다. 참말을 주로 하는 사람이 있는가 하면, 거짓말을 더 자주 하는 사람이 있습니다. 또한 우리는 누가 참말을 하는지, 또 누가 거짓말을 하는지 알아내는 데 관심을 갖습니다. 참말은 참말대로, 거짓말은 거짓말대로 받아들이는 것이 우리의 생존에 중요한 일이 될 테니까요. 하지만 때로는 참말을 거짓말로 받아들이고, 거짓말에 깜빡 속기도 합니다. 그리고 참말과 거짓말을 찾아내는 성공률도 사람마다 차이가 있습니다.

간단히 말해서 다른 사람의 말을 받아들이는 전략은 두 가지입니다. 그 말을 참말로 받아들이는 것이 하나이고, 거짓말로 받아들이는 것이 다른 하나입니다. 즉 믿음의 전략과 의심의 전략인 것이죠. 물론 사람들은 무조건 믿음의 전략을 쓰거나 의심의 전략을 쓰지는 않습니다. 다른 사람이 하는 말의 내용을 바탕으로 믿을 만한지를 따지고 믿음의 전략을 쓰거나 의심을 전략을 쓰게 될 겁니다. 하지만 두 전략 중에서 어느 쪽에 더 의존하는지는 여전히 사람마다 차이가 있을 것입니다.

믿음의 전략을 '협력'의 범주에, 의심의 전략을 '배신'의 범주에 넣는다면, 우리가 지금까지 살펴봤던 죄수의 딜레마의 또 다른 변형 사례가 생겨납니다. 노왁의 연구 결과를 믿음과 의심의 전략에 적용해보는 겁니다.

우선 믿음 전략만을 쓰는 사람들만이 서로 만나서 교류하는 상황을 상상해보세요. 상상하기에 따라서 이는 모두가 바라는 이상적인 상황인 것 같습니다. 모두가 서로의 말을 곧이곧대로 믿는 사회가 있다면 얼마나 훌륭하겠습니까. 이런 사회라면 지금 우리가 지불하고 있는 많은 비용이 절약될 겁니다. 우리 사회에서 검찰, 경찰, 변호사 등이 시간과 노력을 쏟아부어 하고 있는 일의 대부분이 누가 거짓말을 하고 있는지를 가려내는 것 아니겠습니까?

서로를 의심하는 사회는 끝없이 비용이 들어가는 사회입니다. 현장에서 근무하는 사람들이 부정을 저지르지 못하도록 감독관을 파견하지만, 그런 감독관이 현장 근무자와 함께 부정을 저지른다면 어떻게 합니까? 또다시 감독관을 감독하는 감독관을 파견해야 할까요? 그리고 다시 감독관을 감독하는 감독관을 감독하는 감독관을 파견해야 겠지요. 서로를 의심하는 사회는 의심을 방지하기 위한 장치로 막대한 비용을 지출해야 합니다. 이에 비해 믿음의 전략만을 고수하는 사회는 이 모든 비용을 아낄 수 있겠죠.

모든 사람이 믿음의 전략만을 선택하는 사회가 아무리 훌륭하고 사회적 비용을 줄일 수 있다고 하더라도 이런 사회는 이상적일 뿐이라고 생각할 수도 있습니다. 사람들이 그렇게 도덕적으로 뛰어날 수는 없으며, 설령 있다고 하더라도 한두 사람이 아니라 모든 사람들이 그렇지는 않다는 이유에서 말이죠. 맞습니다. 세상 모든 사람들이 도덕적이라서 거짓말을 하지 않는 것은 있을 법하지 않은 상황입니다.

하지만 도덕적이라서 거짓말을 하지 않는 것이 아니라 거짓말을 하지 않는 것이 현명한 일이기 때문에 믿음의 전략만을 쓰게 되는 사회를 우리는 충분히 상상할 수 있습니다. 예를 들어 거짓말로 남을 속였다는 것이 밝혀지면 극형에 처해지는 사회를 생각해보세요. 이런 사회에 사는 사람이라면 굳이 참말을 하고 싶어서가 아니라 참말을 할 수밖에 없을 겁니다. 따라서 여기에 사는 사람들은 남이 하는 말을 의심하는 것보다는 일단 믿어보는 것이 훨씬 나은 전략이 되겠지요. 사람들이 모두 참말만 하는데 굳이 그 말을 의심하는 것은 쓸데없이 마음만 어지럽힐 뿐이고 자신에게만 피해가 갈 수 있습니다. 이런 사회에서는 남을 의심하는 것이 어리석은 일이죠.

늑대가 나타났다고 소리치다가 패가망신한 양치기 소년 이야기를 생각해보세요. 우리는 이 이야기를 들으면서 거짓말을 하는 사람은 참담한 결과를 맞게 될 것이라는 경고를 암암리에 받게 되는 셈입니다. 그런데 양치기 소년이 늑대가 나타났다고 처음 소리쳤을 때 마을 사람들이 모두 달려왔다는 점을 생각해보세요. 왜 그랬을까요? 우리 논의의 편의상 이 마을에서 거짓말을 하는 사람은 극형에 처해진다고 상상해봅시다. 그런 이유에서 마을 사람들은 모두 믿음의 전략을 실천에 옮겼습니다. 그리고 실제로 늑대가 나타났고 양치기 소년은 참말을 했다고 가정해보죠.

여기에 덧붙여, 소년의 외침을 들은 마을 사람들 중 단 한 사람만이 의심의 전략을 쓴다고 상상해보세요. 의심의 전략을 선택한 사람은 여러 가지 이유에서 양치기 소년의 말을 의심합니다. '이런 대낮에 늑대가 나타날 리가 없지.' '도와달라는 목소리에 절박함이 없어.' 하지만 나머지 사람들은 모두 뛰어 나와 자신의 양을 늑대로부터 보호할 수 있었습니다. 양치기 소년의 말을 곧이곧대로 믿고 한 치의 의심 없이 즉시 뛰어나온 결과 자신의 재산을 지킬 수 있었던 거죠. 하지만 마을 사람들에 쫓겨 달아나던 늑대는 아무 보호를 받지 못한 양들을 발견하고 먹어치웁니다. 바로 의심의 전략을 택했던 사람이 기르던 양들입니다. 의심의 전략은 굶주린 늑대에게 자신의 재산을 뺏기는 결과를 초래했습니다.

결국 이 사회에서는 의심의 전략을 취하는 것보다는 믿음의 전략을 취하는 것이 훨씬 유리합니다. 만약 양치기 소년이 거짓으로 늑대의 출현을 알렸다면 이 사회에서 그는 극형에 처해졌을 겁니다. 그는 거짓말을 할 이유가 없었습니다. 결국 이 사회에서는 양치기 소년의 말을 믿고 적절한 조치를 취하는 것이 훨씬 나은 전략인 셈이죠.

하지만 문제는 믿음의 전략만을 고수하는 사회는 거짓말쟁이의 출현에 취약하다는 것입니다. 모든 사람들이 자발적으로 참말을 하거나 아니면 참말을 할 수밖에 없기에 모두 믿음의 전략만을 선택하는 사회를 다시 생각해보세요. 예를 들어 거짓으로 늑대의 출현을 알린 소년은 잡혀서 평생을 교도소에서 보내야 한다고 생각해보죠. 어떤 일이 벌어질까요? 양치기 소년은 자신이 거짓말을 한 것이 아니라고 항변합니다.

저는 거짓말을 하지 않았습니다. 정말로 늑대가 나타났어요. 수풀 사이에서 몸을 숨기고 늑대가 양떼 쪽을 바라보고 있는 걸 제가 봤어요. 제 눈에는 늑대가 분명했어요. 그런데 제가 "늑대가 나타났다"고 소리를 친 후에 다시 늑대가 몸을 숨기고 있던 쪽을 돌아보니까 늑대는 사라지고 없었습니다.

여기에서 우리는 '제 눈에는 늑대가 분명했다'는 소년의 주장에 주목하게 됩니다. 여러분이 양치기 소년 재판에 참여한 배심원이라고 상상하고 이 주장을 어떻게 받아들일지 생각해보세요. 여러분에게는 두 가지 선택지가 있습니다. 이는 앞에서 등장했던 '결과적 거짓말'과 '의도적 거짓말'의 구분과 관련이 있습니다. 첫 번째 선택지는 소년의 말이 결과적으로 틀린 말이 되었기에 '거짓말'이라고 판정하여 소년을 무기징역에 처하는 겁니다. 소년의 외침은 허언으로 밝혀져 결국 소년은 평생을 교도소에서 보내게 되겠지요. 두 번째 선택지는 양치기 소년의 말을 곧이곧대로 받아들여서 소년의 말이 '의도적 거짓말'이 아니라고 판단하여 소년을 무죄 석방하는 겁니다. 여러분이라면 어떤 선택을 하겠습니까?

첫 번째 선택을 했다고 해보죠. 이는 이 사회에서는 자신의 말이 결과적으로 거짓이 되면 극형에 처해진다는 것을 의미합니다. 이런 사회에서 극형을 피할 수 있는 사람이 있을까요? 우리의 지각 능력은 완벽하지 않습니다. 잘못 볼 수도 있고 잘못 기억할 수도 있고 잘못 말이 나올 수도 있습니다. 이런 경우를 모두 극형으로 다스린다면, 이런 사회는 제대로 유지될 수 없을 겁니다. 결과적 거짓말을 했다는 이유로 극형이 아닌 아주 가벼운 처벌이라도 내려지는 사회에서 여러분은 살고 싶지 않을 겁니다.

자신의 실수로 결과적 거짓말을 하기도 하지만, 자신의 말이 참말이었음을 밝힐 수 없어서 결과적 거짓말을 하게 되는 경우도 있습니다. 양치기 소년의 말이 사실이라면, 양치기 소년도 이런 경우에 해당합니다. 늑대가 실제로 나타났지만 양치기 소년의 소리에 놀라서 늑대는 어디론가 도망쳤기 때문에 마을 사람들이 도착했을 때 이미 늑대는 없었지요. 소년의 의지와는 상관없이 사라진 늑대 때문에 자신이 내뱉은 말이 거짓말이 된다면, 양치기 소년은 매우 억울하겠지요. 이런 점들을 생각해볼 때 양치기 소년이 결과적으로 거짓말을 했다는 이유로 그를 극형에 처하는 것은 썩 현명하지 못한 선택이라고 판단할 수 있습니다.

그렇다면 두 번째 선택에 대해서 생각해볼까요? 두 번째 선택에 따른다면, 여러분은 양치기 소년이 의도적 거짓말을 하지 않았다고 생각하고 그를 무죄 석방하게 됩니다. 여러분은 모두 믿음의 전략을 취하고 있는 것으로 가정했기 때문에, 양치기 소년의 항변을 그대로 받아들여야 하고, 그렇다면 그는 의도적 거짓말을 하지 않았으므로 무죄 석방을 하는 것이 옳습니다.

문제는 양치기 소년의 항변이 거짓말이라면 여러분은 이를 감지해 낼 방법이 없다는 겁니다. 양치기 소년이 자신의 무료한 일상에 재미를 얻기 위해 거짓말을 했고, 몰려온 마을 사람들에게는 앞에서 본 것과 같이 항변을 하면서 또 거짓말을 했다고 생각해보세요(원래 양치기 소년 이야기에서는 자신의 거짓 외침을 듣고 달려온 마을 사람들에게 소년은 자신이 심심해서 그랬다고 솔직하게 털어놓습니다. 그런데 지금 우리가 살아가는 이 사회의 모습 속에서 상상해본다면, 소년은 그렇게 하지 않았겠지요. 자신이 거짓말을 했다는 점을 인정하면 사람들은 이를 곧이곧대로 받아들여서 그를 재판에 세울 테니까요).

여러분은 이 거짓말쟁이 양치기 소년과 참말 양치기 소년을 구별해 내지 못할 겁니다. 만약 그가 거짓말쟁이라면 그는 심심했던 자신의 욕구를 제대로 해소한 사람일 테지요. 이 모두가 양치기 소년을 둘러싼 모든 사람들이 믿음의 전략만을 추구하기 때문입니다. 양치기 소년이 한 번, 두 번, 세 번, 계속해서 '늑대가 나타났다'고 거짓말을 하는데도 믿음의 전략으로 이 거짓말을 아무 의심 없이 믿고 계속해서 언덕을 올라오는 마을 사람들을 상상해보세요. 양치기 소년은 숨이 차서 올라오는 마을 사람들을 보며 얼마나 신났을까요? 그리고 누가 이 소년의 장난을 멈출 수 있을까요? 믿음의 전략만을 고수하는 사회에서 거짓말쟁이는 꿀벌을 공격하는 말벌처럼 거침없이 거짓말이 주는 이익을 누릴 겁니다.

이렇게 양치기 소년의 거짓말에 놀아날 만큼 놀아나다 보면 마을 사람들 중에 전략을 바꾸는 사람이 생겨날 수 있습니다. 믿음의 전략만이 아니라 때로는 의심의 전략을 쓰기도 하는 사람이 등장하는 겁니다. 몇 번이나 반복되는 양치기 소년의 외침에 언덕까지 뛰어올라갔다가 헛걸음을 하고 나서는 양치기 소년의 말을 의심하게 되는 것이죠. 그리고는 다음에 양치기 소년이 늑대가 나타났다고 거짓으로 외치면 언덕을 뛰어오르는 대신 하던 일을 계속하는 겁니다.

믿음의 전략만을 고수하던 사회에 의심의 전략을 도입한 사람이 등장하게 되면 두 가지 일이 생겨납니다. 하나는, 사람들이 더 이상 양치기 소년의 거짓말에 놀아나지 않게 되는 것입니다. 그렇게 되면 거짓말하는 사람이 거짓말로 누리던 이익이 사라지게 됩니다. 거짓말을 해서 보험금을 타내던 보험 사기단은 자신의 말을 사람들이 의심하기 시작하면 위축되겠죠. 또 하나, 사람들은 의심의 전략이 갖는 이익을 알게 됩니다. 마을 사람들은 양치기 소년의 외침에 뛰어나오지 않는 이웃을 보고 궁금해 하겠죠. '왜 저 사람은 늑대가 나타났다는 소리에 뛰어나오지 않는 거지?' 마을 사람들은 이웃이 더 이상 양치기 소년의 말을 참말로 받아들이지 않는다는 것을 알게 됩니다. 그리고 의심의 전략을 쓰는 이웃이 자신보다 더 낫다는 것도 알게 될 겁니다. 이웃은 언덕을 뛰어올라갔다 내려오는 수고를 하지 않을 테니까요.

의심의 전략이 점차 성공을 거두게 될수록 마을 사람들 중에서 믿음의 전략을 버리고 때로는 의심의 전략을 택하는 사람들이 늘어나게 될 겁니다. 그리고 이런 사람들이 늘어날수록 양치기 소년과 같은 상습적인 거짓말쟁이는 이 마을에서 고립을 피할 수 없게 됩니다. 거짓말이 성공하기 위해서는 이를 믿어주는 사람이 필요한 법인데, 거짓말쟁이의 주변이 의심의 전략을 쓰는 사람만으로 둘러싸인다면 거짓말쟁이는 사회적으로 고사될 운명에 처하게 되겠죠. 믿음의 전략이 거짓말을 불러오는 결과를 몰고 온다면, 의심의 전략은 거짓말을 몰아내는 데 효과적입니다. 상대방을 믿으려는 태도가 오히려 거짓말쟁이의 득세를 가지고 오고, 의심하려는 태도가 도리어 거짓말쟁이에게 패배를 안긴다니 아이러니처럼 들리지 않습니까?

•

의심의 탄생, 그리고 쇠락

사회적으로 고립된 양치기 소년이 사는 이 마을은 어떻게 변할까요? 상습적인 거짓말쟁이 양치기 소년은 믿음의 전략만을 구사해왔던 이 마을을 변화시켰습니다. 이제 사람들은 의심의 전략을 사용하기도 합니다. 특히 자신에게는 모든 사람들이 의심의 전략을 쓰는 것 같습니다. 그렇다면 마을 사람들끼리의 관계는 어떻게 변하게 될까요? 첫째,

의심의 전략으로 성공을 거둔 사람들은 지금까지 곧이곧대로 믿었던 주변 사람들의 말에도 의심을 갖기 시작할 겁니다. 둘째로, 양치기 소년처럼 대놓고 거짓말을 하던 사람들은 지금까지와는 달리 좀 더 교묘하게 거짓말을 하게 될 겁니다. 교묘한 거짓말쟁이는 참말과 거짓말을 적절하게 섞는 방법을 쓸 수도 있고 자신의 거짓말에 잘 넘어가는 사람과 그렇지 않은 사람을 잘 분간하며 상대에 따라 다르게 접근하는 방법을 쓸 수도 있습니다.

그렇다면 정확히 언제부터 마을 사람들이 의심의 전략을 쓰는 것이 좋을까요? 양치기 소년과 같은 뻔뻔한 거짓말쟁이에게 성공적이라고 해서 다른 사람이 하는 말을 모두 의심한다면 이는 어리석은 일이 될 겁니다. 상대방이 진실을 말하는데도 이를 의심하는 일은 자신을 불리하게 만들 수 있습니다. 예를 들어 상대방 말을 그대로 믿고 행동했다면 힘들이지 않고 할 수 있었던 일이 있습니다. 길을 잃고 헤매다가 낯선 사람으로부터 목적지의 위치에 대해서 듣게 되었는데, 이를 의심하고 따르지 않는 것은 어리석은 선택일 겁니다.

현실 세계에서 의심의 전략을 어느 정도의 빈도로 사용하는 것이 이익이 될 수 있을지는 여러 가지 요소에 달려 있습니다. 거짓말에 대한 도덕적 반감이 사회 내에서 얼마나 강하게 형성되어 있는지, 거짓말로 인해서 얻을 수 있는 이익이 얼마나 큰지, 거짓말을 했을 때 발각될 확률이 얼마나 높은지, 거짓말을 했을 때 자신에 대해서 얼마나 실망하게 되는지 등등 여러 요소들이 사람들이 얼마나 자주, 그리고 얼마나 치밀하게 거짓말을 하는지를 결정하게 될 겁니다. 그리고 대부분의 사람들이 매우 자주, 그리고 매우 치밀하게 거짓말을 한다면, '남의 말을 우선 의심하라'라는 전략이 현명한 전략이 됩니다.

노왁의 연구에서 협력의 전략이 배반의 전략으로 바뀌었듯이, 특정한 조건이 만족된다면, 믿음의 전략은 의심의 전략으로 전환될 수 있습니다. 크게 보아 믿음을 협력의 한 범주로 보고, 의심을 배반의 한 범주로 본다면, 그리고 몇 가지 조건을 전제한다면, 노왁이 보여주었던 시뮬레이션은 믿음과 의심에서도 비슷하게 나타날 겁니다. 그렇다면 믿음의 전략을 유지했던 시기는 매우 짧고 의심의 전략이 주요 전략으로 유효한 시기가 바로 그다음에 오게 됩니다. 이런 전망은 특정한 전제 하에서 성립합니다. 즉 대부분의 사람들이 양치기 소년과 같이 뻔뻔한 거짓말쟁이가 아니라 교묘한 거짓말쟁이로 살아간다는 전제 말입니다. 대부분의 사람들이 거짓말쟁이라면 의심의 전략이 자신에게 더 유리하겠지요.

이제 우리가 상상하는 이 사회는 의심의 전략이 주요 전략이 되는 사회로 전환되었습니다. 보험 신청을 권유하는 사람에 대해 의심을 하고, 고용주는 현금을 다루는 직원을 의심합니다. 청문회에 나와서 진실만을 말하겠다는 공직 후보자의 진술도 사람들은 의심합니다. 상대방의 모든 말에 대해 일단 의심합니다. 그래서 사람들은 거짓말을 할 수 없는 증거를 모으는 데 관심을 갖게 됩니다. 도로에는 무인감시 카메라가 깔리고 모두가 서로를 감시하게 됩니다. 상대방이 거짓말을 했을 때를 대비해서 움직일 수 없는 증거를 내놓기 위한 준비도 해야 합니다. 여기서 움직일 수 없는 증거란 거짓말을 할 수 없는 것들이 내놓는 증거를 말합니다. 무인감시 카메라, 도청 장치, 녹음기 등이 그렇습니다. 카메라는 거짓말을 할 수 없지만, 디지털 화면은 조작될 수 있으므로, 이런 조작이 일어났는지 여부를 밝히는 '움직일 수 없는' 증거 역시 추가로 필요할 수 있습니다. 이런 조치는 끝이 없습니다. 이처럼 의심에는 비용이 따르는 법이죠.

의심의 전략을 압박하는 것은 비용만이 아닙니다. '의심하는 사람'이라는 꼬리표는 부정적으로 비칠 수밖에 없습니다. 비록 대다수의 사람들이 서로를 의심하는 사회라고 하더라도 그렇죠. 거짓말쟁이가 교묘하게 자신의 거짓말을 숨기듯이 의심의 전략도 드러나지 않게 구사될 겁니다. 마치 상대방을 믿는 척하지만 사실은 의심을 거두지 않는 방식으로 은밀하게 의심을 하는 거죠. 상대방을 의심하는 사람이라는 인상을 주는 것은 그 사회에서 좋은 평판을 이끌어내기 어렵고 사회에서 배척을 당할 수도 있습니다.

한 가수의 해외 학력이 위조라고 주장하는 사람들이 있었죠. 이른바 '타진요(타블로에게 진실을 요구합니다)'라는 이름으로 뭉쳤던 이들은 이 가수의 해명에도 불구하고 의심을 거두지 않았습니다. 타진요는 의심의 전략을 고수하면서 연대를 강화해 나갔습니다. 동시에 그들은 자신들의 의심을 공개적으로 드러냈습니다. 은밀한 의심의 전략이 아니라 공개적인 의심의 전략을 펼쳤던 거죠.

그런데 의심이라는 게 미묘한 구석이 있습니다. 상대방의 말을 그대로 받아들이지 않는 태도가 의심인데 이를 공개적으로 드러내면 상대방의 주장을 부정하는 것처럼 들리게 됩니다. 신의 존재에 대해서 의심을 품고 있는 사람은 '회의론자' 또는 '불가지론자'이지만, 자신의 의심을 공개적으로 드러내면 '무신론자'로 받아들여지기 쉬운 것도 같은 이유에서입니다. 자신은 그저 의심할 만한 여지가 있기에 판단을 유보하는 것이라고 주장해도, 공개적으로 어떤 주장을 의심하는 것은 그 주장을 부정하는 것과 같다고 받아들여지기 쉽습니다. 대중은 아마도 이렇게 생각하겠지요. "의심의 여지가 있어서 판단을 내리기 어렵다면, 속으로 좀 더 생각해볼 것이지 왜 이를 공개적으로 드러내는가?" 물론 대중들의 생각에 동의하기 어려운 점도 있습니다. 모든 생각을 확신이 들 때에만 공개적으로 드러낼 필요는 없으니까요. 하지만 대중들의 생각이 전혀 근거가 없는 것도 아닙니다. 공개적으로 어떤 사람의 말에 의심을 제기하는 것은 그 사람의 평판에 흠을 낼 수 있기 때문입니다.

따라서 자신의 의심을 공개적으로 드러낼 때는 본인이 상대방의 말을 부정하는 것이 아니라는 점을 분명히 할 필요가 있습니다. 자신은 그저 상대방의 말을 받아들이지 못하겠다는 점만을 강조하는 겁니다. 또한 의심을 공개적으로 드러냄으로써 이루고자 하는 목적이 정당화될 수 있어야 합니다. 타진요는 이 두 가지에서 모두 실패했습니다. 타진요는 의문을 제기함으로써 해당 가수의 해명에 의심할 여지가 있다고 주장한 것이 아니라 그 해명이 거짓말이라고 주장한 것으로 대중은 받아들였습니다. 다시 말해서 해당 가수의 해명이 참일 수도 있을 가능성을 염두에 두지 않았습니다.

또한 타진요는 자신들의 의심을 공개적으로 드러냄으로써 이룰 수 있는 것이 무엇인지에 대해서 사회적 공감을 얻지 못했습니다. 해당 가수의 학력에 대해서 분명히 밝혀서 우리는 무엇을 얻고자 하는 걸까요? 가수로서의 명성과 그 가수의 학력 간에 어떤 관계가 성립하는지도 불분명합니다. 타진요는 자신의 과거를 명백히 밝힌 사람만 가수로

서의 명성을 누리는 것이 정당하다고 생각했겠지만, 그 생각이야말로 의심의 여지가 있지 않나요? 어쨌든 타진요처럼 자신의 의심을 공개적으로 드러내는 경우 오히려 '의심만 하는 사람'이라는 꼬리표가 붙어 사회적 공간에서 배제될 위험이 있습니다. 이것이 의심의 전략이 일으킬 수 있는 위험입니다.

마지막으로 의심의 전략이 주도하는 사회가 지속될 수 있을지를 '의심'해 볼 철학적 여지가 있습니다. '일단 의심하라'는 모토는 데카르트의 '방법적 회의method of doubt'를 연상하게 만듭니다. 그가 제안하는 방법적 회의란 의심의 여지없는 명제를 찾기 위한 전략이라는 점에서 여기서 말하는 의심의 전략과는 차이가 있습니다. 하지만 방법적 회의 역시 모든 것에 대해 의심의 태도를 가진다는 점에서 데카르트는 의심의 전략이 주도하는 사회에서 가장 추앙 받을 만한 철학자로 꼽히기에 충분합니다.

그런데 데카르트의 방법적 회의에 대해서 문제를 제기한 문제적 철학자가 있습니다. 바로 미국의 프래그머티즘 철학자 찰스 퍼스Charles S. Peirce입니다. 현대에 들어와서 데카르트는 철학자의 공적公敵과도 같은 존재가 되었기에 그의 사상을 뒤엎고자 한 철학자는 한둘이 아닙니다만, 이 문제적 철학자는 당시에는 신세계였던 미국 땅에서 교육받고 자라난 철학자라는 점에서 눈에 띕니다. 그는 모든 것을 의심할 수 있는 능력이 인간에게는 없다고 말합니다. 데카르트가 모든 것을 의심하라고 주장할 때는 우리가 당연하다고 여기는 것을 의심할 수 있다는 것을 전제하지만, 퍼스는 의심이란 그렇게 우리의 의지대로 할 수 있는 것이 아니라고 주장합니다. 걷자고 마음먹은 뒤 걷는 일과는 달리, 의심이란 우리가 마음을 먹는다고 해서 할 수 있는 것이 아니라는 겁니다. 의심이란 오히려 '우리에게 일어나는 것'에 가깝다는 것이죠. 외부의 상황 때문에 어쩔 수 없이 일어나는 현상이라는 겁니다. 여기서 '외부의 상황'이란 자신이 평소에 갖고 있는 믿음을 흔들리게 만드는 사건이라고 할 수 있습니다. 그런 '흔들어 놓음'이 없다면 의심은 일어날 수 없다는 겁니다. 물론 이에 대해서는 더 따져볼 거리가 있지만, 여기서는 다른 사람들의 말을 의심의 전략으로 대하는 것이 철학적으로 '의심'스러운 전제라는 사실을 지적하는 것에 그치겠습니다.

·

의심과 믿음이 만나는 곳에서
우리는 어디에 있는가?

의심의 전략만으로 사람을 대하는 것에 불이익이 따른다는 것을 알게 된 사람들은 어떤 태도를 취하게 될까요? 우리가 전제한 대로 넓은 의미에서 의심을 배신의 일종으로, 믿음을 협력의 일종으로 본다면, 여기서도 팃포탯 전략과 유사한 것이 득세하게 될 겁니다. 의심과 믿음과 관련하여 팃포탯 전략이란 무엇일까요? 우선 처음 대하는 사람들의 경우에는 믿음의 전략을 쓰고, 이에 상대방도 믿음의 전략으로 자신을 대하면 그대로 믿음의 전략을 유지하고, 상대방이 자신을 의심한다고 생각한다면 자신도 의심의 전략으로 상대방을 대하는 것이겠죠.

이 팃포탯 전략의 성공은 거짓말보다 진실을 자주 말하는 사람들이 얼마나 많은가에 달려 있습니다. 진실을 말하는 사람과 이를 믿어주는 사람 사이에 신뢰가 생긴다면, 이 짝은 거짓말과 의심을 교환하는 사람들보다 앞서 나가게 될 가능성이 높습니다. 이 상황에서 팃포탯 전략을 펼치는 사람들이 많아지면, 일관된 의심의 전략을 펴는 사람들 주변에는 교묘한 거짓말을 즐기는 사람들이 북적이게 되고, 팃포탯 전략을 펼치는 사람들 주변에는 진실을 말하는 사람들이 몰려들게 될 거라고 예상할 수 있습니다. 앞서 말했듯이, 의심의 전략을 펼치는 사람들은 '의심하는 사람'이라는 꼬리표를 달게 되기 쉽고, 참말을 하는 사람들은 그런 꼬리표를 가진 사람과는 말을 섞으려 하지 않을 테니까요. 또한 의심의 전략을 주로 펼치는 사람들 입장에서 보자면, 참말을 하는 사람보다는 교묘한 거짓말을 하는 사람과 교류하는 것이 그나마 더 나은 결과를 가져올 수 있습니다. 참말을 의심하는 것보다는 거짓말을 의심하는 것이 더 나을 테니까요.

주변 조건에 따라서 이와 다른 결과가 나타날 수도 있지만, 그럼에도 팃포탯 전략이 도입되면서 두 그룹의 사람들로 사회가 형성되었다고 생각해봅시다. 하나는 팃포탯 전략을 펼치는 사람들과 참말을 주로 하는 사람들이 모이는 그룹이고, 다른 하나는 반대로 의심의 전략을 펼치는 사람들과 교묘한 거짓말을 주로 하는 사람들이 모이는 그룹입니다. 이런 이분화가 생겨난다면, 팃포탯 전략을 펼치는 그룹이 의심의 전략을 펼치는 그룹을 점차 압도하게 될 겁니다.

비유를 들자면, 팃포탯 전략은 참말을 하는 사람과 거짓말을 하는 사람을 구별해 내는 그물망과 같습니다. 그물망에 걸린 참말을 하는 사람들과 팃포탯 전략을 쓰는 사람은 서로에게 끌리고, 반대로 거짓말을 하는 사람들은 그물망을 빠져나가서 의심의 전략을 쓰는 사람과

한 무리를 이루게 되는 거죠. 만약 이런 이분화가 일어난다면, 그 다음 수순은 모든 사람들이 팃포탯 전략을 선택하는 쪽으로 변화가 일어나는 겁니다. 그리고 이런 변화가 일어난다면, 이 집단은 사실상 믿음의 전략만을 쓰는 집단과 겉으로는 구별을 할 수 없습니다. 팃포탯 전략가들과 참말을 하는 사람들이 뭉치게 되면, 의심의 전략을 구사할 기회 자체가 줄어들 테니까요.

그렇다면 이는 모든 사람들이 믿음의 전략을 주로 채택하는 것과 다를 바 없으므로, 사람들은 팃포탯이 아니라 믿음의 전략만을 쓰는 쪽으로 다시 변화할 겁니다. 복잡하게 팃포탯 전략을 펼치는 것보다는 간단하게 믿음의 전략만을 밀고 나가는 것이 더 간편할 테니까요. 그래서 노왁의 연구에서처럼, 다시 믿음의 전략이 주가 되는 상황으로 돌아가게 된다고 생각합니다. 처음 상황으로 되돌아간 셈이죠. 그리고 이미 보았듯이 믿음의 전략이 주가 되는 사회는 교묘한 거짓말을 하는 사람들이 등장하면 그들에 의해서 놀아나게 되고, 또 한 번의 사이클이 반복되겠죠.

이는 믿음과 의심의 전략이 노왁의 연구에서처럼 순환적 구조를 가지고 발전할 것임을 암시합니다. 하지만 믿음과 의심의 전략이 협력과 배반이라는 죄수의 딜레마 상황과 유사한 것인지는, 앞서 말했듯이, 사회의 구체적 상황이 어떤가에 달려 있습니다. 특히 팃포탯 전략을 펼치는 사람과 참말을 하는 사람들이 서로에게 끌릴 것이라는 예측은 참말을 주로 하는 사람들이 사회에 등장할 것을 전제해야만 가능합니다. 즉 거짓말이 난무하는 사회에서 참말을 하는 사람들이 홀연히 나타나서 이 변화를 만들어내는 지렛대 같은 역할을 한다는 것을 전제해야 합니다. 의심의 전략이 대세인 사회에서 참말을 주로 하는 사람은 자신이 속한 사회를 서로 신뢰하는 사회로 만드는 중요한 역할을 담당합니다. 이들은 의심의 전략을 펼치는 사람들에게 의심을 당할 것이며 거짓말을 하는 사람과 교류하면서 절망하기도 할 것입니다. 하지만 이런 샘물 같은 사람들이 등장해야만 의심의 전략이 대세인 사회에서 팃포탯 전략이 대세인 사회로 넘어갈 수 있습니다.

그런데 이와는 정반대 유형의 사람이 등장했다고 생각해보세요. 거짓말을 자주 하면서 동시에 다른 사람의 말은 곧이곧대로 받아들이는 믿음의 전략을 고수하는 사람들입니다. 귀가 얇은 거짓말쟁이라고 할 수 있죠. 이들은 괴팍하면서 비합리적입니다. 자신이 하는 말이 거짓말인 줄 알면서 다른 사람들은 참말을 한다고 생각하는 것은 합리적이지 않으니까요. 그런데 만약 이런 괴팍한 성격의 사람이 사회 내에 있다면 우리의 예측은 어떻게 달라질까요?

이 귀 얇은 거짓말쟁이들이 많아진다면 팃포탯 전략은 득세하기 힘들어질 겁니다. 우선 팃포탯 전략을 따르는 사람은 이 사람을 계속해서 믿어야 합니다. 왜냐하면 귀가 얇은 거짓말쟁이들도 어쨌든 믿음의 전략을 쓰는 사람들이기 때문이죠. 그런데 이 사람들이 하는 말은 거짓말이기 때문에 이를 믿음의 전략으로 대하는 사람은 피해를 볼 수밖에 없습니다. 결국 이런 사람들은 팃포탯 전략을 뿌리 내리기 어렵게 만듭니다.

이런 경우 의심의 전략이 팃포탯 전략으로 진화하는 것이 아니라 '거꾸로 팃포탯 전략'이라고 할 만한 것으로 진화할 수 있습니다. 거꾸로 팃포탯이란, 처음에 믿음의 전략이 아니라 의심의 전략으로 시작하고 상대방의 전략에 따라서 자신의 전략을 결정하는 것을 말합니다. 즉 상대방도 자신을 의심의 전략으로 대하면 계속 의심의 전략을 고수하고, 만약 상대방이 자신을 믿음의 전략으로 대한다면 자신도 믿음의 전략으로 바꾸는 겁니다. 평화롭게 지내는 시골 마을에 외지의 낯선 사람이 들어와서 새 이웃이 되었다고 생각해보세요. 마을 사람들은 경계심에 이 사람에게 의심의 눈길을 주지 않겠습니까? 그러다가 이 사람이 믿을 만하다는 생각이 들게 되면 그 때서야 믿음을 주게 되겠죠. 그런 점에서 '거꾸로 팃포탯 전략'이란 매우 상식적인 반응처럼 생각됩니다.

그런데 모든 사람들이 의심의 전략을 펴는 사회라면 거꾸로 팃포탯 전략이 득세를 하기 힘듭니다. 이방인으로 낯선 마을에 들어가 살기 시작한 사람이 원주민을 의심한다면 이웃으로 받아들여지기 힘들 겁니다. 상대방을 믿음의 전략으로 대하는 사람이 있어야 팃포탯 전략을 펴는 사람도 비로소 이 사람을 믿기 시작할 겁니다. 의심의 전략이 주도적인 사회가 거꾸로 팃포탯 전략이 대세인 사회로 진화하기 위해서는 믿음의 전략을 펼치는 사람들이 지렛대 역할을 해 주어야 합니다. 앞에 등장한 귀가 얇은 거짓말쟁이들도 그런 역할을 할 수 있습니다. 의심의 전략이 주도적인 사회에서 홀연히 믿음의 전략을 펼치는 사람들이 등장함으로써 사회는 변화할 수 있습니다. 물론 이 사람들은 거짓말쟁이들에게 불이익을 당할 것입니다. 하지만 이런 사람들이 없다면 변화는 기대하기 힘듭니다.

인류 원리와 의심의 전략,
또는 믿음의 전략

지금까지 우리는 믿음과 의심의 전략이 어떤 방식으로 진화할지에 대해서 생각해봤습니다. 그렇다면 우리 사회는 어디에 지금 있을까요? 여러분은 지금 어떤 전략을 펼치는 사람들과 함께 지내고 있을까요?

인류 원리의 정신을 따라서 이 물음에 대해서 생각해보기로 합시다. 앞서 우리는 시골에 이사 온 외지 사람을 사례로 들어 마을 사람들이 이 낯선 사람을 대하는 방식에 대해서 말했습니다. 마을 사람들은 새로 이사 온 외지인을 의심으로 대한다고 합시다. 그렇게 마을 사람들의 의심을 견디며 한동안 시간을 보내고 나면 마을 사람들은 이 사람에게 믿음을 주기 시작할 겁니다. 이런 사례가 우리가 주변에서 흔히 발견할 수 있는 상황이 아닐까요?

마을 사람들이 이방인을 대하는 태도는 우리가 이방인을 대하는 태도와 다르지 않습니다. 우리는 낯선 사람을 잘 믿지 않습니다. 그러다가 낯선 사람을 접하는 일이 많아지면서 그 사람과 친분 관계가 생기면 그때는 비로소 의심의 눈빛을 거두게 되지요. 이런 점을 고려해서 볼 때 우리가 대부분 채택하는 전략은 '거꾸로 팃포탯' 전략에 가깝습니다.

낯선 사람을 덥석 믿지 않으려는 전략은 어떻게 시작되었을까요? 어린 시절 "맛있는 거 사준다는 낯선 아저씨를 절대로 따라가지 마라"라는 어머니의 걱정을 들어본 적이 있을 겁니다. 낯선 아저씨는 의심의 전략으로 접근해야 하는 대상입니다. 하지만 그런 당부를 하는 어머니의 말은 왜 의심의 전략으로 대해서는 안 될까요? 어머니는 낯선 사람이 아니니까요. 어머니의 당부는 믿음의 전략으로, 낯선 아저씨의 꾐은 의심의 전략으로 대하는 것이 좋습니다. 그렇게 하는 것이 우리의 안녕에 도움이 될 가능성이 높습니다.

테드TED 강연에서 폴 잭Paul Zak 교수는 자신이 겪었던 경험을 말한 적이 있습니다.[36] 주유소에서 아르바이트를 하고 있던 그에게 어떤 사람이 와서 화장실에서 손가방을 주웠다고 말합니다. 손가방 안에는 값비싼 보석처럼 보이는 것이 들어 있고, 이를 들고 온 사람은 이 가방을 주인에게 돌려줘야 한다고 말하죠. 바로 그때 전화가 오는데 받아 보니 다급한 목소리로 자신이 주유소 화장실에 손가방을 두고 온 것 같다고 말하면서 그 안에 있는 내용물을 알려줍니다. 폴은 가방 주인을 안심시킵니다. 여기 고맙게도 가방을 가지고 온 사람이 있다고 하면서 말이죠. 가방 주인은 안도의 목소리로 1시간 30분 안에 다시 주유소에 갈 테니 가방을 주어온 사람에게 기다려 달라고 말합니다. 자신에게는 너무나 소중한 보석이 든 가방이니 이를 가져온 사람에게 200불을 사례금으로 주고 싶다고 하면서 말입니다. 전화를 끊은 폴은 이 소식을 전합니다. 그런데 가방을 갖고 온 사람이 자신에게 급한 일이 있다고 하면서 이렇게 말합니다.

가방을 찾는 데 당신도 도움을 주었으니 사례금을 반으로 나눕시다. 나는 지금 급히 가야 하니 나한테 100불을 주고 지갑 주인이 오면 사례금을 모두 가져요. 여기 있는 손가방은 대신 전해 줘요.

여러분이라면 이 상황에서 어떻게 했을 것 같나요? 낯선 사람이 와서 값진 보석을 여러분에게 맡기면서 주인을 찾아주라고 했을 때, 그 사람이 여러분을 신뢰한다고 생각해야 하지 않겠습니까?

어떻게 나를 믿고 이렇게 값진 보석을 맡기지? 물론 나는 믿을 만한 사람이지만 저 사람은 오늘 날 처음 봤잖아. 처음 본 나를 이렇게 믿어주다니 나도 당연히 저 사람을 믿어줘야지.

이렇게 생각하지 않겠습니까? 그래서 여러분은 낯설지만 양심적이고, 여러분을 신뢰해주는 이 사람에게 의심의 전략이 아니라 믿음의 전략을 적용하기 쉽습니다. 그래서 그 사람에게 100불을 주고 보냅니다. 하지만 그렇게 해서 여러분은 사기 집단에 속게 되는 겁니다. 보석은 가짜 보석이었고 가방 주인이라는 사람은 나타나지 않습니다. 100불을 잃은 대신 가짜 보석을 얻게 된 것이 그나마 위안입니다.

이런 방식이 '거꾸로 팃포탯 전략'이 농락당하는 방법입니다. 상대방을 전적으로 신뢰한다는 신호를 보냄으로써 자신을 믿게 만드는 것이죠. 물론 이런 일을 당하고 난 다음에는 그 사람을 신뢰하지 않겠지만, 문제는 그 사람은 다시 여러분 앞에 나타날 생각이 없다는 겁니다. 그래서 여러분은 팃포탯 전략을 수정해서 남이 자신을 신뢰한다고 해서 단박에 그 사람을 신뢰하지 않고 적어도 두 번, 또는 그 이상 그 사람을 계속 의심해보는 전략을 취하게 될지 모릅니다. 거꾸로 팃포탯 전략이 이런 사기 전략을 펼치는 사람들에게 곳곳에서 농락을 당하게 되면 결국 다른 전략을 선택하는 것이 현명한 판단이 될 겁니다. 그렇게 사회는 불신의 시대에 진입합니다.

음모론의 특징

여러분 모두 음모론 하나둘쯤은 알고 있을 겁니다. 그리고 여러분은 자신의 주변에서 점점 더 음모론이 늘어간다고 생각할지 모르겠습니다. 음모론은 기존의 공식적 설명을 뒤집습니다.

지구인이 달까지 날아가서 달 표면에 발자국을 남겼습니다. 달 표면에 발을 디딘 지구인은 이제 우주인이 되었고, 그의 조국인 미국은 경쟁자 소련보다 앞선 과학기술을 가졌다는 것을 세계에 알린 셈이 되었습니다. 하지만 음모론은 미국이 이를 통해서 얻은 엄청난 이득에 주목합니다. 소련의 기를 꺾었다고 선전함으로써 미국이 누리게 되는 이익이 너무나 달콤하기에, 이 효과를 위해서 사실은 있지도 않았던 달 착륙을 조작했다고 음모론은 말합니다. 만약 음모론이 사실이라면, 음모론은 달 착륙에 대한 미국의 공식 견해가 설명하려는 바를 모두 설명할 수 있을 뿐 아니라 공식 견해의 의심스러운 부분까지도 설명할 수 있습니다. 왜 달 위에 있는 성조기는 바람에 휘날리듯 펄럭였나요? 달에는 공기가 없고 따라서 바람도 없었을 텐데 말이죠. 공식 견해에서는 해명되어야 할 이 사례가 음모론에서는 너무나 쉽게 설명됩니다. 지구인이 달에 가지 않았다는 걸 받아들이면 많은 문제가 더 잘 설명되는 것처럼 보입니다. 그래서 우리는 항상 음모론에 매력을 느낍니다.

음모론이 우리 주변에 많아졌다면 이는 무엇을 의미할까요? 앞서 우리는 믿음과 의심의 전략이 서로 물리면서 변모해가는 것에 대해 논의하면서 우리 사회는 과연 어느 지점에 있는가 하는 물음을 던졌습니다. 저는 이에 대한 대답의 실마리를 음모론에서 찾을 수 있다고 생각합니다.

음모론이 생기기 위해서는 이론을 만드는 사람이 필요합니다. 이 사람을 '제작자'라고 하겠습니다. 그리고 음모론이 퍼지기 위해서는 이를 전달하는 역할을 하는 사람인 '전달자'와 이를 받아들이는 사람인 '수용자'도 필요합니다. 결국 얼마나 짧은 시간 안에 얼마나 많은 수용자를 낳는지가 음모론의 확산을 결정하겠죠. 그런데 음모론의 확산을 방해하는 사람도 있습니다. 즉 음모론을 전달 받더라도 더 이상 다른 사람에게 옮기지 않는 사람인 '차단자'입니다. 음모론 제작자 주변에 차단자들만 있다면 음모론은 더 이상 확산되지 않을 겁니다.

차단자는 의심의 전략을 쓰고 있을 공산이 큽니다. 반면 전달자는 의심이나 믿음의 전략과 무관하게 새로운 소문을 옮기는 데 관심이 많은 사람들입니다. 전달자가 많은 사람들을 만나서 소문을 전파한다면 음모론의 확산은 가속화될 겁니다. 반면 전달자가 은둔형의 삶을 살고 있다면 그 반대가 되겠죠. 수용자는 기본적으로 믿음의 전략을 펼치는 성향을 갖습니다.

우리는 대략 다음과 같은 예측을 할 수 있습니다. 제작자가 많다면, 음모론의 종류가 많아질 겁니다. 그리고 전달자나 수용자가 많다면, 음모론의 확산 범위가 커지고 속도가 빨라질 겁니다. 반면 차단자가 많다면 음모론의 확산 속도는 느려지고 범위는 줄어들 겁니다.

물론 음모론의 발생과 확산에는 이보다 더 많은 요소가 개입합니다. 사회 구성원이 얼마나 자유롭게 자신의 생각을 말할 수 있는지, 공식 설명이 얼마나 설득력 있는지, 공식 설명을 제시하는 측에서 음모론에 어떻게 대처하는지 등 많은 요소가 음모론의 전개에 영향을 미칠 겁니다. 그런 점에서 지금까지의 설명은 한 측면에 초점을 맞춘 대략적인 그림에 불과합니다. 그럼에도 불구하고 지금 우리 주변에 얼마나 많은 종류의 음모론이 광범위하게 퍼져 있는가는 우리 사회가 믿음과 의심의 딜레마에서 어떤 위치에 있는지를 보여주는 한 가지 지표입니다.

우리와 이웃 사이에는 의심의 장벽이 점차 높아져 왔습니다. 신뢰했던 사람이 배신을 했을 때 잃게 될 것이 많아졌기 때문일 겁니다. 그런데 흥미로운 점은 의심의 장벽이 높아진 것과 함께 음모론도 잘 퍼져나간다는 것입니다. 음모론이 퍼져간다는 것은 음모론의 제작자, 전달자, 수용자 모두 원활하게 작동하고 있다는 것을 의미합니다. 음모론의 생산과 확산이 잘 일어나는 것을 보면 이 동네에서는 의심의 전략보다는 믿음의 전략이 더 효과적이라는 사실이 드러납니다. 그런데 이웃 사이에 의심의 장벽이 높아진다는 점과 음모론이 잘 확산된다는 점, 이 두 가지는 상충하는 경향을 갖습니다.

피상적으로 본다면, 이 두 가지 성향을 동시에 갖는다는 것은 모순적인 태도로 보입니다. 하지만 인류 원리의 정신에 따른다면, 그렇지 않습니다. 믿음의 전략과 의심의 전략이 서로 경쟁을 벌이는 과정에서 우리의 위치를 생각해보세요. 우리는 믿음의 전략만을 취하지도 않고 그렇다고 의심의 전략만을 취하지도 않습니다. 우리 주변에는 음모론 전달자만 있는 것도 아니고 그렇다고 차단자만 있는 것도 아닙니다. 주변 사람들이 음모론 전달자만으로 되어 있다고 생각하는 것은 우리 자신을 특별한 위치에 있다고 여기는 것입니다. 우리 자신을 포함해서 우리 주변의 사람들은 다양한 방식으로 믿음과 의심의 전략을 펼치며 서로 역동적으로 영향을 줍니다. 때로는 음모론 제작자와 전달자가 모여 음모론이 잘 펴져 나가기도 하고 때로는 이들 사이에 차단자가 끼어들어서 음모론을 막기도 합니다. 사람들이 갖고 있는 믿음과 의심의 총체는 역동적으로 움직이는 거대한 바다와 같습니다. 이 역동성을 이해할 때 이 바다에서 우리의 위치를 가늠할 수 있고 우리가 어디까지 흘러왔는지를 알 수 있습니다.

질문과 대답

Q: 어느 정도로 너를 믿어야 하는가?

A: 내가 상대방의 말을 그대로 잘 믿는 사람인지 아니면 의심을 잘 하는 사람인지는 내가 어떤 사람들과 함께 살고 있는지에 영향을 받습니다. 당신이 남의 말을 의심부터 하는 성향을 갖고 있다고 하더라도 그것은 당신의 잘못이 아닙니다. 거짓말이 득세하는 세상에서 믿음의 전략을 고수하는 사람은 어리석은 사람일 뿐 아니라 매우 특별한 사람입니다. 아마도 당신은 그런 사람이 아닐 겁니다. 그것은 당신이 거짓말을 좋아하는 성향을 갖고 태어났기 때문이 아닙니다. **우리가 사는 사회는 거짓말만 하는 사람이 영원히 득세하지도 않고 참말을 하는 사람이 항상 보상을 받지도 않으며 믿음과 의심의 전략을 서로 주고받는 역동적인 과정 속에 있습니다.**

8장

우리는 어떻게 살아야 하는가

_교통 체증을 일으키는 매트리스를 치워라

지금까지 우리가 중요하게 살펴본 물음 중 하나는 "우리의 위치는 어디인가" 하는 것이었습니다. 그런데 이번에는 좀 다른 물음을 생각해볼까 합니다. "우리의 위치가 **어디인가**"가 아니라 "우리의 위치가 **어디에 있길 원하는가**"를 생각해보는 겁니다. 이 두 질문은 다르지만 서로 연관이 깊습니다. 자신의 위치를 파악한 다음에야 자신의 위치에 대한 욕구가 생겨날 수 있겠죠. 그런 점에서 인류 원리에 의거해서 자신의 위치를 가늠하는 것은 그 위치가 어디에 있길 바라는지에 대해 답하는 데 도움을 줄 수 있습니다. 나아가 이를 통해서 자신의 위치가 어디에 있어야 마땅한지에 대해서도 생각해볼 수 있습니다.

어디에 있길 원하는가?

인류 원리의 정신에 따르면 우리는 자신의 위치가 특별하지 않을 것이라 믿어야 합니다. 하지만 우리는 자신의 위치가 특별하길 욕망하지 않나요? 만약 그렇다면 그런 욕망을 어떻게 이해해야 할까요? 철학자

데렉 파핏Derek Parfit은 다음과 같은 사고 실험을 제안한 적이 있습니다.[37] 여러분이 수술을 받게 되었다고 생각해봅시다. 그런데 이 수술은 인간이 감당하기 어려울 정도로 고통스럽다고 합니다. 수술을 받기로 한 이상 고통을 피할 방법은 없지만 다행히도 알약 처방을 받을 수 있습니다. 이 알약은 고통을 덜어줄 수는 없으나 수술 과정 전체를 기억할 수 없게 되어서 수술을 받으면서 겪었던 고통스러운 경험을 모두 잊게 만들어줍니다. 즉 수술이 주는 **고통**을 제거하는 것이 아니라 수술이 주는 **고통의 기억**을 제거하는 것이죠. 이런 수술을 받기로 하고 침대에 누웠다고 상상해보세요. 그런데 누워 있어서 그런지 잠이 솔솔 오면서 잠깐 졸았다는 느낌이 듭니다. 정신을 차리고 나니 자신이 침대 위에 누워 있다는 것을 다시금 깨닫게 되었습니다. '아직 수술을 받기 전이구나.' 이렇게 잠시 생각을 했던 여러분은 금세 이런 생각을 바꾸게 됩니다. 수술을 이미 받았다고 하더라도 알약을 먹었다면 수술을 받으면서 겪었던 고통스러운 경험을 깨끗하게 잊게 될 테니까 '이미 수술이 끝났을 가능성도 있다'고 생각하게 되는 거죠.

여러분이 이런 생각을 하면서 침대 위에 누워 있다고 상상해보세요. 여러분이라면 자신이 어떤 상태에 있길 바라게 될까요? 다시 말하자면 우리의 물음은, 눈을 뜬 이 순간이 수술 전인지 후인지를 따지는 것이 아니라, 이 순간이 수술 전이기를 바라는지 아니면 수술 후이기를 바라는지 여부입니다. 당연하게도 우리는 수술 후이길 바랄 겁니다. 하지만 파핏은 우리의 이런 선호가 어떤 근거를 갖고 있는지를 묻습니다. **어차피 수술이 주는 고통을 기억하지 못할 것이라면, 왜 수술이 이미 끝났기를 바라는 걸까요?**

차량 행렬에서의 나의 위치

자신의 위치가 특별하지 않다고 믿으면서도 그 위치가 특별하길 바라는 경우에는 어떤 것이 있을까요? 다음과 같은 상황을 생각해봅시다. 자동차를 몰고 가고 있는데 앞에서 사고가 났는지 갑자기 길이 막힙니다. 급히 가야 할 데가 있고 시간은 없는데 차량 흐름이 느려지니 답답합니다. 이럴 때 여러분은 어떤 생각이 듭니까? 앞에 접촉 사고가 나서 차량 흐름이 막혀 있다면, 그 사고 지점이 바로 나타나길 기대하겠죠? 즉 여러분의 위치가 사고 지점 바로 직전에 있기를 희망합니다. 하지만 그런 희망은 현실과 다를 가능성이 높습니다. 그 이유는 기어가는 차의 꽁무니를 만난 지 얼마 되지 않았기 때문입니다. 만약 접촉 사고가 여러분이 있는 지점에서 얼마 떨어지지 않은 지점에서 방금 전에 일어났다면, 극단적인 예를 들어, 바로 앞 차가 사고로 멈춰 서서 교통 흐름을 막기 시작했다면, 바로 그 뒤에 있는 여러분의 위치는 교통사고의 원인이 되는 지점에 매우 가깝다고 할 수 있습니다. 그러나 방금 교통 흐름에 막혀서 차의 속도를 늦추게 된 시점의 여러분이 그런 위치에 있다고 가정하는 것은 자신을 특별한 위치에 놓는 것이며 이는 인류 원리의 정신에 어긋납니다. 아마도 여러분은 사고 지점까지는 꽤나 떨어진 곳에 있다고 판단할 것입니다. 이런 경우가 자신의 위치가 특별하지 않다고 믿지만 특별한 위치에 있길 바라는 경우라고 할 수 있겠지요.

자신의 위치에 대한 믿음과 바람 사이에 간격이 있을 때 우리는 어떤 행동을 하게 됩니까? 어떤 사람은 바람을 포기합니다. 급히 가야 할 곳도 있고 시간도 촉박하지만 차가 막히니 그저 기다립니다. 그저 기다릴 뿐 아니라 이 교통 흐름이 곧 풀릴 것이라고도 기대하지 않습니다. 바라는 것을 믿는 것에 맞추는 겁니다.

바람을 포기하는 대신 계획을 바꾸는 사람도 있을 수 있습니다. 목적지로 갈 수 있는 다른 경로를 생각해보는 겁니다. 꽉 막힌 길에서 시간을 보내는 대신 다른 길로 가는 방법을 찾아보는 거죠. 요즘은 차량 내비게이션이 발달해서 우회 도로를 찾는 것은 어려운 일이 아닙니다. GPS(Global Positioning System)의 보급은 자신의 위치 찾기에 관한 한 혁명적 사건이라고 할 수 있습니다. 지표면에 붙어서 그곳에서 바라보는 풍경, 별과 해의 위치, 바람의 방향 등으로 자신의 위치를 가늠해 왔던 인류의 손에 전지적 시점에서 자신의 위치를 확인할 수 있는 기계가 쥐어진 겁니다. 이는 인류의 위대한 발명품 중 하나로 항상 꼽히는 나침반과 비견될 발명품입니다. 나침반이 방위를 가리켜줌으로써 우리의 위치를 가늠해보는 데 간접적인 도움을 준다면, GPS는 지도 위에 우리의 위치를 직접 알려줍니다. 최근의 내비게이션은 실시간 교통 흐름까지 포함해서 우리의 위치를 알려주기 때문에 도착지까지의 시간을 계산해서 알려주기도 합니다. 더 나아가 도착지까지 가는 경로를 몇 가지 제시해서 우리가 선택할 수 있기도 하죠.

우리는 GPS가 만들어내는 환경에 익숙해져서 실감하지 못하지만 이 장치가 얼마나 놀라운 것인지 생각해봅시다. A에서 B로 가려고 하는데 내비게이션에서 세 가지 경로를 알려준다고 해보죠. 각 경로로 갔을 때 걸리는 시간에 관한 정보도 주어집니다. 우리는 그 경로를 한 번도 가지 않았습니다. 그런데도 내비게이션은 양립할 수 없는 여러 경로를 한눈에 보여줍니다(자신의 위치에 관해서 이렇게 명확한 그림을 그릴 수 있는 장치가 있으면 얼마나 좋을까요? 미래에 대해서 우리가 갖는 고민의 대부분은 이런 그림을 갖지 못해서 생겨납니다). 내비게이션에서 알려주는 경로를 각각 '경로 1', '경로 2', '경로 3'이라고 부르겠습니다. '경로 1'은 그냥 가던 길에 머무르는 겁니다. 그럴 경우 시간은 1시간이 걸린다고 합니다. 정체 때문에 30분이 더 걸리는 겁니다. '경로 2'는 이보다 더 시간이 걸려서 1시간 10분, '경로 3'은 1시간 20분이 걸린다고 합니다. 어떤 경로를 택하겠습니까? 당연히 '경로 1'일 겁니다. '경로 1'을 택하면 시간이 덜 걸리기 때문이지요.

하지만 이제 여러분의 '미래 자아'들이 각각의 경로로 목적지에 도착했다고 하고, 미래 자아들이 다른 미래 자아와 자신을 비교하지 못한다고 가정해보세요. 다시 말해서 '내가 다른 경로를 택했다면 시간이 덜 걸렸을 텐데'와 같은 생각을 하지 못하는 상태에 있다고 가정하는 겁니다. 자신이 이런 상태에 있다고 상상하는 것은 앞서 등장한 파핏의 사고실험과 비슷한 데가 있습니다. 더 빠른 경로가 있었다 해도 다른 경로가 있었다는 것을 기억하지 못한다면, 아마도 우리는 자신이 택한 경로에 별로 아쉬움이 없을지도 모릅니다.

그렇다고 하더라도 '경로 1'을 선택하는 것이 가장 좋은 경로라는 것에는 변화가 없습니다. 경로 1을 택한 미래 자아, 경로 2를 택한 미래 자아, 경로 3을 택한 미래 자아가 다른 경로에 비해서 자신이 얼마나 빨리 온 것인지를 전혀 알 수 없더라도 말이죠. 이를 두고 "경로 1이 가장 좋은 선택인 이유는 경로 1로 가는 것이 가장 짧은 시간이 걸리기 때문"이라고 말하는 것은 충분하지 않습니다. 파핏이 던지는 물음은 "왜 수술 후에 있기를 선호하는가"였습니다. 마찬가지로, "왜 짧은 시간이 걸리는 경로 1로 가는 것이 가장 좋은지"가 물음이라고 할 수 있습니다. 전 이 물음이 중요하다고 생각합니다. 경로 2를 택했다면 경로 1을 택한 미래 자아는 존재하지 않습니다. 존재하지 않는 미래 자아를 실제로 존재하는 미래 자아와 비교하는 것은 엄밀한 의미에서 불가능한 일입니다. 이는 실제로 존재하는 두 사람의 키를 비교하는 것과는 차원이 다른 일이죠. "총소리가 생각했던 것보다 크다"고 말하는 사람에 대해서 철학자 비트겐슈타인Ludiwg Wittgenstein은 실제로 울린 총소리가 마음속의 총소리보다 크다는 것인지 반문합니다.[38] 실제로 울린 총소리와 실제로 울리지 않은 총소리를 비교할 수는 없습니다.

•

가지 않은 길

선택의 갈림길에서 세 가지 길을 택할 수 있었습니다. 그런데 각 길을 택했을 때 그 결과가 어떠할지를 정확히 알 수는 없습니다. 그 결과가 어떤지를 정확히 알 수 있는 길은 단 하나, 자신이 선택한 길밖에 없는 것이죠. 선택하지 않은 다른 길을 택했더라면 어떤 결과가 있을지는 짐작할 수 있어도, 가보지 않은 길에 대해 정확히 알 수는 없기 때문이죠. 인생에서 만나는 선택의 갈림길에서 내비게이션 서비스와 같은 정확한 예측 정보를 기대하기는 힘듭니다.

20세기 초 활동했던 미국의 시인 로버트 프로스트Robert Frost는 잘 알려진 시 〈가지 않은 길The Road Not Taken〉에서 숲에 난 두 길

중 사람들이 덜 다닌 길을 택했고 그 길을 택해서 모든 것이 바뀌었다고 '한숨을 쉬며' 말합니다. 왜 굳이 시인은 여기서 '한숨을 쉬며'라는 표현을 넣었을까요? 이 시가 무엇을 의미하는 걸까요? 많은 사람들이 택한 길보다는 남들이 잘 가려고 하지 않은 길을 선택하는 것이 보람된 일이라면서 모험주의를 권유하고 있는 걸까요? 아니면 인생의 모든 것을 바꿔버린 잘못된 선택에 대한 후회를 표현하고 있는 걸까요? 시에 대한 해석은 다양합니다만, 분명한 점은 이 시의 화자가 자신의 앞에 놓였던 두 길 모두를 갈 수 없었고, 각각의 길을 걸으면서 일어날 일을 모두 경험할 수는 없었다는 점입니다. 그래서 한 길을 택한 경험과 다른 길을 택한 경험을 비교하는 일은 질적으로 다른 둘을 비교하는 일이 되는 것입니다.

두 갈림길에서 선택을 해야 하는 상황에서 가장 바람직한 태도는 무엇일까요? 어떤 사람은 이렇게 말합니다.

> 자신이 선택한 길이 최선의 길입니다. 다른 길을 선택했더라면 더 좋지 않았을까 하고 후회해봤자 엎어진 물일뿐입니다. 후회는 자신을 갉아먹을 뿐이죠.

어차피 두 길 중에서 하나밖에 선택할 수 없다면, 그리고 그런 선택을 이미 했다면, 후회는 불필요한 고통을 가져올 뿐입니다. 그러니 자신의 선택이 최선이라고 믿으라는 주장이죠. 우리는 이런 식의 주장이 효과를 발휘하는 경우를 종종 보게 됩니다. 믿음을 통해서 믿고자 하는 바를 실현하는 것이죠. 자신의 선택이 최선이라고 믿음으로써 위안을 얻고 그 길을 정당화하는 것입니다. 위약僞藥 효과placebo effect에서도 비슷한 일이 일어나죠. 이 약이 병을 낫게 해주리라는 믿음이 병을 낫게 해줍니다.

하지만 자신의 선택이 최선이라고 믿는 것이 바람직할까요? 자기 최면이 항상 좋은 결과를 낳는 것은 아닙니다. 믿는다고 그렇게 되는 것은 아니라는 것이죠. 가장 시간이 많이 걸리는 '경로 3'을 선택한 사람이 자신의 선택이 최선이라고 믿는다고 해서 그 선택이 가장 좋은 것이 된다고 할 수는 없겠죠.

어떤 사람은 이렇게 대답하기도 합니다.

> 내가 선택한 길이 나름의 기준에서 볼 때 좋은 결과를 가져온다면 그 선택은 훌륭한 것이고, 그렇지 않다면 잘못된 것입니다. 훌륭한 선택이라면 자신의 선택에 만족하면 되는 것이고, 잘못된 선택이라면 자신의 선택을 후회하고 다시는 그런 선택을 하지 않도록 하는 것이 바람직합니다.

이런 대답은 상식적이고 충분히 설득력이 있습니다. 하지만 결과가 좋으면 선택도 훌륭한 것을 의미하는지에 대해서 반론이 있을 수 있습니다. 더군다나 이런 대답이 올바른 방향에 서 있다고 하더라도 충분한 해답을 주지는 않습니다. '나름의 기준에서 볼 때 좋은 결과'라는 것은 무얼 의미할까요? 어디까지를 결과로 보아야 하는지를 정하는 것도 상당히 자의적인 문제로 보입니다. '빵을 훔치자'라는 장발장의 선택은 결과적으로 좋은 결과를 가지고 왔다고 할 수 있을까요? 빵을 훔치고 도망가다가 잡힌 시점에서 보자면 그 선택은 좋은 결과를 가져왔다고 할 수 없을 것 같지만, 그가 이 일을 계기로 삶의 방식을 바꾸고 시장이 된 시점에서 보자면 좋은 결과를 가져온 것 같기도 합니다. 그런 점에서 무엇을 좋은 '결과'라고 판단할 것인지는 시점에 따라서 달라질 수 있습니다.

어떤 선택이 바람직한지, 특히 윤리적으로 바람직한지는 대단히 광범위하고 복잡한 논쟁으로 우리를 끌고 가는 물음이라서 여기서 본격적으로 논의할 수 없을 것 같습니다. 그럼에도 불구하고 제 생각만 간단히 밝히자면 이렇습니다. 인생의 갈림길에서 하나의 선택을 다른 것보다 더 바람직하게 만드는 것은, 그 선택이 앞으로 어떤 일들을 만들어내는지와도 관련이 있지만 과거의 노력을 얼마나 보람되게 만드는지와도 관련이 있습니다.

'경로 1'이 다른 경로보다 더 바람직한 선택인 이유를 생각해보세요. 경로 1을 택하는 것이 가장 짧은 시간 안에 우리를 목적지에 도착하게끔 한다고 대답할 수 있지만, 시간 소요를 최소화하는 것 자체가 바람직하다고는 할 수 없습니다. 시간 소요를 최소화함으로써 무엇을 성취했는지가 중요합니다. 빠른 시간 안에 도착함으로써 우리는 약속에 늦지 않을 수 있고, 그래서 계획했던 일을 차질 없이 성사시킬 수 있을 겁니다. 그런 점에서 경로 1을 선택한 것은 목적지에 도착한 다음에 일어날 일에 좋은 영향을 줄 수 있습니다. 하지만 그것만이 이 선택을 바람직하게 만드는 것은 아닙니다. 만약 다른 경로를 택해서 더 많은 시간이 걸리는 바람에 중요한 일을 그르치게 되었다면, 다른 경로를 택해서 목적지에 도착하고자 했던 과거 시점의 노력은 헛된 것이 되고 맙니다. 그 점이 바로 '경로 1'을 다른 선택에 비해서 더 바람직한 것으로 만들어줍니다.

인생의 갈림길에서 우리가 하나의 선택을 하는 이유는 그 선택이 단지 더 나은 결과를 가져올 것이기 때문이 아니라 그 선택이 그간의 노력을 헛된 것으로 만들지 않을 것이기 때문입니다. 프로스트가 두 길 중에서 사람들이 많이 다니지 않은 길을 선택하는 이유는 앞으로 그 길을 가면서 겪게 될 경험이 헛된 것이 되지 않으리라는 믿음 때문인 것이죠. 이는 단지 그 길의 끝에 우리가 원하는 결과가 있기 때문이거나 결과에 도달할 수 있는 가장 빠른 경로이기 때문이 아닙니다. 그 길을 가면서 하게 될 경험으로부터 많은 것을 배울 수 있다면 그것도 그 길을 택하는 좋은 이유가 될 수 있습니다.

인생의 갈림길을 두고 하는 이런 조언이 인류 원리와 어떤 관련이 있을까요? 젊은 사람들은 자신의 진로에 대해서 주변으로부터 여러 조언을 듣게 됩니다. "재미있게 사는 것이 최고"라는 조언을 하는 사람도 있고 "안락한 노후를 위해서 젊은 시절 고생을 마다하지 말라"는 조언을 하는 사람도 있습니다. 하지만 이런 조언들은 대개 성공적인 몇 개의 사례에서 비롯됩니다. 이런 조언은 성공하지 못한 사례들에 대해서는 별로 주목하지 않죠. 인류 원리는 성공적인 몇 개의 사례에만 주목하여 큰 그림을 놓치지 말라고 조언합니다. 그런 사람의 삶을 동경한다고 해서 자신도 그런 삶을 살기로 마음먹는 것이 훌륭한 선택이라고 할 수는 없습니다.

또한 과거의 자신과 현재의 자신을 엄격하게 분리하려는 생각도 인류 원리의 정신에 부합하지 않습니다. 그런 생각은 현재의 자신이 특별한 위치에 있다는 믿음에서 비롯합니다. '새로운 사람이 되겠다'는 결심은 과거 자신과 결별하는 것을 말하는 것이 아니라 과거 자신이 갖고 있던 잘못된 습관이나 행위와 결별하는 것을 말합니다. 그런 의미에서 새로운 사람이 되기 위해서는 과거와 현재의 연결성에 주목하고 과거의 자신에 대해서 책임을 지는 자세가 필요합니다. 그것이 바로 과거의 노력을 헛되이 하지 않는 길입니다. 이 점을 사례를 통해서 좀 더 생각해보도록 하겠습니다.

•

교통 정체가 길어지는 이유

경제학자 토머스 셸링Thomas Schelling은 흥미로운 사례를 소개합니다.[39] 그는 교통 정체를 만나서 천천히 운전을 하다가 정체가 생긴 원인을 발견하게 됩니다. 반대편 도로에서 큰 자동차 사고가 나서 운전자들이 이 사고를 쳐다보느라고 차들이 밀리고 있었던 것이죠. 하지만 교통사고가 난 곳은 반대편 도로입니다. 그는 묻습니다. 왜 차량 흐름을 막는 사고도 없었던 도로에서 교통 정체가 일어나는 걸까요? 그는 또 다른 경험을 이야기합니다. 이번에도 극심한 교통 정체로 차가 기어가다시피 가고 있습니다. 가다 보니 매트리스가 길 가운데 떨어져 있음을 발견합니다. 이 때문에 교통 체증이 생겼던 거죠. 그런데 문제는 누군가가 나서서 이 매트리스를 치웠다면 교통 정체 상황이 벌어지지 않았을 것이라는 점입니다. 왜 아무도 차에서 내려서 매트리스를 치우지 않았을까요?

우리는 이 두 가지 사례에서 왜 그런 일이 일어났는지 짐작할 수 있습니다. 첫 번째 사례에서는 사람들이 반대편에서 일어난 사고 구경을 하느라고 차를 멈춰 서서 교통 정체가 일어났습니다. 그 여파로 뒤에서 오던 차들도 긴 교통 정체를 겪어야 했죠. 10분을 교통 정체에 갇혀 있던 운전자는 짜증을 내기도 했을 겁니다. 그러다가 이 교통 정체가 사람들이 상대편 도로에서 일어난 사고를 구경하느라 일어났다는 것을 알게 되겠죠. 문제는 그 지점에서 그 역시 사고 구경을 하느라 천천히 차를 운전하게 된다는 겁니다. 마치 10분 동안 교통 정체를 겪었기 때문에 30초 동안 사고 구경을 할 자격이 생겼다는 듯이 말이죠. 하지만 만약 반대편 도로에 시선을 두지 않고 운전에 집중했다면 그 뒤의 운전자들이 겪어야 할 교통 체증은 점점 가벼워질 것입니다. 그런데도 사람들은 앞에 간 사람들과 마찬가지로 사고 구경을 하면서 천천히 운전을 합니다.

두 번째 사례도 이와 비슷합니다. 매트리스를 누군가 치운다면 뒤에 오는 사람들은 자신처럼 교통 체증을 겪지 않을 것입니다. 이런 점을 알지만 사람들은 그냥 지나쳐서 자신의 갈 길을 가기 바쁩니다. 마치 긴 교통 체증을 뚫고 왔기 때문에 매트리스를 지나칠 수 있는 통행권을 부여받은 것처럼 말이죠. 셸링은 사람들의 행동을 이렇게 분석합니다. 사람들은 교통 체증을 통해서 이미 시간을 허비했습니다. 그리고 이렇게 허비한 시간은 매트리스를 치운다고 해서 돌아오지 않습니다. 이를 비용과 이익의 관점에서 바라보자면 떨어진 매트리스로 인해서 자신이 치른 비용은 이미 허비한 시간이고 자신이 매트리스를 치웠을 때 생겨날 이익은 자신이 아니라 뒤에 오는 사람들이 누리게 된다는 겁니다. 비용은 자신이 치르는 대신 그 이익은 자신이 거둘 수 없는 것이죠.

이런 경우는 우리 주변에 넘쳐납니다. 자신에게 이익이 돌아오지 않는 행동은 하지 않는 것이죠. "앞으로 다시 보지 않을 사람이기 때문에" 또는 "앞으로 다시 겪지 않을 사건이기 때문에" 부당하다고 생각하는 일을 그냥 넘어가는 경우가 많지 않습니까? 하지만 사람들이 그런 방식으로 행동하는 성향이 있다는 것과 그런 방식으로 행동해야 한다는 것은 다른 문제입니다. 사람들은 길에 떨어진 매트리스를 보고 지나치는 행위가 정당하다고 여기는 데 주저합니다. 누군가 나서서 매트리스를 치워주길 바라면서 사람들은 각자 갈 길을 갑니다. 그리고 정말 누군가가 나타나서 매트리스를 치운다면 그 사람을 칭찬할 준비가 되어 있죠. 사람들이 실제로 어떻게 행동하는지가 어떻게 행동하는 것이 옳은지를 보여주는 것은 아닙니다.

매트리스를 치우는 노력을 하는 것이 바람직한데도 많은 사람들이 그렇게 하지 않는 현상은 앞으로 일어날 이익이라는 점에서 보자면 충분히 합리적으로 설명될 수 있을 겁니다. 매트리스를 도로에서 치우기 위해서 추가로 자신의 시간과 노력을 들이는 것보다는 갈 길을 가는 것이 훨씬 이롭다고 생각할 테니까요. 하지만 이는 현재 겪고 있는 일과 앞으로 겪게 될 일만 염두에 둔 겁니다. 매트리스를 도로에서 치우기 위한 노력을 한다면, 지금까지 교통이 막혀서 차 안에서 시간을 보냈던 자신을 좀 더 나은 모습으로 만들어주지 않을까요?

물론 교통이 꽉 막힌 차 안에서 시간을 보낸 과거의 자신이 있었기 때문에 결국 매트리스가 떨어진 지점까지 올 수 있었고 이제는 제 속도로 달릴 수 있게 되었다고 생각할 수 있습니다. 그런 점에서 교통 체증 속에서 시간을 보냈던 자신의 노력이 아주 헛된 것이라고는 말할 수 없을 겁니다. 하지만 내가 말하고 싶은 점은, 잃어버린 시간을 보상 받듯이 쌩쌩 달리는 것보다 매트리스를 치우는 데 도움을 주는 것이 과거에 쏟아부은 자신의 노력을 훨씬 더 나은 것으로 만들 수 있었다는 겁니다.

매트리스 사례는 사람들이 자신의 과거 노력을 함부로 대하는 경향이 있다는 것을 보여줍니다. 저는 이런 경향이 자신을 특별한 위치에 두고자 하는 욕망에 뿌리를 두고 있다고 생각합니다. 사실 현재 시점에 있다는 것 자체가 매우 특별한 것처럼 보일 수 있습니다. 태어난 시점에서 현재 시점에 이르기까지 지나온 시간을 일정한 간격으로 구분한 다음에 각 시간대를 살아가는 존재자를 생각해봅시다. 우리는 한 사람을 이런 '시간대 존재'가 연결된 총합으로 여길 수 있습니다. 이 중 맨 앞을 차지하고 있는 시간대 존재만이 현재를 살아가고 있으며 나머지 시간대 존재는 모두 과거에 있습니다. 그런 점에서 임의의 시간대 존재가 현재의 시점에 있는 시간대 존재일 확률은 낮다고 할 수 있고, 바로 이 때문에 현재 시점을 경험하고 있다는 것 자체가 특별한 위치에 있음을 보여준다고 말할 수 있습니다. 그런 점에서 우리 모두는 각자가 특별한 시간대 존재입니다. 우리는 현재를 살아가고 있으니까요.

하지만 이는 겉보기에 그럴 뿐입니다. 과거의 모든 시간대 존재 역시 현재를 살았던 시점이 있었습니다. 또한 지금 이 시점을 살아가는 시간대 존재 역시 곧 과거의 시간대 존재가 될 것입니다. 그런 점에서 현재를 경험하는 시간대 존재는 다른 시간대 존재에 비해 특별한 것이 없습니다. 그럼에도 불구하고 우리는 지금 이 시점의 시간대 존재를 과거의 시간대 존재와 달리 특별한 위치에 있다고 여기는데, 이는 인류 원리의 정신과 어긋나는 것이죠.

결국 자신이 지금 처해 있는 시간대는 자신의 인생을 이루는 수많은 시간대 중 하나일 뿐입니다. 물론 이런 시간대들이 모여서 한 사람의 인생을 이루게 된다는 점에서 시간대 각각은 모두 중요한 역할을 합니다. 하지만 그 중요성이 오직 지금을 살아가는 시간대 존재의 특별함에서 생기는 것은 아니죠. 이 점을 착각하면 지금을 사는 시간대 존재는 과거의 시간대 존재들과 분리되어 있다는 듯이 행동할 수 있습니다. 현재의 이익에 집중하면서 자신을 부정하는 행동을 할 수 있다는 겁니다.

•

'현재의 나'가 특별하길 바람

자신의 위치가 특별하지 않을 가능성이 높음에도 불구하고 특별하다고 생각하는 이유는 그렇게 생각하고 싶은 욕망이 있기 때문입니다. 그런 욕망은 여러 방식으로 드러납니다. 한 가지 방식은 앞서 매트리스 사례에서 본 바와 같습니다. 과거 자신의 노력을 함부로 대하는 것이지요. 지금을 사는 시간대 존재가 갖는 진정한 능력과 역할을 부정하고, 당장 찾을 수 있는 이익과 즐거움을 선택합니다. 우리는 우리가 갖고 있는 현재의, 구체적이고, 특수하고, 특정한 믿음과 욕망에 주목하기 쉽습니다. 그렇게 함으로써 과거 자신과의 연속성을 잊게 됩니다.

현재의 시간대 존재는 자신의 선택에 의해서 과거의 시간대 존재와는 전혀 다른 길을 갈 수 있다고 생각합니다. 오늘 담배를 끊을 수 있고, 오늘 애인에게 이별을 통보할 수 있으며, 어제까지는 지지하던 정치인을 배신자라고 비난할 수 있다고 생각합니다. 의지만 있다면 그럴 수 있을 것 같습니다. 그런 점에서 현재를 살아가는 자아는 자신의 위치가 매우 특별하다고 생각합니다.

또한 현재의 시간대 존재는 자신이 지금 내리는 선택에 의해서 미래를 살아갈 자신에게 큰 영향을 끼칠 수 있다는 점에서 특별하다고 생각할 수 있습니다. 현재의 고통이 내일의 보상으로 돌아올 것을 기대하면서 현실을 견디기도 하고, 반대로 현재의 쾌락에 몰두함으로써 내일의 후회가 생겨날 씨앗을 뿌리기도 하죠. 이 둘은 전혀 다른 삶의 태도처럼 보이지만, 현재 시간대 존재가 특별한 위치에 있다고 여기는 점에서는 같습니다. 오늘 나의 선택이 미래를 살아갈 나의 처지를 결정한다는 것이죠.

현재 시간대 존재의 위치가 특별하다는 생각에서 우리는 현재 자신이 처한 상황에 몰두하는 것을 권장할 만한 삶의 태도로 받아들이기도 합니다. 이는 현재 자신이 갖고 있는 특정성에 극단적으로 주목하는 태도입니다. 반면 인류 원리는 우리 스스로를 특정성의 잣대에서 정반대에 선 존재, 즉 '아무개'로서 보라고 말합니다. 그런 점에서 인류 원리가 권유하는 삶의 태도는 현재 자아의 특별한 위치에 주목하는 것과는 거리가 있을 수밖에 없습니다.

어떻게 행동할 것인가?

자신의 위치가 어디인지에 관한 믿음과 그 위치가 어디이길 원하는지에 관한 욕망이 불일치한다고 해서 모두 비난의 대상이 되는 것은 아닙니다. 인간이 갖는 대부분의 욕망은 비난의 대상이 아니지요. 앞에서 주목하고자 했던 것은, 우리의 위치에 관한 믿음과 욕망이 서로 불일치하는 데서 윤리적 문제가 발생하는 경우가 있다는 것입니다. 그렇다고 앞에서 든 사례들이 윤리적으로 큰 문제가 있다고 볼 수는 없습니다. 길가에 떨어진 매트리스를 치우지 않는다고 해서 누가 비난할수 있겠습니까. 하지만 우리 주변에는 윤리적으로 비난 받을 만한 사례들이 즐비합니다. 자식이나 친척의 취업을 위해서 아는 사람에게 청탁을 하는 것은 적어도 최근까지 우리 사회에서 광범위하게 벌어졌습니다. 불법적인 청탁을 하고 아는 사람을 합격하게 해주는 사람들은 아마도 선발 과정이 공정하고 투명해야 한다는 원칙에는 동의할 것입니다. 그럼에도 자신은 그렇게 행동해야 할 특수한 사정이 있었다고 말하죠.

어떤 경우에는 우리의 위치에 대해서 잘못된 판단을 하기 때문에 윤리적 문제가 생겨나기도 합니다. 철학자 윌리엄 맥어스킬William MacAskill이 쓴 《냉정한 이타주의자》는 이와 관련해서 생각해볼 만한 사례들을 잘 보여줍니다.[40] 이 책의 원어 제목은 'Doing Good Better'인데, 직역한다면 '좋은 일 더 잘하기' 정도가 되겠죠. 이 제목이 의미하는 것은, 좋은 일을 하더라도 그냥 하거나 형편없이 하는 것이 아니라 더 잘 할 수 있다는 겁니다. 좋을 일을 형편없이 한다는 것은 형용모순처럼 들릴 수 있지만, 그렇지 않습니다. 어려운 사람을 돕는 자선 사업은 좋은 일이라고 할 수 있지만, 그중에는 매우 비효율적인 자선 사업이 있을 수 있습니다. 자선 단체에 기부된 1,000원 중에서 실제로 어려운 사람에게 돌아가는 돈은 10원에 불과하고 나머지는 자선 단체의 경비로 쓰인다면, 이는 매우 비효율적인 자선 사업이라고 해야 할 것입니다.

어떤 일이 윤리적으로 정당한지 아닌지에 초점을 맞추어 정당한 일이기만 하면 이를 실행에 옮겨야 할 당위성이 있다고 생각할 수 있지만, 좋은 일을 형편없이 할 수 있다는 점을 감안한다면 좋은 일을 더 잘하는 쪽으로 선택을 해야 합니다. 그러기 위해서는 우리의 위치에 대해서 좀 더 현명한 헤아림이 있어야 합니다. 우리가 처해 있는 상황과 위치를 고려하지 않은 채로 윤리적 평가를 내리는 것은 우리가 직면한 윤리적 문제를 균형 있게 보지 못하는 겁니다. 우리가 다루어야 할 윤리적 문제는 그보다 훨씬 광범위하죠.

특정 행위를 윤리적으로 평가하여 옳고 그름을 가르는 것이 윤리적 문제의 전부가 아닙니다. 끔찍하게 잘못된 행위가 일어났을 때, 우리가 그 행위의 주체이든 관찰자이든, 그 행위가 얼마나 윤리적으로 잘못된 것인지를 논하는 것만으로는 윤리적 문제가 해소되지 않습니다. 그 끔찍하게 잘못된 행위가 남긴 상처를 어떻게 견뎌야 할 것인지, 그리고 그 상처를 어떻게 치유해야 할지도 모두 중요한 윤리적 문제라고 할 수 있죠. 어떤 일이 윤리적으로 나쁜지를 판단하는 것도 중요하지만 그 일에 어떻게 대처해야 하는지도 중요하며 다른 심각한 문제를 일으키지는 않는지 판단하는 것도 중요하다는 말입니다. 예를 들어

낙태가 윤리적으로 정당한지를 가리는 것도 중요하지만 낙태로 인해서 태어나지 못하는 사람들과 낙태를 선택한 사람들 모두를 고려하는 것이 중요합니다.

그런 점에서 공리주의의 철학적 토대는 재평가될 수 있다고 봅니다. 공리주의를 두고 흔히 제기되는 비판, 즉 '소수의 사정을 살피지 못하는 냉혹한 철학적 견해'라는 비판은 타당하지 않습니다. 오히려 공리주의가 갖고 있는 문제는 판단의 대상을 '현재의 시간대 존재'에 국한하는 점이라고 생각합니다. 현재 시간대 존재가 누릴 행복에 초점을 맞추는 것은 우리의 특수함에 너무 많은 무게를 둡니다. 우리는 다른 시간대 존재에 대해서도 어느 정도 무게를 두어 고려를 해야 합니다. 물론 '어느 정도'인지는 간단치 않은 문제가 되겠죠. 어쨌든 공리주의는 '나'만을 윤리적 고려의 대상으로 삼지 않고 '타인'도 고려한다는 점에서 인류 원리의 정신에 부합하지만, 지금 여기의 '우리'만이 아니라 다른 시간대의 '우리들', 더 나아가 존재할 수도 있었던 존재들을 고려하지 못한다는 점에서는 인류 원리의 정신을 구현하는 데 미흡하다고 할 수 있습니다.

많은 사람들은 인류 원리 자체가 윤리적 함축을 갖고 있다고 주장하면서 이 윤리적 함축을 비판하거나 수용하지만, 인류 원리 자체가 윤리적 주장을 하고 있지는 않습니다. 다만 인류 원리의 정신이 윤리적 문제에 적용될 수 있을 뿐이죠. 인류 원리는 우주론에서 출발했지만 합당한 주목을 받지 못했습니다. 과학자 집단으로부터는 인류 원리가 하나마나한 주장이거나 과학적 원리라고 말하기에는 허황된 주장이라는 비판을 주로 받았던 반면, 종교 철학자들로부터는 인류 원리가 우주와 인간의 목적을 파괴하는 주장이라는 비판을 주로 받았죠. 하지만 이런 비판은 모두 오해에서 비롯됐습니다. 인류 원리는 우주론에 뿌리를 두고는 있지만 그 정신은 인식론, 미학, 윤리학 등의 가지로 뻗어나가서 풍성하게 자라날 겁니다. 인류 원리의 정신은 모순적으로 보이는 두 측면을 담고 있습니다. 바로 이 점이 오해를 불렀던 씨앗이었죠. 인류 원리는 우리가 지닌 '특수성'과 '일반성'이라는 두 측면, '비범함'과 '평범함'이라는 두 측면을 모두 품습니다. 우리 각자는 모두 특수하고 비범하지만 또한 일반적이고 평범합니다. 우리 각자는 모두 평범하게 비범한 존재들입니다.

질문과 대답

Q: 우리는 어떻게 살아야 하는가?

A: 미래를 위한다는 명분으로 눈앞에 놓인 이익을 좇아서 행동하게 된다면 현재의 자아를 지나치게 특별한 존재로 취급하는 것입니다. 과거 시간대의 자아들과의 연속선 위에 현재의 자아를 놓으십시오. 그것이 과거 자신의 노력을 정당하게 대우하는 것입니다. **자랑스러운 것이든 부끄러운 것이든 과거 자신의 행위를 이어받는 것이 자신을 비범하면서도 평범한 존재로 받아들이는 것입니다.**

과거의 일을 과거의 일로서 처리하면,
우리는 미래까지도 포기하게 될 것이다.

_윈스턴 처칠Winston Churchill

9장

우리는 어디서 왔는가

_우연과 필연 사이에 선 인간

이 장에서는 인간이라는 생명체가 살아가기에 최적이라고 여겨지는 지구에 대해서 생각해보겠습니다. 이처럼 인간에게 최적화된 곳은 지구뿐일까요? 인간이 이런 행성에 존재하게 된 데는 어떤 이유가 있을까요? 아니면 단지 행운의 결과일까요?

일어나기 힘든 일 상상하기

일어나기 매우 힘든 일에 관한 소식을 우리는 쉽게 접합니다. 바로 뉴스를 통해서 말이죠. 뉴스에서는 상상할 수 없는 일들이 흔하게 일어납니다. 그런데 이 말 속에 서로 충돌하는 두 측면이 있습니다. 일어나기 매우 힘든 일이라면 당연히 흔하게 일어날 수 없어야 합니다. 하지만 어떻게 일어나기 매우 힘든 일들을 뉴스에서는 그렇게 흔히 접할 수 있을까요? 여기에는 영역의 크기가 서로 다르다는 점이 작용합니다. 우리 주변의 범위는 크지 않지만 뉴스가 관심을 두고 있는 영역의 크기는 이에 비해 훨씬 크죠. 만약 우리의 일상적 경험의 영역이 지금

보다 훨씬 넓어진다면, 우리의 삶 안에서도 특별한 일이 더 이상 특별한 일로 여겨지지 않게 될 겁니다.

우리 주변에서 보기 매우 힘든 일이라고 하더라도 시간의 범위와 공간의 범위를 넓혀서 보자면 일어나기 그렇게 힘든 일은 아닐지 모릅니다. 이 둘 사이의 괴리를 잘 보여주는 예로 복권을 들 수 있습니다. 혹시 복권에 당첨된 적이 있습니까? 대부분의 사람들에게 복권 당첨은 일어나기 힘든 행운이지만, 매주 복권 당첨자가 생겨난다는 것 역시 사실입니다. 즉 우리 주변에서 복권 당첨이 일어난다면 이는 특별한 일이겠지만, 우리를 중심으로 생각하지 않는다면 복권 당첨은 당연히 일어나야 할 일입니다. 이는 매우 평범한 진리를 보여주는 것 같지만 여기에는 우리의 고개를 갸웃하게 만드는 점이 숨어 있습니다.

•

도박사의 오류

매번 복권을 사왔지만, 단 한 번도 당첨되지 못한 사람이 있습니다. 그럼에도 그는 오늘도 복권을 삽니다. 주변 사람들이 그를 말리지만, 그는 단호합니다. 그는 이렇게 말합니다.

복권 당첨이 쉬운 일이 아니라는 건 나도 잘 압니다. 하지만 나는 지금까지 꾸준히 복권을 사왔습니다. 천 번도 훨씬 넘었죠. 여전히 복권 당첨은 어려운 일이지만, 적어도 10만 명 중에 한 사람은 복권에 당첨됩니다. 오늘 처음으로 복권을 사는 사람보다는 천 번 이상 복권을 사온 내가 조금이나마 복권 당첨에 더 가까이 있지 않을까요? 여기서 내가 복권 사길 그만 둔다면, 지금까지 내가 들인 돈과 노력은 부질없는 일이 되고 맙니다. 복권 당첨이 어려운 일이긴 하지만, 여기서 그만두는 것보다는 계속해서 복권을 사는 쪽이 나에겐 더 나은 선택입니다. 물론 오늘 처음으로 복권을 사겠다고 나서는 사람이 있다면, 나는 그를 말릴 겁니다. 그건 현명한 선택이 아니죠. 하지만 나 같은 처지에 있다면 상황은 다릅니다. 나는 조금이나마 복권에 당첨될 확률이 높다고 생각합니다. 천 번이나 이미 복권을 사왔으니까요.

여러분이 이런 말을 들었다면 여기에는 무언가 잘못된 점이 있다고 생각할 겁니다. 이 사람은 복권을 여기서 중단하는 것이 과거에 자신이 들인 돈과 노력을 헛되게 만드는 일이라고 생각합니다. 그런데 이 사람을 말리는 쪽에서는 오히려 그 반대라고 생각할 겁니다. 즉 이 사람이 복권을 계속 사는 일이 오히려 그가 과거에 들인 돈과 노력을 더욱더 헛된 것으로 만들 것이라 생각한다는 말이죠. 누구의 생각이 옳을까요? 문제의 핵심은 오래전부터 복권을 사온 행위가 복권 당첨의 확률을 높여주는가에 있습니다. 이 사람이 잘못 생각하는 점은 바로 거기에 있습니다. 이번에 산 복권이 '꽝'이라고 해서 다음 번 복권이 당첨될 확률이 높아지는 것은 아닙니다. 그것이 복권이 운영되는 방식입니다. 천 번 복권에 도전했던 사람이나 이번에 처음 복권에 도전한 사람이나 복권에 당첨될 확률은 같도록 복권은 운영됩니다. 이번 복권이 '꽝'이 되었다는 사실이 다음 번 복권의 당첨 확률을 높여준다고 생각하는 잘못을 흔히 '도박사의 오류gambler's fallacy'라고 부릅니다. 이는 분명 잘못된 생각이죠.

물론 과거에 복권을 산 횟수를 고려하여 '경험이 풍부한' 사람에게 복권 당첨 확률을 높여주는 방식으로 운영되는 복권을 상상할 수 없는 것은 아닙니다. '경험자 우대 복권' 같은 것을 생각해볼 수 있지요. 복권을 처음 구입하는 사람보다 복권 구입 횟수가 많은 사람에게 당첨 확률을 더 높여주는 겁니다. 예를 들어 두 번째 구입하는 사람은 같은 돈으로 복권 두 장을 받는 식이죠. 그렇다면 오랫동안 복권을 사왔지만 당첨이 되지 못했던 사람은 계속해서 복권 세계에 남아 있으려고 할 겁니다. 계속해서 복권을 사 모아야 당첨 기회가 높아질 테고 지난 날 들인 노력과 돈에 대해서 보상 받을 확률이 높아진다고 생각할 테니까요.

하지만 문제는 그런 식으로 운영되는 경험자 우대 복권 시장에 처음으로 발을 디딜 사람은 별로 없을 것이라는 점입니다. 사람들은 경험자 우대 복권 세계로부터 거리를 두려고 할 겁니다. "안 먹어본 사람은 있어도 한 번만 먹은 사람은 없다"는 음식들이 있죠. 그만큼 맛있다는 것을 강조하기 위한 표현입니다. 이 복권 역시 "안 해본 사람은 있어도 한 번만 해본 사람"은 적을 겁니다. 딱 한 번만 복권을 사서 '꽝'이 되는 것은 바보 같은 일처럼 보입니다. 그렇게 사람들이 복권 세계에 발을 들여놓지 않는다면, 결국 이런 복권은 유지되기 힘들겠지요.

이런 일을 막기 위해서 새로운 참여자를 끌어 오는 사람에게만 복권 당첨 확률을 높여주는 방식을 취할 수 있을 겁니다. 이런 복권 운영을 '피라미드 다단계 복권'이라고 부를 수 있겠네요. 이런 복권을 한 번이라도 산 사람은 자신의 행위를 바보 같은 결정으로 만들지 않기 위해서 무슨 수를 써서라도 주변 사람들을 복권 세계에 발을 들이게 만들려고 할 겁니다. 피라미드 다단계 복권 세계는 이미 그 세계에 들어간 사람들의 노력에 의해서 더욱더 커져갈 것이고 그 크기가 커질수록 확장성도 눈덩이가 불듯이 세질 겁니다. 생각해보면 아직 그 누구도 이런 방식의 '피라미드 다단계 복권'을 실행에 옮기지 않은 것이 큰 다행이라 여겨집니다.

'도박사의 오류'는 자신이 사는 복권이 '피라미드 다단계 복권'이 아닌데도 그렇다고 여기는 것과 비슷합니다. 복권에 도전하는 횟수가 많아질수록 자신이 단계가 높아진다고 생각하는 것이죠. 전혀 그렇지 않은데 말입니다.

·

큰 지진이 일어날 확률

지진은 우리가 그 때를 알지 못한 상태에서 일어납니다. 환태평양 지진대에 속하는 지역에 사는 사람들은 지진이 일어날 위험을 항상 안고 살아가지만, 어찌 보면 지진이 언제 일어날지를 알 수 없기 때문에 그나마 '평안'하게 살아간다고 말할 수도 있습니다. 큰 지진이 일어날 것이라고 예측할 수 있는 특정한 시점은 없습니다. 당장 내일 이곳에서 지진이 일어날 확률은 낮다고 할 수 있습니다. 그렇지만 예측의 범위를 좀 더 넓게 잡으면 이야기는 달라집니다. 예를 들어 앞으로 100년 안에 칠레에서 강도 8 이상의 지진이 일어날 확률은 불행히도 매우 높다고 할 수 있죠.

다시 말해서 여기에는 서로 충돌하는 것처럼 보이는 다음과 같은 두 생각이 숨어 있습니다.

1. 칠레 지역에서 내일 정오에 큰 지진이 일어날 확률은 거의 0에 가깝다.
2. 칠레 지역에서 앞으로 100년 안에 큰 지진이 일어날 확률은 거의 1에 가깝다.

특정한 지역과 특정한 시점에 큰 지진이 일어날 확률은 매우 낮죠. 아무리 환태평양 지진대에 속하는 지역이라 하더라도 강도 8 이상의 큰 지진이 일어나는 것은 드문 일입니다. 그런 드문 일이 특정한 시점, 특정한 지역에 발생한다는 것은 더 드문 일이죠. 이렇게 생각하면 그곳에 사는 사람들은 지진에 대한 공포로부터 어느 정도 벗어날 수 있지 않을까요? '설마 여기서 오늘 지진이 일어나겠어?' 이렇게 생각하는 거죠.

지난 99년 동안 칠레 지역에서 큰 지진이 한 번도 일어나지 않았다고 해보죠. 사람들은 곧 큰 지진이 일어날 것이라고 불안해합니다. 그런데 어떤 사람이 이렇게 말하면서 사람들을 안심시키려고 합니다.

여러분, 걱정하지 마세요. 특정 지역, 특정 시점에 큰 지진이 일어난다는 것은 매우 드문 일입니다. 내일 큰 지진이 일어날까요? 모레 큰 지진이 일어날까요? 그럴 확률은 매우 낮습니다. 왜 지난 99년 동안 이 지역에 큰 지진이 한 번도 없었다는 사실이 1년 안에 그런 지진이 일어날 확률을 높여준다고 생각하시죠? 그렇게 생각하는 것은 도박 중독자가 자신을 변호하기 위해서 쓰는 논리입니다. 도박에서 계속 돈을 잃어왔기 때문에 이제는 돈을 딸 차례라고 생각하는 거죠. 이런 것이 바로 '도박사의 오류'라고 불리는 잘못된 생각입니다. 큰 지진이 이 지역에서 과거에 발생했든지 안 했든지 상관없이, 중요한 점은 앞으로 큰 지진이 있을 것인가 여부입니다. 하지만 이미 말했듯이 특정 지역, 특정 시점에 큰 지진이 일어난다는 것은 매우 드문 일 아닙니까? 그러니까 걱정할 필요 없습니다. 지난 99년간 별다른 걱정 없이 살아왔듯이 그렇게 계속 살면 됩니다.

과연 이 말이 사람들을 안심시킬 수 있을까요? 오랜 기간 동안 큰 지진이 없었다는 사실은 앞으로 있을지도 모를 큰 지진과는 아무 관련이 없는 걸까요? 많은 사람들은 그렇게 생각하지 않을 겁니다. 사람들은 100년에 한 번 있을 큰 지진이 곧 일어날 확률이 높다고 믿을 겁니다. 그런데 지진 발생에 대해서 사람들이 갖는 이런 믿음과 앞에 등장했던 복권 예찬론자의 차이는 무엇일까요? 다시 말해서 다음과 같은 두 주장에 차이가 있을까요?

1. 오랫동안 큰 지진이 이 지역에 없었다. 그러니까 큰 지진이 곧 일어날 확률이 높다.
2. 오랫동안 복권을 사왔지만 당첨되지 못했다. 그러니까 곧 복권 당첨이 될 확률이 높다.

물론 이 둘 사이에는 차이점이 있습니다. 하나는 지진에 관한 것이고, 다른 하나는 복권에 관한 것이죠. 그런데 그게 중요한 차이일까요?

다시 말해서 그 차이가 한 주장은 받아들일 만하지만 다른 하나는 이른바 '도박사의 오류'를 저지르도록 만들 정도로 중요한 차이일까요?

이에 대한 표준적인 대답은 '그렇다'는 것입니다. 복권의 경우, 과거에 얼마나 많은 복권을 산 적이 있었는가는 복권 당첨에 아무런 영향을 미치지 못합니다. 매회 행운의 복권 뽑기는 새로 시작하기 때문이죠. 앞서 상상해봤던 '경험자 우대 복권'이나 '피라미드 다단계 복권'이 아닌 일반적인 복권은 과거의 시도가 앞으로의 시도에 아무 영향을 미치지 못합니다. 하지만 지진의 경우에는 사정이 다릅니다. 지진이 일어나지 않는 상황이라고 하더라도 땅속에서 일어나는 변화는 시간이 흐르면서 지진이 일어나기 쉬운 환경을 만들 수 있습니다. 적어도 땅속에서 일어나는 일은 복권 추첨과 같은 인위적인 일이 아니라서 모든 상황을 원점으로 돌리지 않기 때문에, 복권 추첨이나 도박과 같은 방식으로 큰 지진이 일어날 확률이 있다고 보아서는 안 됩니다. 땅속에서 장기간 축적되는 압력은 지진 발생에 분명 영향을 줄 테니까요.

물론 이런 표준적인 대답에 의문의 여지가 없는 것은 아닙니다. 지진이 오랫동안 일어나지 않았다고 해서 곧 지진이 일어날 것이라고 예측하는 것은, 지진이란 본래 언제 일어날지 그 때를 알 수 없다는 우리의 믿음과 잘 어울리지 않아 보입니다. 지진 유발 요소가 쌓여서 더 이상 지층이 이를 버텨낼 수 없는 시점에 지진이 발생하는 것이라면, 오늘까지 지진이 없었다는 사실은 내일 지진이 있을 확률을 항상 높여준다고 해야 할 듯한데, 이는 이상한 주장으로 보입니다. 서울 한복판에서 굉장히 오랫동안 지진이 일어나지 않았다면, 이는 서울 한복판은 지진에 안전한 지역이라는 믿음을 강화한다고 해야 하지 않을까요?

지진과 '깜짝 시험의 문제'

지진이 일어날 확률은 이른바 '깜짝 시험의 문제'라는 퍼즐을 떠올리게 합니다. 이 문제는 깜짝 시험을 치르겠다는 선생님의 다음과 같은 예고에서 비롯합니다.

> 이번 주에 깜짝 시험이 있을 겁니다. 월요일인 오늘부터 금요일 사이 어느 날 시험을 보도록 하겠어요. 하지만 여러분은 언제 시험을 치를지 전혀 알 수 없을 겁니다. 물론 여러분 중 깜짝 시험이 있을 날을 요행으로 맞출 사람은 있을 수 있지만, 그 사람도 깜짝 시험이 있는 날을 '알고 있다'고 할 수는 없을 겁니다. 철학자들이 강조하듯이, '무엇을 안다'는 것은 단지 그것을 요행히 예측하는 것과는 다르니까요.

그런데 이에 대해서 한 학생이 이렇게 도전합니다.

> 선생님 말씀대로 시험이 이번 주에 있다면, 그 시험은 우리를 놀라게 할 수 없을 겁니다. 그런 점에서 그 시험은 깜짝 시험이라고 할 수 없어요. 그렇게 본다면, 우리는 그 시험이 언제인지 안다고 할 수도 있겠네요. 제가 왜 그렇게 생각하는지 설명하겠습니다. 우선, 그 시험은 금요일에 있을 수 없습니다. 왜냐하면 금요일에 시험을 본다면, 목요일까지 시험이 없어야 할 텐데, 그렇게 된다면 우리는 금요일에 시험이 있을 수밖에 없다는 것을 알게 될 겁니다. 그러니까 금요일은 깜짝 시험을 치를 수 없는 날입니다. 그렇다면 수요일까지 시험이 없다면 어떻게 될까요? 그렇다면 시험은 목요일이나 금요일에 있어야 합니다. 하지만 금요일에는 깜짝 시험을 치를 수 없다고 했죠. 따라서 목요일

에 깜짝 시험이 있어야 한다는 것을 알 수 있습니다. 하지만 우리가 목요일에 시험이 있다는 것을 알게 된다면 그 시험도 역시 깜짝 시험일 수 없게 됩니다. 따라서 목요일에도 깜짝 시험을 치를 수 없습니다. 그런 식으로 따져보면 이번 주중 그 어느 날에도 깜짝 시험이 있을 수 없죠."

이 학생의 도전은 설득력을 갖춘 듯이 보이지만, 바로 그 점이 우리를 당혹하게 만듭니다. 왜냐하면 분명 학생들은 어느 날 시험이 있을지 전혀 알 수 없을 것이기 때문입니다.

깜짝 시험의 문제가 역설적인 이유 중 하나는 특정한 기간 중 시험이 있을 것이 분명하다는 겁니다. 선생님께서 이번 주에 시험이 없을 수도 있다는 점을 밝혔다면, 학생들에게 시험은 정말로 깜짝 시험이 되었을 것이고 이런 역설은 생겨나지 않겠죠. 또는 선생님의 예고가 거짓일 수 있다면, 역설은 생겨나지 않았을 겁니다.

지진의 경우는 어떨까요? 만약 어느 특정한 지역에 언젠가 지진이 일어날 것이 분명하다면, 오늘까지 지진이 없었다는 점은 앞으로 지진이 있을 확률을 높여준다고 해야겠죠. 언제 지진이 일어날 것이 분명한지는 중요하지 않습니다. 하지만 선생님의 시험 예고가 실현되지 않을 가능성이 있듯이, 특정 지역에 영원히 지진이 발생하지 않을 가능성도 있지 않을까요? 그렇다면 오늘까지 지진이 일어나지 않았다는 사실은 오히려 이 지역에서 앞으로도 영원히 지진은 없을 것이라는 점을 보여주는 증거가 될 것입니다.

자연에서 일어나는 사건 중에서 분명히 일어날 것과 일어나지 않을 것을 구분하는 것은 간단치 않습니다. 한 사람에게 닥칠 죽음이라는 사건은 일어날 것이 분명하죠. 하지만 한 사람이 행복하게 죽음을 맞이할지는 앞으로 일어날 것이 분명한 사건이라고 할 수 없습니다. 하지만 특정한 지역에 지진이 일어나는 사건은 이 중 어느 쪽에 속하는지 분명치 않은 것 같습니다. 그리고 우리가 관심을 갖는 많은 사건들은 이처럼 어느 쪽에 속하는지 분명하지 않은 사건들입니다.

•

역 도박사의 오류

'도박사의 오류'는 복권 추첨이나 도박과 같은 인위적인 사건에만 해당한다고 생각할 수 있습니다. 과연 그래야 할까요? 그 점도 분명하지 않습니다. 소행성 충돌과 같은 사건을 생각해보세요. 아주 오래전, 약 6,500만 년 전 지구에 충돌한 소행성은 공룡의 전성시대가 막을 내리는 데 결정적인 역할을 했다고 알려져 있습니다. 그렇다면 소행성이 지구에 충돌하는 사건이 앞으로 일어날 확률은 얼마나 될까요? 공룡 멸종 시점으로부터 지금까지 소행성 충돌 사건이 없었으므로 곧 그런 사건이 일어날 확률이 높다고 누군가 주장한다면, 이는 '도박사의 오류'에 해당하지는 않나요? 분명 소행성 충돌은 인위적인 사건이 아니라 자연적인 사건입니다. 그런데도 소행성 충돌이 오랫동안 일어나지 않았다는 사실로부터 곧 그런 사건이 닥칠 확률이 높다고 믿는 것, 그래서 소행성 충돌로 인류의 종말이 일어날 확률이 갈수록 점점 높아진다고 믿는 것은 이상해 보입니다.

어쨌든 '도박사의 오류'의 명백한 사례는 생각할 수 있고 그것이 오류인 이유도 댈 수 있지만, 무엇이 '도박사의 오류'를 만드는지를 분명하게 밝히는 것은 쉬운 일이 아닙니다. 그런데 여기서 문제를 더욱 어렵게 만드는 것이 있습니다. 도박사의 오류와 비슷하지만 중요한 점에서 다른 '역 도박사의 오류inverse gambler's fallacy'라는 겁니다.

'역 도박사의 오류'란 이름 그대로 '거꾸로 된 도박사의 오류'입니다.[41] 도박사의 오류가 현재까지의 경험을 토대로 미래의 사건을 예측하는 데서 생겨난다면, 이를 거꾸로 한 '역 도박사의 오류'는 현재까지의 경험을 토대로 과거의 사건에 대해서 추론하는 과정에서 생겨납니다. 다시 말해서 시간의 방향이 거꾸로 된 것이죠.

잘 알려진 사례는 이런 것입니다. 도박사가 문을 열고 방으로 들어갔는데, 그의 눈에 딜러가 주사위 두 개를 던지는 모습이 포착됩니다(이 사람 눈에는 아무래도 주사위가 가장 잘 들어오겠죠). 던져진 주사위 두 개가 모두 6으로 나오자, 이를 본 도박사는 이렇게 생각합니다.

주사위 두 개가 모두 6이 나오는 것은 매우 드문 일이기 때문에, 저 딜러는 내가 방에 들어오기 전에 주사위를 이미 여러 번 던졌을 것이 분명해.

과연 그럴까요? 한번 생각해보죠. 주사위 두 개를 던졌을 때 나올 수 있는 경우는 36가지입니다.[42] 주사위 두 개 모두 6이 나오는 경우는 이 중 한 가지이므로 그 확률은 1/36이겠죠. 도박사는 이런 일이 일어난 것을 '매우 드문 일'이라고 생각하고, 또한 그렇기 때문에 딜러가 주사위 던지기를 여러 번 했음이 분명하다고 생각하고 있습니다. 다시 말해서 드물게 일어나는 사건이 지금 바로 눈앞에 일어났다는 사실을 가지고 딜러가 이번 주사위를 던지기 전에 여러 번 주사위 던지기를 했다는 증거라고 추론하고 있는 것이죠. 이런 추론에는 문제가 없을까요?

우선 주사위 두 개가 모두 6이 나온 것을 두고 '매우 드문 일'이라고 말할 수 있을지 생각해보죠. 도로를 다니다 보면 눈에 확 띄는 번호판을 달고 있는 자동차가 목격되곤 합니다. 예를 들어 7777이란 번호는 눈길을 끌죠. 그렇다고 해서 이 번호가 '매우 드물다'고 할 수 있을지는 의문입니다. '매우 드물다'는 것이 7777이란 번호가 그 많은 네 자리 수 중 하나라는 것을 뜻하지는 않을 겁니다. 왜냐하면 그런 의미라면 3573과 같은 '매우 흔한' 숫자도 '매우 드물다'고 말해야 할 테니까요. 모든 수는 '매우 드문' 수라고 해야 할 겁니다.

그렇다면 7777이란 번호판을 보고 '매우 드물다'고 말하는 것 자체가 잘못일까요? 분명 우리는 이런 번호판을 단 차를 보면 '희귀한' 번호를 보았다고 생각합니다. 그렇다면 어떤 의미에서 7777이란 번호판은 희귀하다고 할 수 있을까요? 그것은 우리가 희귀한 번호라고 여기는 번호들을 암묵적으로 상정하기 때문입니다. 희귀한 번호라고 여기게 되는 이유에는 여러 가지가 있겠죠. 7777처럼 외우기 쉽다는 것이 이유가 될 수 있고, 1225처럼 특정한 기념일을 나타낸다는 것이 이유가 될 수도 있습니다. 어쨌든 희귀한 번호라고 여겨지는 번호들의 집합이 있고, 이 집합은 전체 번호판들의 집합에서 극히 작은 부분만을 차지합니다. 그렇다면 도로에서 그런 집합에 속하는 번호판(7777)을 단 차를 보는 것은 '매우 드문' 일이라 할 수 있죠.

이를 주사위 던지기에 적용해 본다면, 두 개의 주사위 모두 6의 눈이 나오는 경우를 '드문 일'로 여기는 것은 주사위를 던졌을 때 '희귀한' 결과로 여겨지는 집합을 암묵적으로 상정하기 때문입니다. 그리고 그 집합이 주사위 던지기로 얻을 수 있는 결과의 전체 집합에서 작은 부분을 차지하기 때문입니다. 나아가서 그런 '희귀한' 결과를 단 한 번에 목격했기 때문입니다. 그러한 의미에서 주사위 두 개를 던져서 모두 6이 나오는 경우 역시 '드물다'고 말할 수 있습니다.

그렇다면 도박사의 추론에서 그다음 단계에 대해서 생각해봅시다. 방에 들어서자마자 딜러가 던진 주사위 두 개 모두 6의 눈이 나오는 것을 목격하고는 아마도 딜러가 이미 여러 번 주사위를 던졌을 것이 분명하다고 추론하는 단계입니다. 이런 추론이 오류라고 생각하는 사람들은 무슨 이유에서 그렇게 생각할까요?

우선 '도박사의 오류'가 오류인 이유와 동일한 이유에서 그렇게 생각하는 사람들이 있을 수 있습니다. 다시 말해서 이번에 주사위를 던져서 나온 결과가 다음 번 주사위 던지기 결과에 영향을 줄 수 없는데도 불구하고, 마치 이 두 사건이 서로 인과 관계가 있는 것처럼 생각하는 것이 바로 잘못이라는 말입니다. '역 도박사의 오류'도 결국 '도박사의 오류'와 다를 바 없다고 생각하는 사람들은 이렇게 말하겠죠.

주사위 두 개를 던져서 모두 6이 나오는 확률은 그 이전에 몇 번 주사위를 던졌는지에 상관없이 똑같다. 그런데도 마치 이전에 주사위 던지기가 여러 번 있었다고 해야만, 주사위 두 개가 모두 6이 나올 확률이 높아질 것이라고 생각하는 것은 잘못이다.

•
나는 왜 '매우 드문 일'을
목격하게 되었는가?

하지만 '역 도박사의 오류'는 도박사의 오류와 다른 점이 분명히 있습니다. 간단히 말하자면, '도박사의 오류'는 특정한 사건이 일어날지를 예측하는 데서 생겨나는 반면, '역 도박사의 오류'는 도박사의 현재 경험을 통해서 과거에 있었던 일을 설명해보려는 데서 생겨납니다. 예측과 설명이 대비되는 것이죠. '역 도박사의 역설'에서 설명되어야 하는 대상은 도박사가 갖게 된 (자신이 생각하기에) '매우 드문' 경험입니다. 그의 물음은 이것입니다. "나는 왜 매우 드문 일을 목격하게 되었을까?" 그리고 도박사의 답은 '아마도 이 드문 일을 이루기 위해서 실패한 시도가 많이 있었을 것이다'라는 겁니다.

김연아 선수가 공중 3회전을 하면서도 몸의 균형을 잃지 않고 얼음판 위에 사뿐히 내려앉는 모습은 흔히 볼 수 있는 광경이 아닙니다. 이를 보고 우리는 김연아 선수가 이 동작을 하기 위해서 무수히 많은 연습을 했을 것이라고 생각합니다. 물론 아주 드문 일이 처음으로 일어났는데 이를 목격하게 되는 일도 있을 수 있습니다. 하지만 드문 일을 목격했을 때 이 사건이 처음으로 일어났다고 생각하는 것보다는 그 전에 여러 번의 시도가 있었을 것이라고 생각하는 것이 더 합리적으로 보입니다.

신데렐라 이야기를 예로 들어 생각해보겠습니다. 이 동화에는 잘 납득되지 않는 점들이 꽤 있습니다.[43] 그중 하나는, 유리 구두의 주인공을 찾아 나선 신하들이 사람들에게 유리 구두를 신겨보는 장면이죠.

9장 우리는 어디서 왔는가: 우연과 필연 사이에 선 인간

289

신하들은 유리 구두에 발이 맞는 사람이 등장하기만 하면 그 사람이 왕자가 찾던 사람이라고 선언하고 바로 그를 왕자에게 데리고 갈 태세입니다. 하지만 어떻게 그럴 수 있을까요? 만약 그들이 임무를 위해 방문한 첫 번째 집에서 유리 구두에 발이 꼭 맞는 사람을 찾았다고 합시다. 단 한 사람을 찾는 임무를 갖고 떠났는데 첫 번째 시도가 성공하면 바로 왕자가 찾는 사람이라고 선언하고 임무를 종료하는 것이 신하들이 취해야 할 합리적인 태도일까요? 왜 신하들은 구두에 발이 맞는 사람은 단 한 사람이 아닐 수 있다고 생각하지 않았을까요? 처음 방문한 집에서 구두에 발이 맞는 사람을 발견했다면 이 구두에 발이 맞는 사람은 한 명이 아닐 확률이 높다고 보는 것이 합리적입니다. 특정한 크기의 신발에 발이 맞는 사람이 단 한 명 존재한다고 생각하는 것은 이치에 맞지 않습니다.

•

'드문 지구'의 발견

이제 우리가 살고 있는 지구로 눈을 돌려 봅시다. 영화 〈혹성탈출 Planet of the Apes〉은 인간이 유인원의 지배를 받고 살아가는 세상을 그린 영화입니다.[44] 주인공인 테일러 선장은 우주선이 불시착하여 유인원들의 세상인 어떤 행성에 떨어지게 되었다고 생각하고 있죠. 하지만 영화의 마지막 장면에 이르면 그곳이 바로 지구였다는 것을 주인공은 깨닫게 됩니다. 해안가에 파묻혀 있는 자유의 여신상을 보게 되었기 때문이죠.

왜 테일러 선장은 자신이 불시착한 곳이 지구라는 생각을 하지 못했을까요? 원숭이가 지배하는 세상이라는 점에서 자신이 떠나온 곳과 너무나 다르기 때문에 그곳이 지구라는 생각을 하지 못했던 것이겠죠. 그러니까 테일러는 다음과 같은 논증을 받아들였다고 할 수 있습니다.

전제: 지구에서는 인간이 만물의 영장인데, 이곳에서는 원숭이가 만물의 영장이다.
결론: 따라서 이곳은 지구가 아니다.

만약 자신이 시간여행을 했을 가능성을 전혀 생각하지 않았다면 이 논증은 받아들일 만합니다. 하지만 테일러는 자신이 시간여행을 통해서 천 년이 넘는 시간이 지난 미래의 시점으로 이동했다는 것을 알고 있었습니다. 그런 그가 왜 이곳이 지구일 수 있다는 생각을 전혀 하지 못했을까요?

이곳이 지구일 수 있다는 생각을 하지 못했다면 그것은 테일러가 우주에 지구와 같이 인간이 살 수 있는 별이 여러 개 있다는 생각을 받아들이고 있음을 뜻합니다. 다시 말해서 '이곳이 지구다'라는 가설과 '이곳은 지구와 비슷하게 인간이 살 만한 곳이지만 지구는 아니다'라는 가설 중에서 앞의 가설 대신 뒤의 가설을 받아들이고 있는 겁니다. 그런데 그가 그렇게 생각한 근거는 무엇일까요?

지구처럼 인간이 살기에 적합한 환경은 매우 까다로운 조건을 만족해야 합니다. 공기도 호흡하기에 적합해야 하고, 물도 있어야 하며, 무엇보다 너무 뜨겁거나 너무 추워서는 안 됩니다. 그러기 위해서는 우선 태양과 같이 스스로 빛을 내는 별이 적절한 거리에 떨어져 있어야 합니다. 또한 너무 뜨겁거나 너무 춥지 않기 위해서는 자전과 공전이 필요합니다. 만약 지구가 자전을 하지 않는다고 상상해보세요. 어떤 곳은 계속 태양의 뜨거운 열을 받게 될 것이고 다른 곳은 빛 한 줄기 없이 계속 추운 그늘에 있게 될 겁니다. 지구를 적절한 온도에 머무르게 하기 위해서는, 전자레인지에 그릇을 넣고 작동하면 그릇이 빙글빙글 돌듯이, 태양 주위를 빙글빙글 돌아야 합니다.

뜨겁지도 차갑지도 않은 지역을 뜻하는 말로 '골디락스 지역 Goldilocks zone'이라는 표현을 쓰기도 합니다. 골디락스는 곰 세 마리 동화에 등장하는 인물인데 곰 가족이 자리를 비운 사이 집에 들어가 집안을 엉망으로 만듭니다. 곰 가족이 각자 취향에 맞게 냄비에 죽을 끓여놓았는데 골디락스는 이 중 첫 번째 죽은 너무 뜨거워서, 두 번째 죽은 너무 식어서 먹다 뱉어 버리지만, 뜨겁지도 차갑지도 않은 세 번째 죽은 모두 먹어치우고 잠에 곯아떨어지죠. 우주의 골디락스 지역은 골디락스가 먹어치운 죽처럼 뜨겁지도 않고 차갑지도 않아서 사람이 살 수 있는 곳을 말합니다.

하지만 여기서 주의해야 할 점은 골디락스 지역이 있다고 해서 모두 인간이 살 수 있는 곳은 아니라는 사실입니다. 골디락스 지역은 인간이 살 수 있는 여러 필요조건 중 하나에 불과합니다. 필요조건을 충분조건과 혼동해서는 안 되죠. 지금까지 골디락스 행성이라고 할 만한 후보들은 여럿 있었지만 생명체가 존재한다는 증거를 찾은 적은 없습니다.

다시 〈혹성탈출〉로 돌아와서, 왜 테일러는 지구와 같이 인간이 살 수 있는 행성이 지구 말고도 우주에 여러 개 있을 것이고 자신은 그중 하나에 불시착했다고 믿게 되었을까요? 아마 테일러도 여기서 역 도박사의 오류 속에 등장하는 도박사와 같이 생각했기 때문이 아닐까요? 다시 말해서 이렇게 생각하는 거죠.

지구처럼 인간이 살기에 적합한 행성이 생겨나는 것은 매우 드문 일이지. 하지만 그렇다고 인간이 살 수 있는 행성이 이 넓은 우주에서 지구 딱 하나만 있는데 내가 하필이면 그 행성에 살게 되었다는 것은 너무 믿기 어려운 일이야. 그렇다면 지구와 같이 인간이 살 수 있는 곳은 여러 개 있어야겠지. 나는 서기 2673년 우주 탐사를 떠나 시간 여행을 하다가 지금 있는 곳에 불시착했는데 이곳 역시 내가 살아가는 데 전혀 문제가 없거든. 이 행성은 내가 떠난 시절의 지구와 달리 유인원이 인간을 지배하고 있어. 내가 지구를 떠난 이후에 어떤 끔찍한 일이 발생해서 인간은 궤멸하고 유인원이 지구를 지배했을 가능성도 배제할 수는 없어. 내가 떠난 시절의 정치적 상황을 고려할 때 핵전쟁이 일어나서 인류가 멸망했다고 해도 놀라운 일이 아닐 테니까. 그렇지만 인간이 살 수 있는 행성이 우주에 여러 개가 있는데, 그 많은 행성 중 내가 다시 하필이면 지구로 돌아오게 될 확률은 매우 낮다고 해야겠지. 그러니까 이 행성은 지구가 아닐 확률이 높아.

앞에서 우리는 일어나기 매우 힘든 사건을 목격한 사람이 그와 같은 유형의 사건이 이미 여러 번 일어났다고 생각하는 것을 '역 도박사의 오류'라고 불렀습니다. 그런데 이런 추론이 진짜 오류인지는 논쟁 거리라는 점도 밝혀 두었죠. 테일러의 생각도 역 도박사의 오류라고 할 수 있습니다. 그는 다음과 같은 논리를 따르고 있기 때문입니다.

전제: 불시착한 이곳은 지구처럼 인간이 살아가기에 적합하다.

결론: 인간이 살아가기에 적합한 행성은 지구 단 하나만 존재하는 것이 아니라 여러 개 있을 확률이 높다.

'역 도박사의 오류'가 도박사의 오류처럼 명백한 잘못이라고 말하기 어렵다면, 테일러의 생각 역시 잘못이라고 단정할 수 없습니다.

흥미로운 점은, 우리가 목격하는 일이 일어나기 어려운 사건일수록 그 사건과 비슷한 사건들이 더 많이 일어났을 것이라고 생각한다는 것입니다. 어찌 보면 이는 상식에 맞지 않는 것 같아요. '매우 드문 일'이라는 말은 그와 비슷한 사건의 수가 극히 적어야 한다는 것을 의미할 테니까 말이죠. 예를 들어 부부 사이에 열두 명의 자녀를 두는 것은 매우 드문 일이죠. 그러니까 우리는 그런 부부의 수가 매우 적을 것으로 기대합니다. 그런데 여기서 구분을 해야 하는 것은, **일어나기 드문 사건이 발생하는 것**과 **그렇게 일어나기 힘든 사건을 목격하는 것**입니다. 열두 명의 자녀를 둔 가정은 매우 드뭅니다. 문제는 우리가 열두 명의 자녀를 둔 가정을 찾기 위해서 여기저기를 다니다가 그런 가정을 발견했을 때 생겨납니다. 역 도박사의 오류는 이 열두 명의 자녀를 둔 가정을 만나기 전까지 여러 집을 방문했을 것이라고 가정하는 데서 생겨납니다. 다시 말해서 열두 명의 자녀를 두었다고 여겨지는 후보들이 많았을 것이라고 생각한다는 것이죠. 처음으로 방문한 집에서 열두 명의 자녀를 둔 가정을 만난다면 이는 매우 놀라운 일이기에 그렇게 생각하게 되는 겁니다.

지구와 비슷한 행성이 여러 개 있을 것이라고 생각하는 것도 비슷하지만 서로 다른 이유가 작동합니다. 하나는 우주가 너무 크다는 이유입니다. 우주는 너무 크기 때문에 있을 법한 일은 우주에서는 여러 번 생겨날 수 있다는 것이죠. 단지 지구와 비슷한 행성만이 아니라 태양과 비슷한 별, 화성과 비슷한 행성도 그렇습니다. 이런 생각을 극단적으로 밀고 나간다면, 논리적으로 가능한 사건은 우주 어디선가 반드시 일어난다고 믿게 됩니다.

영화 〈인터스텔라Interstellar〉에는 우주로 떠난 아빠를 기다리며 과학자로 성장하는 딸 머피가 등장합니다. 영화의 한 장면에서 머피는 아빠에게 왜 자신의 이름을 '머피'라고 지었는지를 묻습니다. '머피'라는 이름은 '머피의 법칙'을 연상하게 만들기 때문이죠. 머피의 법칙이란 흔히 "불행한 일은 언젠가 일어나기 마련"이라는 것을 뜻한다고 알려져 있습니다. 하지만 머피의 아빠 쿠퍼는 '머피'라는 이름이 나쁜 일을 뜻하는 것이 아니라고 딸에게 대답합니다. 그는 '머피의 법칙'이 의미하는 바가, '나쁜 일은 언젠가 일어난다'는 뜻이 아니라, "일어날 수 있는 일은 언젠가 일어난다"는 뜻이라고 말합니다. 다시 말해서 머피의 법칙은 나쁜 일에만 적용되는 것이 아니라 모든 일에 적용된다는 거죠. 그가 생각하는 머피의 법칙이 맞는다면 지구와 같이 생명체가 살기에 적합한 행성이 우주에 여러 개 있다고 해야 할 것 같습니다. 그래서 머피는 새로운 행성에서 인류의 역사를 새롭게 시작하려는 계획에 뛰어들게 되죠.

인류 원리와 제2의 지구

잠시 신데렐라 이야기로 돌아가보겠습니다. 전날 밤 무도회에서 남겨진 구두 한 짝을 들고 그 구두에 발이 맞는 사람을 찾아 나선 신하들이 방문한 첫 번째 집에서 구두에 발이 딱 맞는 사람을 찾았다고 생각해 봅시다. 신하들은 이를 어떻게 생각해야 할까요?

"단 한 번의 시도에 구두 주인을 찾다니, 운이 좋구나." 이렇게 생각하고 임무 완수를 선언하는 것이 맞을까요? 아닐 겁니다. 자신들이 매우 일어나기 힘든 일을 경험했다 해서 이를 자신의 운으로 돌리는 것은 합리적 태도는 아닙니다. 물론 신하들이 너무나 운이 좋아서 첫 번째 시도에서 그들이 원하는 사람을 찾는 것도 가능하지만, 그 확률은 매우 낮습니다.

인류 원리의 정신은 자신의 경험을 특별한 것으로 여기지 말라고 조언합니다. 신하들이 첫 번째 집에서 구두에 발이 딱 맞는 사람을 찾았다면, 어떻게 하면 이 경험을 특별한 것이 아닌 것으로 여길 수 있을까요?

한 가지 시나리오는 남겨진 구두 한 짝에 발이 맞는 사람이 많은 상황입니다. 이는 구두의 크기가 지나치게 크거나 작지 않고 매우 평범했을 가능성이 높다는 것을 의미하죠. 특정 구두를 한 사람이 갖고 있다고 해서 그 구두에 발이 맞는 사람이 한 명이어야 하는 것은 아니니까요. 남겨진 유리 구두 한 짝에 발이 맞는 사람을 찾아오라는 왕자의 요구가 애초에 어리석은 생각이었다고 할 수 있습니다. 왕자는 '구두에 발이 맞는 사람이라면 그 구두의 주인공'이라고 잘못 생각했을 가능성이 있습니다. 구두의 주인은 당연히 구두에 발이 맞겠지만, 구두에 발이 맞는다고 구두의 주인인 것은 아닙니다. 필요조건과 충분조건을 혼동하는 오류를 저지른 것이죠.

신데렐라 이야기를 지구와 비슷한 천체를 찾는 문제에 적용해볼 수 있을까요? 인간이 살기 적합한 행성을 찾아 나선 사람들이 첫 번째 후보에 도착합니다. 그런데 그 행성이 마침 사람이 살기에 매우 적합하다고 생각해보세요. 또는 〈혹성탈출〉의 테일러처럼 시공간을 떠돌다가 불시착한 곳이 인간이 살아가기에 최적인 장소라고 생각해보세요. 매우 놀라운 일이 아닙니까? 마치 구두 주인을 찾아 나선 신하들이 방문한 첫 번째 집에서 구두에 발이 맞는 사람을 발견한 것처럼 말이죠.

만약 이 첫 번째 행성 이외의 모든 곳은 인간이 살기에 적합하지 않다고 가정해보세요. 또는 테일러가 불시착한 그 행성 이외에는 인간이 살기에 적합한 곳이 우주 어느 곳에도 없다고 해보세요. 그렇다면 인간이 살기 적합한 천체를 찾아 나선 사람들과 테일러는 매우 특별한 관찰자가 되는 셈입니다. 이는 인류 원리에 어긋납니다.

스스로를 특별한 관찰자로 만들지 않으려면 어떻게 판단해야 할까요? 지구와 같은 환경을 가진 천체가 매우 많다고 여겨야 하지 않을까요? 결국 인류 원리는 지구와 같은 천체가 여러 개 있다는 가설을 지지하는 것처럼 보입니다.

'많은 지구' 가설은
역 도박사의 오류인가?

그런데 인류 원리가 말하는 바가 '지구처럼 생명체에 적합한 천체가 우주에 많이 존재한다'라는 것이라면, 이 추론은 앞에서 본 도박사의 잘못된 추론과 그 성격이 같다고 해야 하지 않을까요?

> 내가 살고 있는 지구가 마침 생명체에 적합한 행성인데 지구가 생명체에 적합한 행성으로 우주 전체에서 유일하다면, 이는 너무 놀라운 일이다. 인류 원리에 따르면, 이렇게 놀라운 일이 생겨났을 확률보다는 생명체에 적합한 행성이 우주에 수없이 많고 지구는 그중 하나일 확률이 더 높다.

우리가 이런 방식의 추론을 한다면, 이는 일어나기 매우 힘든 일을 목격하고 이와 비슷한 시도가 앞서 여러 번 있었으리라고 생각하는 역 도박사의 추론과, 적어도 표면적으로는 비슷한 점이 있어 보입니다. 그렇다면 지구처럼 생명체에 적합한 행성이 많을 것이라는 추론 역시 오류라고 해야 할 것 같습니다. 만약 '많은 지구' 가설이 오류라면, 그 반대인 '생명체에 적합한 행성은 지구가 유일하다'는 가설은 강화된다고 할 수 있을까요? 우리에겐 여러 물음이 남습니다.

쟁점이 되는 질문들을 정리하면 다음과 같습니다.

1. 역 도박사의 추론은 오류인가?
2. 역 도박사의 추론이 오류라면, '많은 지구' 가설이 옳다는 추론도 오류인가?

3. '많은 지구' 가설이 오류라면, 생명체에 적합한 행성은 지구가 유일하다는
   추론은 강화되는가?

이 물음들은 단박에 답하기 어렵습니다. 지금까지 우리가 한 것은 이 물음들이 무엇을 의미하는지 생각해본 정도에 불과합니다. 그런데 여기서 한 가지 염두에 둘 점이 있습니다. 이른바 '오류의 오류fallacy of fallacy'라고 알려진 오류입니다. '오류의 오류'는 어떤 추론이 오류라는 것으로부터 그 추론의 결론이 거짓이라고 단정 지을 때 생겨납니다. 오류라는 것은 논리적 규칙을 제대로 지키지 못했다는 것을 의미할 뿐, 그 내용물이 거짓임을 보여주지는 못하기 때문입니다. 고장이 난 냉장고라면 음식을 신선하게 보관할 수 없겠지만, 그렇다고 그 냉장고 안에 있는 음식이 모두 상했다고는 할 수 없죠. 오류인 추론은 고장 난 냉장고가 신선한 음식을 지킬 수 없듯이 올바른 전제들을 가지고 이상한 결론을 이끌어낼 수 있습니다.

'많은 지구' 가설이 옳다는 추론이 오류라고 해서 지구처럼 지적 생명체에 적합한 천체가 우주에 많이 존재한다는 결론이 거짓임을 보여주는 것은 아닙니다. 더군다나 '많은 지구' 가설이 옳다는 추론이 오류라고 해서 그 반대 결론, 즉 생명체에 적합한 행성은 지구가 유일하다는 주장이 참이 되는 것은 아닙니다. 다만 우리가 고려하고 있는 것은 어떤 명제가 참인지 거짓인지의 문제라기보다는 그 명제가 참일 확률이 얼마나 높은지를 가리는 문제이기 때문에, '많은 지구' 가설이 옳다는 추론이 오류라면, 그 결론을 받아들여야 할 근거는 어느 정도 약화되었다고 보아야 할 것입니다.

인류의 생존에 필요한 요소들

앞서의 논의를 요약해보자면 이렇습니다.

> 지구와 같이 지적 생명체가 살 수 있는 천체는 우주 안에서 매우 드문 것처럼
> 보이지만 인류 원리에 따르자면 그렇게 드문 것이라고 할 수 없다.

'드문 지구' 가설은 지적 생명체가 존재할 수 있는 조건을 갖춘다는 것이 너무나 어렵다는 데서 출발했죠. 태양과 같이 빛을 내는 별로부터 적절한 거리에 있어서 너무 춥지도 않고 너무 뜨겁지도 않아야 합니다. 행성의 크기가 적당해서 공기층을 붙잡아 놓을 만큼의 중력을 가져야 하지만, 그렇다고 해서 공기가 표면에 딱 붙을 만큼 중력의 힘이 세도 안 됩니다. 그리고 밀물과 썰물을 만들어 바다를 움직일 수 있도록 달과 같은 존재가 적절한 거리에 있어야 합니다. 또한 계절 변화를 통해서 다양한 식물이 자라날 수 있도록 공전축이 적절한 각도로 기울어져서 공전을 해야 합니다.

  이런 식으로 생각하다 보면, 만약 그렇지 않았다면 인간은 살아갈 수 없었을 것이라 여겨지는 특성의 목록은 끝이 없이 길어질 겁니다. 우리는 이 목록에 들어갈 항목에 대해서 점차 알아나가고 있습니다. 예를 들어 꿀벌이 사라진다면 인간은 생존할 수 없다는 것을 최근 우리는 깨닫게 되었습니다. 전자파와 도시화의 영향으로 꿀벌이 더 이상 자신의 방식으로 꿀을 모으지 못하고 멸종한다면, 꿀벌의 도움으로 꽃가루를 이곳저곳에 보낼 수 있었던 식물도 사라지게 되겠죠. 생명의

고리를 차지하고 있던 꿀벌의 퇴장은 생명의 고리 전체를 위험에 빠뜨립니다. 이런 이유에서 꿀벌의 존재는 인류 생존에 필수적인 것들의 목록에서 한 자리를 차지합니다. 그렇다면 참새는요? 지렁이는요? 긴 세월 동안 각자의 생존을 위해서 서로의 존재에 의존해온 모든 생명체가 이 목록에 포함될지 모르겠습니다. 한 종류의 생명체가 사라짐으로써 생명의 고리는 끊어지고 시들게 되니까요. 그뿐만이 아닙니다. 이런 생명체가 존재하기 위해서 필요한 것들의 목록도 깁니다. 앞서 나왔던 지구의 크기, 공전축의 기울기, 달과의 거리, 공기의 분포 등 모든 것이 조금이라도 달랐다면 생명은, 그리고 인류는 탄생하지 못했을 겁니다.

인류 생존에 필수적인 것들의 목록을 하나하나 살펴보면 매우 놀랍습니다. 물을 생각해봅시다. 물이 인류 생존, 나아가 모든 생명체의 생존에 필수적이라는 것은 분명합니다. 그런데 물이 갖고 있는 특성도 인류 생존에 최적화된 것처럼 보입니다.

물이란 물질은 너무나 흔하지만 또 너무나 기이한 존재입니다. 물이 지닌 독특한 성질은 무엇일까요? 우선 물은 우리 주변에서 기체로도 존재하고, 액체로도 존재하며, 고체로도 존재합니다. 단지 존재할뿐만 아니라 우리는 매일 그것들을 경험합니다. 일상생활의 조건에서 기체, 액체, 고체의 형태로 존재하는 다른 물질은 없습니다. 드라이아이스는 고체 형태로 된 이산화탄소입니다. 기체 상태의 이산화탄소는 매우 흔한 물질이죠. 드라이아이스는 기체 상태의 이산화탄소만큼 흔하지는 않지만 구하기 매우 희귀한 것은 아니죠. 하지만 액체 상태의 이산화탄소는 흔히 볼 수 없습니다. 물론 만들 수 없는 것은 아니지만 일상생활에서 쉽게 볼 수 있는 것은 아니죠.

물이 기체, 액체, 고체로 존재한다는 것이 왜 중요할까요? 만약 물이 액체 상태만으로 존재한다고 생각해보세요. 계곡에서 흘러내린 물이 강으로 모여서 바다로 흘러갑니다. 그런데 바다에 모인 물은 어떻게 다시 육지에 있는 숲으로 갈 수 있을까요? 거대한 펌프로 바닷물을 퍼 올려서 다시 산으로 보내야 할까요? 물이 액체 상태만으로 존재한다면 바다로 간 물이 다시 산으로 갈 방법이 없습니다. 이번에는 얼음을 생각해보세요. 얼음은 고체인데 액체인 물 위에 둥둥 뜹니다. 물론 이는 물이 갖고 있는 물리적 특성에서 비롯된 것이지만, 만약 물의 물리적 특성이 조금만 달라서 고체인 얼음이 액체인 물 아래로 가라앉는다면 어떤 일이 벌어질까요? 기온이 영하로 떨어지면 호수의 물은 밑바닥부터 얼어붙게 될 것입니다. 불쌍한 물고기들은 점점 물 위로 올라와야 할 것이고 호수가 모두 얼어붙으면 꽁꽁 얼은 생선이 되어 호수 표면 위에 드러나게 될 겁니다. 이처럼 지구 환경을 이루는 특성 중 상당히 많은 것들이 인류 생존에 필수적인 것처럼 보입니다. 그렇다면 이런 물음이 생겨납니다.

왜 이렇게 많은 것들이 우리 인간이 살아가는 데 적합하도록 되어 있을까?

어느 날 눈을 떠 보니 주변에 있는 수없이 많은 사람들이 자신을 위해서 봉사한다고 생각해보세요. 물을 떠오는 사람, 가축을 기르는 사람, 음식을 하는 사람 모두 자신을 위해서 일하고 있는 겁니다. 지구 환경의 거의 모든 특성이 우리 인간의 생존에 도움을 준다면 그 이유는 무엇일까요?

페일리의 시계공

인류 원리는 지구 환경이 인간의 생존에 너무나 적합하다는 관찰로부터 지구만이 그런 조건을 갖는다고 결론을 내리는 것은 섣부르다고 말합니다. 만약 그렇다면 우리는 매우 특별한 관찰자라고 할 수 있고, 우리가 그렇게 특별한 관찰자라는 것은 너무나 놀라운 일이기에 그럴 확률은 매우 낮다는 거죠. 오히려 지구처럼 지적 생명체에 적합한 천체가 우주에 여럿 있을 확률이 훨씬 높다는 겁니다.

하지만 '사실이라고 하기엔 너무나 놀라운' 현상을 바라보는 방식에는 인류 원리만 있는 것이 아닙니다. 훨씬 더 오랜 역사를 가진 사고방식이 있는데 바로 목적론적인 설명 방식입니다. 목적론에 따르면 우리 주변을 이루는 모든 환경이 우리 생존에 최적화된 놀라운 현상은 바로 이를 설계한 '의도'가 있었음으로 설명됩니다. 어떤 존재가 모든 현상을 계획했다면, 겉보기에 놀라운 현상은 사실 그리 놀라운 일이 아니게 됩니다. 그런 존재가 있다는 점이 놀라울 수는 있어도, 그런 존재가 있다면 나타날 현상들은 더 이상 놀라운 일이 아닙니다. 다음 확률을 생각해보세요.

1. 주변의 환경을 지적 생명체가 생겨나기에 적합하도록 설계한 존재가 있을 확률
2. 그런 존재가 없는데도 주변의 환경이 지적 생명체가 생겨나기에 적합할 확률

목적론적 설명을 받아들이는 사람은 2번보다 1번이 훨씬 높다고

주장할 것입니다.

'왜 우리 주변 환경이 갖고 있는 특성은 인간이 생존하는 데 필수적일까?' '왜 지구는 대기의 운동을 만들어 내고 계절의 변화를 가져올 수 있을 정도로 적절한 각도로 기울어져 있는가?' '왜 물은 일상적인 조건에서 기체, 액체, 고체의 상태로 존재하는가?' 목적론적 설명에 따르면 이 물음들에 대한 대답은 하나입니다. 지적 생명체가 존재하게 하려는 목적을 가지고 이 모든 환경을 만든 존재가 있다는 것이죠.

목적론적 설명은 다음과 같은 구조를 갖습니다.

· 목적론적 설명의 구조 ·

S라는 상황이 성립하기 위해서 조건 C가 성립하는 것이 필수불가결하다. 조건 C가 성립하는 것은 확률적으로 매우 낮다. 그런데 S라는 상황이 성립한다. 따라서 C를 성립하려는 목적을 가진 존재가 C를 성립했음에 틀림없다.

목적론적 설명의 대표적 사례는 윌리엄 페일리William Paley의 시계공 논증입니다. 페일리는 18세기 말엽에 영국에서 활동한 성공회 신부이자 신학자입니다. 그는 해변을 걷다가 모래밭 위에서 반짝거리는 물체를 발견하는 경우를 논합니다. 그 물체는 두 개의 바늘을 갖고 있고 째깍째깍 소리를 내면서 움직입니다. 이렇게 정교하게 생긴 물체를 보고 이것이 지극히 오랜 기간 동안 파도와 모래 사이에서 일어난 상호 작용으로 말미암아 아주 우연하게 만들어진 결과라 생각한다면, 이는 합리적인 추론이라고 볼 수 없을 것입니다. 페일리는 이러한 결론을 내리는 것보다는 그냥 시계공이 이 물체를 만들었고 누군가가 이

것을 모래밭에 떨어뜨렸다고 생각하는 것이 훨씬 더 합리적인 추론일 것이라 말합니다. 페일리는 우리가 살고 있는 우주 역시 마찬가지라고 생각합니다. 우주는 시계보다 훨씬 더 복잡한 구조로 작동하고 있기 때문에, 어떤 설계자가 의도를 가지고 우주를 만들었다고 결론을 내리는 것이 합리적이라는 것이죠.

페일리의 이런 논증을 '유비에 의한 논증argument by analogy'이라고 분류하기도 합니다. 다시 말해서 이 논증은 시계와 우주 사이의 유비에 근거합니다. 시계도 매우 복잡하고 우주도 매우 복잡하다는 점에서 둘은 공통점을 갖고 있습니다. 이 공통점 때문에 시계를 만든 시계공이 있듯이 우주의 설계자도 존재할 것이라고 이 논증은 주장합니다. 다시 말해서 다음과 같은 구조를 갖는 것이죠.

• 유비 논증의 구조 •

전제: A와 B는 f라는 점에서 비슷하다.

전제: A는 P라는 속성을 갖는다.

결론: 따라서 B 역시 P라는 속성을 가질 확률이 높다.

하지만 유비를 통해서 우주의 설계자를 논하는 것은 그다지 큰 설득력을 갖지 못합니다. 시계와 우주 사이에는 서로 비슷한 점도 있지만, 두드러지는 차이점도 많습니다. 가장 두드러지는 차이점은 시계는 인간이 만든 것이지만 우주는 그렇지 않다는 것입니다. 왜 그 차이점에는 주목하지 않고 복잡성이라는 모호한 특성에만 주목하는지를 묻는다면 페일리의 답변이 궁색해질 수 있습니다. 영국의 근대철학자 데

이비드 흄David Hume이 비판한 것도 바로 이 점입니다. 그는 《자연종교에 관한 대화Dialogues Concerning Natural Religion》에서 생명체의 설계자가 존재한다는 유비 논증을 비판하고 있죠. 시계와 생명체 사이에 존재하는 차이점은 수도 없이 많은데 유비 논증은 한줌의 유사점에만 초점을 맞춘다는 것이 흄이 제기하는 비판의 핵심입니다. 흄이 이 책을 쓰기 시작한 것은 1750년 정도로 알려져 있는데 이 책은 1776년에 그가 죽고 난 후에야 출간될 수 있었습니다. 기독교 사회에서 우주의 설계자에 대해 의심을 제기하는 데 대한 후폭풍을 두려워했기 때문이죠.

한편 페일리의 논증을 유비에 의한 논증이 아니라 '최선의 설명으로의 추론inference to the best explanation'으로 보려는 견해도 있습니다. 바닷가에 떨어진 반짝이는 물체가 어떻게 생겨났을까를 둘러싸고 여러 가설이 제시될 수 있습니다. 그 중에는 파도와 모래의 상호 작용을 원인으로 삼는 가설도 있고, 누군가가 그 물체를 만들었다는 가설도 있습니다. 최선의 설명으로의 추론이란, 거칠게 말해서, 주어진 증거를 가장 잘 설명하는 가설이 참인 가설, 또는 참일 확률이 높은 가설이라고 결론을 내리는 논증을 말합니다. 물론 무엇이 최선인지, 또는 무엇이 설명인지에 대해서는 논란이 있을 수 있습니다. 하지만 어쨌든 주어진 증거나 현상을 설명하려는 가설 중에서 가장 좋은 것이 참이라는 것이죠. 이런 점에서 보자면 페일리의 시계공 논증이 말하고자 하는 것은, 우주의 설계자가 존재한다는 가설이 최선의 설명이라는 겁니다. 그리고 최선의 설명이기 때문에 이 가설은 옳다는 거죠.

정리하자면 다음 표와 같습니다.

목적론적 설명의 두 해석	
유비에 의한 논증	최선의 설명으로의 추론

목적론적 설명은 유비에 의한 논증으로 해석되기도 하고 최선의 설명으로의 추론으로 해석되기도 합니다. 이 중 유비에 의한 논증은 설득력이 떨어지지만, 확률 개념을 토대로 제시되는 최선의 설명으로의 추론은 쉽게 물리칠 수 있는 것은 아닙니다.

．

인류 원리의 반격

목적론적 설명이 역사적으로 큰 영향력을 가졌던 것은 분명합니다. 지적 생명체가 어떻게 생겨날 수 있는지에 대해서 목적론은 나름대로 설명을 제시하지만 이에 대한 반론도 있어왔죠. 우주의 설계자가 존재한다는 가설이 최선의 설명이 될 수 있었던 것은 지적 생명체에 완벽하게 적합한 환경이 우연히 생겨날 확률은 극히 적다는 주장이 설득력이 있기 때문입니다. 하지만 인류 원리는 이런 주장에 의문을 제기합니다.

지적 생명체에 완벽하게 적합한 환경에 대해서 다시 생각해봅시다. 지구의 모든 환경이 생명체가 생존하는 데 완벽하게 적합하다는 점을 인정한다고 해서 지구의 모든 환경이 생명체의 생존이라는 목적을 위해서 존재한다고는 할 수 없습니다. 꿀물이 숙취 해소에 완벽하게 적합하다고 해서 꿀물이 존재하는 목적이 숙취 해소에 있다고는 할 수 없지 않습니까?

더군다나 목적론은 원인과 결과를 혼동하고 있는 듯이 보입니다. 지적 생명체가 생기게 하려는 의도가 원인이 되어서 그 결과 지구의 모든 환경이 지적 생명체에 적합하도록 된 것일까요? 아니면 지구의 모든 환경이 특정한 방식으로 성립되었다는 사실이 원인이 되어서 그 결과로 지적 생명체가 생겨난 것일까요? 목적론은 '전자'라고 대답하면서 '후자'일 가능성을 놓치고 있습니다.

생명체의 존재에 대해서 목적론을 받아들이는 사람은 이런 반론에 직면하게 됩니다. 종교적 분위기 때문에 이런 반론을 공공연하게 드러내기 어려울 수 있겠지만 말이죠. 하지만 목적론에 대해서 이런 비판을 제기하는 것과 생명체의 기원에 대한 대안적 설명을 제시하는 것은 다른 일입니다. 목적론에 대한 의심을 제기하는 것만으로는, 달걀과 닭 중 무엇이 먼저 생겨났는가와 같은 논쟁에서 문제를 더 끌고 나가지 못합니다. 생명체를 위해서 우주가 만들어졌느냐, 아니면 우주의 조건에 적합한 생명체가 생겨났느냐 중에서 자신의 입맛에 맞는 쪽을 선택하는 식이죠.

목적론에 대한 대안이 되기 위해서는 '우연성'을 받아들일 근거가 필요합니다. 우리에게 필요한 것은 다음 물음에 대한 근거를 찾는 일이죠.

왜 아무것도 없는 것이 아니라 무언가가 존재하는가?

생명체는 없을 수도 있었습니다. 그런데도 존재한다면 그에 대한 설명을 제시할 필요가 있는데 그 근거로 우연성을 제시하는 것은 설계자 가설보다 매력이 없습니다. 인류 원리는 목적론을 비판하는 것을 넘어 목적론에 대한 대안을 제시하기 위해서 소환됩니다. 아무것도 없는 것이 아니라 무언가가 존재하는지에 대해서 인류 원리는 중요한 점을 말해줍니다. 우리가 존재하지 않았더라면 당연히 우리는 우주가 생명체의 탄생에 적합한지를 판단할 수 없었을 것이고, 우리가 존재한다면 우주는 생명체의 탄생에 적합할 수밖에 없기 때문입니다. 우주의 진화 과정에서 생명체가 우연적으로 생겨나는 것은 기적과 같이 지극히 드문 일이라고 주장하는 사람에 대해서, 인류 원리는 한마디로 이미 탄생한 생명체에게 생명의 탄생은 드문 일이 아니라고 말하는 셈입니다.

일어날 확률이 지극히 낮은 사건을 나타내기 위해서 "원숭이가 타자기를 쳐서 《햄릿Hamlet》이 써지는 일"이라는 표현을 쓰곤 합니다. 그런데 정말로 원숭이가 타자기를 쳐서 《햄릿》을 쓰는 일이 눈앞에서 벌어진다면, 어떤 생각을 하게 될까요? 목적론을 받아들이는 사람은 이를 두고 원숭이가 어떤 이유에서든 글을 알고 타자기를 칠 수 있는 능력을 갖고 있다고 설명하는 셈입니다. 한편 인류 원리를 받아들이는 사람은 글을 쓰는 원숭이를 보고 어떤 설명을 할 수 있을까요? 이미 원숭이가 《햄릿》을 타자기로 쓰는 일이 벌어진 이상, 그런 일이 일어나기 지극히 어렵다고 하더라도, 그 일은 더 이상 놀라운 일이 아니라고 해야 할까요? 원숭이가 글을 알고 있으며 타자를 쳐서 《햄릿》을 쓰고자 하는 '목적'을 갖고 이 일을 했다고 생각하는 사람은 이런 설명에 만족하지 않을 겁니다. 그에게 문제는, 원숭이가 순전히 우연히 타자기를 두드린 것이라면 어떻게 이렇게 확률이 지극히 낮은 사건이 우리에게 일어날 수 있었는지에 대한 겁니다.

이에 대해서 대답하는 방법에는 두 가지가 있다고 생각합니다. 하나는 원숭이가 타자를 치는 일이 수도 없이 많았다고 말하는 겁니다. 즉 원숭이가 타자기를 쳐서 문학작품을 그대로 옮기는 것은 일어나기 지극히 어려운 일이지만, 이런 시도가 수도 없이 일어난다면 수많은 실패 중에서 한 번 정도 성공하는 것은 놀라운 일이 아니라고 말하는 거죠. 앞에서 말한 '역 도박사의 오류'에 등장하는 도박사의 주장과 비슷합니다. 이런 대답의 이면에는 아무리 일어나기 어려운 사건도 무한대로 시도하면 일어날 수 있다는 생각이 깔려 있죠.

또 다른 대답은, 원숭이의 시도가 수없이 많았다고 주장하는 것이 아니라, 그런 시도를 보는 관찰자가 수없이 많았다고 주장하는 겁니다. 좀 더 극적으로 말하자면, 수없이 많은 나의 '복제자'들이 각자의 우주에서 타자기를 치는 원숭이를 보는 겁니다. 이런 우주는 수없이 많기 때문에 그중 하나에서 성공한 원숭이를 목격하는 일이 벌어진 거죠. 이런 주장의 이면에도 무한 횟수로 일어나면 확률이 지극히 낮은 사건도 언젠가 성공한다는 전제가 있습니다. 우주가 수없이 많다는 생각은 앞서도 등장한 바 있는 다중 우주multiverse 이론이죠.

이 두 대답 사이의 차이점은 하나의 우주 안에서 비슷한 일이 여러 번 일어나는지, 아니면 여러 개의 우주에서 비슷한 일이 일어나는지 하는 겁니다. '더 알아보기'에서 다루는 확률 개념 중 '세계 내 확률'과 '세계 간 확률'이라는 개념이 있습니다(359쪽). 세계 내 확률을 받아들이는 사람은 한 우주에서 여러 번 일어나는 사건의 확률을 논할 것이고, 세계 간 확률을 받아들이는 사람은 여러 우주에서 일어나는 사건을 비교하여 확률을 논하겠죠. 여기서도 그런 차이점이 있다고 보면 됩니다.

어떤 선택을 하든지 인류 원리를 받아들이는 사람들은 생명체의 탄생을 지극히 일어나기 힘든 우연의 산물로 여기지 않고 다른 방식으로도 이를 설명할 수 있을 겁니다. 이것이 그들에게 유일한 길은 아니지만 말이죠.

총살형에서 살아남은 사람

다중 우주론과 인류 원리를 한데 묶는 전략은 목적론적 설명에 의문을 제기하는 것을 넘어서 설계자 없이도 생명체가 우주에서 생겨날 수 있는 그럴 듯한 대안적 설명을 제시합니다. 그렇다면 목적론적 설명을 받아들이는 사람들은 이에 어떻게 대응할까요? 리처드 스윈번 Richard Swinburne이나 윌리엄 크레이그William Craig와 같은 현대의 목적론자가 보이는 전형적인 반응은 인류 원리를 깎아 내리는 것입니다. 다음 설명은 스윈번이 인류 원리를 비판하기 위해서 제기한 사례입니다.

> 총살형을 집행하기 위해서 사형수에게 총구가 겨눠졌다. 총살형 집행은 12명의 명사수가 맡고 있는데, 그들은 각각 12발을 쏘게 된다. 그런데 이번 집행에는 144발 모두 빗나가고 말았다. 그러자 사형수는 웃으면서 '어떻게 이런 일이 일어났는지에 대해서 어떤 설명이 필요한 것은 아닌데, 그 이유는 만약 총을 쏜 사수들이 표적을 맞추었다면, 사형수 자신은 그런 광경을 관찰할 수

있는 위치에 있지 않았을 것이기 때문'이라고 말한다. 하지만 당연히 이런 사형수의 발언은 터무니없는 것이다. 명사수들이 쏜 총알이 모두 표적을 빗나간 것에 대해서는 설명이 필요하다. 표적을 벗어난 총알 덕분에 사형수가 살아서 이 사실을 관찰하게 된 것도 설명이 필요하다. 이에 대한 설명은 이는 우연한 사고—가장 이례적인 사건—라고 하던가, 아니면 이는, 예컨대 사형을 집행해야 할 사수들이 뇌물을 받았다는 식으로, 계획된 사건이라고 말하는 것이다.[45]

스윈번은 영미 철학계에서 신의 존재를 철학적으로 옹호하는 변신론에 평생을 바친 대표적 학자입니다. 그는 총살형 집행에서 발포된 144발의 총알로부터 살아남은 사람을 우주의 진화 과정에서 생겨난 인간에 비유하고 있습니다. 애초에 인간이 태어나지 않을 수 있었던 길은 수도 없이 많습니다. 이 중 하나만 일어났다면 인간은 생겨나지 않았을 겁니다. 그런 점에서 인간의 출현을 막을 수 있었던 조건들이 144발의 총알에 비유될 수 있죠. 이 중 한 발만 제대로 맞았다면 인간은 아예 존재하지 않았습니다. 스윈번은 인류 원리가 마치 이 사례에서 살아남은 사형수와 같이 말하고 있다고 비판하고 있는 셈입니다. 그가 보기에 인류 원리는 이렇게 말하는 것과 같습니다.

인간이 우주에서 출현한다는 것은 지극히 일어나기 힘든 일이라서 왜 이런 일이 일어났는지 설명이 필요한 듯 보일 수 있지만 사실은 그렇지 않다. 왜냐하면 이미 인간은 출현했기 때문이지.

하지만 스윈번이 보기에, 이렇게 말하는 것은 자신을 겨냥하고 쏜

144발의 총알이 모두 빗나가는 바람에 살아남은 사형수가 자신이 살아남은 일이 놀라운 것은 아니라고 말하는 것과 같이 터무니없는 주장일 뿐입니다. 그에 따르면, 총살형에서 살아남은 사람에 대한 그럴듯한 설명은 이런 일이 생기도록 하는 어떤 '조작'이 있었다는 것이고, 인간과 같은 생명체가 우주에서 생겨난 것에 대한 그럴듯한 설명은 그런 일이 생기도록 하는 '설계'가 있었다는 겁니다.

생명체의 출현이 설계에 의한 것이라는 주장으로부터 그런 설계를 한 존재가 선하고 전지전능한 존재, 즉 신이라는 주장이 바로 따라 나오는 것은 아닙니다. 목적론을 비판하는 사람들은 이 점을 비판하기도 합니다. 생명체의 출현이 설계되었다고 하더라도 그 설계를 한 하나의 주체가 있고 나아가 그 주체가 선한 의도에서 그런 일을 했다고 생각할 이유가 없다고 보는 것이죠. 설계자가 어떤 속성을 가져야 하는지는 흥미로운 논쟁점이 될 수 있지만 우리의 논점에서는 벗어나므로 여기서는 다루지 않기로 합시다.

총살형 사례로 돌아와서 스윈번의 비판이 과연 목적론에 대한 그럴듯한 옹호가 될 수 있을지 생각해보도록 하겠습니다. 앞서 페일리의 논증이 서로 다르게 해석될 수 있다는 점을 보았죠. 하나는 이 논증을 유비 논증으로 읽는 것이고, 다른 하나는 최선의 설명으로의 추론으로 읽는 것이었습니다. 페일리의 목적론 논증을 유비 논증으로 본다면 이는 그다지 그럴듯한 논증이라고 볼 수 없지만 최선의 설명으로의 추론으로 본다면 다른 이야기가 될 수 있다는 점을 보았습니다.

목적론 논증을 최선의 설명으로의 추론으로 읽는다는 것은 정확히 무슨 의미일까요? 거칠게 말하자면 이런 겁니다. 우리는 우주가 생명체가 살아가기에 최적화되었다는 것을 알고 있습니다. 다시 말해서 우주를 이루는 기본 입자들의 속성이 아주 조금만 달랐더라도 생명체는 출현할 수 없었다는 겁니다. 이를 두고 우주는 '미세 조정fine-tuned' 되었다고 말합니다. 이를 가장 잘 설명하는 것은 '우주가 우연의 지배를 받는다'는 이론이 아니라 '우주에는 설계가 존재한다'라는 것이 목적론의 논증입니다. 이를 조건부확률을 통해서 다음과 같이 표현해보도록 하겠습니다.[46]

$$Pr(\text{미세 조정} \mid \text{설계}) \geq Pr(\text{미세 조정} \mid \text{우연})$$

다시 말해서, 설계론이 옳다는 조건 하에서 미세 조정이 일어날 조건부확률이 우연론이 옳다는 조건 하에서 미세 조정이 일어날 조건부확률보다 크다는 것이죠. 스윈번의 총살형 사례에 대해서도 비슷한 주장을 할 수 있습니다.

$$Pr(\text{총살형에서 살아남음} \mid \text{사전 계획 있음}) \geq Pr(\text{총살형에서 살아남음} \mid \text{사전 계획 없음})$$

즉 총살형을 집행하는 사수들에게 뇌물을 주는 등의 사전 계획이 있었다는 조건 하에서 144발의 총알을 피하고 사형수가 살아남는 사건이 벌어질 조건부확률이 그런 사전 계획 없이 사수들이 총을 쏘았다는 조건 하에서 사형수가 살아남는 사건이 벌어질 조건부확률보다 크다는 것입니다.

이에 대해서 인류 원리를 통해 미세 조정을 설명하려는 사람들은 위

의 부등식이 현실을 반영하지 못한다고 생각합니다. 'Pr(미세 조정|우연)'은 낮을 수 있지만, 현실을 제대로 반영하기 위해서는 여기에 다중 우주론을 함께 고려해야 한다고 주장하는 것이죠. 그들에 따르면 우리가 비교해야 할 조건부확률은 'Pr(미세 조정|우연&다중 우주)'이고, 이렇게 생각하면 설계론과 우연론 사이에 설명력의 차이는 없다는 것입니다.

이렇게 보면 설계론과 우연론 사이에 형성된 전선이 목적론과 인류 원리 사이의 전선으로 옮겨갔다고 할 수 있습니다. 목적론과 인류 원리의 관계는 '이것 아니면 저것'이라는 배타적인 관계로 전선을 형성합니다. 그런데 상황이 반드시 그래야 하는 것은 아닙니다. 인류 원리가 목적론과 배타적이어야만 하는 것은 아니라는 말입니다. 배타적이라고만 생각하는 이유는 인류 원리를 카터가 제시한 형태로만 이해했기 때문입니다. 이미 보았듯이 카터가 규정한 대로의 인류 원리는 너무 약하거나 너무 강합니다.

•

인류 원리와 목적론

인류 원리가 목적론과 배타적일 필요가 없다는 점을 논의하기 위해서 다시 미세 조정에 근거한 목적론을 생각해보겠습니다. 이 논증을 최선의 설명으로의 추론으로 해석하기 위해서 우리는 조건부확률 개념을 사용했죠. 앞에서 두 조건부확률, 즉 Pr(경험|이론)과 Pr(이론|경험)을 구분하는 것이 중요하다는 점을 확인했습니다. Pr(경험|이론)

은 어떤 이론이 주어졌을 때 우리가 경험하고 있는 바가 일어날 조건부확률을 말합니다. 이 조건부확률은 이론이 얼마나 그럴듯한지를, 즉 그 이론이 참이라면 얼마나 경험을 잘 설명해주는지를 보여주죠. 이를 '우도尤度'라고 합니다.[47] 반면, Pr(이론|경험)은 우리가 특수한 경험을 하게 되었다는 조건 하에서 어떤 이론이 참일 확률을 말합니다.

총살형 사례에서 이 조건부확률은 무엇을 의미할까요? 총살형을 집행하는 사수들이 뇌물을 받고 일부러 총을 허공에 쏜 것이라는 주장을 할 수 있는데, 이 주장을 '뇌물설'이라고 부르기로 하죠. 뇌물설이 참이라면 사형수가 사형 집행에도 불구하고 살아남는 것을 관찰할 공산이 큽니다. 이 관찰을 '살아남은 사형수'라고 줄여서 부른다면, Pr(살아남은 사형수|뇌물설)은 꽤 높을 겁니다. 반면 Pr(뇌물설|살아남은 사형수)는 이와 다릅니다.

12명의 사수가 각각 12발을 쏘았는데도 사형수가 살아남는 것을 관찰하는 것은 매우 드문 경험입니다. 이런 드문 경험을 했을 때 뇌물설이 참일 확률은 얼마나 될까요? 물론 12명의 사수가 모두 뇌물을 받았다는 가설도 이 드문 경험이 일어난 사실을 설명해주지만, 우리는 또 다른 가능성을 살펴봐야 합니다. 예를 들어 사수들에게 실탄이 아니라 공포탄이 지급되었을 수도 있고, 사형수 앞에 투명한 방탄유리가 있었을 수도 있습니다. 이도 아니라면 사형수에게 염력이 있어서 총알이 자신을 피해 날아가도록 만들었을 수도 있습니다. 또한 뇌물설 자체가 얼마나 신빙성이 있는지도 생각해봐야 합니다. 뇌물을 받은 것이 알려진다면 사수들은 처벌을 받을 것이고 표적을 빗나가게 사격을 하면 바로 그 결과가 알려질 수 있는데도 뇌물을 받을 사수가 있을까요?

이런 의문이 타당하다면 그만큼 뇌물설의 신빙성은 떨어진다고 할 수 있겠죠. 이런 점을 고려하여 Pr(뇌물설|살아남은 사형수)를 가늠해야 합니다. 그렇다면 이 조건부확률은 앞의 것보다 훨씬 낮을 겁니다.

여러 가설 또는 이론 중에서 어떤 것을 선호해야 하는지를 따질 때 우도를 고려해야 하는 경우도 있을 겁니다. 하지만 우리가 다루고 있는 문제들에서는 Pr(경험|이론)보다는 Pr(이론|경험)이 중요합니다. 설계론과 우연론에 적용해보자면, '미세 조정'이라는 경험을 하게 되었다는 조건 하에서 설계론이 참이 확률과 우연론이 참일 확률 중 어느 쪽이 더 높은지가 우리에겐 중요한 것이죠. 여기서 인류 원리는 어떤 역할을 하나요? 설계론을 받아들이는 사람들이 인류 원리를 비판했던 이유는, 인류 원리와 다중 우주론이 우연론의 그럴듯함을 높인다고 생각했기 때문입니다. 그래서 인류 원리를 거부하면 우연론의 그럴듯함이 약해진다고 생각하겠죠. 이때 그들이 고려하는 것은 우도입니다. 우리가 따져야 하는 것이 우도가 아니라면 이야기는 달라질 겁니다. 즉 Pr(설계|미세 조정)과 Pr(우연|미세 조정)을 따져야 하는 거죠.

앞서 우리는 인류 원리를, 동어반복적 명제가 아니라, 이 두 조건부확률을 비교하는 기준으로 보아야 한다는 점을 논했습니다. 인류 원리는 참과 거짓이 가려지는 명제라기보다는 '우리 자신을 특별하게 여기지 말라'라는 메시지를 담은 권유형 문장에 가깝다는 거죠. 그것이 '편향성을 사랑하라'라는 명령문으로 표현되었던 겁니다. 인류 원리는, 목적론을 옹호하는 사람들이 하듯이, 참인 것으로 가정될 수 있는 것이 아니라 두 조건부확률을 가늠하는 메타적 기준입니다. '미세 조정'이라고 표현될 수 있는 경험을 하게 되는 조건 하에서 설계론이 참일 확률과 우연론이 참일 확률을 비교하는 기준인 것이죠. 거칠게 말해서, 미세 조정이라는 경험을 하는 우리를 특별한 관찰자로 만드는 가설보다는 평범한 관찰자로 만드는 가설을 선호해야 한다는 것이 인류 원리가 제시하는 기준입니다. 그렇다면 인류 원리를 받아들이는 것 자체가 우연론의 그럴듯함을 올려주지 않으며 또한 설계론의 그럴듯함을 깎아내리지도 않는다는 것을 알 수 있습니다. 즉 인류 원리와 설계론은 배타적이지 않습니다. 그 점을 주목하는 것이 중요하다고 생각합니다.

인류 원리에 근거해서 Pr(설계|미세 조정)과 Pr(우연|미세 조정)을 비교하는 일은 간단치 않은 일입니다. 우선 미세 조정이라는 경험을 우리가 하고 있다는 것에 대한 평가부터가 간단치 않을 것이라고 생각합니다. 우리를 겨냥해서 12명의 명사수가 12발씩 사격을 했는데 모두가 살아남는다면 우리가 살아 있다는 경험은 놀라운 것이라고 할 수 있습니다. 반면 총에 맞아 죽은 사람들이 살아 있다는 경험을 하지 못한다는 것은 전혀 놀랍지 않죠. 우리가 미세 조정이라는 경험을 하는 것도 총격에서 살아남은 것과 같이 놀라운 경험을 하고 있는 것이라고 보아야 할까요? 이는 논쟁의 여지가 있어 보입니다. 우선 총격에서 살아남는 것과 미세 조정의 경험을 같은 선상에서 비교하는 것에도 의문을 가질 수 있습니다. 총격을 받았다면, 죽는 사람은 바로 우리이지만, 미세 조정이 없어서 생명체가 생겨날 수 없었다면, 그렇게 해서 태어나지 못한 존재는 우리가 아니라고 해야 할 것입니다.

총살형 사례는 흥미로운 사고 실험입니다. 하지만 이 사례로부터 우주에 생명체가 생겨난 일이 설계에 의한 것인지 순전한 우연에 의한 것인지 하는 오래된 물음에 대해 확정적 답을 찾는 것은 성급한 생각입니다. 또한 인류 원리를 받아들인다고 해서 우연론을 지지해야 하는 것도 아니라는 점을 분명히 할 필요가 있습니다. 아직 갈 길이 멀고 논쟁할 여지도 많지만, 우주론에서 인류 원리의 역할과 한계가 분명히 드러난다면, 인류 원리에 대한 냉소나 열광 중 하나만을 보내는 것과 같은 우주론 내의 상황도 정리가 될 수 있겠지요.

질문과 대답

Q: 우리는 어디서 왔는가?

A: 지구와 같이 지적 생명체가 살 수 있는 천체는 우주에서 매우 드문 것처럼 보이지만 사실 그렇게 드문 것이라고 단정할 수 없습니다. 지구와 같은 천체가 많을 것이라는 결론이 '역 도박사의 오류'와 같은 것이라고 하더라도 '역 도박사의 오류'가 말 그대로 잘못된 생각이라고 보기는 힘듭니다. 그렇다고 해서 인류의 기원에 대한 목적론적 설명이 잘못된 것이라고 여기기도 힘듭니다. **인류 원리는 우리가 경험하는 '미세 조정'이라는 조건 하에서 목적론과 우연론 중 어느 것이 참이 될 확률이 더 높은지 비교하는 메타적 기준이 될 수 있습니다.**

10장

우리는 언제 사라지는가

_인류 종말의 위험성은 생각보다 높다

인류는 언제까지 지금과 같은 번성의 시기를 누릴 수 있을까요? 인류가 종말한다는 것은 무슨 의미이며, 그 과정은 어떠할까요? 인류가 종말한다면, 그것은 미래의 일이겠지만, 현재와 무관한 일일 수 없습니다. 현재의 사건이 미래에 영향을 줄 것이며, 특히 가까운 미래에 인류가 종말한다면, 그것은 우리 모두의 삶에 위협이 될 수 있기 때문이죠. 이 장에서 우리는 인류 원리가 인류의 미래에 어떻게 적용될 수 있는지 생각해보도록 하겠습니다.

가수의 미래 예측하기

10여 년 전에 인기를 누렸던 방송 프로그램을 다시 본 적이 있습니까? 혹시 그 프로그램에 나왔던 연예인 중 어떤 사람에 대해서 '지금 저 사람은 어디서 뭘 하고 있을까' 궁금해 한 적이 있나요? 그때 그는 분명 꽤나 유명했던 사람이었을 겁니다. 그런데 지금은 그에 대한 소식을 들을 수 없습니다. 과거에는 유명했으나 지금은 대중의 관심에서 멀어진 연예인들을 떠올려보세요. 잘 생각이 나지 않을 겁니다. 당연합니다. 바로 여러분의 관심에서 멀어졌으니까요. 우리는 우리가 그의 근황에 대해서 모른다는 것 자체를 모릅니다.

대중의 관심을 받는 유명 연예인을 '스타'라고 말합니다. 진짜 별은 스스로 빛을 내야 하는데 이 '스타'들은 대중의 관심이라는 빛이 없으면 빛을 낼 수 없습니다. 그런 점에서 연예계의 스타는 별이라기보다는 달과 같다고 하는 것이 더 적절해 보입니다. 달은 태양의 빛을 받지 못하면 그믐달이 되어 하늘에 있는지 없는지도 모를 정도가 되니까요. 사람들은 한번 스타가 되면 영원히 빛날 것이라 생각합니다. '원 히트 원더one-hit wonder'라는 말은 단 한 번 대중의 사랑을 받다가 사라진 연예인을 말하는 표현입니다. '반짝 스타'라고들 하죠. 사람들은 반짝 스타에게 안타까움을 표시하기도 하지만, 사실 대부분의 연예인은 반짝 스타도 되지 못한 채 살아가고 있습니다.

그 많던 유명 연예인들은 왜 우리의 관심에서 멀어졌을까요? 그들이 자신의 인기에 취해서 노력을 소홀히 해서일까요? 그런 경우도 있을 겁니다. 하지만 여러분으로 하여금 '저 사람은 너무 건방져서 이제 저 사람에 대한 관심을 거두겠어'라는 생각을 하게 만든 과거의 스타가 있습니까? 아마도 없을 겁니다. 여러분이 그런 노력을 한다면 그런 노력 역시 그 연예인에 대한 여러분의 관심을 보여주는 것입니다. 여러분은 그런 노력 없이 그 연예인을 잊었습니다. 자신도 의식하지 못한 채 관심을 거둔 것입니다. 과거의 스타는 잊힌 것이지 여러분이 잊으려고 노력한 결과 그를 잊게 된 것이 아닙니다. 우리에게서 과거의 스타가 떠난 이유는 우리의 관심이 딴 곳으로 가 있기 때문입니다. 새로운 스타에 관심을 갖게 되고 그에 대해서 이야기하게 되면서 과거의 스타에 대한 관심은 시들어버린 것이죠. 만약 우리가 굉장히 많은 대상들에 동시에 관심을 가질 수 있었다면 상황은 달랐을 겁니다. 한 번 관심을 끌었던 스타는 계속해서 우리의 관심을 붙들어 둘 수 있겠죠. 하지만 우리의 관심은 제한적입니다. 제한적인 대상들에게 제한적인 시간 동안만 관심을 둘 수 있죠.

연예인들의 전체 집합을 생각해봅시다. 이 집합은 시간이 갈수록 점점 커지는 경향을 가질 겁니다. 한번 연예인이 된 사람은 이 집합에 계속 남게 되고 새롭게 연예인이 되는 사람들이 끊임없이 등장할 테니까요. 이 집합 속에는 반짝 스타도 있고 국민가수나 국민배우로 불리는 사람도 있습니다. 대중의 관심을 한 번도 제대로 받아본 적이 없는 사람도 있는 반면 대중의 사랑을 끊임없이 받아온 사람도 있습니다. 연예인을 향한 대중의 관심과 사랑을 스포트라이트 또는 집중 조명에 비유한다면, 이 집중 조명 속으로 들어오기 위해서 연예인들은 부단히 노력하지만 일정한 수의 연예인만이 그 자리를 차지할 수 있을 뿐입니다.

여러분의 관심을 막 끌기 시작한 가수가 한 명 있다고 해볼까요? 이 가수를 좋아하는 사람들이 늘어나고 그의 팬클럽도 만들어졌습니다. 우리의 질문은 이것입니다. 이 가수는 대중의 집중 조명 속에 얼마나 오래 머물게 될까요?

이를 알아보기 위해 다른 가수 한 명과 비교해봅시다. 여러분은 이 가수를 꽤 오랫동안 알아왔습니다. 새롭게 관심을 끌기 시작한 가수에게 밀려서 이 가수는 이제 대중의 관심에서 멀어질까요? 사람들에게

막 알려지고 인기를 끌고 있는 신인 가수와 중견 가수 중 누가 앞으로 더 오랫동안 우리 주변에 남게 될까요? 이 정보만 가지고는 누구도 단정해서 말할 수 없을 겁니다. '경우에 따라 다르다'가 정답일 겁니다. 구체적으로 어떤 가수를 말하는지에 따라서 가수의 인기 수명은 달라지겠지요. 하지만 우리가 구하고자 하는 것은 확률입니다. 여러분의 관심을 끌기 시작한 지 얼마 되지 않은 신인 가수와 꽤 오랫동안 여러분의 관심을 받아왔지만 지금은 그렇게 많은 인기를 누리고 있지 않는 중견 가수, 이 둘 사이의 운명에 관한 확률 말입니다. 더 오래 인기를 누릴 사람이 지금 막 인기를 끌기 시작한 신인 가수라고 생각한다면 그 근거는 무엇이고, 반대로 중견 가수의 인기가 더 오래 갈 것이라고 생각한다면 그 근거는 무엇인가요?

∙

고트의 '코페르니쿠스 원리'

이 대목에서 리처드 고트Richard Gott라는 물리학자의 경험담을 소개하겠습니다. 그는 1989년 동독과 서독을 가로막았던 베를린 장벽이 무너지는 장면을 텔레비전을 통해서 보게 됩니다. 그리고 그는 자신이 베를린 장벽을 방문했던 1969년을 떠올립니다. 그 해 서독을 방문한 그는 동독으로 가는 길을 가로막고 있는 베를린 장벽을 보면서 다음과 같은 생각을 했다고 합니다.

내가 바로 이 시점에 베를린 장벽을 방문한 사건이 여기를 방문한 수많은 사람들의 경험에 비해서 특별하다고 볼 수는 없어. 이 장벽이 세워진 1961년부터 앞으로 장차 이 장벽이 무너질 때까지의 시간을 '베를린 장벽의 역사'라고 부른다면, 내가 말하려는 것은, 내가 이 장벽을 방문했다는 사건은 베를린 장벽의 역사에서 평범한 시점에 일어났을 확률이 높다는 거야. 다시 말해서, 내 방문이 베를린 장벽의 역사에서 아주 초기에 일어났다거나 아주 말기에 일어났을 확률은 낮다는 말이지. 내가 베를린 장벽을 방문한 사건이, 예컨대 베를린 장벽의 역사 중 마지막 1/4 부분에 일어날 확률 역시 1/4이라고 보아야 할 거야. 앞으로 베를린 장벽이 무너질 때까지 남은 햇수를 x라고 한다면 베를린 장벽의 역사는 (8+x)로 표현되겠지. 내가 알고 싶은 것은 이 역사에서 8년이 차지하는 비율이야. 이 비율이 3/4보다 크기 위해서는 x가 얼마나 되어야 하는지를 알고 싶은 거지. 즉,

$$\frac{8}{8+x} \geq \frac{3}{4}$$

이로부터 우리는 x가 8/3년, 즉 2.67년보다 작아야 한다는 것을 알 수 있는데, 이 말은 앞으로 2.67년 안에 베를린 장벽의 역사가 종료할 확률은 1/4이라는 거야. 내가 베를린 장벽을 방문한 사건이 베를린 장벽 역사의 초기 1/4에 있을 확률도 마찬가지로 생각할 수 있어. 즉,

$$\frac{8}{8+x} \geq \frac{1}{4}$$

이로부터 x는 24년보다 커야 한다는 것을 알 수 있어. 이 말은 앞으로 베를린 장벽이 24년 이상 지속될 확률이 1/4이라는 거야. 다시 말해서 내가 베를린 장벽을 방문했다는 바로 지금의 이 경험을 토대로 판단할 때, 베를린 장벽이

앞으로 2.67년 이상 24년 이하로 지속될 확률이 50%, 2.67년 이하일 확률이 25%, 24년 이상일 확률이 25%라고 할 수 있지.

고트가 이런 예측을 하고 나서 20년이 지난 1989년에 베를린 장벽이 무너졌으므로 그의 예측은 50% 정도의 신뢰도를 가졌다고 말할 수 있습니다. 만약 50%보다 더 높은 신뢰도, 예를 들어 90%의 신뢰도를 지닌 예측을 하고 싶다면, 3/4 대신에 19/20를, 1/4 대신에 1/20을 놓고 계산해보면 됩니다. 이 경우 1969년을 기준으로 베를린 장벽이 0.42년 이상 152년 이하로 지속될 확률이 90%라는 결과가 나오게 되죠.

고트는 자신이 받아들인 전제, 즉 자신의 경험이 일어난 시점이 특별한 시점이 아니라는 전제를 '코페르니쿠스 원리'라고 부릅니다. 고트의 코페르니쿠스 원리가 말하고자 하는 바는 간단합니다. 지금까지 긴 기간을 버텨온 대상은 앞으로도 그만큼 오랫동안 우리 곁에 있을 확률이 높다는 것이죠. 예를 들어 경주의 다보탑이 세종로에 있는 이순신 동상보다 더 오랫동안 존재할 확률이 높고, 이순신 동상이 그 뒤에 있는 세종대왕 동상보다 더 오랫동안 존재할 확률이 높다는 겁니다.

이 원리는 모든 유한한 것의 역사에 적용될 수 있습니다. 예를 들어 브로드웨이에 장기 공연 중인 뮤지컬이 앞으로 얼마나 더 공연을 계속할 것인지, 전통적인 은행은 언제까지 지금과 같은 방식으로 존재할지 등에 대해 적용하여 그 미래를 예측할 수 있습니다.[48] 더 범위를 넓히자면 인류의 미래에 대한 예측도 할 수 있을 겁니다. 고트는 95%의 코페르니쿠스 원리를 적용할 때 인류의 역사가 앞으로 5천 년보다는

길고 8백만 년보다는 짧은 기간 동안 지속되다가 사라질 확률이 95%라고 예측합니다.[49]

하지만 고트는 이 원리를 적용할 때 조심해야 할 점이 있다고 충고합니다.[50] 예를 들어 막 결혼식을 마친 신혼부부를 축하하러 가서 그들의 행복한 결혼이 언제까지 갈지를 코페르니쿠스 원리에 따라 예측한다거나 호스피스 병동에 있는 환자들을 방문해서 그들의 남은 생애를 코페르니쿠스 원리에 따라 예측해서는 안 된다는 겁니다. 왜냐하면 결혼식이라는 사건은 결혼 생활의 시작을 알리는 사건이고 그 사건에 참석한 사람들은 결혼 생활 전 기간을 고려할 때 자신을 특별한 관찰자의 위치에 세우게 되기 때문입니다. 마찬가지로 호스피스 병동에 있는 환자들은 자신의 생애에 마지막에 서 있는 사람이기 때문에 이들을 방문하는 사건은 방문자를 환자의 생애 전체에서 특별한 위치에 있도록 만들어줍니다.

고트의 설명은 흥미롭고 훌륭합니다. 하지만 동시에 단순합니다. 그는 모든 것의 미래를 '임의의 관찰자가 그 대상을 관찰하는 시점'이라는 정보에 근거해서 예측하고 있죠. 관찰자가 특수한 위치에 있지 않는 한 코페르니쿠스 원리를 적용할 수 있다고 그는 말하지만, 문제는 '관찰자가 자신의 위치를 어떻게 판단할 수 있는가' 하는 점입니다. 신혼부부나 호스피스 병동에 있는 환자의 경우는 우리의 상식이 작동할 수 있는 범위에 속하지만, 인류의 탄생과 종말까지의 기간에서 우리의 위치가 특별한지 아닌지를 어떻게 알 수 있을까요?

인류의 미래를 예측하는 것은 다보탑의 미래를 예측하는 것과는 다릅니다. 가장 큰 차이점은 우리 자신이 인류의 역사를 구성하는 (매우 작긴 하지만 그래도 어엿한) 부분이라는 점입니다. 반면 우리가 다보탑의 부분인 것은 아니죠. 비유를 들자면, 다보탑의 미래를 예측하는 일은 산에 올라가서 먼 아래를 내려다보며 지나가는 자동차의 종착역을 예측하는 것과 비슷합니다. 반면 인류의 미래의 예측하는 것은 그 산에 올라간 우리 자신의 운명을 예측하는 것이지요. 먼 아래의 풍경이 우리 자신의 운명을 어떻게 알려줄 수 있을까요? 그런 점에서 고트의 코페르니쿠스 원리를 인류의 미래에 적용하는 것에는 미심쩍은 부분이 있습니다.

또 하나 생각해볼 점이 있습니다. 고트가 인류의 미래에 대해서 내린 예측이 옳다는 것은 과거의 우리 예측이 계속해서 정확하지 못했다는 점을 보여주는 것입니다. 아주 먼 옛날에 인류의 미래를 고트의 방식을 따라서 예측한 사람을 생각해보세요. 그는 2000년을 넘어서까지 인류가 번성할 확률을 매우 낮게 보았을 겁니다. 하지만 그의 예측은 정확하지 않았습니다. 그런 점에서 볼 때 인류의 번성이 계속된다는 것은 과거의 예측을 빗나가도록 만듭니다. 이 점이 우리의 위치를 특별하게 만든다고 해야 하지 않을까요?

•

나의 관심과 스타의 탄생

다시 가수 이야기로 돌아와 보겠습니다. 수많은 연예인 지망생들은 오랫동안 빛나는 스타가 되길 원하지만 그렇게 오랫동안 빛나는 스타는 드뭅니다. 이제 막 대중의 관심을 끌기 시작한 신인 가수와 이보다는 긴 시간 동안 대중의 관심을 받아온 가수 중에서 어느 쪽이 더 오랫동안 대중의 스타로 남아 있을 확률이 높을까요? 이것이 우리가 물었던 질문이었죠.

만약 모든 가수가 각각 동일한 기간 동안 대중의 관심을 공평하게 받는다면, 당연히 신인 가수가 앞으로 더 오랜 기간 동안 우리의 관심 속에 머무르게 될 겁니다. 하지만 문제는 대중의 관심이 모든 가수에게 균등하게 돌아가지 않는다는 거죠. 한 가수가 얼마나 오랫동안 대중의 사랑을 받을지를 생각할 때 우리는 이 가수가 얼마나 노래를 잘하는지, 어떤 매력을 갖고 있는지 등을 고려하게 됩니다.

물론 이런 요소들은 당연히 가수의 성공에 큰 영향을 끼칠 겁니다. 하지만 우리가 놓치기 쉬운 요소가 하나 있습니다. 그것은 그 가수에 지금 주목을 하고 있는 바로 여러분 자신입니다. 여러분이 그 가수에 관심을 두고 있다는 사실 자체가 그 가수를 스타로 만들어주는 데 기여한다는 점이죠. 우리는 가끔 이 사실을 무시합니다. 이는 우리가 스스로를 '공정한 관찰자'라고 생각하기 때문입니다. 공정한 관찰자라고 스스로를 규정한 우리는 우리가 하는 관찰이 관찰의 대상에 아무런 영향을 끼치지 않는다고 생각하죠. 하지만 연예인이라는 사람들의 특성에서 잘 드러나듯이 우리가 그들을 바라봄이 바로 그들을 연예인으로 만들어줍니다.

이 점을 염두에 둔다면, 여러분이 두 가수 각각에게 관심을 가졌던 시간이 서로 다르다는 사실은 두 가수의 앞날을 예측하는 데 중요한 역할을 한다는 점을 이해할 수 있습니다. 여러분의 관심을 끈 지 얼마 되지 않은 신인 가수가 앞으로 오랜 기간 대중의 관심을 받는다고 가정해봅시다. 이 가정을 받아들인다면, 앞으로 이 가수에게 관심을 갖고 이 가수를 사랑할 사람들은 매우 많아질 겁니다. 신인 가수인 이 사람에게 지금 관심을 갖고 있는 사람들, 그리고 앞으로 관심을 가질 사람들을 모두 포함하는 집합을 생각해봅시다. 이 가수에게 관심을 가진 지 얼마 되지 않은 여러분도 당연히 이 집합에 속하게 될 것입니다. 그러나 여러분은 이 집합에 속한 사람들 중에서도 특별한 위치에 있다고 할 수 있는데, 이 가수가 대중의 사랑을 막 받기 시작한 시기에 이 가수에게 관심을 가졌다는 점에서 그렇습니다. 이 집합에 속한 사람들 대부분은 이 가수가 어느 정도 유명해지고 난 후에 그에게 관심을 보냈을 것이기 때문입니다.

예를 들어 볼까요. 가수 조용필은 많은 사람들의 관심을 받고 오랫동안 대중의 사랑을 받아온 '국민가수'입니다. 그런데 그를 좋아하는 많은 사람들 중에서 그가 처음 노래를 부를 때부터 관심을 가졌던 사람이 얼마나 될지 생각해보세요. 극히 소수일 겁니다. 대부분은 그가 유명해지고 난 뒤에 그의 노래를 듣게 된 사람들입니다. 심지어 이들 중에는 조용필의 가요계 데뷔 이후에 태어난 사람들도 많을 겁니다.

이제 여러분이 막 관심을 갖기 시작한 가수로 돌아가 봅시다. 그 가수가 국민가수 조용필처럼 오랫동안 대중의 사랑을 받는 가수가 된다면 여러분은, 조용필의 원년 팬들이 조용필 전체 팬의 집합에서 특별한 위치를 차지하는 것처럼, 특별한 위치에 서 있는 셈입니다. 이는 매우 희귀한 일이라고 해야겠죠. 따라서 여러분의 관심을 막 받기 시작한 이 가수가 국민가수로 불릴 정도로 오랫동안 스타로 빛나게 될 확률은 매우 낮습니다. 한편 한동안 우리의 관심을 받아왔던 중견 가수가 그런 스타로 오래 남게 될 확률은 신인 가수보다 더 높습니다. 이 가수에 관심을 가진 사람들 그리고 앞으로 가질 사람들의 집합에서 여러분의 위치는 신인 가수의 경우만큼 특별하지 않습니다. 적어도 이 가수에 관심을 가져온 시간이 신인 가수에 비해서 좀 더 길기 때문이죠.

이를 줄여서 거칠게 표현하자면, 우리는 대부분 스타가 빛날 때 그를 쳐다보기 시작한 사람들이라는 겁니다. 스타가 빛나기 전 무명 시절부터 그를 지켜본 사람들은 별로 많지 않습니다.

·

"그리스도의 적대자가 많아지면"

우리는 성경에서 이런 구절을 발견합니다.

> 지금은 마지막 때입니다. (...) 지금 그리스도의 적대자가 많이 생겼습니다. 그래서 우리는 지금이 마지막 때임을 압니다.[51]

여기서 '그리스도의 적대자'란 스스로를 구세주라고 거짓으로 주장하는 사람을 말합니다. 이 구절을 쓴 요한은 자신이 살던 당시 스스로를 구세주라고 주장하는 사람들이 많다고 말하고 나서, 이것이 바로 종말이 가까이 왔음을 말해준다고 쓰고 있습니다. 요한에 따르면 종말, 즉 '마지막 때'에는 그리스도의 적대자가 거짓 구세주라는 것이 드러나게 됩니다. 진짜 구세주가 나타날 테니까요. 그런데 여기서 생각해볼 물음은 이것입니다. 어떻게 요한은 그리스도의 적대자가 많이 생겼다는 것으로부터 지금이 마지막 때라는 것을 알 수 있다고 말하는 걸까요?

이 성경 구절에서 말하고 있는 기독교 교리에 대해서 이야기하려는 것이 아닙니다. 상식에 입각해서 이런 추론에 숨어 있는 전제가 무엇인지에 대해서 말하려는 겁니다. "그리스도의 적대자가 많다"고 말하고 나서 "그런데 이런 자들은 더 이상 나오지 않을 것이다"라고 말하는 것과 "그리스도의 적대자가 많기 **때문에** 곧 이런 자들이 없어질 것이다"라고 말하는 것은 다릅니다. 이는 마치 "모기가 기승을 부리기 **때문에** 곧 모기가 사라질 것이다"라고 말하는 것과 비슷하게 들립니다. 이상한 주장으로 들리죠. 과연 무엇이 많아졌다고 해서 그것이 사라질 증거라고 할 수 있을까요?

여기서 중요한 열쇠는 어떤 것이 많아졌다는 사실보다 그것을 보고 있는 우리에게 있습니다. 한철에 생겨나는 모기의 개체는 그 수가 유한할 겁니다. 여러분이 모기를 일부러 찾아보려고 해도 겨우 한두 마리를 발견할 뿐이라면 여러분은 모기가 막 생겨나기 시작하는 시점이나 모기가 사라져가는 시점에 있다고 할 수 있겠죠. 여러분이 올 여름 처음 생겨난 모기를 발견하거나 마지막 모기를 발견한다는 것은 아주 희귀한 일이 될 겁니다. 여러분이 그러한 희귀한 발견을 하게 될 확률은 매우 낮습니다. 여러분 주변에 모기가 기승을 부린다면 이제 모기의 한철은 곧 끝나게 될 것이라고 예측할 수 있습니다.

"어둠이 깊었으므로 새벽이 곧 온다"는 말을 들은 적이 있습니까? 어찌 보면 이 말은 너무나 당연하므로 예측이라고 할 것도 없어 보입니다. 어두운 밤이 지나고 나면 해가 뜨는 것이 당연한 자연의 이치니까요. 그렇다면 "어둠이 **옅어지고 있으므로** 새벽이 곧 온다"라고 말해야 하지 않을까요? 새벽이 오는 것은 전등 스위치를 켜는 것과 다릅니다. 전등 스위치를 켜는 순간 방안의 어둠은 순식간에 사라지지만, 새벽이 오는 순간 어둠이 한순간에 사라지지는 않으니까요. 이런 점에서 "어둠이 깊었으므로 새벽이 온다"는 매우 이상한 말처럼 들립니다. "어둠이 깊었다. 언제 새벽이 올까?" 이런 탄식이 오히려 자연스럽게 들립니다.

"어둠이 깊었으므로 새벽이 곧 온다"는 말에서 '어둠이 깊었다'는 말은 어둠 속에 머물러 있었던 사람의 위치를 알려줍니다. 어둠을 경험했던 시간이 길었기 때문에 '어둠이 깊었다'고 말했을 것입니다. 방금 전에 잠이 깨었는데 주변이 어둡다면 '깊다'는 표현을 쓰지는 않았겠죠. '깊다'는 시간의 경과에 대한 경험을 표현합니다. 그렇기 때문에 자신의 위치가 새벽에서 멀지 않은 위치에 있다고 판단한 것이겠죠.

•
인류 종말에 대한 세 가지 가설

지금까지 우리가 생각해본 것들은 '나'라는 관찰자의 위치를 고려하라는 인류 원리의 정신이 적용될 수 있는 일상적인 사례들입니다. 이제 이를 인류라는 종이 맞게 될 미래라는 주제로 확대해봅시다.

인류 또는 호모 사피엔스라는 종은 언제까지 번성하게 될까요? 우리 모두가 속해 있는 호모 사피엔스라는 종은 길게 잡아 20만 년 전에 출현했다고 알려져 있습니다. 현재 지구에 살고 있는 인간은 70억 명에 달한다고 하죠. 인류는 온 지구에 퍼져 살아가고 있습니다. 오세아니아에만 살고 있는 캥거루나 아프리카에만 살고 있는 사자와 달리 인간은 어느 지역에나 많이 있습니다. 멸종이 염려되는 동물들도 많지만, 인간은 멸종이 염려되는 동물들을 보호하기 위해서 노력하는 주체이지 멸종이 우려되는 그런 종은 아닙니다. 한마디로 인류는 전성기를 맞고 있는 듯이 보입니다. 그렇다면 현생 인류는 앞으로 언제까지 전성기를 누리게 될까요?

몇 가지 가설들을 생각해봅시다. 첫 번째 가설에 의하면 인류의 전성기는 이제 막 시작되었고, 인류가 종말을 맞는다면 그것은 아주 먼 미래의 일이 됩니다. 이 가설을 '아주 먼 인류 종말 가설'이라고 부르기로 하죠. 아주 먼 인류 종말 가설에 따르면, 지금까지 인류가 지내온 20만 년의 역사보다 훨씬 긴 인류 번영의 역사가 앞으로 남아 있습니다. 이에 비해 두 번째 가설은 인류에게 남은 시간이 이보다는 많지 않다고 주장합니다. 이에 따르면 인류가 출현하여 지금까지 20만 년의 시간이 흘렀고 인류가 종말을 맞기까지 앞으로도 그만큼의 시간이 남아 있습니다. 이 두 번째 가설은 '중간 지점 종말 가설'이라고 부르겠습니다. 이 가설에 따르면 우리는 인류의 전체 역사에서 중간 지점에 있는 것이죠. 마지막으로 세 번째 가설을 생각해봅시다. 이 가설에 따르면 인류의 역사는 두 번째 가설이 설정하고 있는 것보다 훨씬 전에 종말을 맞습니다. 그래서 우리는 이 세 번째 가설을 '가까운 종말 가설'이라고 부르도록 하겠습니다. 이 세 가설 중에서 어느 쪽이 맞을 확률이 높을까요?

앞으로 다가올 미래의 사건, 더군다나 인류에게 있어서 가장 먼 미래인 인류의 종말을 어떻게 정확히 예측할 수 있겠습니까? 예측한다고 해도 이 예측을 확증하는 것은 너무나 먼 미래의 일입니다. 이런 마당에 인류 종말에 관한 여러 가설을 평가하는 것이 무슨 의미가 있을까요? 이런 반문은 당연합니다. 우리는 인류 종말을 단언할 수 있는 위치에 있지 않습니다. 하지만 우리가 관심을 갖는 것은 '인류 종말에 관한 가설을 어떤 근거에서 평가하는가' 하는 데 있습니다. 세 가설 중 어느쪽이 참으로 드러나는가는 순전한 운의 문제가 아니라는 겁니다.

인구의 규모가 말해주는 편향성

인류 원리를 적용해서 인류 종말에 관한 가설들을 평가해보도록 하죠. 인류 원리는 관찰자인 우리에게서 의미 있는 증거를 찾으라고 말합니다. 관찰자인 우리에게 남겨져 있는 편향성을 실마리로 삼아서 살펴보면 우리가 찾고자 하는 물음에 대한 답을 찾을 수 있다는 것이 인류 원리의 정신이니까요.

그렇다면 우리에게 남겨진 편향성의 증거란 무엇일까요? 인류 종말과 관련해서 우리가 주목하는 증거는 우리가 21세기에 해당하는 바로지금 이 시점에 살고 있다는 사실입니다. 21세기의 시점에 살고 있는 '우리'는 사실 굉장히 많은 인간 집합을 의미합니다. 앞서 언급했듯이대략 70억 명의 인간이 '우리'라는 집합에 속합니다. 그런데 인류가 시작된 이래 '우리'라는 표현이 이렇게 많은 인간을 지칭한 지는 그리 오래 되지 않았습니다. 인류가 생겨나서 20세기에 이르기까지 도달한 인구의 수는 약 10억 명 정도에 불과했습니다. 100년 만에 인구가 7배나 커져버린 거죠. 그 사이에 전염병과 전쟁 등으로 인구의 증감은 있었지만 그 폭은 크지 않습니다.

서울에 거주하는 1,000만 명의 사람들은 이렇게 많은 사람들이 모여 산다는 것이 얼마나 놀라운 일인지 깨닫기 어렵습니다. 아니, 어쩌면 이렇게 사는 것을 당연하게 받아들이죠. 하지만 이렇게 많은 인구가 한곳에 모여 산다는 것은 굉장히 위험한 일이기도 합니다. 외부적인 위협에 노출된다는 점에서도 그렇지만 외부의 위협 요소가 없어도 그렇습니다. 조선의 인구가 정확히 얼마였는지는 알 수 없지만 대략 1,000만 명이라고 합시다. 그렇다면 조선의 모든 인구가 서울 주변에 다 모여서 살아간다고 생각해보세요. 모든 사람이 먹고 자고 입기 위해서 어떤 일이 벌어질까요? 농사를 지을 땅도, 땔감으로 쓸 나무도, 마실 물도 충분치 않을 겁니다. 조선의 모든 사람들이 서울에 모여 사는 상황이므로 전라도 나주평야에서 농사를 짓는 사람도 없고 거기에서 나온 쌀을 먹을 수도 없습니다. 1,000만 명의 사람이 서울에 모여 살기 위해서는 그 주변에 많은 사람들이 살면서 서로 도움을 주는 것이 가능해야 합니다. 1,000만 명의 사람이 모여 사는 서울은 인류의 역사에서 매우 놀라운 사례라고 해야 할 것입니다.

인류가 생겨나서 지금까지 20만 년이 넘는 시간 중 이런 놀라운 사례는 최근에야 가능해진 일입니다. 기술 수준이 낮은 단계에서 자신의 주위에 사는 사람들이 '많아진다'는 것은 곧 한정된 자원을 두고 경쟁해야 한다는 것을 의미했습니다. 그래서 사람들은 사람이 별로 없는 곳을 찾아서 이동을 계속해 나갔죠. 그 이동 속도는 점차 빨라졌습니다. 호모 사피엔스가 아시아와 유럽으로 퍼지는 데는 오랜 시간이 걸렸지만, 북아메리카로 넘어간 사람들이 남아메리카의 남쪽 끝에 다다르는 데는 고작 1,000년 정도가 걸렸을 뿐이죠. 아프리카 땅에는 10만 년 전에도 인간이 살았지만 2만 년 전 아메리카 대륙의 어느 곳에서도 사람 구경을 할 수는 없었습니다.

이렇듯 초기 인류는 낮은 기술 수준 때문에 대규모로 모여 살지 못하고 전 세계에 퍼져나갔습니다. 지금 우리가 보기에 이 시기의 인구 밀도는 매우 낮은 수준이지만, 그 당시의 사람들은 '같이 살기엔 너무 많은' 주위의 사람들에 떠밀려서 마지못해 목숨을 걸고 미지의 땅으로 떠나는 모험을 했겠죠. 만약 인류가 계속해서 그런 기술 수준을 갖고 있었다면 인간이 전 세계에 다 퍼져나간 다음에는 더 이상의 인구 증가를 기대하기 힘들었을 겁니다. 넓은 서식지를 필요로 하는 호랑이의 개체수가 폭발적으로 늘 수 없는 것도 비슷한 이유라고 할 수 있습니다. 호랑이가 습성을 바꾸지 않고 먹이가 되는 동물들의 개체 수에 변화가 없다면 호랑이의 개체수도 늘어날 방법이 없겠죠. 하지만 인간은 새로운 방법을 찾아냈습니다. 호랑이가 식성을 바꾸어 채식과 육식을 모두 하는 것과 같은 기적적인 사건이 인간에게 일어났습니다. 바로 사람들이 농사를 짓게 된 것이죠. 신석기 혁명이 일어난 것입니다.

농사를 짓는 법을 알아내자마자 사람들이 사냥이나 채집을 했을 때보다 더 많은 영양분을 섭취할 수 있었던 것은 아닙니다. 오히려 그 반대였죠. 농사를 짓는 사람들의 영양 섭취 상태는 수렵 생활을 하는 사람들보다 나쁜 경우가 많았습니다. 그런 점에서 농사는 막다른 골목에 다다른 인간들이 어쩔 수 없이 택한 길이라고 볼 수 있을 겁니다. 어쨌든 이 때문에 인간은 전 세계에 퍼진 다음에도 조금씩 더 인구를 늘려나갈 수 있었습니다. 하지만 1,000만 명이 한 군데에 몰려 살 수 있는 기술적 수준에 도달하기까지는 또다시 10만 년 이상의 시간이 필요했습니다.

다시 말해서 인구의 크기라는 점에서 볼 때 인류는 지금과 같은 대성공 시기를 맞이한 지 얼마 되지 않았고 그 전에 아주 길고긴 미약한 시기를 지내왔다는 겁니다. 바로 이런 상황이 지금 21세기를 살아가는 우리의 '편향성'이라고 할 수 있습니다. 인구의 규모라는 점에서 우리에게 나타나는 편향성입니다.

·

탁구공 뽑기 비유

이 편향성을 이해하기 위해서 다음과 같은 상상을 해봅시다. 아주 큰 방이 있습니다. 이 방에는 지금까지 태어난 모든 인간의 수만큼의 탁구공이 있습니다. 그리고 그 수는 실시간으로 증가하고 있습니다. 한 사람이 태어나면 탁구공 하나가 이 방에 새롭게 추가되는 것이죠. 그러니까 각 탁구공에 대응하는 특정한 사람이 한 명씩 존재합니다. 이제 탁구공 하나를 골라봅시다. 탁구공 겉면에는 그 탁구공이 대표하는 사람에 관한 정보가 쓰여 있습니다. 여기에는 그 사람이 태어난 날짜를 포함해서 성별, 살았던 곳 등이 포함된다고 합시다.

한 가지 흥미 있는 질문은 '이 방에 탁구공이 몇 개나 있을까?' 하는 겁니다. 이 질문에 정확한 대답을 하긴 어렵겠죠. 한 가지 분명한 점은 현재 인구수보다는 분명 많을 거라는 사실입니다. 어떤 사람은 이 수가 1조 개를 넘을 것이라고 주장합니다. 정확한 숫자를 알려고 하는 것이 아니니까 이 방에 있는 탁구공의 수가 1조 개라고 해 둡시다. 이제 이 방에 들어가서 아무 공이나 무작위로 하나를 집어 든다고 생각해봅시다. 그 공이 대표하는 사람은 언제 태어난 사람일까요?

이에 대해 두 가지 가설을 생각해봅시다. 하나는 그 사람이 서기 1년부터 100년 사이에 태어난 사람이라는 가설이고, 다른 하나는 그 사람이 1901년부터 2000년 사이에 태어난 사람이라는 가설입니다. 이 두 가설 중 참일 확률이 높은 가설 하나를 선택한다면 후자일 것입니다. 1901년부터 2000년 사이에 태어난 사람의 수가 압도적으로 많을 테니까요. 20세기 이후에 태어난 탁구공은 이 큰 방에서 특별한 공이 아니라 흔한 공입니다. 만약 모든 공이 똑같은 정도로 흔하거나 특별하다면 인구의 크기는 인류의 시간에서 편향성을 보이지 않는다고 해야겠죠. 하지만 이 방에 있는 어떤 공은 흔한 반면, 어떤 공은 특별합니다.

이제 인류 종말에 관한 가설을 평가하기 위해서는 이 큰 방보다 훨씬 더 큰 방을 상상해야 합니다. 지금까지 태어난 사람들뿐 아니라 앞으로 존재할 모든 사람에 대응하는 탁구공을 만들어야 하기 때문입니다. 일단 큰 방에 있는 모든 탁구공을 더 큰 방으로 옮깁니다. 그리고 앞으로 태어날 사람 수만큼 탁구공을 더 만들어서 이 방에 넣어야겠죠. 그렇게 만들어진 방을 생각해보세요.

인류의 종말이 얼마나 가까운가 하는 문제는 이 더 큰 방에 있는 탁구공의 개수와 관련이 있습니다. 인류의 종말이 멀리 있다면 탁구공은 아주 많을 것입니다. 인류의 종말이 가깝다면 그보다 적겠죠. 그렇다면 우리의 관심은 '이 방에서 우리의 위치는 어디인가'가 될 것입니다. 지금 지구 위에서 살고 있는 사람들을 대표하는 탁구공에는 모두 동그라미 표시를 해 두었다고 해보죠. 그렇다면 방에 있는 탁구공 전체에서 동그라미 표시가 된 탁구공이 차지하는 비율은 얼마나 될까요?

이 비율이 낮을수록 인류의 융성이 계속될 기간은 더욱 길어진다고 말할 수 있습니다. 또한 이 비율이 극도로 낮다는 것은 지구에 존재한 인류의 역사에서 우리가 매우 이른 시기에 속해 있다는 것을 의미합니다. 이는 우리가 관찰자로서 특별한 위치에 있지 않다는 인류 원리의 정신에 어긋납니다. 우리는 모두 지구에 태어나 머무르다 언젠가 지구에서 사라집니다. 인간의 역사는 이렇게 잠깐 지구에 머무르다 사라진 인간 한 명 한 명이 모여서 이루어집니다. 인간의 역사를 두 시간짜리 영화로 만든다고 생각해보세요. 더 큰 방을 채우는 탁구공 중에서 동그라미 표시가 된 탁구공이 차지하는 비율이 극도로 낮다는 말은 지금 지구 위에서 살아가는 사람들이 이 영화의 매우 초반부에 등장한다는 말입니다. 그렇다면 우리의 위치는 매우 특별하다고 해야 할 것입니다. 마치 무작위로 배열한 전화번호부에서 자신의 이름이 첫 장에 등장하는 것처럼 말이죠.

우리는 더 큰 방을 채우는 탁구공이 지극히 많기를 원합니다. 인류는 번성하고 우리의 후손이 지구에서 대대손손 평화롭게 살기를 원합니다. 하지만 인류 원리는 우리의 바람이 이루어지기 위해서는 매우 비상한 노력이 필요하다고 말합니다.

인류 종말 시계

공룡이 지구를 지배하던 시기가 있었습니다. 공룡의 대성공 시기는 소행성 충돌이라는 사건으로 막을 내렸다고 알려져 있죠. 이처럼 인류의 대성공 시기를 과거의 일로 만들어버릴 수 있는 사건은 무엇일까요? 사람들이 제시하는 인류 종말 시나리오는 다양합니다.

아마도 '인류 종말 시계Doomsday Clock'라는 말을 들어본 적이 있을 겁니다. 이 시계는 인류에게 닥친 위기를 상징적으로 보여주기 위해서 인류가 서 있는 현재 시간을 아직 자정에 못 미친 시점으로 표현합니다. 물론 여기서 자정은 다가올 인류 종말의 순간을 가리킵니다. 2016년 인류 종말 시계가 가리킨 시간은 자정 3분 전이었습니다. 인류 종말 시계가 만들어진 시기는 1947년인데, 그 때도 자정 3분 전이었습니다. 1953년에는 자정 2분 전을 가리켰지만 냉전 대립 구도가 종식된 1991년에는 자정 17분 전까지 뒷걸음치기도 했습니다. 그러다가 다시 2016년이 되자 종말 시계는 인류 종말의 순간이 매우 가깝다고 경고하고 있습니다.

인류 종말 시계를 보여주는 웹사이트[52]에 들어가면 인류 종말을 앞당기는 주요 위협 요소로 기후 변화, 핵무기, 핵시설, 생물보안 biosecurity 등이 등장합니다. 하나하나가 모두 사람들을 위협하고 우울하게 만드는 요소입니다. 이 중 어느 것이 인류의 미래를 가장 위태롭게 한다고 생각하나요? 미국과 소련이 대립하던 냉전 시절에는 핵무기가 인류에게 가장 큰 위협이었습니다. 그 당시 사람들은 지구상에 있는 핵폭탄을 모두 터뜨리면 지구를 몇 번이나 두 동강 낼 수 있을지를 따지곤 했습니다. 어릴 적 그런 말을 들으면 핵폭탄이 터져서 두 동강 난 지구에서 누가 또 핵폭탄을 쏠 수 있을까 의문을 가졌던 기억이 납니다. 지구상에 있는 핵폭탄을 모두 터뜨려서 그 결과 지구가 몇백 번이나 쪼개지는 모습을 상상하는 것만으로도 우울해지곤 했습니다. 이미 1945년 인류는 핵폭탄을 터뜨린 바 있기에 그 후 수없이 많이 만들어진 핵폭탄 중 단 한 개도 터지지 않는다면 그것이야말로 이상한 일이라는 생각이 들기도 했습니다.

그런데 우리 모두가 알다시피 그런 일은 없었습니다. 어떻게 이런 일이 가능했을까요? 이에 대한 대답은 여러 가지가 있겠지만, 아마도 핵무기의 무서움을 경험했다는 것이 인류가 핵무기 사용을 억제하는 발판이 되었기 때문일 겁니다. 중요한 점은 핵폭탄이 인류의 위협이 된다는 점을 너무나 잘 알게 되었다는 것입니다. 미국과 소련 모두 이 점을 잘 알고 있었죠. 그러면서도 상대방이 함부로 자신에게 핵무기를 사용할 수 없도록 자신도 핵무기를 쓸 수 있다는 신호를 보내야 했습니다. 달리 말하자면, 우리 쪽이 핵무기를 쓰지 않을 것이라고 상대방이 확실하게 알 수 없도록 조치하는 겁니다. 이를 위해서는 우리 쪽이 상대방에게 어느 정도 비합리적으로 보여야 합니다. 우리가 합리적이라면 핵무기를 쓰지 않는 쪽을 택할 테니까요. 이는 어찌 보면 도달하기 어려운 과제 같습니다. 핵무기의 위험을 모두가 잘 아는 상태에서 상대방이 자신을 충동적으로 핵무기를 쏠 수 있는 존재라고 여기게끔 만드는 일이란, 한마디로 말해 '합리적으로 비합리적'이 되는 일과 같습니다. 모순적인 과제가 아닌가요? 어쨌든 이 모순적인 과제를 미국과 소련은 잘도 수행해 냈습니다. 이 점은 앞으로도 좋은 연구 주제가

된다고 생각합니다.[53]

냉전 체제가 무너지자 여러 다른 위험들이 등장해서 인류를 위협했습니다. 기후 변화는 그중 하나입니다. 극심한 추위와 더위는 우리에게 점점 일상이 되어가고 있습니다. 에이즈나 에볼라 바이러스 같은 질병이 인류에게 재앙이 되지 않을까 하는 걱정을 하기도 합니다. 에너지 고갈도 걱정입니다. 지나치게 석유에 의존적인 에너지 소비 성향 때문에 인류는 궤멸적인 결과를 맞을 수 있다는 이른바 '피크 오일 peak oil' 이론이 등장했습니다.

피크 오일이란 기술적으로 채취 가능한 석유의 양이 더 이상 증가할 수 없는 지점을 말합니다. 피크오일이 지났다고 사람들이 믿는 순간부터 석유 사재기가 일어나서 석유 가격은 걷잡을 수 없이 오르게 된다는 것이 피크 오일 이론이 예상하는 재앙의 핵심 내용입니다. 석유 가격의 상승을 인류의 재앙으로 여기는 것이 지나친 과장이라 생각할 수도 있지만, 피크 오일 이론에 따르면 피크 오일 시점을 지나는 것은 단지 석유 가격의 폭등만을 낳는 것이 아닙니다. 문제의 핵심은 우리가 석유에 지나치게 의존한다는 데 있죠. 석유를 가지고 만드는 것은 휘발유만이 아니라는 말입니다. 석유는 우리의 삶의 모습이 오늘에 이르기까지 엄청난 영향을 끼쳤습니다. 예를 들어 우리가 먹는 바나나는 대부분 어마어마하게 멀리 떨어진 곳에서 자라난 열매입니다. 석유 가격이 낮았기 때문에 남아메리카에서 자란 바나나를 배로 옮겨 우리나라에서 먹을 수 있었던 거죠. 피크 오일 이론에 따르면, 피크 오일 시점이 지났을 때 인류의 대부분은 식량 부족으로 인해 죽음을 맞이할 수 있습니다. 우리의 삶 자체가 검은 석유 위에 세워져 있기 때문입니다.

그런데 더 큰 재앙은 다른 것일 수 있습니다. 그 재앙이 무엇일까요? 최악의 재앙은 아마도 재앙의 정체가 무엇인지 알 수 없다는 사실 그 자체에 있을 것입니다. 생뚱맞게 들릴 수 있지만, 과학자로서 가장 불행한 사람은 누구일까요? 뛰어난 연구에 성공했지만 경쟁자가 똑같은 연구 결과를 먼저 발표해 실의에 빠진 사람일까요? 그럴 수도 있겠지만 이보다 더 불행한 사람은 따로 있습니다. 뛰어난 연구를 했지만 무슨 이유에서인지 전혀 알려지지 않은 사람입니다. 과학자로서 전혀 알려지지 않았기 때문에 불행한 과학자의 후보로도 오르지 못한 사람이 가장 불행한 과학자가 아닐까요? 마찬가지로 인류에게 가장 큰 위협은 사람들이 별로 주목하지 않았던 위협일 것입니다. 지금까지 아무도 생각해보지 못한 것일 수 있습니다. 그래서 사례를 들기도 어려운 것이죠.

.

예상치 못한 위험

인류를 위협할 위험 요소를 예측하기 위해서는 과거의 사례를 살펴볼 필요가 있습니다. 이런 점에서 재러드 다이아몬드Jared Diamond의 지적은 흥미롭습니다.《총, 균, 쇠Guns, Germs, and Steel》에서 그는 인류가 세계로 흩어져가던 때에 신대륙에서 대형 초식동물이 사라진 이유를 묻습니다.[54] 왜 호주 대륙에서 가장 큰 초식동물은 캥거루가 되었을까요? 왜 남아메리카 대륙에는 소나 말 대신에 라마나 알파카 같은 특이한 초식 동물만 남게 되었을까요?

원래부터 그 땅에는 대형 초식동물이 없었다는 가설을 생각해볼 수 있습니다. 하지만 발굴된 증거는 이 가설을 받아들이기 어렵게 만듭니다. 신대륙에도 대형 초식동물들이 서식했다는 많은 증거가 있기 때문이죠. 이보다 설득력 있는 가설은 신대륙으로 이동한 인간들이 대형 초식동물을 멸종시켰다는 것입니다. 이 가설이 얼마나 믿을 만한지는 더 연구해볼 과제라고 생각하지만, 우리가 여기서 관심을 두어야 할 지점은 대형 초식동물의 멸종이 가지고 온 결과입니다. 다이아몬드는 신대륙의 대형 초식동물 멸종이 인류의 역사에 나타나는 부와 권력의 불평등에 결정적인 원인이 되었다고 말합니다. 대형 초식동물이 없었기에 신대륙 사람들은 동물을 가축화하지 못했고, 이 때문에 인구 증가와 도시 발전이 늦었습니다. 또한 이들은 가축화 과정에서 나타나는 동물들의 전염성 세균에 대한 면역력을 갖지 못했습니다. 그리고 이 때문에 유럽의 탐험가들이 몸에 지니고 와서 퍼뜨린 세균에 신대륙의 많은 사람들이 희생되었다는 것이 그의 주장입니다. 결국 남아메리카 사람들의 관점에서 보면, 자신들이 멸종시킨 대형 초식동물의 효과가 부메랑처럼 돌아온 셈이죠. 콜레라로 죽어간 잉카 문명의 사람들은 아주 먼 조상들이 한 일이 자신들의 죽음을 부른 원인이라는 사실을 몰랐겠지요.

한 문명을 단번에 스러지게 하는 사건은 몇 가지 특징이 있습니다.[55] 하나는 문명의 붕괴를 가지고 온 사람은 바로 자신들이라는 사실입니다. 대형 초식동물을 사냥해서 멸종시킨 사건이 잉카 문명을 무너뜨린 먼 원인이라고 다이아몬드는 말합니다. 마구잡이로 한 벌목 때문에 사막화가 일어나서 무너진 이집트 고대 문명도 그렇습니다. 두 번째 특징은 사람들의 무지입니다. 사람들은 자신들의 목숨을 위협하는 요소가 커져가는 것을 알지 못하고, 바로 그 때문에 제대로 된 대비를 하지 못합니다. 문명이 스러진 후에 그들은 '왜 자신들에게 다가오는 치명적인 위험을 깨닫지 못할 정도로 어리석었는가' 뒤늦게 돌아보며 후회합니다. 끝으로 문명의 붕괴는 비교적 짧은 시간 동안에 일어난다는 사실입니다. 화산 폭발로 사라진 폼페이처럼 문명 붕괴가 하루아침에 일어난다는 뜻이 아닙니다. 문명이 번영하는 데까지 걸리는 시간에 비해서 문명이 붕괴되는 기간은 그리 길지 않다는 것입니다. 문명의 번영과 붕괴를 시간의 흐름에 따라 그래프로 나타낸다면, 좌우가 대칭인 산 모양이 아니라 조금씩 높이 올라가다가 급락하는 절벽 모양에 가까울 것입니다.

〈아포칼립토Apocalypto〉라는 영화는 마야 문명 시기의 한 원시부족에게 닥친 종말을 그리고 있습니다. 부족 간의 전쟁으로 많은 사람들의 목숨이 사라지는 살벌한 상황이 벌어집니다. 그들에게 평화는 찰나와 같은 일이고 전쟁은 일상과 같습니다. 하지만 영화의 마지막 장면에서 서로 전쟁을 벌이던 두 부족들 앞에 전혀 격이 다른 적이 나타납니다. 거대한 배를 타고 온 유럽인들이죠. 오랫동안 아메리카 땅에서 살아온 부족들은 곧 멸종당할 것이라는 예감을 주며 영화는 끝납니다. 문명의 붕괴는 자신들도 어찌 해볼 수 없는 외부 세력에 의해서 일어나는 것처럼 보입니다. 〈아포칼립토〉에 등장한 유럽인도 그런 외부 세력으로 그려진다고 할 수 있습니다. 하지만 달리 보면 이 영화는 부족이 운명을 다하게 된 이유가 그들 자신 속에 있음을 말하고 있다고 해석될 수 있습니다. 유카탄 반도에서 오래전부터 살아온 그들의 조상들은 영원히 그곳에서 살 수 있을 것이라 기대했지만, 바다에서 온 전혀 다른 적에게 맞설 준비가 되어 있지 않았죠.

자신의 삶을 지탱해왔던 방식이야말로 문명을 붕괴시킬 수 있습니다. 그 이유는 역설적이게도 그것이 삶을 지탱해왔고 삶을 성공적으로 이끌어왔기 때문입니다. 많은 사람들이 믿고 매달리는 밧줄이 많은 사람들을 추락시킬 수 있는 것이죠. 과거의 성공 전략이 미래의 실패 요인이 되는 것입니다. 더 비극적인 것은 이 점을 깨닫는다고 해서 아무것도 달라질 것은 없다는 점입니다.

•
인류 종말 논증이 말하는 바

인류 종말 논증은 인류의 운명이 얼마 남지 않았다는 종말론이 아닙니다. 인류 종말 논증을 진지하게 제기하는 철학자들, 예를 들어 존 레슬리나 닉 보스트롬을 종말론을 퍼뜨리고자 하는 종교 지도자처럼 여겨서는 곤란합니다. 이들은 인류가 언제 어떤 방식으로 종말을 맞을 것인가를 예측하고자 하는 것이 아닙니다. 이 논증의 핵심은 우리가 우리에게 닥칠 미래의 위험을 **체계적으로 평가 절하**한다는 겁니다. 여기서 '체계적으로'라는 표현이 의미하는 바는, 다가올 위험 요소에 대한 평가를 왜곡하는 구조적 요인이 있다는 것을 의미합니다. 즉 인류 전체를 궤멸시킬 정도의 위협 요소가 일어날 확률은 우리가 생각하는 것보다 더 높다는 것이고, 우리가 이를 평가 절하하는 이유는 관찰자로서 우리의 관점을 특별하게 여기기 때문이라는 것이죠.

일상생활에서 우리가 체계적으로 평가 절하하는 현상의 사례를 찾을 수 있을까요? '머리가 반백'이라고 할 때가 있습니다. 머리가 반백이라고 생각하는 사람을 찾아서 그 사람의 머리카락 중 흰 머리카락이 차지하는 비율을 구한다고 생각해보세요. 우리 눈에는 흰 머리카락과 검은 머리카락의 수가 거의 비슷하게 보여서 '머리가 반백'이라고 하더라도, 사실 실제로 세어보면 검은 머리카락이 더 많을 것입니다. 흰 머리카락이 더 눈에 잘 띄기 때문에 우리 눈에는 반백처럼 보이더라도 실제로는 그렇지 않죠. 이 경우 우리는 검은 머리카락의 수를 체계적으로 평가 절하한다고 할 수 있지 않을까요?

그런 점에서 앞서 살펴본 물리학자 고트가 코페르니쿠스 원리를 적용해서 인류의 미래를 예측한 것은 인류 종말 논증과는 거리가 있습니다. 고트는 어떤 대상을 관찰하는 사람의 시점이 그 대상의 역사 중에서 특별하지 않은 위치에 처해 있을 확률이 높다는 원칙을 받아들이고 그로부터 인류의 미래를 계산했죠. 하지만 인류 종말 논증은 한 대상이 존재해온 시간뿐 아니라 그 대상을 관찰하는 존재자의 수를 중요하게 받아들입니다. 고트의 계산에서는 기원전 5세기 그리스인의 시점이나 지금 우리의 시점이나 인류의 미래를 계산하는 데 큰 차이를 만들어내지 않습니다. 두 시점 사이에 존재하는 유일한 차이는 기원전 5세기보다 지금의 시점에서 볼 때 인류의 역사가 대략 2,500년쯤 더 길다는 것뿐입니다. 하지만 인류 종말 논증은 기원전 5세기에 존재했던 관찰자의 수와 지금 지구에 존재하는 관찰자의 수도 중요한 고려 사항이 됩니다. 인류 종말 논증은 단지 인류의 미래가 언제 끝나는

지를 말하는 것이 아니라 인류의 번성이 언제 끝나는지를 말하기 때문에, 인류의 규모가 중요한 고려 사항이 되는 것이죠.

•

인류 종말 논증에 대한 비판

인류 종말 논증은 논쟁적입니다. 이 논증을 받아들이지 않는 사람들도 많죠. 인류 종말 논증을 제기하는 대표적인 철학자 레슬리는 이 논증에 대한 비판을 물리치고자 애를 씁니다.[56] 상식을 가진 사람이라면 인류 종말 논증이 인과 관계에 대해서 무언가 잘못된 생각에 바탕을 둔 것이 아닌가 하는 의심을 가질 수 있습니다. '인류 전체의 운명이 현재 사람들이 존재한다는 점에 달려 있다는 것은 허황된 생각이 아닌가?' 이런 의심이 생겨나는 것이죠. 하지만 인류 종말 논증은 우리가 지금 살아 있다는 사실이 미래에 태어날 수 있는 우리 후손들을 죽게 만드는 원인이라고 말하는 것이 아닙니다. 인류 종말 논증은 원인과 결과라는 인과적 관계에 대한 주장을 하는 것이 아닙니다. 물론 현재를 살아가는 우리는 인류의 미래를 망칠 수 있는 힘이 있죠. 어리석게도 인류 전체를 죽음으로 몰아넣는 전쟁을 할 수 있는 것이 인간입니다. 하지만 그럼에도 불구하고 '우리가 바로 지금 여기 존재한다'는 것은 인류 종말의 원인이 아닙니다. 이는 다만 인류 종말의 특정 시점에 대한 증거가 될 수 있을 뿐이죠. 레슬리는 인류 종말 논증에 대한 이런 비판에 대해서 '행운의 편지'라는 사례를 들어 다음과 같이 대답합니다.

우리는 흥미롭게도 행운의 편지(연쇄 편지)를 받는 사람과 같은 처지에 있다. 각자는 편지를 여러 통 써서 다른 사람들에게 보낸다. 편지가 계속 이어지다가 결국에는 더 이상 새로운 사람에게 갈 데가 없을 것이다. 거기서 편지의 운명은 끝난다. 편지를 받는 새로운 세대의 크기가 이전 세대보다 3배만큼 크다고 가정하자. 그리고 내가 편지를 받았다. 그렇다면 나의 위치는 어디일까? 그것은 마지막 세대일 가능성이 크다. 왜냐하면 마지막 세대는 이전에 존재했던 모든 세대를 합친 것보다 그 수가 더 많기 때문이다. 내가 편지를 본 것은 편지의 운명을 끝마치게 하는 원인이 될 수 없다. 다만 편지의 운명이 끝날지도 모른다는 것을 알려주는 데 도움을 줄 뿐이다.[57]

물리학자 켄 올럼Ken Olum은 다른 차원에서 인류 종말 논증을 비판합니다.[58] 그는 인류 종말 논증이 말하는 바대로 우리가 인류 종말에 대한 확률을 체계적으로 과소평가한다는 점을 받아들입니다. 하지만 우리에겐 인류 종말에 대한 확률을 체계적으로 과대평가하는 요소도 있습니다. 올럼은 과소평가하는 요소와 과대평가하는 요소가 서로 반대로 작용하기 때문에, 인류 종말 논증의 결론을 받아들일 필요가 없다고 주장합니다.

그렇다면 인류 종말의 확률을 과대평가하도록 만드는 요소는 무엇일까요? 올럼이 제시하는 것은 이른바 '자기 지시 가정self-indication assumption'이라고 불리는 주장입니다. 이 주장이 말하는 바는, 두 가지 가설 중에서 보다 많은 관찰자를 함축하고 있는 가설을 선호해야 한다는 것입니다. '더 알아보기'에서 다루는 확률에 대한 논의 중 클론(복제인간)에 관한 사고 실험이 있습니다(376쪽). 동전을 던져서 앞면이 나오면 진정한 후계자인 클론(진정한 클론) 한 명을 만들고, 뒷면이 나오면 진정한 클론이 일으킬 비상사태에 대비하기 위해 99명의 비상용 클론을 만든다는 설정입니다. 우리에게 주어지는 물음은 '만약 당신이 클론이라면 진정한 클론일 확률은 얼마인가?' 하는 것입니다. 이 확률이 1/2보다 현저히 낮을 것이라고 생각한다면, 그 이유는 존재할 수 있는 클론 100명 중에서 진정한 클론은 한 명뿐이기 때문일 것입니다.

한 명의 클론이 존재한다는 가설을 '소수 가설'이라고 하고 99명의 클론이 존재한다는 가설을 '다수 가설'이라고 한다면, '당신이 클론이라는 것을 알게 되었을 때 진정한 후계자일 확률이 1/2이 아니라 1/100'이라고 생각하는 사람은 다수 가설이 맞을 확률을 훨씬 높게 보는 것입니다. 올럼이 의지하고 있는 것은 바로 이런 생각입니다. 다수 가설이 맞을 때 보다 많은 관찰자가 존재할 수 있기 때문에 다수 가설이 맞을 확률이 높다는 것이죠. 바로 여기에 '자기 지시 가정'이 깔려 있습니다.

인류 종말이 얼마나 남지 않았다는 '종말 가설'과 인류는 앞으로 번영을 계속할 것이므로 인류의 종말은 아주 먼 미래의 일이라는 '번영 가설'이 있습니다. 그런데 종말 가설이 맞을 때 존재하게 될 인간의 수보다 번영 가설이 맞을 때 존재하게 될 인간의 수가 훨씬 많겠죠. 올럼은 번영 가설이 맞을 때 인간의 수가 훨씬 많게 된다는 바로 그 점에 주목하는 겁니다. 이 때문에 번영 가설이 맞을 확률이 종말 가설이 맞을 확률보다 더 크다고 생각하는 것이죠. 한 명의 클론이 존재한다는 '소수 가설'보다 99명의 클론이 존재한다는 '다수 가설'이 맞을 확률이 더 높다고 생각하는 것과 마찬가지죠.

다시 말해서 올럼은 인류의 미래를 위협하는 요소를 평가하는 데 있어서 '우리가 지금 여기에 있다'는 사실이 인류의 위협 요소를 과소평가하게 만들기도 하지만 과대평가하게 만들기도 한다고 생각합니다. 비유를 하자면, 인류의 미래를 내다보기 위해서 오목렌즈와 볼록렌즈를 동시에 동원하기 때문에 서로의 왜곡이 상쇄되고 인류의 미래를 왜곡 없이 보게 된다는 것이죠. 올럼의 주장이 옳다면, 인류 종말 논증을 제기하는 사람들은 괜한 소란을 피우고 있는 셈입니다. 그들은 '인류의 종말은 우리가 생각하는 것보다 가까이 있다'고 주장하지만, 올럼은 인류의 미래를 바라보는 거울에는 왜곡이 없다고 생각합니다.

이는 간단치 않은 논쟁거리를 만들어냅니다. 보스트롬은 올럼이 받아들이는 '자기 지시 가정'이라는 것을 의심합니다. 자기 지시 가정에 대해서 불만을 표현하는 사람들은, 이 가정이 서로 양립할 수 없는 세계를 넘나들면서 다른 세계에 존재하는 대상들을 마구잡이로 다루고 있다고 생각합니다. 두 가설 'H1'과 'H2'가 있는데, H1이 옳다면 1억 명의 관찰자가 존재한다고 추론할 수 있고 H2가 옳다면 1조 명의 관찰자가 존재한다고 추론할 수 있습니다. 자기 지시 가정을 받아들인다면, H2가 더 그럴듯하다고 받아들여야 합니다. 그리고 이것이 인류 원리에 부합한다고 말할지도 모릅니다. 하지만 이는 사안의 일면만을 부각한 것입니다. 인류 종말 논증은 인류의 역사라는 시간적 길이의 차원뿐만 아니라 각 시기에 존재하는 인간의 '수'라는 차원도 함께 고려합니다. 고트의 논증은 단지 시간적 길이만을 고려해서 인류 원리를 적용했다면, 올럼의 자기 지시 가정은 단지 인간의 수라는 차원만을 고려하여 인류 원리를 적용하려는 것이죠. 두 차원을 모두 고려한다면, 가설 H2는 관찰자로서의 우리의 위치를 인류 역사의 무대에서 너무 이른 쪽에 갖다놓는 셈이고 그 결과 우리를 특별한 위치에 있는 존재라고 말하게 됩니다. 이는 인류 원리의 정신에 어긋납니다.

질문과 대답

Q: 우리는 언제 사라지는가?

A: 인류의 종말이 얼마나 가까운지는 논쟁적인 물음입니다. 인류 원리에 관한 한 해석에 따르면 인류의 종말은 우리가 생각하는 것보다 가깝습니다. 이는 인류가 멸망할 때가 가까이 와 있다는 말이 아니라 **우리가 인류가 직면할 위험을 과소평가하고 있다는 말입니다.**

더 알아보기

확률

_인류 원리의 척도

'세계 내 확률'과 '세계 간 확률'

6장에서 첫사랑과 확률에 대해서 생각할 때 우리는 확률을 구하는 한 가지 방법을 이미 사용했습니다. 그것은 전체 경우의 수와 우리가 찾고자 하는 경우의 수가 만드는 비율을 구하는 방법입니다. 그런데 여기서 중요한 것은 '전체 경우'를 낳는 상황은 이미 결정된 것으로 간주한다는 점입니다. 앞의 첫사랑 사례(202쪽)와 관련해서 이를 설명하자면 '상황 1', '상황 2', '상황 3' 모두 있을 수 있는 상황이지만, 우리는 '상황 1'이 묘사하는 상황, 즉 첫사랑 독점자가 존재하지 않는 상황은 그럴듯하지 않다고 판단해서 배제하고 '상황 2'가 우리의 현실에 가깝다는 전제 하에서 우리의 첫사랑이 첫사랑 독점자일 확률을 구했습니다.

세 가지 모두 있을 수 있는 상황이지만, 이 모두가 동시에 현실의 상황이 될 수는 없습니다. 이런 경우 이 세 상황이 '양립불가능 incompatible하다'고 하죠. 세 가지 중에서 많아야 하나만이 현실이 될 수 있습니다. 우리는 현실이 단 하나로 결정되어 있다고 믿기 때문입니다. 앞서 첫사랑과 관련해서 우리는 현실 상황이 무엇인지를 알아내고자 했고, 이 현실이 밝혀진 이후에야 확률을 구했습니다.

확률을 어떻게 이용해야 하는가에 관해서 크게 두 가지 생각이 있습니다. 하나는 방금 말했듯이, 현실 상황이 알려진 다음에 전체 경우의 수와 구하고자 하는 경우의 수가 만드는 비율을 알아내 확률을 얻을 수 있다는 생각입니다. 이를 '세계 내內 확률probability in the world'이라는 조금은 거창한 이름으로 부르도록 하겠습니다.

세계 내 확률은 우리가 일상에서 자주 접하는 것입니다. 예를 들어 산더미 같이 쌓여 있는 햅쌀의 등급을 어떻게 정합니까? 쌀 한 톨 한 톨을 검사해서 등급 분류를 하는 것은 너무나 많은 시간과 비용이 들어가기 때문에 우리는 일정한 양의 쌀을 무작위로 뽑아서 이를 표본으로 삼아 전체 쌀의 등급을 정합니다. 쌀 한 톨 한 톨의 모습과 품질은 이미 세계 내에서 현실로 정해져 있습니다. 표본으로 뽑은 쌀 100톨 중에서 모서리가 떨어져 나간 것이 세 개 이하인 쌀을 '1등급'이라 판정한다고 해봅시다. 무작위로 뽑은 쌀 표본이 1등급 쌀이라고 할 때, 우리의 관심은 쌀 전체를 두고 1등급으로 매겨도 좋은지 여부입니다. 우리는 표본 조사만으로 전체 쌀의 모습과 품질에 대해서 판단을 내립니다. 이 판단이 사실은 거짓일 수 있습니다. 여기서 우리가 내리는 판단은 다음과 같은 논증을 통해서 얻게 되는 결론입니다.[59]

· 햅쌀 논증 ·

전제: 창고에 쌓여 있는 햅쌀에서 무작위로 뽑은 표본이 1등급 쌀이다.

결론: 따라서 창고에 쌓여 있는 햅쌀은 1등급 쌀이다.

이 논증은 전제가 참일 경우 결론 역시 반드시 참이 되는 그런 논증이 아닙니다. 전제가 참일 경우 결론이 참일 확률이 높은 논증이지요. 그런 의미에서 이런 논증을 결론이 거짓일 '위험이 있는 논증risky argument'이라고 부르기도 하고 또 '귀납 논증inductive argument'이라고 부르기도 합니다.

'햅쌀 논증'에서 전제는 참으로 주어졌으므로, 결론이 참일 확률이 매우 높은데, 이 때 사용되는 '확률'이 바로 '세계 내 확률'입니다. 세계 내에 이미 주어진 것들에 관해서 적용하는 확률이기 때문입니다.

세계 내 확률의 또 다른 사례는 여론 조사에서 찾아볼 수 있습니다. 대통령을 뽑는 기간이 되면 대통령 후보들의 지지율을 접하게 됩니다. 잘 알다시피, 이때 각 후보에 대한 지지율이란 선거권이 있는 사람 모두에게 일일이 물어보며 얻는 것이 아닙니다. 사람들이 특정 후보를 지지하는지 여부는 이미 세계 내에서 결정된 사항입니다. 그리고 무작위로 선정된 표본 집단에 속하는 선거권자가 특정 후보를 지지하는지의 여부도 이미 세계 내에서 결정된 사항이죠. 세계 내 확률은 이미 세계 내에서 결정된 사항을 알아내기 위해서 표본 집단을 선정하고 이 표본 집단이 말하는 바가 전체를 대변하는지를 살펴봅니다.

이제 세계 내 확률과는 구별되는 두 번째 개념의 확률에 대해서 생각해봅시다. 이 두 번째 개념의 확률을 '세계 간間 확률interworld probability'이라고 부르겠습니다. 여기서 '간'이란 '사이'를 뜻하므로, '세계 간 확률'이란 개념이 성립하기 위해서는 여러 개의 세계가 있어야 할 겁니다. 하지만 '세계가 어떻게 여럿 있을 수 있는가?'라는 의문을 가질 수 있습니다. 물론 우리는 여러 가지 세계에 대해서 이야기할 때가 있습니다. 예를 들어 '서방 세계'와 '동방 세계'를 구분하기도 하고 '구세계'와 '신세계'를 구분하기도 합니다. 하지만 기껏 해봤자 이는 수사적 표현에 불과하다고 말할 수 있습니다. 서방 세계와 동방 세계도 모두 한 세계 속에 존재하기 때문이죠. 다시 말해서 우리가 이런저런 세계들에 대해서 말할 때도 이 모든 세계를 포괄하는 단 하나의 세계the world를 상정하고 있다는 말입니다. 이를 진지하게 받아들인다면 '세계 간 확률'이란 개념은 수사적 개념에 그치거나 아니면 아무 것도 지칭하지 않는 공허한 개념에 불과한 것처럼 보입니다.

하나의 세계 내에서 일어나는 일들은 동시에 양립할 수 없습니다.[60] 예를 들어 동전을 던지는 경우를 생각해봅시다. 동전에는 앞면과 뒷면이 있지요. 던진 동전이 아직 바닥에 떨어지기 전에는 이 동전의 앞면과 뒷면 중 어느 쪽이 위로 향할지 결정되지 않았다고 할 수 있습니다. 하지만 동전이 바닥에 떨어져 누웠다는 것이 알려진다면, 우리가 그 결과를 알지 못한다 하더라도 그 동전은 앞면을 보이든지 뒷면을 보이든지 둘 중 하나로 결정되었다고 말해야 할 것입니다. 동전의 앞면을 보이는 것과 동전의 뒷면을 보이는 것, 이 두 상태는 하나의 세계에서 동시에 일어날 수 없다는 의미에서 '양립 불가능'합니다. 동전이 이미 떨어졌다면, 우리가 그 결과를 알든 모르든 두 상태 중 어느 한 상태로 결정되었으므로 양립 불가능한 두 상태를 모두 염두에 둘 필요는 없어졌다고 할 수 있습니다.

하지만 동전을 던지기 전이라면 이야기는 달라집니다. 동전을 던지기 전에는 앞면과 뒷면 중 어느 쪽도 결정되지 않았기 때문이죠. 엄밀히 말하자면, 그런 점에서 '세계 내 확률'은 동전을 던지기 전에 이 동전이 앞면이 나올지 말지에 대해 적용될 수 없습니다. 동전의 서로 양립할 수 없는 앞면과 뒷면 이 두 세계를 동시에 고려해서 확률을 적용하기 위해서는 세계들을 서로 비교할 수 있어야 합니다. '세계 간 확률'이란 이처럼 양립 불가능한 세계들에 적용되는 확률입니다. 던지고자 하는 동전이 정상적이라는 가정 하에서 동전을 던져서 앞면이 나오는 세계와 뒷면이 나오는 세계 중 어느 한쪽이 현실 세계가 될 가능성이 높다고 볼 정당한 근거는 없으므로, 두 세계의 가능성을 동등하게 다루는 것이 옳겠지요. 따라서 세계 간 확률을 이용하여 동전의 앞면이 나올 확률을 구하는 한 가지 방법은, 동전 던지기 결과와 관련하여 양립 불가능한 세계들 중에서 앞면이 나오는 세계가 차지하는 비율을 구하는 겁니다. 이 비율은 1/2이겠죠.

그렇다면 세계 내 확률을 이용하는 경우에는 동전을 던지기 전에 이 동전의 앞면이 나올 확률을 구할 수 없는 걸까요? 엄밀히 말하자면 그렇습니다. 눈앞의 바로 이 동전의 앞면이 나오는 사건과 뒷면이 나오는 사건 그 어느 것도 아직은 이 세계 내에 속하는 사건이 아니기 때문이죠. 하지만 세계 내에서 일어난 다른 사건을 통해서 간접적으로 확률을 구할 수는 있습니다. 다시 말해서 눈앞의 이 동전을 지금 이 순간 던지지 않더라도 이전에 다른 동전들을 던졌던 많은 기록들을 이용하여 확률을 구하는 겁니다. 다른 동전들을 던졌던 많은 사건들은 이미 세계 내에 속하기 때문에 이에 대해서는 '세계 내 확률'을 적용할 수 있습니다. 과거에 다른 동전을 던졌던 사건들의 총합 중에서 앞면이 나왔던 사건이 차지하는 비율, 바로 그것이 이 동전을 던졌을 때 앞면이 나오는 확률이라고 할 수 있습니다. 우리는 이 확률이 1/2에 매우 가깝다는 것을 확인할 수 있습니다.

하지만 이 확률은 어떤 특정한 동전에 대한 것이 아니라 많은 특정한 동전들을 던진 결과를 토대로 동전 일반에 대한 확률을 구한 겁니다. 엄밀히 말해서 이 확률은 눈앞에 있는 특정한 동전에 관한 것은 아니기 때문에 우리는 바로 이 동전을 던졌을 때 앞면이 나올 확률이 1/2이라고 확실하게 말할 수 없습니다. 세계 내 확률이란 이미 세상에서 일어난 사건들 속에서 특정한 유형의 사건들이 일어나는 빈도 frequency를 말합니다. 동전을 두 번 던지면 한 번 꼴로 앞면이 나오죠. 물론 동전을 충분히 많이 던지면 말입니다. 그런 이유에서 '진정한 의미의 확률은 세계 내 확률'이라고 생각하는 사람들을 '빈도주의자'라고 부릅니다. 확률은 결국 빈도라는 것이죠.

정리하자면, 세계 내 확률은 이미 발생한 것만을 고려한 확률이고 세계 간 확률은 아직 발생하지 않은 것들까지 고려한 확률이라고 할 수 있습니다. 세계 내 확률만이 받아들일 만한 확률 개념이라고 생각하는 사람들에 따르면, 아직 발생하지 않은 것들의 개수를 세고 이 중에서 어떤 것들이 차지하는 비율을 고려하는 것은 확률이라는 개념을 남용하는 일입니다. 반면 그 반대편에 서서 보자면, 확률을 이미 발생한 사건에만 국한시키는 것은 확률 개념의 손발을 묶는 것과 같습니다. 우리는 '이 특정한 동전'을 던졌을 때 앞면이 나올 확률, '저 특정한 경주마'가 뛰었을 때 그 말이 이길 확률, '그 특정한 날'이 밝았을 때 비가 올 확률을 알고 싶기 때문입니다.

'세계 내 확률'을 받아들일 근거

하지만 이 두 가지 확률 개념 중 어느 것을 사용한다고 하더라도 일상생활에서는 별다른 차이를 느끼지 못합니다. 앞서 보았듯이 세계 내 확률을 가지고도 아직 발생하지 않은 일의 확률을 구할 수 있기 때문입니다. 물론 간접적인 방법을 통해서 말이죠. 세계 내 확률을 통해서 아직 발생하지 않은 특정한 사건의 확률을 구하는 논증은 다음과 같이 표현될 수 있습니다.

> **• '세계 내 확률'을 통해서 확률을 예측하는 논증의 형식 •**
> 전제 1: 유형 A를 가진 사건들은 p라는 세계 내 확률로 발생했다.
> 전제 2: 아직 발생하지 않은 특정한 사건 a는 유형 A를 가졌다.
> 결론: 사건 a가 발생할 확률은 p다.

여기서 '전제 1'은 앞에서 살펴본 바대로 이미 세계 내에서 발생한 사건들을 토대로 주어집니다. 예컨대 '동전의 앞면이 나옴'이라는 유형 A로 분류되는 사건들에 대한 과거 기록이 있고 이 동전 던지기 사건들 전체 집합에서 차지하는 비율이 p라는 세계 내 확률로 주어지는 겁니다. 이제 특정한 동전 하나를 던지려고 합니다. 아직 발생하지 않는 이 동전 던지기에서 동전의 앞면이 나오는 사건을 'a'라고 표현한다면, 이 사건은 '동전의 앞면이 나옴'이라는 유형 A로 표현될 수 있으므로 '전제 2'는 받아들일 만한 주장이라고 할 수 있습니다. 그렇다면 '전제 1'과 '전제 2'로부터 '결론'이 따라 나온다고 받아들일 근거는 무엇일까요? 이는 미래의 사건은 거대한 규모로 축적된 과거 기록과 같은 무늬를 가질 수밖에 없다는 '믿음'이라고 할 수 있습니다.

•
전무후무한 사건의 확률

그런데 이렇게 세계 내 확률을 이용하여 미래 사건의 확률을 예측할 때 당장 제기되는 어려움이 있습니다. 그것은 과거에는 한 번도 일어난 적이 없었던 유형의 사건이 일어날 확률을 구하고자 할 때 생겨나는 어려움입니다. 예를 들어 대한민국 축구 국가대표팀이 역사상 처음으로 노르웨이 축구 국가대표팀과 국가 대항 축구 경기를 갖는다고 해보죠. 이때 한국 국가대표팀이 이길 확률은 어느 정도일까요? 이 두 나라 국가대표팀이 축구 경기를 해본 적이 없기 때문에 이에 대해서 확률을 논한다는 것은 무의미한 일일까요?

그렇지 않을 겁니다. 만약 이 경기에 대해서 확률을 논하는 것이 무의미하다면, 이 시합에서 어느 팀이 이길지를 놓고 내기를 할 때 어느 쪽에 건다고 해도 더 나은 선택이 될 수 없을 것입니다. 하지만 그렇지 않죠. 사람들은 각 팀의 상황에 대해서 좀 더 많은 정보를 얻는 것이 더 나은 선택을 하게 만들어준다고 생각합니다. 이 경기를 놓고 많은 사람들이 내기를 걸었는데 그 결과 훨씬 많은 사람들이 한국 국가대표팀의 승리에 내기를 건 것으로 밝혀졌다고 합시다. 더 많은 사람들이 한국의 승리를 점치고 있다는 것은 한국이 승리할 확률이 더 높다는 것을 의미하지 않을까요? 만약 그렇다면 이때 말하는 확률은 세계 내 확률은 아닐 겁니다. 열 명 중 일곱 명 꼴로 한국 팀이 이기는 쪽에 내기를 거는 상황인데도, 이 경기는 한 번도 일어난 적이 없었다는 이유를 들며 두 팀이 이길 확률을 똑같이 본다거나 아니면 아예 이 경기에서 확률을 논하는 것 자체가 무의미한 일이라고 보는 것은 합리적인 태도가 아닙니다.

한 번도 일어난 적이 없는 일이라 하더라도 그 일이 일어날 확률을 고려하고 이에 대해서 대비하는 것이 바람직한 상황이 분명 있습니다. 메르스 같은 전염병이 전국적으로 퍼져서 많은 사람들이 목숨을 잃게 되는 일은 한 번도 일어난 적이 없다 하더라도, 그런 일이 일어날 확률을 따져보고 그에 대처해야 할 필요는 있습니다. 우리가 겪어보지 않은 모든 상황이 실제로 일어날 확률은 다 똑같은 것이 아닙니다. 메르스가 전국적으로 퍼지는 것이나 북한산이 땅으로 꺼지는 것은 모두 한 번도 일어난 적이 없는 사태지만, 이 둘이 일어날 확률이 동일하다고 볼 수는 없습니다.

•

더 놀라운 세계

그렇다면 세계 간 확률을 이용하는 것에는 문제가 없을까요? 우선 세계 간 확률을 이용하여 일어날 일의 확률을 어떻게 구하는지 다시 한번 생각해봅시다. 동전을 던져서 앞면이 나오는지 뒷면이 나오는지를 확인하는 것과 같이 간단한 사건에서는 양립 불가능한 두 세계, 즉 앞면 또는 뒷면이 나오는 세계를 비교하는 일이 비교적 간단합니다.

앞서 말했듯이, 두 세계 중 어느 한 세계가 더 현실이 될 것 같은지를 비교해봅니다. 그런데 어느 쪽이 더 현실이 될 것 같다고 판단할 근거가 없기 때문에, 이 두 세계에는 동일한 확률, 1/2을 부여하게 됩니다.

그렇다면 한국 국가대표 축구팀과 노르웨이 국가대표 축구팀 사이에 벌어지는 축구 경기는 어떻게 예측해야 할까요? 한국이 이기는 세계와 노르웨이가 이기는 세계는 양립할 수 없습니다. 이 두 세계를 비교하는 것은 동전의 앞면이 나오는 세계와 뒷면이 나오는 세계를 비교하는 것보다는 훨씬 복잡한 정보를 필요로 합니다. 노르웨이 축구팀의 주전 선수들이 어제 음식을 잘못 먹어서 식중독으로 고생 중이라는 정보를 안다면, 이 정보는 한국이 이기는 세계가 노르웨이가 이기는 세계보다 현실 세계가 될 가능성이 높다는 믿음을 굳건하게 만들어줍니다. 축구 경기를 예측하는 데 필요한 정보가 선수들의 건강 상태뿐이겠습니까? 각 팀 감독의 최근 기분 상태, 각 팀의 최근 전적, 최근 선수들의 일정, 경기 당일의 날씨 등 너무나 다양한 정보가 축구 경기 결과를 예측하는 데 관련이 있습니다.

더 나아가 사람들이 이 경기 결과를 어떻게 예측하고 있는가와 같은 정보도 매우 중요한 판단 기준이 됩니다. 사람들이 경기 결과를 두고 어떻게 내기를 하고 있는지 확인했더니 70%가 한국 쪽에 내기를 걸고 있었다고 가정해봅시다. 물론 내기를 건 사람들이 어떤 상태에서 이런 결정을 하게 되었는지를 고려해볼 필요도 있습니다. 사람들이 각 축구팀의 사정에 관해서 알고자 하면 알 수 있는 상황인지 아닌지 여부도 중요합니다. 축구팀에 관한 정보를 왜곡하거나 올바른 정보가 전달되는 것을 막는다면 사람들의 내기는 잘못된 정보에 바탕을 두고 있는 셈이기 때문입니다. 만약 충분한 정보가 주어져 있는데 70%의 사람들이 한국의 승리를 점치고 있다면, 이는 한국이 승리할 확률이 더 높다는 것을 의미합니다.

이를 좀 더 극적으로 이해하기 위해서 여러분이 이 경기를 보지 못하고 잠에 들었다고 합시다. 다음 날 일어난 당신은 경기 결과를 모릅니다. 즉 당신은 자신이 한국이 승리한 세계 속에 있는지 아니면 노르웨이가 승리한 세계 속에 있는지 알지 못합니다. 이 두 세계를 비교해봤을 때, 어느 쪽 세계에 당신이 있다는 것이 더 놀라운 일일까요? 70%의 사람들이 한국이 이긴다는 데 내기를 걸고 노르웨이 주전 선수들은 전날 식중독에 걸렸으며 최근 다른 팀과의 경기에서 한국은 두 번이나 이겼습니다. 그런데도 한국이 노르웨이에게 패했다면, 이는 한국이 승리하는 것보다 더 놀라운 일이라고 해야 하지 않겠습니까?

세계 간 확률을 이용하여 앞날의 일을 예측한다는 것은 이런 식으로 양립할 수 없는 세계들을 비교하여 어느 쪽이 현실 세계가 되는 것이 '더 놀라운 일'인지를 생각해보는 것이라고 말할 수 있습니다. 주목할 점은, 세계 간 확률을 적용하는 과정에서 세계 내 확률을 사용하는 것도 허용된다는 것입니다. 세계 간 확률을 이용하여 어느 세계가 더 현실 세계가 될 확률이 높은지를 따질 때는 어떤 사건이 어떤 빈도로 과거에 발생했는가도 중요한 고려 사항이 됩니다. 한국 팀이 지난 열 번의 경기에서 보인 승률도 당연히 고려해야 할 정보가 됩니다. 바로 이 '승률'이란 것이 세계 내 확률에 해당하는 겁니다. 세계 간 확률을 적용할 때는 과거의 빈도를 포함해서 다양한 정보가 필요합니다. 반면 세계 내 확률을 적용할 때는 과거의 기록 이외의 정보를 이용하는 것은 확률을 구하는 것과 무관하다고 여겨지겠죠.

그런데 이렇게 양립할 수 없는 두 세계를 비교하여 확률을 구하는 것이 정당한 일일까요? 세계 간 확률을 적용하여 확률을 구할 때는 사람들이 어떤 식으로 내기를 하고 있다는 점이 중요하다고 했습니다. 그런데 여기에 무언가 석연치 않은 점이 없을까요? 세계 간 확률을 이용하여 확률을 구하는 시도는 다음과 같은 구조를 갖고 있다고 볼 수 있습니다.

> 사건 e가 일어날 확률은 p인데 그 이유는 사람들이 e가 일어날 확률이 p라고 생각하기 때문이다.

이 주장을 쉽게 받아들일 수 없다면, 그 이유는 아마도 이 주장에 숨어 있는 순환성 때문일 겁니다. 우리가 궁금해 하는 것은 '왜 e가 p라는 확률을 갖는가'에 대한 점입니다. 그런데 이에 대해서 "사람들이 그렇게 생각하니까"라고 답하는 것은 공허한 답변처럼 들립니다. 특히 확률에 관한 유효한 개념으로 세계 내 확률만을 받아들이는 사람에게는 이런 '순환성'이 바로 세계 간 확률이라는 개념을 버려야 할 근거가 됩니다. 세계 내 확률을 받아들이는 쪽에서 보자면, 사람들이 사건 e가 일어날 확률이 p라고 생각하는 이유는 결국 사건 e와 같은 유형의 사건이 일어났던 빈도가 p라는 데서 찾을 수밖에 없습니다.

잠자는 미녀의 역설

세계 내 확률과 세계 간 확률이라는 두 대립되는 개념이 충돌하는 극적인 장면이 있습니다. 이는 학자들 사이에서 '잠자는 미녀의 역설The Sleeping Beauty paradox'이라고 알려져 있습니다.[61] 이 역설의 원래 형태도 흥미롭기는 합니다만, 상황 설정이 뜬금없어 보일 수 있기 때문에 여기서는 약간 변형된 형태를 제시해볼까 합니다.

• 수면 실험 아르바이트 학생 이야기 •

한 대학생이 있습니다. 그는 오늘 어떤 의학연구소에서 아르바이트를 합니다. 그가 해야 할 일은 간단합니다. 그곳에서 잠을 자는 겁니다. 이 연구소에서는 새로운 수면제를 개발 중인데 이 수면제를 이용하여 잠에 빠져들면 일정한 시간 동안 일어난 일을 전혀 기억하지 못하게 됩니다. 그런데 사람을 대상으로 하는 실험이기 때문에 연구소에서는 피실험자에게 돈을 지불해야 할 뿐 아니라 실험과 관련된 지침을 준수해야 합니다. 한 사람에게 여러 번 수면제를 쓴다면 비용은 줄겠지만 실험 지침은 가급적 한 사람에게 여러 번 실험하지 않도록 규정하고 있습니다. 그래서 연구소가 절충해낸 방법이 피실험자에게 한 번만 실험을 할지 아니면 연속 두 번 실험을 할지를 무작위로 결정할 수 있게 하는 것입니다. 다시 말해서, 다음과 같이 실험을 진행합니다.

1단계: 피실험자를 개발 중인 수면제를 이용해 재운다.
2단계: 동전을 던진다.
3단계: 동전의 앞면이 나오면 실험을 1회만 하고, 동전의 뒷면이 나오면 실험을 연속 2회 한다.

실험을 1회 실시한다는 것은 피실험자를 일정 시간 후에 깨우는 것이고, 실험을 연속 2회 한다는 것은 피실험자를 깨운 다음 수면제를 먹여 재우고 난 뒤 다시 깨우는 것입니다. 다시 말해서 동전의 뒷면이 나오면 피실험자는 두 번 잠들고 두 번 깨어나는 것이죠. 개발 중인 수면제가 제대로 작동한다면, 피실험자는 실험 기간 동안 일어난 일을 전혀 기억할 수 없습니다. 즉 동전의 앞면이 나오든 뒷면이 나오든 피실험자는 수면 후 처음으로 깨어나는 듯한 경험을 하게 되는 것입니다. 피실험자가 깨어나는 경험은 동전 던지기의 결과와 상관없이 똑같다는 것이 염두에 두어야 할 중요한 점입니다. 수면제가 제대로 작동하는지를 체크하기 위해서 피실험자는 깨어난 후 몇 가지 질문을 받게 되는데 그중에 다음과 같은 질문도 포함됩니다.

동전의 앞면이 나왔을 확률이 얼마라고 생각하세요?

이런 질문을 하는 이유는 피실험자가 실제로 실험 기간 동안 일어난 일을 기억하지 못하는지를 확인하기 위함입니다. 만약 피실험자가 자신이 이미 한 번 깨어났다는 것을 기억한다면 이 질문에 대해서 "앞면이 나왔을 확률은 0입니다"라고 말할 테니까요. 피실험자가 실험에 진지하게 참여하기 위한 동기부여 방안으로 이 질문에 정확한 답을 한다면 더 많은 수고비를 받을 수 있다고 합시다. 그러니까 피실험자는 이 질문에 가능한 한 자신의 기억을 충실하게 더듬어볼 것이라는 말입니다.

실제로 실험에 쓰인 수면제가 의도대로 완벽하게 작동했다고 가정해보죠. 다시 말해 피실험자는 깨어나면서 자신이 두 번째로 깨어나는 것인지 전혀 알 수 없는 상황입니다. 우리가 여기서 생각하고자 하는 물음은 바로 다음과 같은 것입니다.

우리의 주인공 아르바이트 학생은 동전의 앞면이 나왔을 확률이 얼마라고 말하는 것이 현명할까요?

이른바 '잠자는 미녀의 역설'은 이 물음에 대해 답하는 것이 마땅치 않다는 데서 생겨납니다. 이 물음을 놓고 여러 답변이 있었지만, 대체로 두 가지가 두드러집니다. 하나는 1/2이라는 답변이고, 다른 하나는 1/3이라는 답변입니다.

첫 번째 대답이 기대고 있는 근거는 쉽게 이해할 수 있습니다. 동전을 던져서 앞면이 나오는 확률이 1/2이기 때문이죠. 이는 세계 내 확률을 받아들이는 사람들도 쉽게 받아들일 수 있는 답변입니다. 동전에 특별한 문제가 없는 한 '동전 던지기'라는 유형의 사건을 여러 번 반복하다 보면 앞면이 나오는 횟수와 뒷면이 나오는 횟수는 1:1로 서로 비슷해지기 때문에, 동전의 앞면이 나올 세계 내 확률은 1/2이라고 할 수 있습니다.

1/3이라는 두 번째 대답이 나온 근거는 이보다 조금 복잡합니다. 간단히 설명하자면, 아르바이트 학생이 깨어나는 경우가 세 가지 있는데 (동전이 앞면이고 한 번 깨어난 경우, 동전이 뒷면이고 한 번 깨어난 경우, 동전이 뒷면이고 두 번 깨어난 경우), 이 중에서 동전이 앞면이 나와서 깨어나는 경우는 한 가지이기 때문입니다. 이를 수식으로 표현하면 다음과 같습니다.

$$\frac{\text{동전 앞면이 나와서 피실험자가 깨어나는 경우의 수}}{\text{피실험자가 깨어나는 모든 경우의 수}} = \frac{1}{3}$$

이렇게 생각해보면 그리 복잡하지 않지만, 이 답변이 간단치 않은 이유는 동전이 앞면이 나오는 세계와 동전이 뒷면이 나오는 세계는 서로 양립할 수 없는데 이렇게 양립할 수 없는 세계에서 일어난 일들을 세어서 '모든 경우의 수'라고 여기는 것이 합당한지에 대한 의문이 생기기 때문입니다. 세계 간 확률을 받아들이는 사람에게 이런 설명은 문제가 없어 보이지만, 세계 내 확률을 받아들이는 사람에게 이는 허용될 수 없는 일입니다.

이 쟁점은 이렇게 볼 수도 있습니다. 1/2을 주장하는 사람은 동전의 앞면이 나올 확률을 구하는 문제와 아르바이트 학생의 관점은 아무 관련이 없다고 생각합니다. 반면에 1/3을 주장하는 사람은 잠에서 깨어나는 아르바이트 학생의 경험이 이 확률을 구하는 데 중요한 역할을 한다고 생각합니다. 피실험자의 관점에서 보자면 깨어나는 경험을 할 수 있는 경우는 세 가지인데, 문제는 자신이 경험하는 바가 이 중 어떤 경우에 속한 것인지 알 수 없다는 것입니다. 하지만 아르바이트 학생은 이 세 가지 경우 중에서 한 경우만 동전의 앞면이 나온 경우라는 것을 압니다. 이런 점들을 고려할 때 아르바이트 학생의 관점에서 보자면 이 물음에 대한 현명한 대답은 1/3일 것입니다.

비슷한 사고실험들

다른 사례를 생각해볼까요? 눈을 떴는데 주변을 둘러보니 완전히 낯선 곳이라는 사실을 깨닫게 된 어떤 남자를 생각해봅시다.[62] 더 난감한 점은 왜 자신이 이곳에 있는지 이 남자는 전혀 기억할 수 없다는 겁니다. 그런데 주변을 조사해보니 그곳의 주변에는 사람이 사는 곳이 딱 두 군데 있다는 것을 알게 됩니다. 하나는 인구가 백여 명밖에 안 되는 아주 작은 마을이고 다른 하나는 인구가 만 명인 도시입니다. 마을과 도시는 이 사람이 있는 곳으로부터 비슷한 거리만큼 떨어져 있습니다. 이 남자는 두 군데 중 한 곳으로부터 온 것이 분명합니다. 그렇다면 이 남자는 어느 쪽에서 왔을 확률이 높을까요?

인구 백 명인 마을보다는 인구 만 명의 도시에서 왔을 확률이 더 높다는 생각이 들지 않습니까? 이런 생각을 뒷받침해주는 근거는 이렇습니다. 이 남자는 두 곳에 사는 사람들 중 한 사람입니다. 두 곳에 사는 사람들의 수는 '10,000+100'명입니다. 이 집단의 구성을 보면 도시에 사는 사람들이 훨씬 많습니다. 정확하게 말하자면 10,100명 중에서 10,000명이죠. 이를 분수로 나타나자면 100/101입니다. 거의 1에 가깝죠. 이 남자가 인구 만 명의 도시에서 왔을 확률은 바로 이 분수와 같다고 여겨집니다. 그렇기 때문에 이 남자는 인구 만 명의 도시에서 왔을 확률이 높다고 생각되는 것이죠.

물론 이 남자가 작은 마을에서 왔을 확률과 큰 도시에서 왔을 확률이 같다고 생각할 수도 있습니다. 이렇게 생각하는 근거는 이 남자가 온 곳은 두 장소 중 한 군데기 때문이라는 것이겠지요. 두 군데 중에서 한 군데일 확률은 1/2이니, 이 남자가 둘 중 어느 한 쪽에서 왔을 확률이 더 높다고 할 만한 근거는 없다는 것이죠. 이 주장은 받아들이기 힘듭니다.

여러분은 이 남자가 도시에서 왔을 확률과 작은 마을에서 왔을 확률이 각각 1/2로 같다는 주장을 쉽게 받아들일 수 없을 것입니다. 그 이유는 이 주장이 남자의 관점을 중요하게 여기지 않기 때문이라고 말할 수 있습니다. 이 남자는 한 인간의 관점을 가지고 있습니다. 작은 마을에 사는 백 명의 사람들도 각자 관점을 갖고 있고, 도시에 사는 만 명의 사람들도 각자 관점을 갖고 있지요. 이 남자가 한 명의 인간으로서 갖는 관점을 중요하게 여긴다는 것은 결국 두 곳에 사는 사람들의 관점 각각을 중요하게 여긴다는 것과 같습니다. 이 남자가 작은 마을에서 온 사람이라면 이 소식은 '놀라운' 소식이 될 겁니다. 여러분이 외국 여행 중에 한국에서 온 사람을 우연히 만났는데, 그가 서울에 산다는 말을 듣는 것보다는 독도에 산다는 말을 듣는 것이 훨씬 더 놀라운 것과 비슷한 이치죠.

여기서 주의해야 할 점은, 단순히 도시에 사는 사람의 수가 작은 마을에 사는 사람의 수보다 많다는 것이 아니라, 내용상 구별할 수 없는 경험의 수가 어느 쪽이 더 많은가 하는 점입니다. 도시에 사는 사람이 기억을 잃고 낯선 곳에서 깨어나는 경우와 작은 마을에 사는 사람이 기억을 잃고 낯선 곳에서 깨어나는 경우, 이 두 경우에 갖게 되는 경험은 내용상 구별할 수 없을 겁니다.

이번에는 비유를 좀 더 발전시켜 SF 영화에서나 일어날 만한 경우를 생각해볼까요? 유전공학이 발전한 미래의 사회를 생각해봅시다. 사람들은 자신이 병들어 죽을 경우를 생각해서 자신을 복제한 인간, 클론을 만듭니다. 자신이 죽은 뒤 클론이 살아가는 것을 자신이 살아가는 것과 다름없다고 생각했기 때문이죠. 그런데 클론이 여럿 있을 경우 그중 어떤 클론이 진정으로 자신의 뒤를 잇는다고 보아야 할지에 대한 문제가 생깁니다. 그래서 제비를 뽑아서 한 명의 클론을 '진정한 후계자'로 정하고, 나머지 클론들은 '비상용 클론'으로 정하기로 합니다. 비상용 클론들은 진정한 후계자에게 변고가 생길 경우, 즉 진정한 후계자 클론이 아파서 장기 이식이 필요하다거나 사고로 죽었을 경우, 장기를 제공하거나 때로는 진정한 후계자를 대신하게 하려는 목적으로 만들어지는 겁니다. 이런 이유에서 단 하나의 클론이 진정한 후계자가 되지만, 비상용 클론은 가능한 한 많이 만들게 되죠. 그런데 자신이 진정한 후계자와 비상용 클론 중 어느 쪽인지를 알게 되면 여러 가지 부작용이 생길 수 있으므로, 클론들에게는 자신이 이 중 어느 쪽인지를 알려주지 않습니다.

이제 어떤 사람이 100명의 클론을 갖고 있다고 해보죠. 이 사람은 제비뽑기를 통해서 '진정한 후계자'와 '비상용 클론'을 나누었습니다. 이 100명의 클론은 '클론 공화국'에서 살고 있는데, 이들 모두는 자신이 진정한 후계자 클론이 아닐까 생각하고 있습니다. 여러분이 이 클론 중 한 명이라면, 자신이 '비상용 클론'이 아니라 '진정한 후계자'일 확률이 얼마나 된다고 생각합니까? 비상용 클론이 아니라면 후계자 클론이므로 1/2이라고 생각해야 할까요? 그렇지는 않을 겁니다. 중요한 점은 100명의 클론이 서로 매우 유사한 경험을 하고 있으며 그 경험의 내용만으로는 누가 '진정한 후계자'인지 말할 수 없다는 겁니다.

따라서 이 중 한 명인 여러분이 '진정한 후계자'일 확률이 다른 클론보다 특별히 크다고 할 수 없습니다. 이런 이유에서 그 확률은 1/100이라고 보는 것이 합당하다고 해야겠죠.

물론 이 경우와 수면 실험 아르바이트 학생의 경우는 서로 다르다고 말할 수 있습니다. 그 중요한 차이점은, 수면 실험에서는 동전을 던져서 그 결과에 따라서 한 가지만 택하게 되지만, 클론의 경우에서 동전 던지기는 이미 존재하는 클론들을 구분하는 데 사용된다는 겁니다. 다시 말해서 100명의 클론은 이미 한 '세계 내'에 존재하지만, 수면 알바생이 일어나는 횟수는 '세계 내'에서 한 번이거나 두 번뿐이지, 이를 합쳐서 세 번이 아니라는 겁니다.

이 점을 고려해서 클론 사례를 수정해볼까요? 이번에는 동전 던지기를 해서 앞면이 나오면 단 한 명의 '후계자' 클론만 만들고 뒷면이 나오면 99명의 '비상용' 클론을 만든다고 해보죠. 물론 뒷면이 나와서 많은 클론이 생겼다고 하더라도 이들은 절대 서로 만날 수 없다고 가정해봅시다. 그런데 여러분이 클론이라는 것을 알았습니다. 이제 '동전이 앞면이었을 확률은 얼마일까'라고 스스로 물어봅시다. 이 물음은 자신이 유일한 '후계자' 클론일 확률이 얼마인지에 대한 물음에 다름 아닙니다.

이 물음에 대해서 어떤 답변을 하는지는 '세계 내 확률'과 '세계 간 확률' 중 어떤 것을 받아들이느냐에 달려 있습니다. 클론 100명은 한 세계 내에 존재할 수 없지요. 따라서 여러분이 후계자 클론일 확률을 1/100으로 본다면 '세계 간 확률'을 이미 받아들이고 있다고 말할 수 있습니다.

지금까지 우리는 확률을 이해하는 두 가지 방식에 대해 생각해봤습니다. 이 중 어느 쪽이 확률에 관한 올바른 이해인지는 여전히 논란거리입니다. 하지만 세계 간 확률이 세계 내 확률보다 더 넓은 영역에 적용 가능하다는 점을 알 수 있습니다. 적어도 그 점은 세계 간 확률이 갖는 장점이라고 할 수 있을 겁니다. 단 한 번만 일어나는 전무후무한 사건의 확률을 논하거나 잠자는 미녀의 역설(수면 실험 아르바이트) 등을 생각하면서 우리는 세계 간 확률이 가지고 있는 설득력을 보았습니다.

•
이태원 살인사건의 문제

오랫동안 논란거리가 되었던 살인사건이 있습니다. '이태원 살인사건'이라고 알려진 사건이죠. 남자 화장실에서 살인사건이 일어났는데, 용의자 두 명이 있습니다. 'A'와 'B'라고 부르기로 하겠습니다. 희생자는 'C'라고 부르기로 합시다. 살인 사건이 일어난 순간 남자 화장실 안에는 단 세 사람, A, B, C밖에 없었습니다. 따라서 A와 B 중 적어도 한 사람이 C를 살해한 것이 분명합니다. 그런데 A는 B가 살인범이라고 말하고, B는 A가 살인범이라고 말합니다. 검찰은 A를 범인으로 지목하고 기소했습니다. 그런데 재판에서 A를 살인범으로 볼 충분한 증거가 없다는 이유로 A는 풀려납니다. 오랜 시간이 지나고 나서 검찰은 B를 살인범으로 기소합니다. 과연 B는 살인범으로 유죄 판결을 받았을까요?

사람들은 A와 B 중 적어도 한 명이 살인범인데 A가 살인범이 아니라면 B가 범인임이 분명하지 않느냐고 말합니다. 이때 사람들이 기대고 있는 논증의 형식은 다음과 같은 것입니다.

• 이태원 살인사건 논증 형식 •

전제: A가 범인이거나 B가 범인이다.

전제: A가 범인이 아니다.

결론: 따라서 B가 범인이다.

이 논증 형식은 논리학에서 '선언 삼단논법disjunctive syllogism'이라고 불립니다. 이 형식을 갖춘 논증은 '타당하다valid'고 여겨지지요. 추론 또는 논증이 '타당하다'는 말은 전제들로부터 결론이 논리적으로 따라 나온다는 말인데, 다시 풀어서 보자면, 전제들을 모두 참이라고 받아들이면 결론도 참이라고 받아들일 수밖에 없다는 말입니다.

그런데 이태원 살인사건에 이 논증 형식을 적용하는 것은 잘못입니다. 왜냐하면 두 번째 전제가 참으로 드러난 것이 아니기 때문입니다. 법원은 'A가 범인이 아니다'라는 판결을 내린 것이 아니라 'A가 범인인 것이 확실하지 않다'고 말한 셈입니다. 'A가 범인이 아닌 것이 확실하다'라는 주장과 'A가 범인인 것이 확실하지 않다'는 주장 사이에는 큰 차이가 있죠. A가 범인이 아닌 것이 확실하다면 B가 범인이라는 결론이 논리적으로 따라 나오지만, A가 범인인 것이 확실하지 않다는 주장으로부터 B가 범인이라는 결론을 끌어낼 수 없습니다.

하지만 여전히 사람들은 이런 상황이 불만족스럽습니다. 두 사람 중 적어도 한 명이 범인인 것이 분명한데도 A가 범인이라고 말할 수도 없고 B가 범인이라고 말할 수도 없는 상황이 기가 막힌 것이죠. 무엇이 잘못된 걸까요?[63]

·
선언문과 확률

여기서 주목하고자 하는 것은 "A가 범인이거나 B가 범인이다"라는 주장입니다. 우리는 이 주장이 A와 B 중 적어도 한 명은 범인이 분명하다는 것을 나타낸다고 생각합니다. 두 개의 문장을 '또는'이나 '이거나'라는 접속사로 연결한 문장을 논리학에서는 '선언문disjunction'이라고 부릅니다. 이 선언문은 'A가 범인이다'라는 주장과 'B가 범인이다'라는 주장으로 구성되어 있는데, 이 두 주장을 '선언지disjunct'라고 부르죠. 한편 두 개의 문장을 '또한'이나 '그리고'라는 접속사로 연결한 문장을 연언문conjunction라고 부르고, 연언문을 구성하는 두 문장을 각각 연언지conjunct라고 합니다.

  우리는 이 선언문이 무엇을 말하는지 잘 이해한다고 생각합니다. 하지만 과연 그럴까요? 사람들이 이태원 살인사건을 답답하게 생각하는 이유 중 하나는 이렇습니다. "A가 범인이거나 B가 범인이다"라는 선언문이 참이라면 이는 이 사건의 범인에 대해서 중요한 사실을 말하는 것 같습니다. 그런데 어떤 점에서 보면 그렇지 않은 것 같습니다. '이태원 살인사건의 범인'이라는 집합을 생각해보죠. 이 집합을 'M'이라고 부릅시다. M은 공집합이 아닙니다. "A가 범인이거나 B가 범인이다"라는 선언문이 참이라면 M이 공집합이 아니라는 것도 받아들일 수 있습니다. 하지만 M이 공집합이 아니라고 해서 이 선언문이 참이라는 것은 아닙니다. 예를 들어 "어떤 사람이 이태원 살인 사건을 저질렀다"라는 주장도 M이 공집합이 아니라는 것을 말해줍니다. 이 선언문이 M에 대해서 무엇인가를 말한다고 하려면, M이 공집합이 아니라는 것 이상을 말해야 합니다. 하지만 이 선언문이 M에 대해서 무엇을 말해줍니까? M이 집합 {A}와 같다는 것, 즉 A가 이 사건의 범인이라는 것을 말해줍니까? 아닙니다. 그렇다면 M이 집합 {B}와 같다는 것, 즉 B가 이 사건의 범인이라는 것을 말해줍니까? 당연히 이것도 아니죠. 그렇게 보자면 이 선언문은 M에 대해서 별다른 점을 말해주지 않는 것 같습니다. 하지만 이 선언문은 집합 M이 공집합이 아니라는 것 이상을 말하고 있지 않나요? 그것이 어떻게 가능할까요?

　이 점을 설명하기 위해서는 "A가 범인이거나 B가 범인이다"라는 선언문이 무엇을 말하는지 좀 더 들여다볼 필요가 있습니다. 선언문을 선언문으로 만드는 '또는' 혹은 '~이거나'라는 표현에 대해서 좀 더 생각해봅시다. 우리는 "A가 범인이거나 B가 범인이다"라는 선언문이 범인의 집합 M에 무엇이 포함되는지 알려주지 않는다는 점을 보았습니다. 그런데 '또는'이라는 표현이 항상 이렇게 사용되는 것 같지는 않습니다. "노약자 또는 임산부는 무료 탑승자다"라는 문장을 살펴봅시다. 이 문장이 참이라면, 이 문장은 무료 탑승자의 집합에 노약자와 임산부가 포함된다는 것을 말해줍니다. 이 문장에서 '또는'이란 표현은 살인사건의 경우와 다르게 사용되는 것이죠.

　우리는 "노약자 또는 임산부는 무료 탑승자다"라는 문장이 의미하는 바가 "노약자와 임산부는 무료 탑승자다"라는 문장의 의미와 같다는 것을 알 수 있습니다. 그리고 이는 "노약자는 무료 탑승자이고 임산부는 무료 탑승자이다"라는 문장과도 같은 의미입니다. 하지만 "A 또는 B가 범인이다"라는 문장은 "A와 B가 범인이다"를 의미하지도 않고, "A가 범인이고 B도 범인이다"를 의미하지도 않죠. 이런 점에서 볼 때 '또는' 혹은 '~이거나'라는 표현은 두 경우에서 서로 다른 방식으로 사용되는 것 같습니다.

이 둘 사이에 있는 중요한 차이점은 이렇습니다. "A 또는 B가 범인이다"라는 문장에서 '또는' 양쪽에 오는 것은 특정한 사람을 지칭하는 이름입니다. 반면 "노약자 또는 임산부는 무료 탑승자다"라는 문장에서 '또는' 양쪽에 오는 것은 특정한 사람이 아니라 어떤 조건입니다. '노약자'라는 조건에 해당하거나 '임산부'라는 조건에 해당하는 사람은 무료로 탑승할 수 있다는 것이죠. 반면 "노약자와 임산부는 무료 탑승자다"라는 문장에서 '~와' 양쪽에 오는 것은 조건이 아니라 사람입니다. 만약 이 문장이 무료 탑승자의 조건을 말하고 있다면, '노약자'라는 조건에 해당하면서 '임산부'라는 조건에 해당하는 사람만이 무료로 탑승할 수 있다는 의미인데, 이 문장을 그렇게 해석할 수는 없습니다. 이 문장이 의미하는 바는 '노약자'와 '임산부'라는 사람들의 집합에 속하는 사람은 무료로 탑승할 수 있다는 것입니다.

다시 말해서 우리는 '노약자'라는 표현으로 특정한 사람들을 지칭할 수도 있고 그 특정한 사람들이 갖고 있는 조건을 지칭할 수도 있습니다. '노약자'라는 표현이 일반 명사이기 때문에 이런 활용이 가능한 것이죠. 이를 '내포intension'와 '외연extension'이라는 용어로 설명하기도 합니다. '노약자'의 내포는 노약자들이 갖고 있는 조건에 해당하고 외연은 그 조건을 갖고 있는 사람들에 해당한다고 할 수 있습니다. 내포로서의 '노약자'와 '임산부'가 '또는'으로 연결된다면, 그 뜻은 외연으로서의 '노약자'와 '임산부'가 '~와'로 연결되는 것과 같습니다. 이와 관련하여 다음과 같은 원칙이 있습니다.

• 내포와 외연에 관한 원칙 •

내포가 넓어질수록 외연은 좁아지고, 내포가 좁아질수록 외연은 넓어진다.

이 원칙이 말하는 바가 복잡한 것 같지만 사실 별로 그렇게 복잡한 내용은 아닙니다. '내포가 넓어진다'는 것은 조건들을 '그리고', '~이면서', '~와' 등으로 연결한다는 말입니다. '저렴하면서 질이 좋은 것'은 '저렴한 것'을 만나기보다 어렵고 동시에 '질이 좋은 것'을 만나기보다 어렵습니다. 반면에 '내포가 좁아진다'는 것은 조건들을 '또는', '~이거나' 등으로 연결하는 것과 같습니다. '저렴하거나 질이 좋은 것'은 '저렴한 것'보다 만나기 쉽죠. '저렴하거나 질이 좋은 것'의 외연이 '저렴한 것'의 외연보다 넓기 때문입니다.

어쨌든 이를 통해서 우리는 '임산부'라는 표현을 내포로 이해하는 경우와 외연으로 이해하는 경우를 구별할 수 있습니다. 내포에 관해서 이야기하자면 '노약자 또는 임산부'라는 표현은 '노약자'라는 표현보다 더 넓은 내포를 갖습니다. 외연에 관해서 이야기하자면 '노약자와 임산부'는 '노약자'보다 더 넓은 외연을 갖습니다. 간단히 말하자면, '노약자 또는 임산부'라는 내포는 '노약자와 임산부'라는 외연을 갖는다고 할 수 있습니다. 이를 도식화하자면 다음 표와 같습니다.

"'P 또는 Q'인 것은 'P와 Q'와 동일하다"라는 문장이 의미하는 바	
'P 또는 Q'	'P와 Q'
내포	외연

　여기서 우리가 주목할 점은 '또는'이란 표현이 어떤 상황에서 '그리고'로 전환될 수 있는가 하는 겁니다. 내포의 맥락에서 외연의 맥락으로 전환될 때, '또는'이라는 표현이 '그리고'라는 표현으로 전환될 수 있습니다. 그런데 전환이 항상 이런 식으로 일어나는 것은 아닙니다. 이미 보았듯이, 'A 또는 B가 범인이다'로부터 'A와 B가 범인이다'를 끌어낼 수는 없으니까요. 그리고 이렇게 전환이 일어나지 않는 이유는, 'A'와 'B'가 일반 명사가 아니라 고유 명사이며 고유 명사는 내포를 갖지 않기 때문이라고 말할 수 있습니다.

　이제 이 점을 '세계 내 확률'과 '세계 간 확률'이라는 개념과 연결해서 생각해보겠습니다. 이런 물음을 던져봅시다. 한 세계 내에서 우리가 관찰하는 것들은 '그리고'와 '또는' 중에서 어떤 것으로 표현되는 것이 마땅할까요? 예를 들어 숲에 가서 새를 관찰한다고 상상해보세요. 종달새 한 마리를 보았습니다. 또 숲길을 가다보니 오리 한 마리가 보입니다. 지금까지의 관찰을 표현하자면, '숲속에 종달새 한 마리와 오리 한 마리가 있다'고 할 수 있습니다. 세계에서 일어나는 일들은 '그리고', '~와'로 표현되는 것이 적절합니다. 생각해보세요. 어떻게 '숲속에서 종달새 한 마리 또는 오리 한 마리가 있는 것'을 관찰할 수 있을까요? 그럴 수 없습니다. 세상 내에서 일어나는 일들은 '그리고'로 연결되는 것이 마땅합니다. 우리는 '종달새 한 마리 또는 오리 한 마리가 있다'는 것을 세계 내에 있는 사실이라고 보지 않습니다.

하지만 선언문 역시 세상에 대해서 무엇을 알려준다고 말할 수 있습니다. 철학자 러셀 역시 이 점을 의아하게 생각했습니다. 그는 선언문이 어떤 사실을 나타내는지 고민합니다. 그리고 이에 대한 그의 대답은, 선언문이 나타내는 사실은 '주저하는 행동'이라는 것입니다.[64]

세계 내에서 일어나는 것만을 말하자면, '또는'이라는 표현이 설 자리는 없습니다. '또는'이라는 표현이 사용된다고 하더라도 이는 '그리고'로 전환될 수 있는 경우에 제한되지요. 예를 들어 "이 가게에는 철학자 또는 개는 들어올 수 없습니다"라는 말을 누군가 한다고 해보죠. 여기서 '철학자 또는 개'라는 표현이 허용되는 것은 그 내포를 염두에 둘 때입니다. 그리고 이런 경우 '철학자 또는 개'는 '철학자와 개'라는 외연을 가리키는 것이죠(철학자이면서 개이기도 한 것은 없을 겁니다. 아니 없길 희망합니다).

다시 이태원 살인사건으로 돌아와서, 그렇다면 우리는 어떻게 "A 또는 B가 범인이다"라는 주장을 할 수 있는 걸까요? 이 주장을 할 때 우리는 다음과 같은 추론을 합니다.

전제: A 또는 B가 범인이다.
결론: A와 B가 범인일 수 있다.

"A와 B가 범인일 수 있다"는 말은 "A와 B가 (바로 그 살인 사건의) 용의자다"라는 말이죠. 얼핏 보기에 이 추론에서도, '노약자 또는 임산부'에서 '노약자와 임산부'를 추론하는 경우처럼, '또는, 그리고' 전환이 일어난 것 같습니다만, 둘 사이에는 중요한 차이점이 있지요. 바로 전제에 등장한 술어 '범인이다'가 '범인일 수 있다'라는 술어 또는 '용의자다'라는 술어로 바뀐 것이죠. '범인'이 '용의자'라는 술어로 바뀔 때 비로소 'A 또는 B'라는 표현은 'A와 B'라는 표현으로 전환됩니다.

'그리고', '~와'는 한 세계 내에서 발생하는 사건을 기술하기 위한 장치라고 말했습니다. "A 또는 B가 범인이다"라는 선언문이 한 세계 내에서 발생하는 사태를 기술한다고 말해지기 위해서는 '범인'이라는 술어 대신에 '용의자'라는 새로운 술어를 끌어들인 후 '또는'을 '~와'로 전환해야 합니다. 그 결과가 바로 'A와 B는 용의자다'라는 문장입니다. 다음과 같이 말이죠.

전제: A 또는 B가 범인이다.
결론: A와 B는 용의자다.

이를 '세계 간 확률'이라는 개념을 통해서 설명하면 조금 다릅니다. 한 세계 내의 사건에 국한하지 않는다면 'A 또는 B'라는 표현은 'A가 범인인 세계에서의 A와 B가 범인인 세계에서의 B'를 가리키는 것으로 이해할 수 있습니다. 범인을 확정하지 못한 우리의 현실 세계에서 보자면 이 두 세계는 각각 가능한 세계들입니다. 편의상 이 두 세계를 Wa와 Wb라고 하겠습니다. Wa에서 A와 Wb에서 B는 각각 범인입니다. 하지만 범인을 확정하지 못한 우리의 현실 세계에서는 A와 B를 범인이라고 말할 수 없지요. 우리 세계에서 이 둘은 용의자고 이 때 '용의자'라는 표현은 'Wa에서 A와 Wb에서 B'라는 집합을 가리키는 말입니다. 이로써 우리는 Wa와 Wb라는 두 세계 사이를 넘나들게 되는 것이죠.

'세계 간 확률'과 '세계 내 확률' 중 어느 쪽이 더 적절한지에 관한 논의는 간단치 않습니다. 더 생각해볼 거리가 많지요. 하지만 적어도 "A 또는 B가 범인이다"와 같은 선언문을 제대로 이해하는 데는 '세계 간 확률'이라는 개념이 더 적합한 것처럼 보입니다. 세계 내에서 일어나는 사태에만 국한한다면 "A 또는 B가 범인이다"라는 주장이 범인의 집합에 관해서 어떤 주장을 하고 있다는 것을 이해하기 어렵고, 어떻게 이 주장으로부터 "A와 B는 용의자다"와 같은 주장을 이끌어낼 수 있는지를 설명하기도 어려워 보입니다. 하지만 가능한 세계들에서 벌어지는 사태까지 고려한다면, 이런 점들은 쉽게 설명될 수 있습니다. "A 또는 B가 범인이다"라는 주장은 가능한 세계에 있는 범인들에 관한 주장이고 바로 그런 가능 세계에 있는 범인들의 집합이 우리 세계 내에 있는 '용의자 집합'에 다름 아니기 때문이지요.

•

준거 집합의 문제

'세계 간 확률'과 '세계 내 확률' 중 어느 쪽이 더 적절한 확률 개념인지에 관해서 한 가지 더 생각해볼 논점이 있습니다. 이에 앞서 다음과 같은 논증 형식을 고려할 필요가 있습니다.

전제: P이고 Q이다.

전제: P이면 R이고 Q이면 S이다.

결론: 따라서 R이고 S이다.

이 논증 형식이 타당하다는 것은 분명합니다. P, Q, R, S에 어떤 문장을 넣더라도 전제들이 참이면서 결론이 거짓인 사례는 찾기 어려워 보입니다.

이태원 살인사건에서 우리는 "A가 범인이고 B도 범인이다"라는 연언문이 참이라고 주장할 수 없다는 점을 보았습니다. 정황을 고려할 때 "A가 범인이거나 B가 범인이다"라는 선언문은 참이라고 할 수 있지만 말입니다. 하지만 "A가 범인이고 B도 범인이다"라는 문장 자체가 참일 가능성이 없는 것은 아닙니다. A와 B가 모두 범인일 수도 있으니까요. 반면 어떤 연언문은 그 문장 자체만으로도 참일 가능성이 없어 보입니다. 예를 들어 "A는 범인이고 A는 무죄이다"라는 문장은 세상에서 일어난 일이 어떤지에 상관없이 참일 가능성이 없습니다. 범인이라면 무죄일 수 없고 무죄라면 범인일 수 없기 때문이죠. 이런 성격의 연언문을 '모순contradiction'이라고 합니다.

이제 모순이 아닌 어떤 연언문을 생각해보겠습니다. '쇼누비'라는 이름의 **나이지리아 출신의 미국 시민**이 있습니다. 1991년 그는 헤로인 400그램이 든 풍선을 삼킨 채로 입국하다가 미국 공항에서 체포되어 재판을 받았습니다. 그가 마약법을 위반했다는 것은 의심의 여지가 없는데, 문제는 그가 그 이전에도 7번이나 같은 경로로 입국을 한 적이 있다는 것이었습니다. 쇼누비가 7번의 여행에서도 마약을 소지하고 입국했을 확률이 얼마나 되는지가 재판에서는 중요한 쟁점이었습니다.

실제로 이 사건을 두고 일어난 법적 공방은 복잡했지만 여기서는 상황을 좀 더 단순화해보겠습니다. 쇼누비가 8번의 여행을 하는 기간 동안 **나이지리아 출신**의 사람들 중 공항에서 헤로인을 소지한 혐의로 체포된 사람들이 100명 있었습니다. 이들을 조사해본 결과 그 이전 여행에서도 마약을 운반했던 사람이 90%에 달한다는 것이 밝혀졌다고 해봅시다. 반면에 같은 기간 동안 마약 운반 혐의로 공항에서 체포된 **미국 시민**들을 조사한 결과는 이와 상당히 달랐습니다. 이들 중 이전 여행에서도 마약을 운반한 적이 있던 사람들은 30%에 불과했던 것이죠. 그렇다면 쇼누비는 과거에도 마약을 운반했다고 봐야 할까요?[65]

이제 이 상황에 위의 논증 형식을 적용하자면 다음과 같습니다.

> 전제: 마약 운반으로 체포된 쇼누비는 나이지리아 출신이고 또한 미국 시민이다.
> 전제: 나이지리아 출신으로 마약 운반을 한 사람이라면 그가 과거에도 마약 운반을 했을 확률은 90%이고, 미국 시민으로 마약 운반을 한 사람이라면 그가 과거에도 마약 운반을 했을 확률은 30%이다.
> 결론: 따라서 쇼누비가 과거에도 마약 운반을 했을 확률은 90%이고 동시에 30%이다.

이 결론을 어떻게 받아들여야 할까요? 하나의 사태에 대한 확률이 90%이면서 동시에 30%일 수 있을까요? 이 결론을 모순이라고 생각할 수도 있습니다. 어쨌든 어떤 확률이 90%라면 이는 30%는 아니니까요. 이 논증 형식은 타당하므로 전제들을 모두 참으로 받아들인다면 결론도 역시 참이라고 받아들여야 합니다. 그런데 이 결론을 받아들이기가 어렵다면 어떻게 된 걸까요?

'세계 내 확률'을 받아들이는 사람에게는 이 문제가 특별히 곤란한 문제가 될 수 있습니다. 이 문제는 흔히 '준거 집합의 문제reference class problem'라고 알려져 있습니다. 여기서 준거 집합이란 한 개체가 속해 있는 집합을 의미합니다. 예를 들어 한 사람은 아버지기도 하면서 남성이기도 하면서 서울 시민이기도 할 수 있습니다. 즉 아버지라는 준거 집합에 속하기도 하고 남성이라는 준거 집합에 속하기도 하고 서울 시민이라는 준거 집합에 속하기도 합니다. 이 사람의 혈액형이 O형일 확률을 구한다고 해봅시다. '세계 내 확률'을 받아들이는 사람이라면 이 사람이 속하는 집합 중에서 혈액형이 O형인 사람의 비율을 구하려고 할 겁니다. 그리고 이 사람이 속하는 집합은 세계 내에 존재하는 사람들 중에서 정해지겠죠. 그런데 문제는 이 사람의 준거 집합이 여럿이고 어떤 준거 집합을 취하느냐에 따라서 구하는 확률이 달라진다는 것입니다. 쇼누비가 바로 그런 경우에 해당합니다. 나이지리아 출신의 마약 소지자를 준거 집합으로 취할지 미국 시민이면서 마약을 소지한 사람을 준거 집합으로 취할지에 따라서 확률이 달라지기 때문이죠.

준거 집합의 문제 때문에 '세계 내 확률'이라는 개념은 도저히 받아들일 수 없다고 말하는 것은 성급한 주장일 겁니다. 또한 '세계 간 확률'을 받아들이는 사람은 준거 집합의 문제로부터 완전히 자유롭다고 말할 수 있는지도 더 따져봐야 할 겁니다. 하지만 지금까지의 논의를 토대로 볼 때 '세계 내 확률'이란 개념으로 확률을 이해하는 것에는 뛰어넘어야 할 장애물이 있어 보입니다.

준거 집합의 문제는 흔히 만나게 되는 문제입니다. 한 개체는 여러 준거 집합에 속하기 때문이죠. 쇼누비는 나이지리아 출신의 사람들이라는 준거 집합과 미국 시민이라는 준거 집합에 모두 속하는 사람입니다. 하지만 이는 마약 운반이라는 현안과 관련해서 우리의 관심을 끄는 준거 집합일 뿐, 이 두 가지가 쇼누비가 속해 있는 준거 집합의 전부는 아닙니다.

'나'라는 개체는 사람이기도 하고 남자이기도 합니다. 운전면허 소지자기도 하고 남산에 열 번 이상 올라가본 사람이기도 합니다. '나'라는 개체가 속한 준거 집합은 끝이 없어 보이죠. 나는 '누군가의 자식'이라는 준거 집합에 속하고 '누군가의 아버지'라는 준거 집합에 속하기도 합니다. 그런데 한 준거 집합에서 바람직한 행동이 다른 준거 집합에서는 바람직하지 않기도 합니다. 검사라는 준거 집합에서 바람직한 행동과 선생이라는 준거 집합에서 바람직한 행동이 서로 충돌할 수 있기에, 〈검사와 여선생〉이라는 영화가 많은 사람들의 심금을 울렸던 것 아니겠습니까? 우리가 속한 여러 준거 집합들은 우리를 서로 다른 방향으로 잡아당깁니다. 이렇듯 우리는 준거 집합에서 비롯된 문제를 일상적으로 만납니다.

앞서 4장에서 논의한 바 있는 '린다 문제'(152쪽)를 기억하나요? 한 번도 만나본 적이 없는 '린다'라는 이름의 어떤 사람에 대해서 다음과 같은 이야기를 듣게 되었습니다.

린다는 31세 독신 여성으로 매우 외향적이고 명철한 사람입니다. 대학에서 철학을 전공한 그녀는 학창시절 성 차별을 철폐하고 사회 정의를 회복하는 데 큰 관심을 두었고 반핵 시위에 참여하기도 했습니다.

이제 이런 물음을 생각해봅시다.

다음 두 가지 중 어느 쪽이 더 참일 확률이 높다고 생각합니까? 첫째, 현재 린다는 은행원이다. 둘째, 현재 린다는 은행원이면서 페미니스트로서 활발히 활동하고 있다.

시간을 두고 곰곰이 생각을 해보면 첫째가 참일 확률이 더 높다는 것을 알 수 있습니다. 왜냐하면 'A가 참'일 확률은 'A이고 B가 참'일 확률보다 더 높기 때문이지요. 두 대의 자동차 중 한 대가 고장 날 확률은 두 대 모두 고장 날 확률보다 높을 수밖에 없는 것과 같은 이치입니다.

그런데 린다 문제가 흥미로운 점은, 많은 사람들이 정작 그렇게 생각하지 않는다는 겁니다. 이 문제에 많은 사람들은 둘째가 참일 확률이 더 높다고 생각합니다. 많은 사람들이 이 문제에 잘못된 대답을 한다면, 그럴 만한 이유가 있지 않을까요?

한 개체가 여러 준거 집합에 속한다는 점은 그 개체가 속한 준거 집합들이 서로 연결된 것처럼 보이게 만듭니다. 이 점을 우리는 린다 문제에서 발견하게 됩니다. '린다'라는 고유명사로 지칭되는 한 개체가 있는데, 이 개체는 '독신 여성'의 집합, '외향적 사람'의 집합, '철학을 전공한 사람'의 집합에 속합니다. 이를 통해서 린다를 다음과 같은 사람으로 분류하게 됩니다.

> 린다＝독신 & 여성 & 외향적인 사람 & 철학을 전공한 사람

이제 린다가 속한 또 다른 준거 집합이 주어지는데, 바로 '은행원'이라는 집합과 '페미니스트'라는 집합이죠. 린다는 이 준거 집합과 어떤 연관을 맺는가를 평가하는 것이 린다 문제입니다. 우리는 린다에 이 두 준거 집합을 적용하여 두 사람을 떠올립니다. 편의상 이 두 사람을 '린다 1'과 '린다 2'라고 하도록 하죠.

> 린다 1＝독신 & 여성 & 외향적인 사람 & 철학을 전공한 사람 & 은행원
> 린다 2＝독신 & 여성 & 외향적인 사람 & 철학을 전공한 사람 & 은행원 & 페미니스트

린다 문제는 결국 린다가 '린다 1'일 확률과 '린다 2'일 확률을 비교하라는 문제에 다름 아닙니다. 물론 린다 문제를 이렇게 제시하더라도 올바른 대답은 린다 1일 확률이 린다 2일 확률보다 크다는 것입니다. 이는 준거 집합들 사이의 포함 관계를 고려할 때 분명해지는 대답입니다. 즉 린다 2는 자동적으로 린다 1이기도 하다는 점을 고려한다면 그렇다는 겁니다. 하지만 린다 문제에 많은 사람들이 달리 대답하는 이유는 사람들이 이 물음을 그렇게 보지 않는다는 데 있습니다. '린다 2는 린다 1이기도 하다'는 생각을 하지 못한다는 겁니다. 오히려 린

다 1과 린다 2 사이에는 커다란 차이가 있다고 생각하게 되죠.

좀 더 이 차이를 극적으로 만들어 볼까요? 우리는 린다에 대해서 이런저런 정보를 듣습니다. 독신 여성이고 외향적이며 철학을 전공했다는 등의 정보입니다. 이제 두 방 안에 각각 한 명의 사람이 있는데 둘 중 한 명이 바로 린다라고 해보죠. 두 사람 모두 은행원이라고 하는데, 한 사람에 관해서는 그것이 얻을 수 있는 정보의 전부인 반면 다른 한 사람은 은행원으로 일하면서 페미니스트로도 활발히 활동하고 있다는 정보가 더해집니다. 여러분은 이 두 사람 중 어느 쪽이 린다일 확률이 높다고 생각합니까? 이렇게 질문한다면, 후자가 우리가 생각하는 린다의 모습에 더 가까워 보입니다. 독신 여성, 외향적 사람, 철학 전공자라는 준거 집합은 은행원보다는 '페미니스트'라는 준거 집합과 밀접해 보이기 때문입니다.

물론 그렇다고 해서 린다 문제에 대해서 사람들의 대답이 옳다고 주장하는 것은 아닙니다. 잘못은 잘못입니다. 사람들은 린다 문제에 대해서 잘못 대답합니다. 하지만 그 이유가 무엇인지를 진단하다 보면, 이런 점들이 숨어 있다는 것이 제가 지적하려는 바입니다.

·

두 딸의 문제

앞서 우리는 "A 또는 B가 범인이다"라는 선언문을 어떻게 이해해야 하는지에 대해서 이야기해봤습니다. 이 문장이 무엇을 의미하는지는 너무나 명백해 보이지만 따지고 들면 이상한 점이 있는데 이번에는 '또는'이라는 표현이 만들어내는 당혹스러움에 대해서 생각해보겠습니다.

'또는'이라는 표현이 포함된 선언문과 확률은 어떤 관계를 가질까요? 앞서 우리는 '준거 집합'이라는 개념을 살펴봤습니다. 어떤 개체가 속해 있는 집합을 말한다고 할 수 있지요. 오늘 처음 만난 '철수'라는 개체에 대해서 '세계 내 확률'을 적용한다고 생각해보죠. 철수가 대출을 받고 있을 확률은 얼마나 될까요? 이 물음에 답하기 위해서는 철수가 어떤 유형의 사람인지를 먼저 파악해야 합니다. 그는 서울에 사는 사람이기도 하고 한 아이의 아버지기도 하고 운전면허증을 갖고 있는 사람이기도 합니다. 그런 점에서 철수는 여러 준거 집합에 속합니다. 철수가 속한 준거 집합을 표현하기 위해서는 '또는'이라는 표현이 필요하지 않습니다. 오히려 '그리고'라는 표현이 필요하죠. 철수가 속한 준거집합을 A, B, C라고 할 때, 우리는 이렇게 말할 수 있습니다. "철수는 A에 속하고, B에 속하고, C에 속한다." 여기서 A, B, C가 가리키는 집단은 한 세계 내에서 동시에 존재합니다. 철수는 이렇게 동시에 존재하는 집단에 모두 속하고 있는 것이죠.

하지만 내가 속하는 집단이 무엇인지 모를 때가 있습니다. A, B, C라는 집단 중에서 철수가 어느 쪽 하나에 속하기는 하는데 그 '어느 쪽'이 무엇인지 모를 때 우리는 이렇게 말할 수 있습니다. "철수는 A에 속하거나, B에 속하거나, C에 속한다." 이 문장에서는 '또는'을 의미하는 '~거나'라는 표현이 사용됩니다.

그런데 이런 선언문은 다시 두 종류로 나뉠 수 있습니다. 첫 번째 선언문은 A, B, C가 한 세계 내에서 존재하는 경우입니다. 서울 시민,

나는 아무개지만 그렇다고 아무나는 아니다

아버지들, 운전면허증 소지자들, 이 모두는 한 세계 내에 있지요. '서울 시민'이라고 쓰인 컵, '아버지'라고 쓰인 컵, '운전면허증 소지자'라고 쓰인 컵, 이렇게 컵 세 개가 있다고 상상해보세요. 철수가 세 조건 중 단 하나만 만족한다면, 이는 세 컵 중 하나에만 '철수'라고 쓰인 공이 들어가 있다는 것과 같습니다. 컵은 돌아가고 이 중 공이 들어 있는 컵 하나를 찾아낸다고 생각해보세요. 중요한 것은 이 컵들 모두 동시에 존재한다는 점입니다.

두 번째 선언문은 A, B, C가 한 세계 내에 존재하지 않는 경우입니다. 독신으로 살고 있는 철수, 결혼해서 한 아이의 아버지로 살고 있는 철수, 죽어서 더 이상 존재하지 않는 철수. 이를 각각 A, B, C라고 하고, "10년 후 철수는 A거나 B거나 C다"라는 선언문을 생각해봅시다. 이 선언문에서 A, B, C는 한 세계 내에 존재하지 않습니다. 아니, 아예 함께 존재할 수 없다고 해야 옳겠죠.

여기서 우리의 관심은 선언문과 확률입니다. "A 또는 B다. A일 확률은 얼마인가?" 간단히 말하자면, 이 물음입니다. 선언문의 종류에 따라서 이 물음에 대한 답이 달라져야 할까요?

이런 경우를 생각해봅시다. 방이 3개가 있는데 각 방에는 야구공 더미가 있습니다. 1번 방과 2번 방에 있는 야구공 더미는 작아서 각각 10개 정도에 불과합니다. 그런데 3번 방에 있는 야구공 더미는 훨씬 커서 야구공 200개 정도로 이루어져 있다고 합시다. 여러분이 이 세 방이 있는 건물로 들어갔는데 복도에 야구공 하나가 떨어져 있습니다. 이 야구공은 다른 데서 왔다고 볼 수 없고 이 세 방 중 어느 한 방에 있던 것이 분명합니다. 다른 조건이 없다면, 우리는 이 공이 3번 방에 있던 공일 확률이 높다고 생각하게 됩니다. 그렇게 생각하는 근거는 다음과 같은 두 가지라고 할 수 있습니다.

　ⅰ. 이 공은 1번 방에 있었거나 2번 방에 있었거나 3번 방에 있었다.
　ⅱ. 전체 야구공 중에서 3번 방에 있는 야구공의 비율이 가장 높다.

이 경우 1번 방, 2번 방, 3번 방에 있는 야구공은 한 세계 내에 동시에 존재합니다. 따라서 ⅰ는 첫 번째 종류의 선언문에 해당합니다.

하지만 우리가 확률을 생각하게 되는 경우는 한 세계 내에 동시에 존재할 수 없는 것들 사이의 선언문과 관련되기도 합니다. 예를 들어 주사위를 던져서 1이나 2의 눈이 나오면 1번 방에 야구공을 10개 두기로 하고, 3이나 4의 눈이 나오면 2번 방에 야구공을 10개 쌓아두며, 5나 6의 눈이 나오면 3번 방에 100개의 야구공을 두기로 합시다. 여러분이 이 세 방이 있는 건물로 들어갔는데 복도에 야구공 하나가 떨어져 있습니다. 이 야구공은 다른 데서 왔다고 볼 수 없고 이 세 방 중 어느 한 곳에 있던 것이 분명합니다. 그렇다면 이 야구공이 3번 방에 있었을 확률은 얼마일까요?

이 경우에도 우리는 앞서와 마찬가지로 "이 공은 1번 방에 있었거나 2번 방에 있었거나 3번 방에 있었다"라고 주장할 수 있습니다. 하지만 이 선언문은 앞서의 경우와 다릅니다. 1번 방에 있는 야구공과 2번 방에 있는 야구공, 3번 방에 있는 야구공은 한 세계 내에 있을 수 없기 때문이죠. 이 경우에는 확률을 말할 수 없을까요? 확률을 적용할 수 있다면, 앞서와 다른 방식이어야 할까요?

이와 관련해서 우리는 선언문 자체에 대해서 좀 더 생각해볼 필요가 있습니다. 흔히 선언문은 '포괄적inclusive'인 것과 '배타적exclusive'인 것으로 구분됩니다. 간단히 말해서, 'A 또는 B'를 말하면서 '둘 중 하나만'을 의미한다면 '배타적' 선언문을 의도한 것이고, '둘 중 적어도 하나'를 의미한다면 '포괄적' 선언문을 의도한 겁니다. "커피 또는 홍차를 선택할 수 있다"는 말을 들을 때 우리는 둘 중 하나만을 마음대로 선택할 수 있다고 생각합니다. 배타적 선언문이라고 해석하는 것이죠. "그럼, 커피와 홍차 모두 마실게요"라고 대답한다면, 상대방은 어리둥절해 할 겁니다. 반면에 "학생 또는 노인은 할인을 받는다"라는 말을 들을 때 우리는 학생이면서 노인인 사람은 할인을 받지 못할 것이라고 생각하지 않습니다. 둘 중 적어도 한 쪽에만 속하면 된다고 생각하기 때문이죠. 그러니까 '포괄적' 선언문이라고 해석한 것입니다.

하지만 앞서 우리가 선언문을 구분했던 기준, 즉 세계 내 존재를 대상으로 한 선언문과 세계 간 존재를 대상으로 한 선언문을 구분하는 것은 이 포괄적·배타적 구분과 다른 기준입니다. 우리가 관심을 가진 것은 선언문에 해당하는 집합이 한 세계 내에 존재하는지 여부였습니다. 특히 한 세계 내에 존재하지 않는 것들을 대상으로 하는 선언문을 두고 확률을 적용할 수 있을지가 쟁점이었습니다. 그런데 존재하는 것과 존재하지 않는 것 사이를 구분하는 것이 그렇게 간단한 문제가 아닙니다.

어떤 부부가 결혼해서 아내가 임신을 했습니다. 이 여인의 뱃속의 있는 아기는 딸이거나 아들일 겁니다. 뱃속의 아기는 이 세계에 존재한다고 할 수 있습니다. 그런데 '이 여성의 뱃속에 있는 여자 아기'는 이 세상에 존재하는 걸까요? '이 여성의 뱃속에 있는 남자 아기'는 어떻습니까? 뱃속에 있는 아기가 남자인지 여자인지는 결정되어 있을 테지만, 이 부부는 알지 못합니다. 아마 세상의 그 누구도 알지 못할 겁니다. 그럼에도 우리는 '뱃속에 있는 여자 아기'와 '뱃속에 있는 남자 아기'는 한 세계 내에서 존재하지 못한다는 점을 알고 있습니다. 한 세계 내에 존재하지 않는 것을 모두 고려하여 확률을 적용한다면, '이 여성의 뱃속에 있는 아기가 남자 아기일 확률'을 직접 구할 수 있겠지요. 한편, 한 세계 내에 존재하는 것에 국한하여 확률을 적용한다면, '이 여성의 뱃속에 있는 아기가 남자 아기일 확률'을 직접 구하기보다는 '새로 태어난 아기가 남자 아기일 확률'을 구할 것이고 이는 '새로 태어난 아기 중에서 남자 아기의 비율'로 얻어질 것입니다.

지금까지 우리는 이 둘의 차이에 대해서 계속 생각해왔지만, 이 차이점에서 생겨나는 또 하나의 수수께끼가 있습니다. 다음 문제를 생각해봅시다.

• 두 딸의 문제 1 •

오늘 처음 만난 사람이 있는데 그는 자신이 두 아이의 아버지라고 합니다. 그는 두 아이 중 **적어도 한 명은 딸**이라고 말했습니다. 이 사람이 두 딸의 아버지일 확률은 얼마일까요?

이 문제에 대한 한 가지 대답은 오늘 처음 만난 이 사람이 속한 집합, 즉 두 아이를 둔 아버지들의 집합을 고려하는 것입니다. 이 세상에 존재하는 아버지 중에서 아이가 둘인 아버지를 모두 골라서 한 집합을 만든다면 얼마나 될까요? 이런 조사를 하는 것은 너무 어려운 일이니 이 중 100명만을 무작위로 골라서 한 집합을 만들었다고 합시다. 새로 태어나는 남자아이가 여자아이보다 조금 더 많다고 알려져 있지만 이 차이를 무시하고 신생아 중 남아와 여아의 비율이 대략 1:1이라고 한다면, 이 100명 중 대략 1/4은 아이 둘 다 아들일 것이고 또 다른 1/4은 아이 둘 다 딸일 것이며 나머지 1/2은 아들과 딸을 각각 하나씩 둔 아버지일 것입니다. 오늘 처음 만난 두 아이의 아버지는 아이 둘 중에서 적어도 한 명은 딸이라고 했으므로, 이 사람의 아이 둘 다 모두 아들일 수는 없겠지요. 그렇게 생각한다면, 이 사람이 두 딸의 아버지일 확률은 두 아이 중 적어도 한 명은 딸인 아버지들(1/4+1/2) 중에서 아이 둘 다 딸인 아버지들(1/4)이 차지하는 비율이라고 할 수 있고, 이는 1/3이 됩니다.

그런데 이 문제를 다른 방식으로 생각해 볼 수 있습니다. 이를 위해서 앞의 문제를 약간 변형해보도록 하죠.

• 두 딸의 문제 2 •

오늘 처음 만난 사람이 있는데 그는 자신이 두 아이의 아버지라고 합니다. 그는 두 아이 중 **적어도 한 명은 딸이고 이름은 나현**이라고 말했습니다. 이 사람이 두 딸의 아버지일 확률은 얼마일까요?

이 문제가 앞의 것과 다른 점은 한 가지 정보가 추가되었다는 것뿐입니다. 즉 딸아이 한 명의 이름에 대한 정보죠. 이 사람에게는 적어도 한 명의 딸이 있고 그 아이는 이름을 갖고 있을 겁니다. 그런데 그 아이의 이름이 무엇인지를 아는 것이 구하고자 하는 확률에 영향을 주는 것 같지 않습니다. 그렇지 않나요? 왜냐하면 이 사람에게 딸아이가 적어도 한 명 있다는 것은 이미 알려진 것이고 그 아이의 이름이 무엇인지는 이 사람이 두 딸의 아버지가 되는 것과 무관하다고 여겨지기 때문입니다.

이제 이 사람의 두 아이 중 딸아이인 나현이 말고 다른 한 아이를 생각해봅시다. 만약 이 아이가 딸이라면 이 사람은 두 딸의 아버지인 것이고, 이 아이가 딸이 아니라면 이 사람은 두 딸의 아버지가 아닙니다. 즉 구하고자 하는 확률은 나현이 말고 다른 아이가 딸인 확률과 같습니다. 임의의 아이가 딸일 확률은 대략 1/2이라면, 구하고자 하는 확률도 1/2에 가깝다고 할 수 있습니다. 이렇게 답하는 사람은 이 사람의 두 아이 중에서 나현이라는 이름의 딸아이가 아닌 다른 한 아이에 대해 두 가지 상황, 즉 이 아이가 딸인 상황과 아들인 상황을 모두 고려하고 있습니다. 이 두 상황은 한 세계 내에서 동시에 실현될 수 없죠. 그런 점에서 1/2이라고 주장하는 사람은 세계 내 확률이 아니라 세계 간 확률을 적용하고 있다고 할 수 있습니다.

여기서 주목할 점은 한 세계에 함께 존재하는 것과 한 세계에 함께 존재하지 않는 것의 구분은 현실과 허구 사이의 구분과 같이 명확하지 않다는 것입니다. 두 딸의 문제에 등장하는 아버지의 두 딸은 모두 한 세계에 동시에 존재하고 있습니다. 하지만 이 중 나현이가 딸이라는 상황은 분명 이 세계에서 벌어진 것이지만 나현이가 아닌 다른 아이가 딸이라는 상황은 이 세계에서 벌어진 것인지 분명하지 않습니다.

나현이가 아닌 다른 아이가 딸인 상황과 아들인 상황은 한 세계 내에 동시에 존재하지 않습니다.

•

두 딸의 문제가 흥미로운 점

앞서 우리는 "철수는 A거나 B거나 C다"라는 선언문을 두 종류로 구분했습니다. 한 종류는 A, B, C에 해당하는 집합이 한 세계 내에 존재하는 경우이고, 다른 종류는 이 집합들이 한 세계에 함께 존재하지 않는 경우입니다. 그런데 두 딸의 문제에서 보듯이 이 구분은 그리 명확하지 않습니다.

앞서 등장한 철수의 사례에서는 이야기가 달라집니다. A, B, C에 해당하는 집합이 한 세계 내에 존재한다고 하더라도, 철수를 포함하는 A, 철수를 포함하는 B, 철수를 포함하는 C는 한 세계 내에 존재하지 않을 수 있습니다. 우리가 확률을 생각하게 되는 상황은 대부분 이런 경우입니다. 내가 합격할 확률과 불합격할 확률을 두고 고민할 때 내가 포함되는 합격자 집합과 내가 포함되는 불합격자 집합은 한 세계에 동시에 있을 수 없습니다. 이 경우 이 두 집합이 한 세계 내에 동시에 있을 수 없는 이유는 바로 '나' 때문입니다. 내가 합격자이면서 불합격자일 수 없기 때문입니다. 내가 어떤 집합에 참여하는지에 따라 달라질 수밖에 없기 때문에 두 집합은 한 세계에 함께 존재할 수 없게 됩니다.

다시 두 딸의 문제로 돌아가봅시다. 이 문제가 두 아이를 가진 아버지들을 하나의 무리로 보고 이 무리를 어떻게 구분할 것인가의 문제라면, 그 대답은 1/3이 됩니다. 이것은 '연언conjunction' 또는 '그리고'의 관점에서 문제를 보는 겁니다. '그리고'의 관점에서 이 문제를 본다면, 두 아이를 가진 아버지들의 무리가 어떻게 구성되는지에 초점을 맞추게 됩니다. 이 무리는 '두 딸을 가진 아버지들, <u>그리고</u> 두 아들을 가진 아버지들, <u>그리고</u> 딸 하나 아들 하나를 가진 아버지들'로 구성되죠.

한편 이 문제를 '선언' 내지는 '또는'의 관점에서 바라볼 수도 있습니다. '또는'의 관점에서 문제를 본다는 것은, 특정한 사람의 관점에서 문제를 보는 것과 같습니다. 우리가 문제에 등장하는 두 아이의 아버지라는 특정한 사람의 관점에 선다면 어떻게 생각해야 할까요? 물론 이 아버지는 자신의 두 아이가 여자아이인지 남자아이인지 알고 있을 겁니다. 그런 점에서 보자면 두 아이가 모두 딸일 확률은 0이거나 1일 겁니다. 하지만 우리는 이 아버지의 관점에서 문제를 보되 문제에서 주어진 정보만큼 이 아버지도 알고 있다고 가정해야 합니다. 다시 말해서 자신에게 두 아이가 있는데 이 중 적어도 한 명은 딸이라는 것만 알고 나머지에 관한 모든 기억은 상실했다고 가정하는 겁니다. 이때 그는 이렇게 생각하겠죠.

나는 두 딸의 아버지거나 딸 한 명, 아들 한 명을 둔 아버지다.

그런데 이런 방식으로 문제를 본다면 '그리고'의 관점에서 보나 '또는'의 관점에서 보나 이 아버지가 두 딸의 아버지일 확률에 대해서는 같은 대답, 즉 1/3이라는 대답을 내놓을 수 있습니다. 두 딸을 둔 아버지의 무리보다 딸 한 명 아들 한 명을 둔 아버지의 무리가 두 배 크기 때문이죠.

그런데 딸아이 한 명의 이름이 등장하면 변화가 생깁니다. '나현이 라는 이름을 가진 딸이 있다'는 정보가 추가되면, 우리는 이 아버지의 관점에서 나현이라는 아이를 지칭할 수 있다고 생각합니다. 그리고 두 아이 중 한 명을 지칭할 수 있다면 나머지 한 명도 지칭할 수 있다고 생각하죠. 이 나머지 한 명의 아이를 'X'라고 부르도록 하겠습니다. 이 아이의 아버지는 X가 여자아이인지 남자아이인지 기억을 하지 못하고 있습니다. 이 때문에 그는 'X는 여자아이 또는 남자아이다'라고 생각하게 됩니다. 이 때 이 아버지가 두 딸의 아버지의 확률은 X가 여자아이일 확률과 같게 되는 것이죠. 그렇다면 1/2이 옳은 대답이 됩니다.

두 딸의 문제가 흥미로운 점은 '나현'이라는 이름이 주어지지 않더라도 '적어도 한 명이 딸'이라는 정보로부터 한 명의 딸을 얼마든지 지칭할 수 있어 보인다는 겁니다. 다시 말해서 '두 딸의 문제 1'과 '두 딸의 문제 2'는 근본적으로 아무 차이가 없어 보인다는 것이죠. 실제 이름이 '나현'인지 아닌지는 별로 중요해 보이지 않습니다. 언제든지 우리는 '적어도 한 명이 딸'이라는 정보로부터 딸 한 명에게 이름을 임시로 부여할 수 있기 때문이죠. 따라서 두 가지 형태에 대해서 다른 대답을 내릴 필요가 없어 보입니다. 두 딸의 문제에 답을 내리기 어려운 이유는 확률에 대해서 "'그리고'의 관점에 설 것인가, '또는'의 관점에 설 것인가"라는 문제가 쉽지 않기 때문입니다.

인류 원리가 그리는 인간의 지도

우리 모두는 특별하고 비범한 존재입니다. 우리 모두 그렇기에 이 사실은 평범한 사실입니다. 우리를 두고 비범하다고 말할 수 있는 이유가 있습니다. 그런 이유가 아닌 이유로 우리 스스로를 비범하다고 여기는 것은 잘못입니다. 재산 크기가 어떤 사람을 비범한 사람으로 만들지 않습니다. 그런데도 불구하고 재산이 많다는 이유에서 자신이 특별한 사람이라고 생각하는 사람이 있습니다. 잘못된 생각을 하는 것이지요. 비슷한 이유에서, 어떤 사람의 지능이 상위 0.3% 안에 든다는 점이 그 사람을 비범한 사람으로 만들지 않습니다. 누군지는 모르지만 상위 0.3%에 드는 지능을 가진 사람들은 있을 것이기 때문입니다.

이와 비슷하게, 잘못된 이유에서 스스로를 평범하다고 여기는 경우도 있습니다. 스스로를 아무런 영향력이 없는 존재로 깎아내리는 것처럼 보이는 사람들이 있지요. 길가에 서 있는 차가 고장이 나서 멈춰 있는 줄 알았는데 알고 보니 '잠시 주차'를 하고 있는 경우를 목격할 때가 있습니다. 아마도 그 사람은 자신이 주차한 차가 교통 흐름에 아무런 영향을 주지 않을 것이라고 믿고 싶었을지 모릅니다. 내가 하는 행위는 너무나 사소해서 전체에 아무런 영향을 끼치지 않을 것이라는 생각은 겸손한 생각이 아닙니다. '평범하다'는 것은 대중 속에 파묻혀서 투명인간이 되는 것이 아닙니다.

우리는 편리한 대로 어떤 때는 스스로를 '특별한 존재'라고 여기기도 하고 또 어떤 때는 스스로를 지극히 '평범하다'고 여기기도 합니다. 이 편의적인 생각은 자신의 이익에 따른 생각일 뿐이고 바른 생각이 아닙니다. 이보다 더 나쁜 것이 있습니다. 비범하다고 여겨야 하는 곳에서 스스로를 깎아내리고, 평범하다고 여겨야 하는 곳에서 스스로를 높이는 것입니다. 그것은 우리를 비범하지도 않고 평범하지도 않게 만들고 말지요. 우리는 평범하게도 비범한 존재, 비범성과 평범성을 동시에 지닌 존재입니다. 비범성에만 주목을 하는 것도, 평범성에만 주목하는 것도 우리를 제대로 보는 것이 아닙니다.

우리의 비범함은 우리가 지닌 '편향성'에서 옵니다. 그것은 우리가 스스로를 생각하는 방식에서 생겨나지 않습니다. 자신이 특별하다고 생각한다고 해서 비범해지는 것도 아니고 다른 사람과 생각이 다르다고 해서 특별해지는 것도 아닙니다. 철학자 존 스튜어트 밀John Stuart Mill은 《자유론On Liberty》에서 인간을 자라나는 나무에 비유합니다. 밀에게 살아 있는 나무는 인간이 갖는 개별성individuality을 상징하지요. 나무는 자신이 처한 위치에서 온 힘을 다해서 자라납니다. 그 결과 각자의 방식으로 아름다운 나무로 성장합니다. 이 책을 시작하면서 말했듯이, '편향성'을 뜻하는 'bias'라는 표현은 '기울어진 길'을 뜻합니다. 우리는 기울어진 비탈길에서 자라는 나무와 같은 존재입니다.

우리의 평범함은 나와 너의 '연대'에서 옵니다. 상대방이 좀비가 아니라 인간이라는 점을 깨닫는 일은 우리에게 결코 쉽지 않습니다. 그리고 여전히 우리는 그 점을 잊어버릴 때가 많습니다. '갑질'이라는 단어의 탄생은, '갑'이라는 인간이 '을'이라는 인간을 부당하게 대우하는 것을 넘어서 '갑'이라는 **인간**이 '을'이 **인간**임을 쉽게 잊는다는 점을 보여줍니다. 갑이 을을 좀비처럼 대우하는 것이 '갑질'입니다. 상대방이 좀비가 아니라는 것을 깨달아야 연대가 가능합니다. 나와 같은 사람이 내가 보는 것을 같이 보고 내가 경험하는 것을 같이 경험한다는 점이 우리의 평범함이 생겨나는 뿌리입니다.

북한산 능선에 올라서서 서울 시내를 내려다보아도 제대로 보이는 것이 별로 없을 때가 많아졌습니다. 안개구름 때문이 아니라 미세먼지 때문입니다. 안개 때문에 보이지 않는다면 정취가 넘치는 풍경이지만 그렇지 않기에 숨이 막혀오는 풍경이지요.

앞이 보이지 않을 때 우리 앞에는 두 가지 유혹이 뭉게뭉게 생겨납니다. 하나는 오로지 나에게만 주목하고자 하는 유혹이고, 다른 하나는 나를 투명인간처럼 여기고 싶은 유혹입니다. 인류 원리는 이 두 가지 유혹으로부터 벗어나라고 조언합니다. 내가 모든 것의 중심에 있다고 여기지도 말고 내가 아무런 영향을 주지 않는다고 생각하지도 말라는 것입니다.

밀려드는 미세먼지에 갇혀 있는 것처럼 우리의 위치가 한눈에 드러나지 않게 되는 것이 우리의 운명입니다. 이 운명에 맞서는 방법은 우리의 위치를 끊임없이 가늠해보고 우리가 속한 곳의 지도를 점점 더 확장하는 것입니다. 인류 원리는 더 큰 지도를 그리고 그 위에서 우리의 위치를 가늠하는 데 필요한 통찰을 줍니다. 미세먼지에 막혀 앞이 잘 보이지 않아도 내가 느끼는 것, 내가 믿게 된 것, 내가 보는 것을 통해서 내 위치를 가늠하게 합니다. 미세먼지에 갇히게 되는 사태는 언제 끝이 날까요? 인류 원리는 계속 우리에게 도전합니다.

주

1 영어로 된 원문을 옮기면 다음과 같습니다. "what we can expect to observe must be restricted by the conditions necessary for our presence as observers." Carter(1974), p.124.

2 벤담의 파놉티콘 기획에 관해서 자세히 알고 싶다면 벤담(2007)을 읽어보세요.

3 이와 비슷한 역설적 상황의 사례로 '서문의 역설paradox of the preface'이 있습니다. 그 내용은 이 렇습니다. 책 서문에서 우리는 "이 책에 있을 오류는 전적으로 저자의 잘못"이라며 저자가 엄살을 떠는 것을 보곤 합니다. 두꺼운 책을 쓰다 보면 어느 한 곳에 잘못이 있을 수 있습니다. 탈자가 있을 수도 있고 숫자가 틀릴 수도 있죠. 만약 본문에 아무 잘못도 없다면 서문에서 '이 책에 오류가 있을 것'이라고 밝힌 것 자체가 거짓이니 그것이 오류라고 할 수 있습니다. 그런 점에서 "이 책에 있을 오류는 전적으로 저자의 잘못이다"는 저자의 주장은 충분히 받아들여질 수 있습니다. 하지만 어떤 의미에서 저자는 그 오류가 무엇인지 전혀 알지 못합니다. 그 오류를 알고 있다면 이미 고쳤을 테니까요. 그렇다면 저자는 자신이 전혀 알지 못하는 오류의 존재를 믿고 있으며 그 책임이 자신에게 있음을 밝히는 꼴이 됩니다. 이 역설에 대해서는 Makinson(1965)을 참조하세요.

4 최무영(2008), p.437.

5 도킨스(2007).

6 세이건(2010).

7 '인류 원리'의 여러 형태에 관한 보다 학술적인 소개를 위해서는 Bostrom(2010)의 3장을 참조하세요. 이 책은 다음 사이트에서 전문을 모두 볼 수 있습니다. http://www.anthropic-principle.com/

8 Carter(1974), p.124.

9 Bostrom(2010), pp. 46~47.

10 Barrow&Tiper(1986).

11 Barrow&Tiper(1986), p. 23.

12 세이건(2010), pp. 83~84.

13 세이건(2010), pp. 85~86.

14 Gardner(1986).

15 Leslie(1988).

16 2^n-1의 형태로 표현되는 소수를 수학자 메르센Mersenne의 이름을 기려서 '메르센 소수'라고 합니다. 2^n-1의 형태로 표현된다고 모두 소수는 아닙니다. $2^{61}-1$은 소수이지만 $2^{67}-1$은 아니죠. 큰 메르센 소수를 발견하는 것은 대단한 업적입니다.

17 확률에 관한 공리들로부터 베이즈 정리가 도출되는 과정은 생략하겠습니다. 간단한 인터넷 검색으로도 쉽게 찾아볼 수 있을 것입니다.

18 Russell(1997).

19 《총, 균, 쇠》를 쓴 재러드 다이아몬드는 가축화가 미치는 다양한 영향에 대해 탁월한 분석을 하고 있습니다. 그는 왜 '동물의 왕국' 아프리카에서 소를 가축화하지 못했는지 흥미롭게 설명합니다.

20 Putnam(1973).

21 Davidson(1987).

22 여기서 내가 말하고 있는 페리 교수의 논문은 1979년에 출판된 〈The Problem of the Essential Indexical〉입니다.

23 이외수(2011), pp. 34~35.

24 이 예는 영국의 천문학자 아서 에딩턴Arthur Eddington이 1938년에 출판한 《Philosophy of Physical Science》에서 처음으로 제시한 것입니다.

25 Tversky&Kahneman(1983).

26 이 역설을 처음으로 제기한 것은 Kyburg(1961)입니다.

27 '아무개'라는 표현이 갖고 있는 독특한 현상에 진지하게 주목한 첫 사람은 언어학자이자 철학자 제노 벤들러Zeno Vendler라고 생각합니다. Vendler(1962)와 김한승(2014)을 참조하세요.

28 동등무게론을 포함해서 의견 불일치 상황에서 어떤 태도를 취하는 것이 바람직한 인식적 태도인 가에 관해서 좀 더 공부하고 싶다면 Feldman&Warfield(2010)를 참고하길 권합니다.

29 Kao&Couzin(2014).

30 지구가 편평하다고 진지하게 믿는 사람들은 거창하게도 '편평한 지구 모임Flat Earth Society'을 구성해서 웹사이트를 운영하고 있습니다(http://theflatearthsociety.org). 이 사이트에 따르면, 이 모임의 운영진은 지'구'가 아니라 '평면plane'의 여러 곳에 분포해 있다고 합니다(Our core team are from locations around the plane).

31 물론 그런 점을 예상하고 차선으로 모든 사람이 선택할 것 같지 않은 쪽을 선택할 수도 있습니다. 여기서는 모두 그런 차선책 전략을 기피했다고 가정합니다.

32 첫사랑 독점자인 두 사람이 서로 사랑에 빠지는 이야기는 사람들에게 호감을 주지 못합니다. 전형적인 사랑 이야기는 서로에게만 사랑을 느끼는 사람들의 이야기죠.

33 만약 둘 중 한 명에게 '이 길로 가면 마을이 나옵니까?'라고 묻는다고 해보죠. 만약 여러분이 선택한 사람이 참말만 하는 사람이라면 그는 이 물음에 사실대로 말할 것이고, 여러분이 선택한 사람이 거짓말만 하는 사람이라면 당연히 이 물음에도 사실과는 어긋나게 말할 겁니다. 문제는 이 사람이 어떤 사람인지 알 수 없으므로 이 물음에 대한 답으로는 마을로 가는 길을 찾을 수 없다는 겁니다. 그런데 만약 상대방이 어떻게 생각할 것인지를 묻는다고 해보죠. 예를 들어, 이런 물음입니다. "(상대방을 가리키며) 저 사람에게 이 길로 갔을 때 마을이 나오는지 물어보면 뭐라고 대답할까요?" 여러분이 선택한 사람이 참말만 하는 사람이라고 하고, 실제로 이 길로 가면 마을이 나온다고 합시다. 그렇다면 그는 이 물음에 대해서 "저 사람은 (거짓말만 하는 사람이니까) 이 길로 가면 마을이 나오지 않는다고 할 겁니다"라고 말하겠지요. 또한 만약 실제로 이 길로 갔을 때 마을이 나오지 않는다면, 그는 "저 사람은 (거짓말만 하는 사람이니까) 이 길로 가면 마을이 나온다고 말할 겁니다"라고 말할 것이라 예상할 수 있습니다. 이제 여러분이 선택한 사람이 거짓말만 하는 사람이라고 해봅시다. 만약 이 길이 마을로 가는 길이 맞는다면, 그는 이렇게 생각할 겁니다. '저 사람은 (참말만 하는 사람이니까) 이 길로 가면 마을이 나온다고 말하겠지. 하지만 나는 거짓말을 해야 하니까…' 이런 생각 끝에 그는 "저 사람은 이 길로 가면 마을이 나오지 않는다고 말할 겁니다"라고 말할 겁니다. 이 길이 마을로 가는 길이 아닌 경우에도 비슷한 방식으로 생각한다면, 그는 "저 사람은 이 길로 가면 마을이 나온다고 할 겁니다"라고 말하겠지요. 즉 여러분이 어느 쪽을 선택하더라도 그 사람이 "저 사람은 이 길로 가면 마을이 나온다고 할 것입니다"라고 말하면 그 길은 마을로 가는 길이 아니고, 반대로 "저 사람은 이 길로 가면 마을이 나오지 않는다고 할 것입니다"라고 말하면, 그 길은 마을로 가는 길이라는 것을 알 수 있습니다.

34 제가 찾아본 바로는, 성인이 하루에 거짓말을 하는 횟수를 1회 정도라고 한 연구부터 200회라고 한 연구까지 다양했습니다.

35 노왁(2012).

36 https://www.ted.com/talks/paul_zak_trust_morality_and_oxytocin

37 Parfit(1984).

38 Wittgenstein(1968), 442절.

39 셸링(2009), pp. 151-155.

40 맥어스킬(2017).

41 이 명칭은 철학자 이언 해킹이 만들어 낸 것입니다. Hacking(1987).

42 주사위 두 개를 던졌을 때 나올 수 있는 경우의 수는 36가지이지만, 나올 수 있는 숫자 조합은

36가지가 아니라 21가지입니다. 예를 들어 첫 번째 주사위가 1이 나오고 두 번째 주사위가 2가 나오는 경우와 첫 번째 주사위가 2가 나오고 두 번째 주사위가 1이 나오는 경우를 모두 같은 숫자의 조합으로 간주한다면 그런 숫자들의 조합은 36가지가 아니라 21가지라는 거죠. 그래서 주사위 두 개를 던졌을 때 모두 1이 나올 확률을 1/21이라고 생각할 수가 있습니다만, 이는 오류입니다. 왜냐하면 '1과 2'라는 숫자 조합이 나오는 확률이 '1과 1'이라는 조합이 나오는 확률보다 2배 크기 때문이죠. 이를 혼동하여 이 둘의 확률이 같다고 생각하는 것은 잘못입니다.

43 예를 들어 왕자는 유리 구두 한 짝만 신고 가는 신데렐라를 뛰어가서 잡지 못합니다. 또 직접 얼굴을 보고 유리 구두의 주인공을 찾아도 되는데 왕자가 구두에 발이 맞는 사람을 찾아오라고 요구하는 것도 이상합니다.

44 〈혹성탈출〉은 이미 시리즈물이 되었지만 여기서 말하는 영화는 1968년에 상영된 최초의 것을 말합니다. 이 영화의 배경은 2673년의 미래로 설정되어 있고 영화배우 찰턴 헤스턴이 테일러 선장 역으로 등장합니다.

45 Swinburne(1990), p. 171.

46 Manson(2003), Chap. 1.

47 영어로는 'likelihood'라고 하는데 '우도'라는 단어는 이에 대한 적절한 번역어로 보이지 않습니다. 한자 '尤(우)'는 우리말에서 거의 쓰이지 않는 말입니다. 영어 표현이 의미하는 바는 '어떤 일이 일어날 법함' 정도가 되겠죠.

48 실제로 고트는 브로드웨이의 여러 공연에 대해서 예측을 했고 자신의 예측이 95% 정도 정확했다고 자랑합니다.

49 Gott(1993).

50 고트(2003).

51 요한1서 2장 18절.

52 http://thebulletin.org/

53 경제학자 셸링은 냉전 체제에서 핵무기가 잘 관리되었던 사실을 게임이론에 입각해서 설명하고 있습니다. 《갈등의 전략The Strategy of Conflict》을 참조하세요.

54 다이아몬드(2005a) 9장.

55 다이아몬드(2005b).

56 레슬리(1998)는 인류 종말 논증에 대한 여러 반론들을 소개하고 각각에 대한 반박을 시도합니다. 특히 5장과 6장을 참조하세요.

57 레슬리(1998), p.265.

58 Olum(2002).

59 여기서 '논증argument'이란 전제와 결론으로 이루어진 글 또는 말이라고 생각하면 됩니다. 논증을 펴는 사람은 전제를 받아들이면 결론도 받아들여야 함을 설득합니다. 이런 설득을 성공적으로 하는 것이 논증의 목표라고 할 수 있죠.

60 이에 대해서는 좀 더 복잡한 논의가 필요합니다. 양자역학이 다루는 미시 세계에서는 양립 불가능한 두 상태가 동시에 성립한다고 말할 수 있기 때문입니다. 여기서는 일단 거시 세계에 관해서만 논의한다고 가정하겠습니다.

61 잠자는 미녀의 역설은 엘가Adam Elga의 논문에서 처음 언급되었습니다. Elga(2000).

62 Hacking(2001).

63 이태원 살인사건은 사건이 발생한 지 20년 만인 2017년에 용의자 중 한 사람인 패터슨이 기소되어 유죄가 확정됨으로써 종결되었습니다. 너무 늦은 판결이 되었습니다.

64 Russell(1940), p. 84.

65 Colyvan(2001).

참고문헌

· 김한승, 〈도박사의 오류와 그 역〉, 《철학적 분석 21》, 한국분석철학회, 2010, pp. 107~128.
· 김한승, 〈나와 다른 생각에 대해서 생각하는 법〉, 《범한철학 59》, 범한철학회, 2010, pp. 483~506.
· 김한승, 〈내가 살아있음은 인류 종말의 증거인가?〉, 《철학적 분석 27》, 한국분석철학회, 2013, pp. 81~106.
· 김한승·김명석, 〈두 딸의 문제에 관한 대화〉, 《과학철학 16》, 한국과학철학회, 2013, pp. 97~125.
· 김한승, 〈'Any'와 '아무'에 관한 분석〉, 《논리연구 17》, 한국논리학회, 2014, pp. 253~286.
· 이외수, 《코끼리에게 날개 달아주기》, 해냄, 2011.
· 최무영, 《최무영 교수의 물리학 강의》, 책갈피, 2008.
· 데이비드 핸드David Hand, 전대호 역, 《신은 주사위 놀이를 하지 않는다The Improbability Principle》, 길벗, 2016.
· 로저 하이필드Roger Highfield, 마틴 노왁, 허준석 역, 《초협력자SuperCooperators》, 사이언스북스, 2012.
· 리처드 고트, 박명구 역, 《아인슈타인 우주로의 시간 여행The Travel in Einstein's Universe》, 한승, 2003.
· 리처드 도킨스, 이한음 역, 《만들어진 신The God Delusion》, 김영사, 2007.
· 매튜 키이란Matthew Kieran, 이해완 역, 《예술과 그 가치Revealing Art》, 북코리아, 2010.
· 빌 브라이슨Bill Bryson(엮은이), 이덕환 역, 《거인들의 생각과 힘Seeing Further》, 까치, 2010.
· 스티븐 호킹Stephen Hawking, 김동광 역, 《호두껍질 속의 우주The Universe in a Nutshell》, 까치, 2001.
· 윌리엄 맥어스킬, 전미영 역, 《냉정한 이타주의자》, 부키, 2017.
· 재러드 다이아몬드, 김진준 역, 《총, 균, 쇠》, 문학사상, 2005a.
· 재러드 다이아몬드, 강주헌 역, 《문명의 붕괴Collapse》, 김영사, 2005b.
· 제레미 벤담, 신건수 역, 《파놉티콘Panopticon》, 책세상, 2007.
· 존 레슬리, 이충호 역, 《충격대예측 세계의 종말The End of the World》, 사람과사람, 1998.
· 존 스튜어트 밀, 서병훈 역, 《자유론》, 책세상, 2005.
· 칼 세이건, 박중서 역, 《과학적 경험의 다양성The Varieties of Scientific Experience》, 사이언스북스, 2010.
· 토머스 셸링, 이한중 역, 《미시동기와 거시행동Micromotives and Macrobehavior》, 21세기북스, 2009.
· 폴 데이비스Paul Davies, 류시화 역, 《현대물리학이 발견한 창조주God and the New Physics》, 정신세계사, 1988.
· 폴 데이비스, 이경아 역, 《코스믹 잭팟Cosmic Jackpot》, 한승, 2010.
· Barrow, John D. & Tipler, Frank J., 《The Anthropic Cosmological Principle》, Oxford: Oxford University Press, 1986.
· Bostrom, Nick., 《Anthropic Bias: Observation Selection Effects in Science and Philosophy》, Routledge, 2010.
· Carter, Brandon., 〈Large Number Coincidences and the Anthropic Principle in Cosmology〉, 《Confrontation of Cosmological Theories with Observation》, ed. Malclom S. Longair., Dordrecht, Netherlands: Reidel, 1974.
· Colyvan, Mark., 〈Is It a Crime to Belong to a Reference Class?〉, 《The Journal of Political Philosophy 9》, 2001, pp. 168~181.

· Craig, William., 〈Barrow and Tipler on the Anthropic Principle vs. Divine Design〉, 《British Journal of Philosophy of Science 38》, 1988, pp. 389~395.

· Davidson, Donald., 〈Knowing One's Own Mind〉, 《Proceedings and Addresses of the American Philosophical Association 60》, 1987, pp. 441~458.

· Dawkins, Richard., 《The Blind Watchmaker: Why the Evidence of Evolution Reveals a Universe Without Design》, New York: Norton, 1987.

· Elga, Adam., 〈Self-locating Belief and the Sleeping Beauty Problem〉, 《Analysis 60》, 2000, pp. 143~147.

· Feldman, Richard & Warfield, Ted eds., 《Disagreement》, Oxford University Press, 2010.

· Gardner, Martin., 〈WAP, SAP, PAP and FAP〉, 《The New York Review of Books》, 1986.

· Gott, Richard., 〈Impications of the Copernican Principle for Our Future Prospects〉, 《Nature 363》, 1993, pp. 315~319.

· Hacking, Ian., 〈The Inverse Gambler's Fallacy: The Argument from Design〉, 〈The Anthropic Principle Applied to Wheeler Universes〉, 《Mind 96》, 1987, pp. 331~340.

· Hacking, Ian., 《An Introduction to Probability and Inductive Logic》, New York: Cambridge University Press, 2001.

· Kao, A.B. & Couzin, I.D., 《Proceedings of the Royal Society of London Series B 281》, Decision accuracy in complex environments is often maximized by small group sizes, 2014.

· Kyburg, Henry., 《Probability and the Logic of Rational Belief》, Middleton, CT: Wesleyan University Press, 1961.

· Leslie, John., 〈Observership in Cosmology: Anthropic Principle〉, 《Mind》, 1983, pp. 573~579.

· Leslie, John., 〈No Inverse Gambler's Fallacy in Cosmology〉. 《Mind》, 1988, pp. 269~272.

· Lewis, David., 〈Sleeping Beauty: Reply to Elga〉, 《Analysis 61》, 2001, pp. 171~76.

· Makinson, David., 〈The Paradox of the Preface〉, 《Analysis 25》, 1965, pp. 205~207.

· Manson, Neil., 《God and Design》, New York, N.Y.: Routledge, 2003.

· Olum, Ken., 〈The Doomsday Argument and the Number of Possible Observers〉, 《The Philosophical Quarterly 52》, 2002, pp. 164~184.

· Parfit, Derek., 《Reasons and Persons》, Oxford: Oxford University Press, 1984.

· Perry, John., 《The Problem of the Essential Indexical: And Other Essays》, Oxford: Oxford University Press, 1993.

· Putnam, Hilary., 〈Meaning and Reference〉, 《The Journal of Philosophy 70》, 1973, pp. 699~711.

· Russell, Bertrand., 《An Inquiry into Meaning and Truth》, G. Allen and Urwin Limited, 1940.

· Russell, Bertrand., 《The Problems of Philosophy》(subsequent edition), Oxford: Oxford University Press, 1997.

· Swinburne, Richard., 〈Argument from the fine-tuning of the Universe〉, In J. Leslie(ed.), 《Physical Cosmology and Philosophy》, New York: Macmillan, 1990, pp. 177~193.

· Tversky, Amos. & Kahneman, Daniel., 〈Extensional Versus Intuitive Reasoning: The Conjunction Fallacy in Probability Judgment〉, 《Psychological Review 90》, 1983.

· Vendler, Zeno., 〈Each and Every, Any and All〉, 《Mind 71》, 1962, pp. 145~160.

· Wittgenstein, Ludwig., 《Philosophical Investigations》, New York: Macmillan, 1968.

· Zuboff, Arnold., 〈One Self: The Logic of Experience〉, 《Inquiry 33》, 1990, pp. 39~68.

나는 아무개지만 그렇다고 아무나는 아니다

차별해서도 차별받아서도 안 되는 철학적 이유 10

1판 1쇄 인쇄 2019년 6월 26일
1판 1쇄 발행 2019년 7월 3일

지은이 김한승
펴낸이 고병욱

기획편집실장 김성수 **책임편집** 김경수 **기획편집** 허태영
마케팅 이일권, 송만석, 현나래, 김재욱, 김은지, 이애주, 오정민
디자인 공희, 진미나, 백은주 **외서기획** 이슬
제작 김기창 **관리** 주동은, 조재언 **총무** 문준기, 노재경, 송민진, 우근영

펴낸곳 청림출판(주)
등록 제1989-000026호

본사 06048 서울시 강남구 도산대로 38길 11 청림출판(주)
제2사옥 10881 경기도 파주시 회동길 173 청림아트스페이스
전화 02-546-4341 팩스 02-546-8053

홈페이지 www.chungrim.com
이메일 cr2@chungrim.com
페이스북 https://www.facebook.com/chusubat

ISBN 979-11-5540-151-4 03100

이 저서는 2014년 정부(교육부)의 재원으로 한국연구재단의 지원을 받아 수행된 연구임(NRF-2014S1A6A4025812)